lonely planet

ANDALOUSIE

Mark Julian Edwards, Anna Kaminski,
Paul Stafford, Rachel Webb

SOMMAIRE

Préparer son voyage

Sur la route

Benalmádena (p. 186)

Tapas

Las Setas, Séville (p. 68)

Carnet pratique

Comprendre

ANTONIO CIERO REINA/SHUTTERSTOCK ©

La Axarquía (p. 213)

ANDALOUSIE

LE VOYAGE COMMENCE ICI

Du *pueblo blanco* (village blanc) de La Axarquía où je vis, la vue sur la vallée s'étend jusqu'à la Méditerranée. Derrière ma maison, il y a toutes ces hauteurs de la sierra que j'adore arpenter en toute occasion, tout comme ses routes en épingle à cheveux jusqu'à des villages loin de tout. Une diversité de paysages que j'ai appris à apprivoiser au petit matin comme au crépuscule. L'attention et la fierté des Andalous pour les produits de leur région inspirent aussi bien du respect à la voyageuse gourmande que je suis. J'adore me retrouver au fin fond de l'Andalousie par je ne sais quelle route de province et faire d'excitantes découvertes culinaires : le premier producteur de caviar bio au monde dans un village proche de Grenade, un petit bar à vins nature et biodynamique à Cordoue, un producteur d'huile d'olive à Baeza, qui se lance dans la bière à l'olive et relève le défi climatique.

Anna Kaminski

@ackaminski

Mon expérience préférée : longer les sentiers côtiers du Parque natural de Cabo de Gata-Nijar, me délasser sur le sable blanc de ses criques oubliées pour me régaler ensuite d'un plat de saison à l'Asador La Chumbera (p. 321).

Nos auteurs présentent les lieux qui, pour eux, incarnent le mieux l'Andalousie.

ALEX TIHONOVS/SHUTTERSTOCK ©

Málaga est une ville de contrastes : après avoir échangé avec des pêcheurs autour d'*espetos*, on se délasse au hammam. Sur les plages, les conditions de natation sont parfaites. L'ambiance est charmante dans les bars des toits, ainsi que la vue sur la ville. La saveur locale de la cuisine est unique.

Mark Julian Edwards

@markjulianedwards

Mark est journaliste de voyage et passionné par l'histoire de chacun.

JOSE ARCOS AGUILAR/SHUTTERSTOCK ©

La campagne vallonnée de la **Sierra de Aracena** évoque les mystères du Vieux Monde, avec ses villages couronnés de châteaux et ses réseaux de sentiers forestiers ancestraux. À l'opposé, les terres aux tons chatoyants des mines à ciel ouvert de Riotinto évoquent un monde féerique plutôt inattendu dans cette contrée un peu oubliée.

Paul Stafford

@paulrstafford

Paul est journaliste et photographe.

M-MARTINEZ/GETTY IMAGES ©

Le **Parque Natural Sierras de Cazorla**, ce sont des paysages saisissants à perte de vue, une nature sauvage et de charmants villages endormis. Des rivières tumultueuses pour se rafraîchir en été, des plaines d'altitude couvertes de neige en hiver... À chaque saison ses surprises.

Rachel Webb

@rachelspaniola

Rachel est agent immobilier et journaliste de voyage. Elle vit depuis longtemps au nord de l'Andalousie.

Séville

Grimpez dans la Giralda et immergez-vous corps et âme dans la cathédrale gothique (p. 56)

Parque nacional de Doñana

Partez à l'affût du discret lynx ibérique (p. 109)

Aracena

Goûtez le meilleur *jamón ibérico* (p. 101)

Jerez de la Frontera

Dégustez des xérès hors d'âge dans les Bodegas Tradicíon (p. 140)

Cadix

Mêlez-vous aux *aficionados* du flamenco à La Perla (p. 130)

Bolonia

Explorez la cité romaine de Baelo Claudia, en bord de mer (p. 156)

Zahara de la Sierra

Descendez la Garganta Verde, dans la Sierra de Grazalema (p. 149)

Cordoue
Découvrez la Mezquita, ce joyau de l'architecture musulmane (p. 226)

Jaén
Admirez la vue depuis le Castillo de Santa Catalina (p. 248)

Parque Natural Sierras de Cazorla, Segura y las Villas
Remontez à la source du río Borosa clair comme de l'eau de roche (p. 259)

Pulpí
Grimpez entre les cristaux de la Geoda de Pulpí (p. 327)

Málaga
Plongez dans la vie et l'œuvre de l'enfant du pays au Museo Picasso (p. 178)

Grenade
Contemplez la beauté sans pareille de l'Alhambra (p. 278)

Parque Natural Cabo de Gata-Níjar
Parcourez le sentier à flanc de falaise jusqu'à la Playa San Pedro (p. 318)

Parque Nacional Sierra Nevada
Piquez une tête dans les piscines naturelles en sortie canyoning (p. 296)

PLAGES DE RÊVE

Que vous cherchiez un ruban de sable blanc désert, une plage familiale aux eaux calmes, une crique de galets retirée où bronzer dans le plus simple appareil, ou un littoral balayé par les vents pour pratiquer le kitesurf, la Costa de la Luz et la Costa del Sol combleront vos attentes. S'il faut parfois descendre des escaliers abrupts le long de falaises vertigineuses pour accéder aux plages, il en est aussi avec parkings, restaurants et moult équipements.

Snorkeling

Sur les plages flanquées de falaises, l'eau offre souvent une bonne visibilité pour le snorkeling, mais il n'y a pas de location d'équipements sur place. Prévoyez masque et chaussons de plongée.

Parking

En haute saison, il peut être difficile de trouver une place où se garer près des plages les plus prisées. Sachez aussi que certaines autres ne sont accessibles que par une navette.

Haute saison

De juin à septembre – la haute saison balnéaire officielle –, les plages sont surveillées par des sauveteurs et, sur les plus fréquentées, on peut louer divers équipements. Beaucoup restent accessibles toute l'année.

Playa San Pedro (p. 318)

NOTRE SÉLECTION

Prélassez-vous sur le sable blanc de la ❶ **Playa San Pedro**, dans le Parque Natural Cabo de Gata-Níjar. On y accède par un sentier précaire au sommet d'une falaise. (p. 318)

Surfez sur les vagues turquoise ou lézardez simplement sur le sable doré de la superbe grand-plage de ❷ **Bolonia**. (p. 156)

Bronzez sur les galets chauds avec ou sans maillot et faites du snorkeling dans les eaux claires de la ❸ **Playa Cantarriján**, près de Nerja. (p. 308)

Pratiquez le kayak ou le paddleboard dans la baie en fer à cheval de ❹ **La Herradura**, sur la Costa Tropical. (p. 307)

Dégustez la pêche du jour dans un *chiringuito* et visitez le bel aquarium Sea Life à ❺ **Benalmádena Costa**. (p. 186)

ANDREA PISTOLESI/GETTY IMAGES © À DROITE : NATURE PICTURE LIBRARY/ALAMY STOCK PHOTO ©, PHOTOFF/SHUTTERSTOCK ©

ENVOÛTANT FLAMENCO

Plaintes lyriques conduisant au *duende*, vives et ironiques *bulerías*, rythme saccadé des talons sur la scène en bois, claquements de mains du *jaleo*, *martinetes* et *carceleras* a capella : aucune musique n'incarne l'Andalousie comme le flamenco, né dans les quartiers gitans de Jerez, Séville et Cadix.

Peña ou tablao ?

Pour s'immerger dans l'univers du flamenco, les visiteurs ont le choix entre les *peñas*, des clubs de quartier privés parfois ouverts au public, et les *tablaos*, plus organisés et touristiques.

Musées du Flamenco

Découvrez l'histoire du flamenco au Museo del Baile Flamenco interactif de Séville (p. 65) et au Centro Andaluz de Flamenco de Jerez (p. 142).

NOTRE SÉLECTION

Direction le *tablao* ❶ **La Cava**, une taverne de Cadix, pour une immersion totale. (p. 140)

Rejoignez à Cadix les aficionados de ❷ **La Perla**, une peña au charme délabré. (p. 140)

Sirotez un xérès sur fond de chant ou de danse au ❸ **Guitarrón de San Pedro**, un tabanco de Jerez. (p. 141)

Place chaque soir à de talentueux danseurs dans le patio ou au sous-sol du ❹ **Museo del Baile Flamenco**, à Séville. (p. 65)

Assistez à un spectacle semi-improvisé au ❺ **Centro Cultural Flamenco Don Antonio Chacón** de Jerez. (p. 140)

FRISSONS EN MONTAGNE

Si la randonnée et l'ascension des plus hauts sommets andalous vous laissent en manque d'adrénaline, les falaises à pic, les profondes gorges fluviales et les pics enneigés d'Andalousie réservent des activités plus riches en sensations fortes, telles qu'escalade, ski ou canyoning.

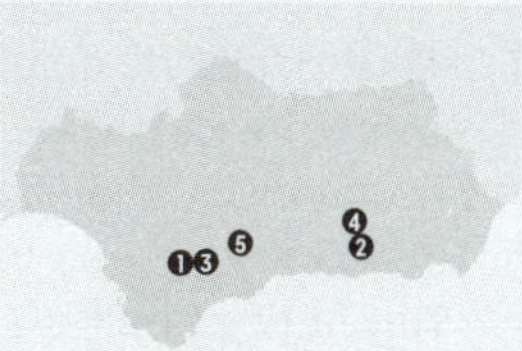

Canyoning

Pour les personnes en bonne forme physique qui souhaitent s'initier au canyoning, des prestataires louent combinaisons, casques, harnais et autres équipements.

Station de ski

La Sierra Nevada abrite la station de sports d'hiver la plus méridionale d'Europe qui est aussi l'une des plus hautes. L'enneigement y dure de novembre à mai.

Saisons

Idéal pour se rafraîchir, le canyoning se pratique de mai à septembre. À l'inverse, mieux vaut envisager les vie ferrate de septembre à mai car il fait trop chaud en été.

NOTRE SÉLECTION

Survolez la ❶ **Sierra de Grazalema** en parapente ou deltaplane grâce à Zero Gravity. (p. 147)

Adressez-vous à Nevadensis pour glisser en tyrolienne et escalader une via ferrata dans la ❷ **Sierra Nevada**. (p. 305)

Faites du canyoning dans la Sierra Nevada avec Nevadensis ou dans la ❸ **Sierra de Grazalema** avec Horizon. (p. 147)

Dévalez les pistes de ski de la ❹ **Sierra Nevada** à 3 300 m d'altitude. (p. 304)

Venez équipé pour vous attaquer aux nombreuses voies d'escalade proches du ❺ **Caminito del Rey** ou au **Torcal de Antequera.** (p. 205)

MERVEILLES MAURESQUES

Huit siècles de domination arabe ont laissé une empreinte indélébile dans les villes et campagnes d'Andalousie : maisons blanchies à la chaux, palais ornés de carreaux bigarrés, clochers d'église qui furent des minarets, lacis de ruelles aux allures de médinas et fontaines publiques témoignent d'une civilisation hautement raffinée aux côtés des monuments universellement connus que sont l'Alhambra de Grenade et la Mezquita de Cordoue.

Billets pour l'Alhambra

L'incroyable popularité de l'Alhambra implique d'acheter son billet des semaines à l'avance. Il faut aussi réserver un créneau horaire pour les Palacios Nazaríes.

Nuits d'été

En été, ne vous privez pas de la magie d'une visite nocturne de Medina Azahara. Certaines sont théâtralisées.

Vue au soleil couchant

Cela vaut la peine de visiter l'Alcazaba d'Almería lorsque le soleil descend à l'horizon pour jouir d'une vue évocatrice sur le Barrio Almedina et le port au-delà.

Medina Azahara (p. 232)

NOTRE SÉLECTION

Restez estomaqué par la splendeur incomparable de l'❶ **Alhambra**, le palais-citadelle des émirs nasrides de Grenade. (p. 282)

Admirez les savantes ornementations de style mudéjar, le bassin souterrain et les jardins luxuriants de l'❷ **Alcázar** de Séville. (p. 62)

Perdez-vous dans la forêt d'arches rayées de la ❸ **Mezquita** de Cordoue au mihrab magnifiquement décoré. (p. 226)

Regardez Almería du haut des remparts et promenez-vous dans les jardins paysagers agrémentés de pièces d'eau de l'❹ **Alcazaba**. (p. 309)

Explorez près de Cordoue ❺ **Medina Azahara**, immense et somptueux palais-cité du Xe siècle dont une bonne partie reste à exhumer. (p. 232)

Soho, Málaga (p. 181)

ART CONTEMPORAIN

La création artistique occupe une place de choix dans les grandes villes andalouses. Lieu de naissance de Picasso, Málaga se distingue par ses musées et son street art. Séville réunit des talents locaux créatifs, tandis qu'Almería fait la part belle à la photographie avant-gardiste. Enfin, les rues de Grenade se parent de fresques murales étonnantes.

QR codes

Dans les musées d'art, scannez les QR codes avec votre smartphone pour avoir des informations plus détaillées.

Musées phares

Élargissez votre horizon artistique au Centro de Arte Contemporáneo de Málaga (p. 182) et au Museo de Bellas Artes de Séville (p. 72).

NOTRE SÉLECTION

Ayez un aperçu des différentes périodes créatives de l'enfant chéri de Málaga au ❶ **Museo Picasso**. (p. 178)

Partez à la découverte du street art de Málaga dans le ❷ **quartier de Lagunillas** qui vaut bien celui de Soho. (p. 181)

Ne manquez pas les expos photos du ❸ **Centro Andaluz de la Fotografía** d'Almería. (p. 311)

Contemplez les installations au ❹ **Centro Andaluz de Arte Contemporáneo** de Séville. (p. 75)

Découvrez les fresques vedettes d'El Niño dans les rues du ❺ **Realejo** à Grenade. (p. 286)

VOYAGE SOUS TERRE

Les entrailles labyrinthiques de la terre andalouse dissimulent un monde merveilleux : grottes scintillantes hérissées de stalactites et de stalagmites, deuxième plus grande géode au monde où grimper entre les cristaux, rivières coulant dans l'obscurité et cavités recélant des peintures rupestres entre autres traces humaines remontant à la préhistoire.

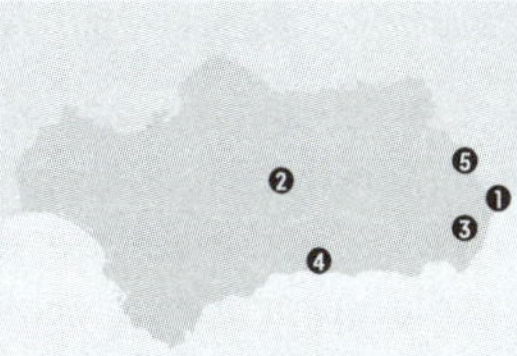

Réservations

Les grottes sont accessibles dans le cadre de circuits guidés ; réservez longtemps à l'avance pour la Geoda de Pulpí. Certaines activités spéléologiques requièrent un nombre minimal de participants.

Conseils de spéléo

Prévoyez des vêtements qui ne craignent rien, ainsi que de confortables chaussures fermées. Personnes en mauvaise forme physique et claustrophobes s'abstenir.

Aventures aquatiques

Explorer la Cueva del Agua (réseau des grottes de Sorbas), c'est descendre en rappel des parois à pic, être suspendu à un harnais au-dessus du vide et patauger dans l'eau froide jusqu'à la poitrine.

NOTRE SÉLECTION

Glissez-vous entre les strates minières lumineuses jusqu'aux énormes cristaux de gypse de la ❶ **Geoda de Pulpí**. (p. 327)

Découvrez les fantastiques formations rocheuses et les peintures pariétales de la ❷ **Cueva de los Murciélagos**, près de Zuheros. (p. 238)

Admirez les concrétions des ❸ **Cuevas de Sorbas** et aventurez-vous dans leurs galeries les plus retirées. (p. 327)

Observez les extraordinaires formations rocheuses de la ❹ **Cueva de Nerja**, sorte de cathédrale façonnée par l'eau il y a 5 millions d'années. (p. 210)

Devinez, en visite guidée, quelles figures animales et anthropomorphes nous ont laissé les hommes il y a plus de 7 000 ans sur les parois de la ❺ **Cueva de los Letreros**. (p. 317)

DE LA VIGNE AU VERRE

Bien que l'Andalousie soit la doyenne des régions viticoles d'Espagne, la plupart de ses vins n'ont pas la notoriété de ceux du nord du pays. C'est bien dommage, car son sol accidenté de nature variée donne un large éventail de crus, le plus souvent issus de petits producteurs. Que vous aimiez le xérès, les vins doux, les mariages intéressants de cépages cultivés en altitude ou les vins naturels, vous n'aurez que l'embarras du choix.

Dégustations

Bien des domaines invitent à venir déguster leur production, y compris en accords mets-vins. Il importe de réserver, surtout pour des formules dans d'autres langues que l'espagnol.

Visite de domaines

De nombreuses *bodegas* ouvrent leurs chais à la visite, surtout dans le "triangle du xérès", la zone du Montilla-Moriles et les vignobles autour de Ronda.

Achat de vin

Pas besoin de casser votre tirelire pour vous offrir une bonne bouteille. Les vieux xérès, les rosés naturels rares et les robustes rouges de la province de Grenade s'adressent à toutes les bourses.

Bodegas Alvear (p. 236)

NOTRE SÉLECTION

Sur l'Altiplano près de Guadix, la ❶ **Bodega Anchurón** n'utilise que des énergies renouvelables et produit des vins rouges d'origine à 1 000 m en altitude. (p. 295)

À Jerez, les xérès extra-vieux de la ❷ **Bodegas Tradicíon** ont pour voisins les grands maîtres de la peinture espagnole du XIVe au XIXe siècle, une riche collection privée. (p. 143)

À Sanlúcar, le domaine des ❸ **Bodegas Hidalgo–La Gitana** (1792) se visite avant de tester ses remarquables *manzanillas* et ses xérès VORS dans le patio drapé de vigne. (p. 145)

Les ❹ **Bodegas Alvear** de Montilla comptent parmi les plus anciennes d'Espagne : une fois visité le site, savourez leur vin doux à base de PX entre autres cépages. (p. 236)

En activité depuis le XIXe siècle, les ❺ **Bodegas Málaga Virgen** régalent les amateurs de cartojal et de vins doux vieillis. (p. 204)

Sierra de Aracena (p. 103)

JOSERPIZARRO/SHUTTERSTOCK © À DROITE : ELENA FERNANDEZ 2929/SHUTTERSTOCK ©, JOSE Y YO ESTUDIO/SHUTTERSTOCK ©

EN CHEMIN

Les sentiers de grande randonnée qui traversent les escarpements andalous défient les marcheurs aguerris. Les chemins séculaires d'un village à l'autre dessinent de petites journées de marche moins ardue. D'autres encore dégringolent des falaises jusqu'à des plages isolées. Vous trouverez sûrement chemin à votre pied.

Cartes et applis

Les cartes éditées par Editorial Alpina sont les plus utiles, tout comme l'application cartographique Gaia GPS (www.gaiagps.com).

Saison

Mai-juin et septembre-octobre sont les idéaux pour randonner. Pour arpenter la haute Sierra Nevada, juillet-août sont idéaux, à la différence de tout le reste de l'Andalousie.

NOTRE SÉLECTION

Grimpez au sommet de l'Espagne, le ❶ **Mulhacén**, dans le Parque Nacional Sierra Nevada. (p. 300)

Dénichez votre plage de rêve au fil des falaises du ❷ **Parque Natural Cabo de Gata-Níjar**. (p. 318)

Contemplez au loin le Maroc depuis le sommet du Torreón, dans le ❸ **Parque Natural Sierra de Grazalema**. (p. 146)

Sillonnez le paysage vallonné de la ❹ **Sierra de Aracena** et ses villages d'autrefois. (p. 103)

Remontez à la source du río Borosa et enjambez plusieurs cols dans le ❺ **Parque Natural Sierras de Cazorla**. (p. 259)

ARTISANS DE TOUS LES TEMPS

Céramiques vernissées dont les techniques de fabrication viennent des Maures, marbre finement sculpté, tissages en laine... La tradition artisanale de l'Andalousie ne date pas d'hier. Certains villages sont réputés pour leur savoir-faire spécifique, d'autres possèdent des ateliers familiaux. Achetez des objets faits main auprès de ceux qui les réalisent est le meilleur moyen de garder vivant cet héritage culturel.

Artisans à l'œuvre

Dans les villages, les artisans aiment souvent qu'on les regarde travailler dans leur atelier et vendent habituellement sur place le fruit de leur art.

Sparterie

Le tressage de l'*esparto* (alfa) pour fabriquer des chaussures, des contenants et des objets décoratifs n'a pratiquement pas changé depuis le néolithique. Il connaît aujourd'hui un regain d'intérêt.

Céramique hispano-mauresque

Ce type de céramique remonte à l'époque d'Al-Andalus. Si le bleu et l'or dominent, le blanc réalisé grâce à un email stannifère et les glaçures métalliques produisant des reflets iridescents sont également très présents.

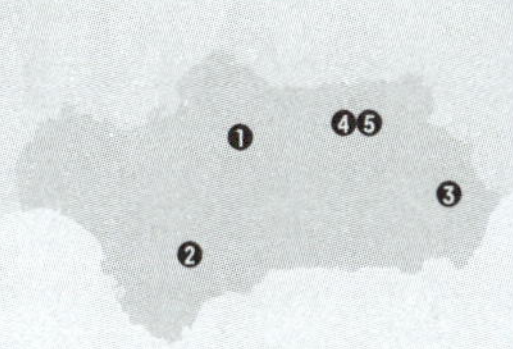

NOTRE SÉLECTION

La tradition du cuir repoussé perdure grâce à José Carlos Villarejo García et sa ❶ **Casa-Museo del Guadamecí Omeya** de Cordoue. (p. 232)

Les écharpes et couvertures en mérinos tissées par la fabrique ❷ **Artesanía Textil** de Grazalema ont tout pour vous tenter. (p. 148)

Le travail du marbre à Macael s'expose chez ❸ **Artesanía Muro**. Reste à choisir entre sculptures abstraites et mortiers traditionnels. (p. 316)

À Úbeda, les céramiques bleues vendues au ❹ **Museo de Alfarería Paco Tito** sont toujours cuites dans des fours de la période mauresque. (p. 253)

Chez ❺ **Ubedies Artesanía**, honneur à la sparterie, les vanneries en *esparto* (alfa) : une tête de taureau pour décorer sa maison, c'est à la mode ! (p. 253)

PRODIGES ANTIQUES

Hormis l'Italie, peu d'endroits en Europe conservent autant de riches vestiges de la Rome antique que l'Andalousie. L'ancienne Bétique fut en effet l'une des provinces les plus riches de l'Empire romain, ce dont témoignent cités, théâtres, thermes, temples, villas et mosaïques bien conservés. Beaucoup de ces ruines occupent par ailleurs des emplacements spectaculaires, sur fond de mer ou de montagne.

Spectacles sur site

Les pièces programmées l'été dans le théâtre romain de Baelo Claudia ont beaucoup de succès. Pour avoir une chance d'y assister, achetez vos billets longtemps à l'avance.

Chaussures

L'accès aux sites romains les plus isolés se fait souvent par des sentiers accidentés. D'où l'intérêt d'être bien chaussé pour parcourir parfois de longues distances.

Sites en plein soleil

En juillet-août, les pierres antiques emmagasinent la chaleur et les sites sont de vraies fournaises sans un coin d'ombre. Prévoyez un couvre-chef et suffisamment d'eau.

Teatro Romano (p. 130)

NOTRE SÉLECTION

Le ❶ **théâtre romain** de Cadix est le deuxième plus grand d'Hispanie romaine avec une capacité de 20 000 spectateurs. Et l'un des plus anciens. (p. 130)

Haut dans les terres au-dessus de la Costa de la Luz, le bastion médiéval de ❷ **Medina Sidonia** a conservé son *cardo maximus* (grand axe nord-sud) et son vaste système d'égouts antique. (p. 137)

Dans la Sierra de Crazalema, l'ancienne voie romaine à Benaocaz mène à pied aux vestiges de la cité romaine d'❸ **Ocuri**. (p. 150)

La cité maritime de ❹ **Baelo Claudia** était connue de tout l'Empire romain pour son *garum*. Forum, aqueduc, temples, basilique, marché… C'était la prospère Bolonia antique. (p. 157)

Près de Séville, les demeures imposantes d'❺ **Itálica** ont révélé des mosaïques magnifiques et son amphithéâtre fut l'un des plus grands bâtis. (p. 79)

Málaga (p. 178)

DU GOTHIQUE AU STYLE RENAISSANCE

Souvent érigés sur les fondations de mosquées et autres édifices nasrides pour sceller la victoire des Rois Catholiques contre les Maures, les majestueuses cathédrales et palais andalous constituent de véritables symphonies architecturales où les arcs-boutants gothiques côtoient les colonnes Renaissance et les façades plateresques.

Prenez votre temps

L'intérêt de ces monuments réside dans les détails. Ils vous révèleront leurs secrets si vous leur accordez le temps qu'il faut (et scannez les QR codes sur place).

Diego de Siloé

Diego de Siloé (1495-1563) figure parmi les architectes majeurs de la Renaissance espagnole. On lui doit notamment la cathédrale et l'école de sculpture de Grenade.

NOTRE SÉLECTION

Les *cubiertas* (toits) de la cathédrale de ❶ **Málaga** pour jouir du panorama urbain. (p. 180)

L'incomparable cathédrale de ❷ **Grenade**, première église de style Renaissance construite en Espagne. (p. 278)

La Giralda, l'imposant clocher-minaret de la cathédrale gothique de ❸ **Séville**. (p. 56)

L'élégante façade Renaissance du Palacio de Vázquez de Molina, à ❹ **Úbeda**. (p. 252)

L'admirable cour Renaissance du Palacio de Jabalquinto et ses deux étages d'arcades à ❺ **Baeza**. (p. 254)

UNE FAUNE UNIQUE

Les massifs montagneux, gorges profondes, paysages vallonnés et marécages d'Andalousie composent des écosystèmes variés où vivent toutes sortes de créatures à poils et à plumes, telles que le lynx ibérique, le bouquetin et différents rapaces. On peut également voir des cétacés dans le détroit de Gibraltar, riche en vie marine.

Jumelles

Que vous soyez un passionné d'ornithologie ou un simple amateur de la nature, pensez à apporter des jumelles pour voir les animaux de plus près.

Saisons des cétacés

Pour voir des orques au large de Tarifa, venez en juillet-août. Pour observer les cachalots, visez en revanche le printemps.

Lynx ibérique

Autrefois dangereusement menacé, l'emblématique lynx ibérique a repris du poil de la bête en Andalousie. On en dénombre désormais quelque 400 spécimens, répartis entre la Sierra Morena et le Parque Nacional de Doñana. Il faut cependant s'armer de patience pour espérer en voir.

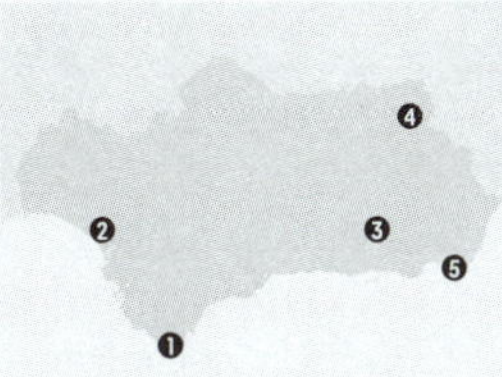

NOTRE SÉLECTION

Embarquez à ❶ **Tarifa** avec des défenseurs de l'environnement pour voir diverses espèces animales du détroit de Gibraltar. (p. 152)

Tentez d'apercevoir un lynx à l'état sauvage dans le ❷ **Parque Nacional de Doñana** et, à défaut, regardez la fascinante vidéo présentée au centre d'accueil des visiteurs. (p. 109)

Arpentez les hauteurs du ❸ **Parque Nacional Sierra Nevada** en repérant les bouquetins qui escaladent agilement la roche nue. (p. 296)

Explorez le ❹ **Parque Natural Sierras de Cazorla**, pour peut-être surprendre des gypaètes barbus, sauvés de justesse de l'extinction. (p. 259)

Observez les flamants dans les lagunes du ❺ **Parque Natural de Cabo de Gata-Níjar**, parmi moult espèces aviaires. (p. 318)

PUEBLOS BLANCOS

Ces "villages blancs" dont les maisons immaculées dégringolent en cascade le long des versants montagneux font partie des images iconiques de l'Andalousie. Jalonnant des routes en lacets, ils se distinguent souvent par leur emplacement spectaculaire, sur une frontière longtemps disputée entre Maures et chrétiens. Les plus beaux d'entre eux se concentrent dans le nord-est de la province de Cadix et les Alpujarras de Grenade.

Amandiers en fleur

C'est en février, lorsque les amandiers couvrent de blanc les flancs montagneux, que les villages des Alpujarras de Grenade revêtent leurs plus jolis atours.

Moros y Cristianos

Si vous passez par Válor. (p. 303) en octobre, ne manquez pas la reconstitution historique du conflit qui opposa, au XVIe siècle, morisques (musulmans convertis) et pouvoir chrétien.

À vélo

En pédalant le long de la *via verde* (ancienne voie ferrée convertie en piste cyclable ; p. 149), vous découvrirez certains *pueblos blancos* de la Sierra de Grazalema.

Capileira (p. 296)

NOTRE SÉLECTION

À l'abri d'immenses rochers, les habitations troglodytiques de ❶ **Setenil de las Bodegas** connaissent une seconde vie très réjouissante. (p. 150)

Plus haut village des Alpujarras, ❷ **Capileira** est le parfait camp de base pour s'attaquer au Mulhacén et randonner le long des sentiers alentour. (p. 296)

À ❸ **Vejer de la Frontera**, il fait bon séjourner dans un hôtel de charme et profiter des bonnes tables et bars à tapas du bourg. (p. 160)

Pour randonner dans la Garganta Verde, on peut s'établir à l'ombre des montagnes de Grazalema, dans un village d'esprit mauresque, ❹ **Zahara de la Sierra,** perché au-dessus du barrage. (p. 149)

Une mer d'oliviers mène jusqu'à ❺ **Zuheros**, base idéale pour explorer à pied les canyons des Sierras Subbéticas. (p. 238)

VILLES ET RÉGIONS

Composez votre voyage selon vos envies.

Séville et Huelva

MERVEILLES MUDÉJARES ET CAMPAGNE IDYLLIQUE

La capitale de l'âge d'or de l'Andalousie est connue pour son flamenco, son architecture somptueuse et ses bars à tapas animés. Découvrez la force de l'insaisissable *duende* et le patrimoine né de la conquête du Nouveau Monde. Changez d'ambiance sur les plages paisibles et dans les vastes parcs nationaux de l'arrière-pays bucolique et boisé de Huelva.

p. 50

Cadix et Gibraltar

CENTRE CULTUREL DE L'ANDALOUSIE ET PLAGES

Le sud-ouest de l'Andalousie conjugue culture, sable blanc et montagnes. Les passionnés de sports nautiques y vont pour les plages, les gourmands pour déguster du thon rouge et les amateurs de xérès pour les bodegas du "triangle du xérès". Un séjour dans les ravissants *pueblos blancos* (villages blancs) de l'arrière-pays permet de belles escapades. Les villes torrides de Cadix et Jerez vivent, elles, au rythme du flamenco.

p. 124

Cordoue et Jaén

HISTOIRE, CULTURE ET PARCS NATIONAUX PROTÉGÉS

Si Cordoue fascine par son architecture mauresque et sa scène culinaire en plein essor, la province de Jaén est, elle, réputée pour ses châteaux et la splendeur Renaissance d'Úbeda et de Baeza. Les collines tapissées d'oliveraies cèdent peu à peu la place aux montagnes, forêts et cascades du Parque Nacional Cazorla.

p. 220

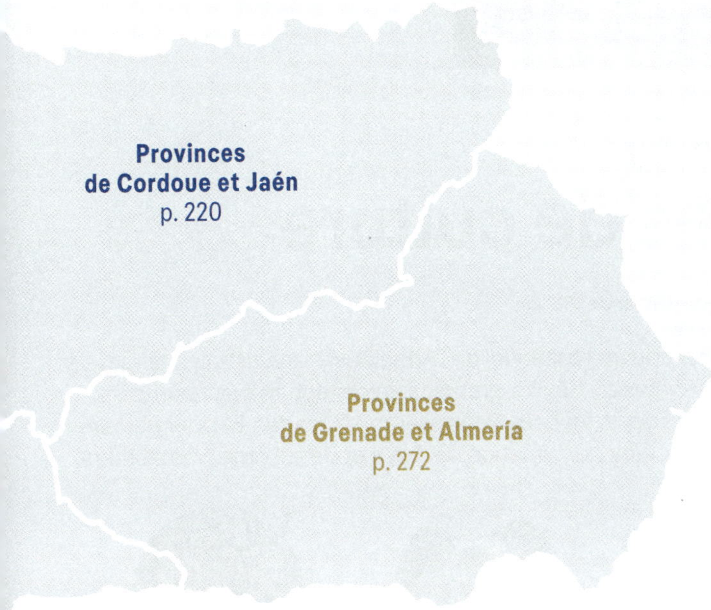

Málaga

AU-DELÀ DE LA COSTA DEL SOL

Sur la côte sud de Málaga, capitale des musées et lieu de naissance de Picasso, à la Costa del Sol, vous admirez de l'art contemporain, des ruines romaines et des plages de sable blanc. Au nord et à l'est de la capitale de la province, les montagnes d'Axarquía et les environs d'Antequera et d'El Chorro attendent les grimpeurs et les randonneurs.

p. 172

Grenade et Almería

ARCHITECTURE MAJESTUEUSE ET ACTIVITÉS DE PLEIN AIR

Grenade abrite les meilleurs bars à tapas de l'Andalousie et le plus beau palais mauresque d'Europe. Au loin, les pics enneigés et les villages ancestraux de la Sierra Nevada attirent les amateurs de plein air. De superbes plages, un désert digne du Far West et des cavernes aux cristaux scintillants, sont accessibles depuis l'ancienne cité portuaire d'Almería sur la côte.

p. 272

Quartier de l'Albaicín, Grenade (p. 281)

ITINÉRAIRES

Villes de culture

Durée : 10 jours **Distance :** 818 km

Ce grand tour couvre l'essentiel de l'Andalousie : magistrale cathédrale et rues médiévales de Séville, grandiose architecture mauresque de Grenade et Cordoue, édifices Renaissance d'Úbeda... Et pour parfaire les visites : les clubs de flamenco de Jerez et de sublimes restaurants.

1

SÉVILLE 2 JOURS

Commencez par **Séville** (p. 56), sa monumentale cathédrale, l'Alcázar et l'Hospital de la Caridad, couvert de céramique. Au fil des ruelles du *barrio* de Santa Cruz, faites votre choix de tapas et de *peñas* (flamenco). Passez ensuite rive ouest voir le Centro Andaluz de Arte Contemporáneo et profiter des tavernes à l'ancienne de Triana.

1 heure de train

2

CORDOUE 2 JOURS

À **Cordoue** (p. 226), partagez votre visite entre le centre historique et la cité-palais de Medina Azahara, à l'extérieur de la ville. En ville, prenez le temps d'une longue visite de la mezquita, sans oublier l'Alcázar, la synagogue, les bars à tapas et les patios fleuris du Palacio de Viana. Et le soir prenez le temps de traverser l'étonnant Puente Romano.

2 heures 30 de bus

3

ÚBEDA 1 JOUR

On traverse des champs et des champs d'oliviers pour arriver à **Úbeda** (p. 251). Classée à l'Unesco, le berceau de la Renaissance espagnole éblouit par la somptuosité de ses palais et l'art accompli de son grand architecte, Andrés de Vandelvira.

2 heures de bus

Détour : *La ville-sœur d'Úbeda,* ***Baeza*** *(p. 253), et ses très beaux édifices Renaissance.* *3 heures*

4

GRENADE 3 JOURS

Direction **Grenade** (p. 278), au sud. L'Alhambra mérite qu'on lui consacre une journée entière. Le *barrio* perché de L'Albaicín (classé à l'Unesco), la cathédrale et le tombeau des Rois Catholiques, le *street art* de Realejo et les bars à tapas vous prendront un ou deux jours.

3 heures de train avec changement à Antequera-Santa Ana

***Détour :** À **Guadix** (p. 292), découvrez les très anciennes maisons troglodytiques de l'Altiplano. 4 heures*

5

RONDA 1 JOUR

La situation spectaculaire de la vieille ville de **Ronda** (p. 188) époustoufle. Du fond du ravin, admirez le célèbre pont, avant de remonter vers les musées, la Plaza de Toros et la citerne de la Casa del Rey Moro.

2 heures 30 de bus

***Détour :** Au retour, halte à **Arcos de la Frontera** (p. 151), coiffé d'un château et haut perché au-dessus de la vallée. 3 heures*

6

JEREZ DE LA FRONTERA 1 JOUR

Sur le chemin du retour, accordez-vous un dernier jour à **Jerez** (p. 140), berceau de la culture équestre andalouse, patrie du xérès et l'un des trois grands centres du flamenco. Visitez une bodega, détendez-vous au hammam, savourez la cuisine locale et assistez à un spectacle de flamenco avant de finir la nuit dans un *tabanco* (taverne à xérès).

ITINÉRAIRES

Côtes vedettes

Durée : 7 jours
Distance : 453 km

La Costa del Sol et la Costa de la Luz abritent certaines des plus belles plages ibériques. Longs croissants de sable blanc, criques secrètes et plages de galets enchantent amateurs de bronzette comme fanatiques de sports. Ce parcours côtier longe la plus belle partie des deux côtes, de coins oubliés en stations jet-set.

1

SAN JOSÉ 1 JOUR

Installez-vous à **San José** (p. 321), principale station balnéaire au cœur du Parque natural Cabo de Gata-Níjar. Gagnez à pied ou en voiture la spectaculaire (et populaire) Playa de los Genoveses ou encore la Playa de Mónsul, plus impressionnante encore.

2 heures de route

***Détour :** Un arrêt à **Almería** (p. 309) pour apprécier le charme oriental de cette vieille ville portuaire.*
4 heures

2

NERJA 1 JOUR

Sous le promontoire du Balcón de Europa, sur la toile de fond de la Sierra de Almijara, **Nerja** (p. 210) vous donne le choix entre les *chiringuitos* (bars de plage) de la très animée Playa de Burriana, de la crique abritée de la Playa Calahonda et de sa grand-plage, Playa el Salón.

1 heure de route

***Détour :** À 10 minutes de voiture à l'est, on se baigne au calme le long des galets de la **Playa el Cañuelo** (p. 212) ou à la **Playa Cantarriján** (p. 308), naturiste.*

3

MÁLAGA 2 JOURS

Outre son vieux cœur historique, son front de mer bordé de palmiers, ses excellents musées, le berceau de Picasso et d'Antonio Banderas ne saurait faire oublier la belle série de plages de **Málaga** (p. 178). Entre *chiringuitos* au bord de la mer, œuvres du musée Picasso et scène nocturne de Soho, aucune chance de s'ennuyer !

20 minutes de route

4

BENALMÁDENA ET MIJAS

1 JOUR

À **Benalmádena** (p. 186), contemplez la côte depuis un stupa bouddhiste et dégustez des fruits de mer frais sur la marina. Puis gagnez non loin le cœur villageois de **Mijas** (p. 186). Le fond du Centro de Arte Contemporáneo vous ravira avec Dalí, Miró et Picasso.

2 heures 30 de route

Détour : *Pause très bling-bling à* ***Marbella*** *(p. 187) le temps d'un café avant un tour dans le beau casco antiguo (vieille ville).* *2 heures*

5

TARIFA 1 JOUR

Petite ville fortifiée aux allures nord-africaines, **Tarifa** (p. 152) est aussi le site le plus venteux d'Andalousie. Ses étendues de sable blanc attirent les amateurs de kitesurf et de windsurf. Prenez un cours ou partez au large observer les cétacés du détroit de Gibraltar.

45 minutes de route

Détour : *Vers le nord, visitez la cité romaine de* ***Baelo Claudia*** *(p. 157) ou détendez-vous au pied des dunes, sur la magnifique* ***Playa de Bolonia*** *(p. 156).* *2 heures*

6

ZAHARA DE LOS ATUNES

1 JOUR

Sur la Costa de la Luz, les 8 km de sable blanc de la **Playa de Zahara** (p. 156) aux vagues turquoise nimbées d'écume sont un sanctuaire du bodyboard. À la sortie de l'eau, la peau salée et ivre de soleil, flânez dans les boutiques dans ce village de pêcheurs autrefois endormi.

Détour : *Parcourez le spectaculaire* ***Sendero del Acantilado*** *(p. 158), sur la côte entre Los Caños et Barbate.* *3 heures*

Pradollano, Sierra Nevada (p. 304)

ITINÉRAIRES

Montagnes et collines

Durée : 8 jours **Distance :** 720 km

La nature andalouse comble tous les appétits d'aventures. Le terrain est vaste et varié de la Sierra Nevada enneigée et des massifs escarpés de Grazalema et d'Almijara aux collines des Sierras Subbéticas, aux forêts du Parque nacional de Cazorla ou à l'imposant rocher de Gibraltar.

1

PARQUE NATURAL SIERRAS DE CAZORLA

2 JOURS

Cazorla est une base idéale pour découvrir le **Parque Natural Sierras de Cazorla, Segura y las Villas** (p. 259). Du haut du bourg, une boucle exigeante de 20 km conduit au sommet du Pico Gilillo.

3 heures 15 de route

***Détour :** Le **Sendero de Río Borosa** (p. 259) est une randonnée absolument spectaculaire. 8 heures*

2

CAPILEIRA

2 JOURS

Plus haut village du Barranco de Poqueira (Sierra Nevada), **Capileira** (p. 296) est le point de départ n°1 pour l'ascension du Mulhacén, point culminant de l'Espagne continentale. D'autres parcours sont moins ambitieux.

2 heures 30 de route

***Détour :** Entre cascades et panoramas, l'exigeant chemin des **Siete Lagunas** (p. 298), qui fait une boucle depuis Trevélez, est peut-être encore plus impressionnant. 1 jour*

3

ZUHEROS

1 JOUR

Dans les Sierras Subbéticas, on reste estomaqué à l'approche du *pueblo blanco* de **Zuheros** (p. 238), niché sous son château perché sur le rocher. Descendez à pied le Cañón de Bailón en revenant par la route de la Cueva de los Murciélagos dont vous pouvez aussi découvrir les peintures rupestres néolithiques en visite guidée.

1 heure de route

4

ANTEQUERA ⏱1 JOUR

Partant de la ville blanche d'**Antequera** (p. 198) sous son château, plusieurs sentiers mènent aux formations calcaires d'El Torcal de Antequera. Une marche facile de 1 km conduit à un impressionnant dolmen de l'âge du bronze.

2 heures de route

***Détour :** Par El Chorro : réservez (tôt !) une plage horaire pour parcourir **El Caminito del Rey** (p. 205) haut perché au-dessus du rio Guadalhorce. ⏱4 heures*

5

SIERRA DE GRAZALEMA ⏱1 JOUR

Si vous voulez voir jusqu'au Maroc, vous grimperez jusqu'à El Torreón en partant du village qui a donné son nom à la **Sierra de Grazalema** (p. 146). On peut aussi plonger dans la vertigineuse Garganta Verde.

2 heures 15 de route

***Détour :** Direction le village de **Setenil de las Bodegas** (p. 150) aux maisons creusées dans la roche, en partie pour conserver le vin. ⏱3 heures*

6

GIBRALTAR ⏱1 JOUR

Un téléphérique mène au sommet du rocher de **Gibraltar** (p. 161), à la rencontre des macaques de Barbarie (oubliez toute nourriture !) de la réserve naturelle. Une montée aisée jusqu'à la Batterie O'Hara et au Skywalk (plancher transparent) vous donne une vue saisissante à 360° sur la ville en contrebas, la Méditerranée et les deux côtés du rocher.

ITINÉRAIRES

Parcours gourmand

Durée : 4 jours
Distance : 139 km

Au royaume du goût andalou, les gourmets multiplient les expériences gustatives : multiples variations autour du thon rouge, xérès *manzanilla* teinté de sel marin en direct du tonneau, tapas à l'ancienne au comptoir sur fond d'affiches de corrida, déclinaisons fusion en terrasse dans un *pueblo blanco* bien haut perché.

BARMALINI/SHUTTERSTOCK ©

1

JEREZ DE LA FRONTERA
1 JOUR

L'élégante **Jerez** (p. 140) séduit par son charme suranné, ses places ensoleillées, sa gracieuse architecture et son xérès à la tradition centenaire. Visitez de célèbres producteurs comme les Bodegas Tradición ou González-Byass, assistez à un spectacle de flamenco dans un *tabanco* et offrez-vous un restaurant étoilé chez LÚ, Cocina y Alma.

30 minutes de route

2

SANLÚCAR DE BARRAMEDA
1 JOUR

La situation côtière et le microclimat de **Sanlúcar** (p. 145) confèrent à son *manzanilla* une saveur particulière. Goûtez l'*amontillado* des Bodegas Hidalgo-La Gitana ou l'exceptionnel *manzanilla pasada* de 15 ans d'âge aux Bodegas Barbadillo. Régalez-vous de fruits de mer à la Casa Balbino, ou des accords mets-vins d'El Espejo.

40 minutes de route

UNAI HUIZI PHOTOGRAPHY/SHUTTERSTOCK ©

3

CADIX ⏱ 1 JOUR

Visitez **Cadix** (p. 130) en mangeant : petit-déjeuner de churros au Mercado Central de Abastos, avant une soirée dans de vieux bars à tapas comme la Casa Manteca ou El Faro de Cádiz. Ne manquez pas un dîner fusion à La Candela ou au Sonámbulo.

1 heure de route

Détour : *Prenez le catamaran pour* ***Puerto de Santa María*** *(p. 137) et ses caves de xérès. Réservez à l'avance pour un repas d'exception chez Aponiente, étoilé au Michelin.*

4

BARBATE ⏱ ½ JOURNÉE

Délaissé en apparence, le port de pêche de **Barbate** (p. 139) est l'un des centres de la pêche saisonnière à la madrague du thon rouge. Offrez-vous un repas de rêve au "temple du thon" El Campero.

20 minutes de route

Détour : *Remontez la côte jusqu'à* ***Conil*** *(p. 157) où se trouvent d'autres restaurants de thon rouge. ⏱ 3 heures*

5

VEJER DE LA FRONTERA ⏱ ½ JOURNÉE

Finissez par la ville arabe perchée de **Vejer** (p. 158). Au choix, des plats sous influence marocaine à El Jardín de Califa, les touches fusion de La Judería ou un *arróz con ibéricos* à se damner chez Elmuro. Sinon, apprenez la cuisine andalouse avec Annie B.

Détour : *Régalez-vous de plats cuits au feu de bois à* ***La Castillería*** *(p. 161), à Santa Lucía. ⏱ 3 heures*

CKTRAVELS.COM/SHUTTERSTOCK ©

QUAND PARTIR

Réponse : n'importe quand ! L'Andalousie se visite toute l'année. Seul bémol balnéaire : les plages sont bien plus agréables hors juillet-août.

De longues journées, du soleil et du sable à foison, et un ciel bleu de janvier à décembre : les raisons de visiter l'Andalousie ne manquent pas. Les sports aquatiques se pratiquent toute l'année : kayakistes, nageurs, amateurs de snorkeling et de kitesurf se pressent sur les plages de la Costa de la Luz et de la Costa del Sol. Le climat est aussi idéal pour des vacances en ville, à l'exception du plein été (les mois torrides de juillet et août). Ses montagnes et ses itinéraires de longue randonnée désignent l'Andalousie aux marcheurs surtout aux intersaisons. Pour visiter les bodegas et les producteurs d'huile, pourquoi ne pas venir à l'automne, pendant les vendanges et la récolte des olives ? Pensez à l'altitude en faisant votre sac : un monde sépare la Sierra Nevada de la côte.

Sans trop dépenser

Stations balnéaires mises à part, les prix varient peu. Sur la Costa del Sol et la Costa de la Luz, les hébergements sont plus chers de début juillet à fin août.

PAROLE D'HABITANT

Ute Mergner, propriétaire de la Bodega Etu-Vinos (www.etu-vino.com), la plus petite bodega d'Europe et la plus méridionale, spécialisée en vins biologiques et artisanaux, à production limitée.

"Tous les mois sont intéressants quand on aime le vin. Voir les feuilles et les bourgeons pousser au printemps, puis les couleurs éclater à l'automne, en attendant la récolte à la fin de l'année. En mai-juin, les raisins prennent forme et je commence à me faire une idée de la quantité de vin qui sera produite, tant que les grains restent en bonne santé."

Feria de Agosto, Málaga

LA CALIMA

Au printemps, le vent chaud du sud-est arrive chargé de sable et de poussière du Sahara : c'est la *calima*. Pendant trois à cinq jours, la visibilité se réduit, le ciel acquiert une teinte rouge et la qualité de l'air devient très mauvaise.

La météo au fil des mois

JANVIER	FÉVRIER	MARS	AVRIL	MAI	JUIN
Moyenne maximale le jour : **15°C**	Moyenne maximale le jour : **17°C**	Moyenne maximale le jour : **20°C**	Moyenne maximale le jour : **24°C**	Moyenne maximale le jour : **27°C**	Moyenne maximale le jour : **32°C**
Jours de pluie : 5,8	Jours de pluie : 5,2	Jours de pluie : 4,8	Jours de pluie : 4,7	Jours de pluie : 3,3	Jours de pluie : 1,2

ATLANTIQUE OU MÉDITERRANÉE

En Andalousie, les vacances à la plage se répartissent entre l'océan Atlantique et la mer Méditerranée. Dans les deux cas, la température moyenne de l'eau tourne autour de 22°C en été ; en hiver, elle ne dépasse guère les 16°C.

Les grands rendez-vous

Chaque année en février, Cadix accueille le plus grand **carnaval** (p. 134) d'Espagne, célèbre pour son esprit malicieux et l'humour cinglant des *chirigotas* (chansons satiriques). Défilés, déguisements et concours de fanfares se succèdent pendant 10 jours. **Février**

Deux semaines durant fin février ou début mars, le **Festival de Jerez** enflamme la ville qui s'est autoproclamée berceau du flamenco (p. 141). **Février/mars**

Plus grande fête d'Andalousie, la légendaire **Feria de Abril** (p. 54) rythme jour et nuit la vie des Sévillans pendant toute une semaine. Vêtus du costume traditionnel, ils défilent à cheval ou en attelages majestueux, boivent du xérès, et dansent avec amour la *sevillana* (inspirée du flamenco). **Avril**

À la mi-août, Málaga s'enflamme à son tour pour la deuxième plus grande fête d'Andalousie, la **Feria de Agosto** (p. 177). Au programme : danses, défilés, costumes de fête, manèges et un gigantesque feu d'artifice au-dessus du port. **Août**

Fêtes locales et festivals

Lors de la **Fiesta de los Patios** (p. 232), les Cordouans rivalisent de décors floraux pour être distingués lors de ce concours des "plus beaux patios". **Mai**

Le premier week-end de juin, le mont El Yelmo (province de Jaén) est le grand rendez-vous du vol libre. Le **FIA El Yelmo** y réunit les plus grands passionnés de parapente pendant trois jours. **Juin**

À Guadix (p. 292), la **Fiesta del Cascamorras** rappelle une querelle ancestrale avec Baza pour la possession d'une image sainte de la Vierge de piété. Trois jours durant, les participants des deux cités s'acharnent autour du bouffon chargé de récupérer la Vierge. **Août**

Dans les Alpujarras (province de Grenade), le village de Válor est le cadre de **Moros y Cristianos** (p. 303). Pendant quatre jours, la révolte des morisques (musulmans convertis) contre le pouvoir chrétien, en 1568, est reconstituée avec bruit et couleurs sur la grand-place. **Octobre**

PAROLE D'HABITANT

Annie Manson (Annie B), spécialiste de cuisine andalouse et habitante de Vejer de la Frontera. @anniebspain

"Tous les ans, j'attends en mai l'arrivée du thon rouge, tout comme l'ont fait des générations dans la région, pressées de renouveler leurs stocks de la salaison de la mer, telle la *mojama* (filet de thon rouge). Au printemps, les thons migrent en effet à travers le détroit de Gibraltar pour retrouver les eaux chaudes de Méditerranée dont ils ont besoin pour frayer. Tout le long de la côte, des tours de guet servaient autrefois à surveiller leur arrivée."

La mojama

CHAUD, CHAUD, CHAUD !

Avec plus de 300 jours de soleil par an, la province d'Almería est la région la plus ensoleillée d'Espagne (et d'Europe !). Mais Séville et Cordoue sont les villes les plus chaudes : en juillet-août, le thermomètre grimpe au-dessus de 40°C.

JUILLET	AOÛT	SEPTEMBRE	OCTOBRE	NOVEMBRE	DÉCEMBRE
Moyenne maximale le jour : **36°C**	Moyenne maximale le jour : **36°C**	Moyenne maximale le jour : **32°C**	Moyenne maximale le jour : **26°C**	Moyenne maximale le jour : **20°C**	Moyenne maximale le jour : **16°C**
Jours de pluie : 0,3	Jours de pluie : 0,4	Jours de pluie : 2,2	Jours de pluie : 5,5	Jours de pluie : 6,0	Jours de pluie : 6,3

À GAUCHE : SOPHIE PICARD/SHUTTERSTOCK © À DROITE : MURRAY CLOSE/GETTY IMAGES ©

Casa de Pilatos, Séville (p. 67)

AVANT DE PARTIR POUR L'ANDALOUSIE

Nos recommandations pour bien se préparer.

Dans sa valise

Soignez votre tenue : Les Espagnols sont à la pointe de la mode ; dans les villes d'Andalousie, les habitants optent volontiers pour un look smart et détendu. Habillez-vous avec soin pour dîner dans les restaurants gastronomiques ; ailleurs, le code est moins strict. Le maillot de bain est à déconseiller hors des plages, notamment en ville.

Épaisseurs : Prenez une polaire, un coupe-vent, un imperméable, un sweat-shirt et même un manteau si vous voyagez en hiver ou si vous visitez les montagnes.

Chaussures : Tongs et sandales sont parfaites pour des vacances à la plage. Mais vous apprécierez des chaussures de marche pour randonner, ainsi que dans les villages de montagne où les rues sont parfois raides et les pavés glissants.

Chapeaux : En été, un couvre-chef est indispensable. Dans les montagnes, un chapeau chaud peut être utile en hiver.

À savoir

Comme les habitants, prenez le temps de siroter un café en terrasse ou de profiter d'un bon repas au restaurant.

Saluez vos amis ou les inconnus d'une bise sur chaque joue (sauf entre hommes).

Si on vous invite, il est bien vu d'apporter une bouteille de vin.

Ne visitez pas les églises pendant la messe ou autres services religieux.

LIRE

Contes de l'Alhambra (Washington Irving, 1832) Entre le récit de voyage et le recueil de contes, l'écrivain américain rend hommage à une Andalousie pleine d'enchantements et de ravissements. L'Alhambra, où résida Irving, se découvre sous un autre jour.

Yerma (Federico García Lorca, 1935) Avec *Noces de sang* et *La Maison de Bernarda Alba*, cette sombre tragédie fait partie des trois pièces de théâtre qui rendirent ce grand dramaturge andalou célèbre.

Léon l'Africain (Amin Maalouf, 1986) Biographie romancée d'un diplomate arabo-andalou né à Grenade. Sa vie fascinante croise les grands événements qui se sont produits en Europe et en Afrique au XVIe siècle.

La Peau du tambour (Arturo Pérez-Reverte, 1997) Thriller captivant d'un romancier à succès qui a pour décor Séville.

L'Andalousie arabe. Une culture de la tolérance (María Rosa Menocal, 2002) Essai sur la tolérance et le raffinement de l'Andalousie arabe.

En quelques mots

"hola" (o-la) signifie "salut".

"buenos días" (*boué*-nos di-*ass*), "bon jour", est une formule de salutation plus formelle ; **"buenas tardes"** (*boué*-nas *tar*-dess), "bon après-midi", s'utilise à partir de midi ; **"buenas noches"** (*boué*-nas *no*-tchess), "bonne soirée/bonne nuit" est de rigueur après 20 h, en arrivant comme en repartant.

Utilisez **"usted"** (ouss-*té*, "vous") pour être poli et **"tu"** (tou) avec les amis et les enfants.

"como está?" (*co*-mo ess-*ta*), "comment ça va ?", sert à saluer des amis.

Vous répondrez **"bien, y usted/tu?"** (bièn, i ouss-*té*/tou) : "Très bien, et toi ?"

"por favor" (por fa-*vor*) est la manière courante de dire "s'il te plaît". On l'utilise aussi au restaurant pour héler le serveur.

"gracias" (*gra*-sias) signifie "merci".

"disculpe" (dé-*scoul*-pé), "excusez-moi", sert à attirer l'attention de quelqu'un.

Dites **"permiso"** (pèr-*mi*-sso) pour vous frayer un passage dans la foule.

"no entiendo" (no ènn-*tiènn*-do) signifie "je ne comprends pas".

"salud!" (sa-*loud*), littéralement "santé", pour porter un toast ou quand quelqu'un éternue.

Au restaurant, si vous voulez essayer la cuisine de la région, demandez **"qué es la especialidad de la casa?"** (ké èss la es-pé-ssia-li-*da* dé la *ca*-ssa).

"socorro!" (so-*co*-ro) signifie "au secours !"

VOIR

La isla mínima (Alberto Rodríguez, 2014) Film policier plein de suspense : des meurtres ont été commis dans le delta du Guadalquivir...

Vivir es facil con los ojos cerrados (David Trueba, 2013) En 1966, trois Espagnols fans de musique partent à la recherche de John Lennon qui tourne un film à Almería.

Indiana Jones et la dernière croisade (Steven Spielberg, 1989) Un classique de Spielberg tourné à la Playa de Mónsul, au Desierto de Tabernas et à Guadix.

ÉCOUTER

Antología (Paco de Lucía, 1995) Une vingtaine de titres de l'incomparable maître de la guitare flamenco.

La leyenda del tiempo (Camarón de la Isla, 1979) La plus grande voix du flamenco contemporain.

Bulería (David Bisbal, 2004) Une pop *andaluz* classique, qui résonne dans toutes les fêtes en été.

La voz de mi silencio (El Barrio, 2007) Le plus grand album du poète urbain flamenco de Cadix.

Salmorejo

À TABLE !

Nul ne peut prétendre connaître véritablement l'Andalousie sans avoir exploré ses provinces avec ses papilles.

Tout Andalou qui se respecte ne parle qu'avec la plus grande fierté des spécialités culinaires et des vins de sa région, fortement influencés par le terrain escarpé et la proximité de la mer. Cœur agricole de la nation, l'Andalousie, pourtant plus pauvre que la plupart des autres régions espagnoles, produit une grande partie des fruits et légumes d'Europe, ainsi qu'un quart de l'huile d'olive vendue dans le monde.

La richesse marine des côtes andalouses a de tous temps été convoitée, en sorte que moult civilisations et envahisseurs passés par là ont laissé leurs empreintes successives dans la gastronomie locale, que ce soient les Phéniciens dans les techniques de pêche ou le monde d'Al-Andalus dans l'emploi des épices.

La cuisine andalouse se distingue par sa simplicité et la qualité des ingrédients utilisés. Il n'en reste pas moins une large place pour l'inventivité : des étals gastronomiques côtoient les *charcuterías* traditionnelles, de nouvelles techniques de viticulture donnent des vins naturels, bio et biodynamiques, et dans les grandes villes des restaurants étoilés au Michelin se mêlent aux *tabernas* et bars à tapas.

Des racines antiques

La proximité de l'Atlantique et de la Méditerranée explique les racines de la cuisine andalouse. Les Phéniciens surent tirer parti de la migration annuelle du thon rouge en mettant au point il y a 3 000 ans *l'almadraba*, la pêche à la madrague. On attribue aux Romains la culture de l'olive et certains pensent que le gaspacho dérive de la *caspa* romaine, un gruau à l'huile d'olive et au pain.

Mais la cuisine andalouse a surtout été façonnée par les Maures, qui y ajoutèrent

Les essentiels

SALMOREJO
Gaspacho garni d'un œuf dur et de *jamón*.

BERENJENAS CON MIEL
Aubergines panées nappées de miel ou de sirop de sucre de canne.

AJOBLANCO
Soupe froide aux amandes et à l'ail, souvent garnie de raisins ou de melon.

JAMÓN IBÉRICO DE BELLOTA
Fierté d'Andalousie, le plus prisé des jambons crus.

l'abricot, l'artichaut, la caroube, le sucre, l'aubergine, le pamplemousse, la carotte et de nombreuses épices inconnues en Espagne avant l'ère nasride. C'est aussi eux qui introduisirent dans le pays le riz et le safran, ingrédients essentiels du plat national espagnol, la paella.

Produits de la terre

Si les Andalous vénèrent le littoral et sa manne maritime, ils affirment surtout, avec raison, que l'huile d'olive et le *jamón* (jambon cru) produits ici sont les meilleurs d'Espagne.

Le *jamón* espagnol, rouge sombre, est marbré de sillons de graisse luisante. Les meilleurs sentent bon la forêt et les champs. Salé et partiellement fumé, il se divise en trois appellations : le *jamón serrano* (porcs blancs), le *jamón ibérico* (porcs noirs autochtones) et le *jamón ibérico de bellota*, appellation la plus recherchée (porcs ibériques nourris aux glands).

Pour les Andalous, saucer l'huile d'olive avec du pain est un rituel quasi religieux. La province de Jaén produit à elle seule plus d'un quart de l'huile d'olive vendue dans le monde. L'huile vierge extra est fabriquée avec le *picual*, variété d'olive légèrement épicée prédominante dans la province de Jaén, et avec la variété *hojiblanca* (aux saveurs fruitées, d'herbes et de noix), surtout cultivée dans les provinces de Málaga et de Séville.

JULIA-BOGDANOVA/SHUTTERSTOCK ©

Ajoblanco

Produits de la mer

Souvent les immenses stations balnéaires de la Costa del Sol n'étaient jadis que de modestes villages de pêcheurs. Hormis le délice saisonnier de thon à l'*almadraba*, la plupart des produits de la mer sont ici merveilleusement bon marché. Les habitants affluent le week-end dans les *chiringuitos* (restaurant de fruits de mer sur la plage) pour des festins de poisson frit ou grillé.

KIKOSTOCK/SHUTTERSTOCK ©

ÉVÉNEMENTS CULINAIRES

Fiestas de Vendimia (p. 140). En septembre, Jerez (Xérès) célèbre les vendanges pendant deux semaines. Au programme : flamenco, spectacles équestres et foulage des premiers raisins.

Ruta del Atún (p. 139). En mai-juin, les villages de pêcheurs de Zahara de los Atunes, Barbate, Conil et Tarifa accueillent des événements gastronomiques autour du thon rouge.

Feria de la Manzanilla (p. 144). Début juin, Sanlúcar est en fête et la *manzanilla* coule à flots.

Gastrojazz (p. 129). Jazz et gastronomie sont célébrés conjointement en juillet à Vejer de la Frontera, un paradis pour gourmets.

Noche del Vino, Cómpeta (p. 213). Le 15 août, Cómpeta fête son vin doux. Le traditionnel foulage des grappes de muscat est suivi de spectacles de flamenco enflammés et de dégustations gratuites.

Fiestas de Vendimia (p. 140)

TARTAR DE ATÚN ROJO
Spécialité saisonnière de tartare de thon rouge légèrement assaisonné.

ESPETOS DE SARDINAS
Brochettes de sardines grillées au gril à charbon sur la plage.

TORTILLITAS DE CAMARONES
Beignets de crevettes à base de farines de blé et de pois chiches, oignon et persil.

FRITURA DE PESCADO
Plateaux de petits poissons frits dont des *boquerones* (anchois) et des *puntillitas* (petits calamars).

Spécialités locales

Chaque région d'Andalousie vous mettra l'eau à la bouche avec d'appétissantes spécialités locales.

Délices de la mer

Pescaíto frito "Poisson frit", littéralement ; poissons finement panés et frits dans de l'huile d'olive extra vierge.
Cazón en adobo Aiguillat (ou roussette, un petit requin) mariné dans du vinaigre, pané avec des épices et frit.
Ortiguillas Anémones de mer frites. Une saveur raffinée à l'image de celle des huîtres.
Boquerones Anchois, frits ou marinés à l'ail, à l'huile d'olive et au vinaigre.
Chanquetes Friture d'éperlans.
Chipirones ou chopitos Petits calamars panés et frits.
Camarones rojas/blancas Crevettes locales (rouges d'Almería et blanches de Huelva) saupoudrées de sel et servies froides avec de la mayonnaise.
Tortillitas de camarones Beignets de crevettes.

Spécialités de viandes

Rabo de toro Ragoût de queue de bœuf.
Puchero Ragoût traditionnel de légumes et pois chiches, avec *pringá* (grillades) servie à part.
Migas Croûtons frits, avec ail, viande, huile d'olive et des abats.
Morcilla Boudin noir (au sang de porc additionné d'épices et parfois de riz).
Callos a la Andaluza Ragoût de tripes aux pois chiches, très apprécié en hiver.

Tortillitas de camarones

Douceurs sucrées

Pan de Cádiz Bonbon de Cadix fourré à la pâte d'amandes.
Buñelos Petits beignets à base de farine, de levure, de lait et de sucre, savourés depuis le Moyen Âge.
Roscos Beignets saupoudrés de sucre, d'origine maure.
Borrachuelos Malagueños Pâtisseries fourrées trempées dans du vin et frites, consommées pendant la Semaine sainte à Málaga.
Castañas asadas Châtaignes rôties au gril à charbon dans des étals de rue, à l'automne.

TABLES D'EXCEPTION

Bagá, Jaén (p. 250). L'original menu-dégustation de Pedro Sánchez associe saveurs locales de saison et vins étonnants.

La Brunilda, Séville (p. 71). Des créations fusion de main de maître pour cette vedette des tapas à Séville, et une superbe carte des vins.

Damasqueros, Grenade (p. 287). Dans le *barrio* de Realejo, la réputée Lola Marín concocte chaque semaine un menu du marché à la gloire du patrimoine culinaire de Grenade.

Casa Manteca, Cadix (p. 135). On se presse au comptoir de cette institution placée sous le signe de la corrida. Commandez une assiette de fromages *payoyo* à la confiture d'asperges.

El Campero, Barbate (p. 139). Le menu-dégustation de 10 plats met en œuvre toutes les parties comestibles du thon rouge.

UNE ANNÉE DANS L'ASSIETTE

PRINTEMPS

Fraises, asperges, artichauts, pois et fèves apparaissent chez les primeurs, tandis que d'autres fruits et légumes mûrissent dans les serres du "grenier de l'Europe". La saison du thon rouge débute sur la côte.

ÉTÉ

Les étals des marchés croulent sous les aubergines, pêches, cerises, abricots, melons et pastèques. Les *espetos* envahissent la côte de mai à octobre.

AUTOMNE

La récolte des olives et les vendanges battent leur plein. Champignons et gibier sont aux menus. Puis c'est la cuisine du cochon avec la préparation du *jamón* entre autres viandes séchées pour l'hiver.

HIVER

On récolte les oranges et on affine les fromages de chèvre et de brebis. Les restaurants servant des ragoûts de viande, c'est le moment de goûter un *rabo de toro* (ragoût de queue de bœuf).

JOSE ALCAIDE FOTOGRAFO/SHUTTERSTOCK ©

L'ART DE...

Visiter un domaine viticole

L'Andalousie est la plus ancienne région viticole du pays, et la viticulture y connaît un nouvel essor ces dernières années. Elle possède des terroirs très variés : campagne vallonnée de Jaén et de Cordoue, versants escarpés des montagnes de Málaga et Grenade, sol aride et semi-désertique d'Almería. Les vignobles, les nouvelles techniques de vinification de vignerons ambitieux et l'apparition des vins biodynamiques, sont très intéressants. Concentrez-vous sur les xérès ou partez à la recherche de la bodega dont la production ravira vos papilles gustatives. De nombreux domaines et bodegas proposent des dégustations et visites guidées, et comprennent parfois d'excellents restaurants mariant vin et mets. Voici quelques conseils pour organiser votre visite.

1. Choisissez une saison

S'il est possible de visiter des vignobles et bodegas produisant du vin toute l'année, privilégiez la fin de septembre ou le début d'octobre pour participer aux vendanges ou à une foire aux vins. Seuls les petits producteurs traditionnels pratiquent encore le foulage aux pieds, mais c'est le bon moment pour assister à l'ensemble de la fabrication.

2. Choisissez la région

L'Andalousie possède six Denominaciónes de Origens (DO) ou Appellations d'origine produisant des vins d'une qualité exceptionnelle : le "triangle du xérès" de Cadix, Sanlúcar de Barrameda (xérès *manzanilla* unique et délicat), montilla-moriles (vins mutés) dans la région de Cordoue, la province de Málaga (vins doux et blancs secs issus des cépages moscatel et pedro ximénez) et les Sierras de Málaga et Condado de Huelva (excellents blancs frais). Il existe aussi 16 *vinos de la tierra*, dont les vins doux d'Almería (p. 309), les assemblages complexes de l'Altiplano (p. 295) dans la région de Grenade, etc.

3. Choisissez un vignoble

Une fois dans une région, cherchez sur Internet les domaines proposant des visites (andalucia.org/fr/eno-gastronomie/le-vin-andalou). Dans les lieux les plus populaires, celles-ci se font dans plusieurs langues, mais il convient de réserver pour une langue étrangère. S'il est facile de réserver la visite de bodegas le jour même à Jerez, mieux vaut s'y prendre à l'avance pour celles de l'Altiplano dans la province de Grenade.

4. Dégustez le vin

Après la visite, forts de vos nouvelles connaissances, l'heure est venue de goûter les vins que vous avez choisis.

VINS NATURELS

Il n'y a pas de définition officielle d'un vin "vivant" (ou "naturel"). Tous les vins contiennent des bactéries. Cependant pour les protéger de celles qui sont mauvaises, il est d'usage d'ajouter des sulfites pour les stabiliser et tuer toutes les bactéries. Selon certains vignerons cette stabilisation artificielle nuit à l'essence même du vin en l'empêchant "d'évoluer". C'est pourquoi les vins vivants sont essentiellement des vins bio sans sulfites. Le fabuleux Jugo Vinos Vivos de Cordoue (facebook.com/quierojugovivo) est spécialisé dans les vins vivants des petits producteurs de toute l'Andalousie (certains accueillent les visiteurs).
Le Duende 2018, le Purulio 2017 et La Traviesa Blanco 2019 sont également des vins naturels.

OWAIN LACEY/SHUTTERSTOCK ©

El Torcal de Antequera (p. 204)

ACTIVITÉS DE PLEIN AIR

Avec son climat ensoleillé toute l'année, son vaste littoral, ses parcs nationaux et ses chaînes de montagnes, l'Andalousie est un véritable terrain de jeu.

Le littoral andalou fera le bonheur des amateurs de sports nautiques. Dans les terres, ascensions vertigineuses et treks longue distance attendent les randonneurs. Dans la station de ski la plus méridionale d'Europe, les casse-cou se mesureront aux parois rocheuses et aux vias ferratas. Il y en a pour tous les goûts en Andalousie !

Randonnée

Que vous soyez un randonneur aguerri souhaitant conquérir le plus haut sommet d'Espagne continentale ou que vous vous contentiez de paisibles balades sur la côte, l'Andalousie possède des sentiers pour toutes les envies. Tous les *parques naturales* et *parques nacionales* d'Andalousie sont sillonnés de chemins bien balisés, offrant aussi bien des itinéraires d'une demi-heure que des ascensions d'une journée ou des aventures au long cours. L'Andalousie est traversée par quelques *senderos de gran recorrido* (GR ; www.fedamon.com), qui permettent de découvrir falaises vertigineuses, oliveraies en terrasses et sommets enneigés.

Pour échapper à la chaleur et éviter les mois pendant lesquels certains sentiers de

Poussées d'adrénaline

CANYONING
Descendez en rappel et faites du toboggan dans des cascades avec Nevadensis (p. 305), dans les Alpujarras.

ESCALADE
Attaquez-vous au spectaculaire El Caminito del Rey (p. 205) ou à l'ascension d'El Torcal de Antequera (p. 204).

VÉLO
Pédalez tranquillement sur la vía verde de Aceite (p. 245) ou faites du VTT dans le Parque Nacional Sierra Nevada (p. 296).

EN FAMILLE

Partez **observer dauphins et baleines** dans le détroit de Gibraltar depuis Tarifa (p. 152).

Découvrez à cheval les villages qui ponctuent les montagnes spectaculaires des Alpujarras (p. 305).

Explorez à vélo un peu de la Sierra de Grazalema le long d'une vía verde (p. 149).

Participez à la **récolte des olives** et découvrez comment on en extrait l'huile d'olive près de Baeza (p. 258).

Faites du **bodyboard** près de la plage principale de Zahara de los Atunes (p. 156).

Paressez sur l'une des **plages de sable blanc** de la Costa del Sol (p. 210).

Faites une **excursion bateau/4x4** dans le Parque Nacional Doñana, près de Sanlúcar (p. 110).

Observez la vie marine bordant la Playa Maro, près de Nerja, lors d'une session **snorkeling** (p. 210).

Explorez les **cavernes souterraines** de Cuevas de Sorbas (p. 327).

montagne sont fermés à cause de la neige, le mieux est de randonner au printemps ou à l'automne. Le balisage, en progrès, reste parfois peu fiable hors des *parques naturales* et *nacionales* et des itinéraires fréquentés comme le GR7 (balisage rouge et blanc ; p. 352). Il est fortement recommandé d'investir dans de bonnes cartes de randonnée des régions que vous souhaitez explorer ; celles d'Editorial Alpina (editorialalpina.com, en espagnol) sont parmi les meilleures.

Vélo

Les parcours les plus sûrs sont les *vías verdes* (viasverdes.com) mises en place sur d'anciennes voies ferrées. Pour le VTT, les lieux les plus prisés sont le Parque Natural Sierras de Cazorla, Segura y Las Villas, La Axarquía et les Alpujarras. Dans le Parque Nacional Sierra Nevada, la spectaculaire Transnevada (450 km) fait le tour du massif, entre 1 500 m et 2 000 m d'altitude.

Kitesurf, planche à voile et surf

Grâce au *levante* et au *poniente*, vents puissants qui balaient le détroit de Gibraltar, la Costa de la Luz (p. 99), dans la province de Cadix, est l'un des lieux les plus prisés d'Europe pour la planche à voile et le kitesurf. Mais les eaux agitées de la Costa de la Luz ne sont pas toujours adaptées aux débutants. La mer est plus calme en mai, juin et septembre, et il y a moins de monde. Tarifa (p. 152) est la capitale européenne de la planche à voile et du kitesurf, tandis que Los Caños de Meca (p. 153), au nord-ouest de Tarifa, attire les fans de surf et de kitesurf. À Tarifa, les écoles de planche à voile et de kitesurf abondent, tenues par des instructeurs professionnels et polyglottes. Pour le surf, les plus belles vagues d'Andalousie sont à El Palmar (p. 157).

Plongée et snorkeling

En Andalousie, plusieurs spots sont propices à l'exploration sous-marine, notamment sur la côte est dans les provinces de Grenade et d'Almería, ainsi qu'autour de Gibraltar, où l'on peut voir des épaves intéressantes. La partie ouest du littoral, avec ses vagues et ses courants puissants, n'est pas pour les novices. Cabo de Gata (p. 318), dans la province d'Almería, est bordé d'eaux abritées et claires permettant d'explorer fonds sablonneux couverts d'algues, grottes, canyons, et même une épave. La Costa Tropical (p. 307), dans la province de Grenade, est un excellent spot accessible toute l'année, avec eaux chaudes, poissons de récif et coraux, tandis que les eaux calmes et peu profondes bordant La Herradura (p. 307) sont idéales pour les débutants.

SKI ET SNOWBOARD
Avec 110 km de pistes, la Sierra Nevada (p. 304) est le domaine skiable le plus méridional d'Europe.

PARAPENTE
Survolez le Parque Natural Sierra de Grazalema (p. 147) ou El Yelmo (p. 263), dans la province de Jaén.

ÉQUITATION
Enfourchez une monture sur les sentiers de montagne de la Sierra Nevada (p. 305).

VIAS FERRATAS
Suivez RSG Aventura (p. 147), dans la Sierra de Grazalema, et Nevadensis (p. 305) dans la Sierra Nevada.

LES MEILLEURS SPOTS

Où trouver les meilleures activités de plein air d'Andalousie

Kitesurf/planche à voile

1. Plage de Tarifa (p. 152)
2. Playa de los Lances (p. 153)
3. Playa de Valdevaqueros (p. 153)
4. Los Caños de Meca (p. 153)
5. Palmones (p. 153)

Aventures extrêmes

1. Cuevas de Sorbas (p. 327)
2. Zero Gravity, Sierra de Grazalema (p. 147)
3. Nevadensis, Sierra Nevada (p. 305)
4. Pradollano (p. 304)
5. El Torcal de Antequera (p. 204)
6. Gruta de las Maravillas (p. 102)

Observation de la faune

1. Parque Nacional de Doñana (p. 109)
2. Tarifa (p. 152)
3. Parque Nacional Sierra Nevada (p. 296)
4. Parque Natural Sierras de Cazorla, Segura y las Villas (p. 259)
5. Parque Natural Cabo de Gata-Níjar (p. 318)
6. Parque Natural Sierra de Grazalema (p. 146)

Randonnée

1. Parque Nacional Sierra Nevada (p. 296)
2. Parque Natural Sierras de Cazorla, Segura y las Villas (p. 259)
3. Parque Natural Cabo de Gata-Níjar (p. 318)
4. Parque Natural Sierra de Grazalema (p. 146)
5. Sierra Norte (p. 91)
6. Bosques del Sur (p. 259)
7. Caminito del Rey (p. 205)

Snorkeling/plongée

1. Playa de Maro (p. 211)
2. La Herradura (p. 307)
3. "La Chocolita" (p. 318)
4. Cueva del Francés (p. 318)
5. Playa La Isleta (p. 318)
6. Piedra de los Meros (p. 318)
7. Cala los Amarillos (p. 318)

ANDALOUSIE

SUR LA ROUTE

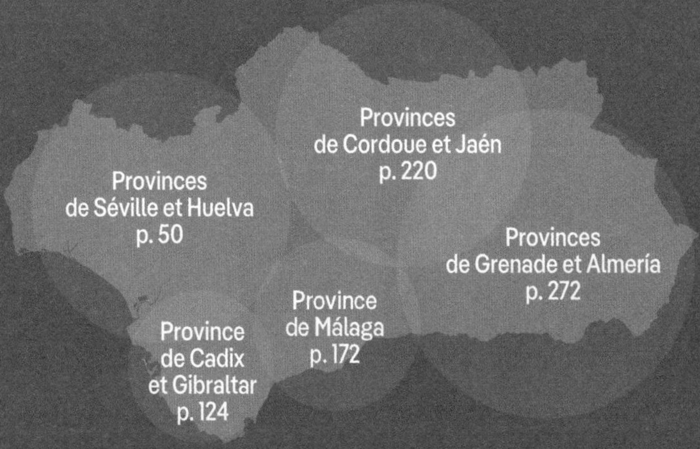

Les chapitres de cette partie s'organisent autour des sites essentiels, qui pourront vous servir de base pour partir à la découverte des environs. Vous y trouverez toutes nos recommandations ainsi que des conseils d'habitants de la région pour vivre des expériences uniques.

Alcázar de los Reyes Cristianos (p. 231)

VICPHOTORIA/SHUTTERSTOCK ©

Plaza de España (p. 69)

SITES PRINCIPAUX

SÉVILLE
Un condensé d'Espagne. p. 56

CARMONA
Forts et architecture mudéjare. p. 81

CONSTANTINA ET CAZALLA
Randonnées dans la nature sauvage. p. 90

PROVINCES DE SÉVILLE ET HUELVA

MERVEILLES MUDÉJARES ET PAYSAGES RURAUX

Envoûtante capitale andalouse brillant par son patrimoine architectural et artistique, ses fêtes religieuses pleines de ferveur et son flamenco, Séville forme le cœur d'une région qui compte aussi des terres agricoles, des espaces naturels sauvages et des plages isolées.

Si Itálica, non loin, fut la première cité romaine d'Espagne, Séville connut son véritable essor sous le règne d'une succession de souverains musulmans. Les Abbadides (XIe siècle), puis les Almohades (XIIe siècle), en firent la capitale de l'État le plus prospère, puissant et cultivé du sud de la péninsule Ibérique.

Au Siècle d'or, marqué par un catholicisme farouche et des conflits sanglants, Séville demeura l'une des plus grandes villes d'Europe. C'est là qu'une bonne part des richesses rapportées du Nouveau Monde arrivèrent en bateau par le Guadalquivir à la suite du premier voyage transatlantique de Christophe Colomb, qui avait embarqué près de Huelva.

Même le flamenco, emblème artistique incontestable de l'Andalousie, connut sa période faste à Séville, au XIXe siècle. Les nombreux *tablaos* où l'on peut aujourd'hui boire un verre en assistant à un spectacle sont en effet les héritiers des *cafés cantantes*, dont le premier fut ouvert par le légendaire *cantaor* Silverio Franconetti. Les chants passionnés, les claquements de mains trépidants et le rythme saccadé des talons sur les planches en bois résonnent toujours dans l'air torride de Séville comme de Huelva.

L'arrière-pays des deux provinces, sauvage et arboré, abrite des réserves naturelles, le plus vaste parc national d'Espagne et de belles plages tranquilles.

HUELVA
Plages moins fréquentées et navires de Christophe Colomb. p. 95

ARACENA
Charmante bourgade montagnarde. p. 101

PARQUE NACIONAL DE DOÑANA
Refuge des lynx et des flamants. p. 109

S'orienter

La Sierra Morena traverse en diagonale l'ouest de l'Andalousie, séparant l'arrière-pays verdoyant au relief vallonné des plaines chaudes et arides où se concentrent les terres agricoles et les principales villes. À vous de choisir le paysage qui convient à votre rythme.

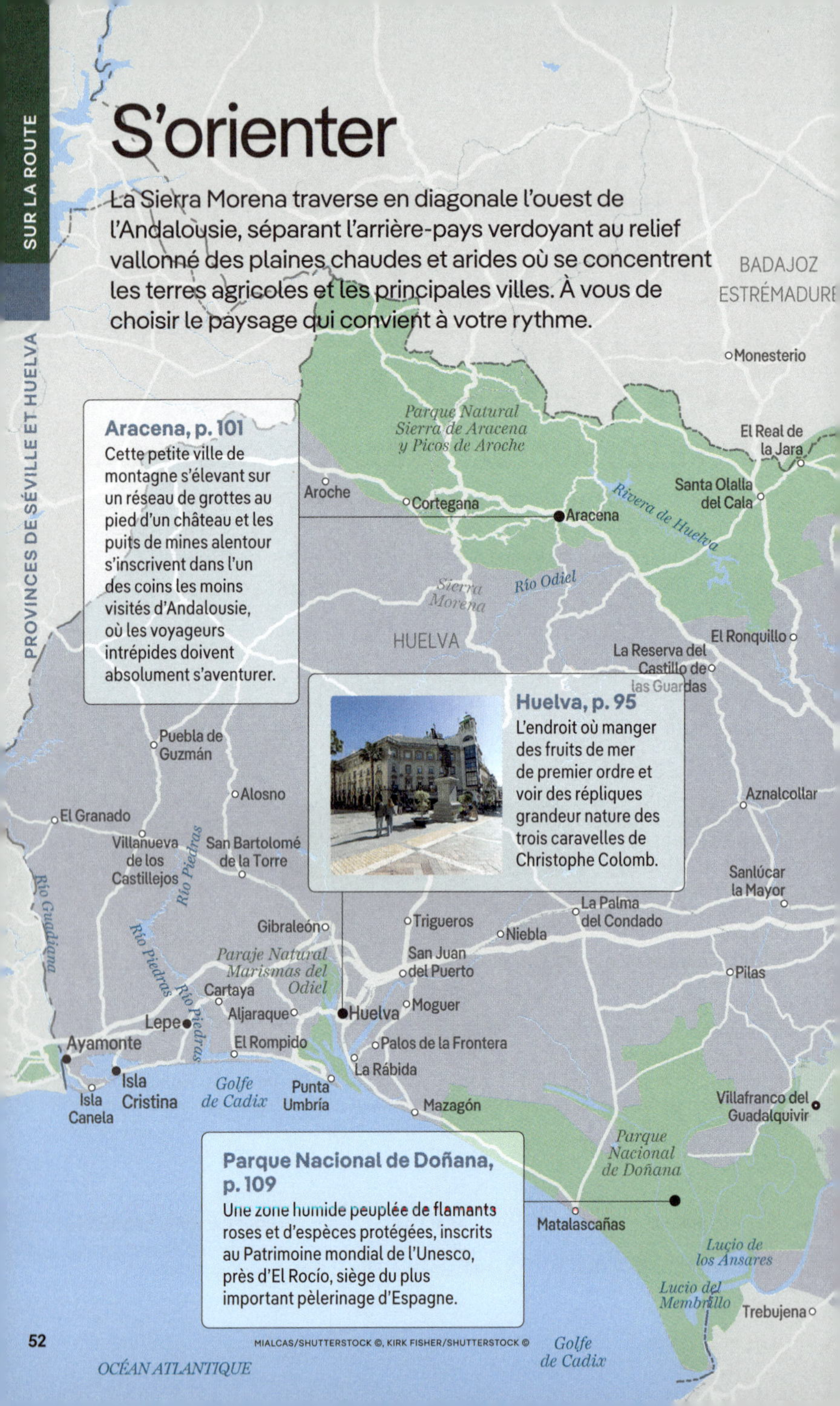

Aracena, p. 101

Cette petite ville de montagne s'élevant sur un réseau de grottes au pied d'un château et les puits de mines alentour s'inscrivent dans l'un des coins les moins visités d'Andalousie, où les voyageurs intrépides doivent absolument s'aventurer.

Huelva, p. 95

L'endroit où manger des fruits de mer de premier ordre et voir des répliques grandeur nature des trois caravelles de Christophe Colomb.

Parque Nacional de Doñana, p. 109

Une zone humide peuplée de flamants roses et d'espèces protégées, inscrits au Patrimoine mondial de l'Unesco, près d'El Rocío, siège du plus important pèlerinage d'Espagne.

VOITURE

Nous vous conseillons de louer un véhicule si vous souhaitez vous éloigner des principaux centres urbains, en particulier pour rejoindre la Sierra Morena, plus loin au nord. Vous pourrez ainsi apprécier le charme de l'Andalousie rurale et profiter de ses paisibles villages et de ses plages retirées.

BUS

Séville constitue la plaque tournante des transports dans la région. Des bus réguliers empruntent les routes en direction d'Osuna, Carmona, Huelva et Aracena. Deux compagnies, Alsa et Damas, relient Séville et Huelva au reste de l'Andalousie, de même qu'à d'autres grandes villes d'Espagne et du Portugal.

TRAIN

La Renfe assure une bonne desserte de Séville depuis Madrid, ainsi que de nombreuses liaisons quotidiennes avec Cadix, Cordoue, Huelva et Málaga. Des trains régionaux Media Distancia rallient en outre des villes de moindre importance et la Sierra Norte.

Constantina et Cazalla, p. 90
Ces ravissants *pueblos blancos* se nichent dans un écrin de coteaux verdoyants, sillonnés de sentiers pédestres et cyclables sur le tracé d'anciennes voies ferrées minières.

Carmona, p. 81
Dominant la plaine poussiéreuse, les forts, palais, églises mudéjares et nécropole romaine de Carmona en font une petite Séville.

Séville, p. 56
Dans un air aux parfums d'orangers, la somptueuse capitale andalouse exhibe des trésors d'architecture mudéjare, des jardins luxuriants et la plus grande cathédrale gothique au monde.

Planifier son séjour

Les voyageurs pressés peuvent passer quelques jours à Séville pour découvrir les lieux qui font la fierté de l'Espagne, les autres explorer des ruines romaines, une portion de côte méconnue ou des belles terres vallonnées.

Barrio Santa Cruz (p. 64)

Si vous avez deux jours

- **Séville** (p. 56) réunit de nombreuses facettes de la culture andalouse. Commencez par une promenade dans les étroites rues pavées du Barrio Santa Cruz, puis contemplez les toits de la ville du haut de la Giralda, le célèbre clocher de la **cathédrale** (p. 60). L'après-midi, vous trouverez un peu d'ombre dans le **Parque de María Luisa** (p. 69), un espace vert paysager qui englobe la **Plaza de España** (p. 69) et d'autres sites phares.

- Le jour suivant, visitez le **Real Alcázar** (p. 62) de bonne heure, avant de consacrer l'après-midi à la partie nord du centre pour admirer les chefs-d'œuvre de l'art espagnol du **Museo de Bellas Artes** (p. 72) et l'architecture contemporaine de **Las Setas** (p. 68). Couronnez le tout par un vibrant spectacle de **flamenco** (p. 64).

Au fil des saisons

Le printemps et l'automne combinent idéalement ambiance et climat agréable. En été, intégrez des siestes à votre emploi du temps pour éviter d'être dehors aux heures les plus chaudes de la journée.

MARS

L'arrivée du printemps se traduit par un temps propice pour randonner sur les sentiers de la Sierra Norte et d'Aracena.

MARS-AVRIL

La Semana Santa (Semaine sainte) célébrée à Séville est la plus fervente et spectaculaire d'Espagne.

AVRIL

Lors de la Feria de Abril, les *Sevillanos* revêtent leurs costumes traditionnels et défilent dans les rues à cheval.

Si vous avez une semaine

- Après deux journées à Séville, louez une voiture pour rejoindre **Carmona** (p. 81) et son riche patrimoine historique. Continuez ensuite vers l'est à destination d'**Écija** (p. 86), hérissée de tours. Le lendemain, gagnez le joli *pueblo blanco* de **Constantina** (p. 90) dans la **Sierra Norte** (p. 91), puis roulez à travers les forêts de chênes-lièges jusqu'au **Castillo de Alanís** (p. 94), d'où l'on jouit d'une vue panoramique.

- Reprenez la direction de Séville pour voir les ruines romaines d'**Itálica** (p. 79) sur la route du village d'**El Rocío** (p. 112), haut lieu de pèlerinage. De là, participez à une excursion guidée en 4x4 dans le **Parque Nacional de Doñana** (p. 109) à la rencontre des lynx ibériques et des flamants.

Si vous avez plus de temps

- Après avoir visité plus amplement Séville, ralliez l'arrière-pays de la **province de Huelva** (p. 97) pour vous extasier devant la magnifique mosquée d'**Almonaster la Real** (p. 106) et la fascinante **Gruta de las Maravillas** (p. 102) sous le château d'**Aracena** (p. 102). Promenez-vous ensuite dans Cortegana et profitez du panorama depuis son château (p. 104) avant de sauter dans le train qui longe les eaux rouges du Río Tinto au départ de Minas de Riotinto (p. 105).

- Près de **Huelva** (p. 95), montez à bord des répliques des trois caravelles de Christophe Colomb à **La Rábida** (p. 98). Enfin, visitez la maison du prix Nobel de littérature Juan Ramón Jiménez à **Moguer** (p. 98) ou foulez le sable des **plages** (p. 99) de Huelva.

MAI

Le week-end de la Pentecôte, un million de pèlerins viennent vénérer une statuette de la Vierge lors de la Romería del Rocío.

JUIN

Tandis que la température augmente, il est temps de mettre le cap sur les plages de la côte de Huelva.

SEPTEMBRE

Les années paires, des milliers de spectateurs assistent à la Biennale de flamenco, un événement de premier plan.

NOVEMBRE

Des flamants roses et autres oiseaux aquatiques investissent les zones humides du Parque Nacional de Doñana.

SÉVILLE

L'éblouissante capitale de l'Andalousie constitue une formidable introduction à la région. Son riche mélange de cultures et d'époques historiques se manifeste partout, des magnifiques monuments de style mudéjar aux notes enfiévrées du flamenco et jusque dans la vie nocturne qui bat son plein dans les bars et les *bodegas*, animant les places et les ruelles pavées.

Plusieurs grandes civilisations – les Romains, les Maures et l'Empire espagnol des Rois Catholiques – ont laissé leur empreinte. De même pour les communautés juive et gitane. Cette diversité règne aussi bien dans l'architecture que dans la culture et la cuisine. Des rues aux effluves d'oranger, des palais aristocratiques et des édifices classés au Patrimoine mondial de l'Unesco, comme l'imposante cathédrale gothique, témoignent aujourd'hui encore du passé glorieux de la ville.

Pour les infos pratiques, voir le Carnet d'adresses p. 114

À SAVOIR

Afin d'éviter les files d'attente, pensez aux billets coupe-file séparés proposés par les monuments ou bien aux deux pass touristiques de la ville, le Digital Pass et le Super Combi (achat en ligne et sans durée de validité).

UNE PETITE PAUSE ?

Il existe près de la cathédrale quantité d'endroits où faire un break. Voici nos recommandations.

La **Bodega Santa Cruz**, ouverte du petit-déjeuner jusque tard le soir, sert café, bières et tapas variées, y compris à emporter. Plus historique, la **Casa Morales** est un joyeux bar à tapas en activité depuis 1850, réputé pour son xérès, ses *albondigas* (boulettes de viande) et ses *croquetas*.

Cathédrale et Giralda

L'EMBLÈME ARCHITECTURAL DE SÉVILLE

L'histoire de la cathédrale remonte au XVe siècle, mais les premières manifestations du culte chrétien sur ce site datent du XIIIe siècle. En 1248, le roi castillan Ferdinand III reprit Séville aux souverains almohades et convertit leur superbe mosquée du XIIe siècle en église. En 1401, les autorités ecclésiastiques de la ville décidèrent de remplacer le bâtiment, victime d'un séisme en 1356, par une nouvelle cathédrale spectaculaire : "Nous allons édifier une église si vaste que les générations futures nous traiteront de fous", auraient déclaré les bâtisseurs.

Le résultat époustouflant atteste de la ferveur religieuse d'alors. La cathédrale gothique que l'on peut voir aujourd'hui, officiellement dénommée **Santa María de la Sede** (Notre-Dame du Siège), peut ainsi se targuer d'être le plus grand monument gothique au monde. Les immenses arcs-boutants et les ornementations de la façade font un parfait écrin pour les chefs-d'œuvre visibles à l'intérieur.

Les visiteurs munis de billets achetés en ligne entrent par la **Puerta del Lagarto** (voir plan p. 61). En levant les yeux, vous apercevrez un crocodile empaillé suspendu au plafond, réplique d'un cadeau offert par le sultan d'Égypte à Alphonse X de Castille vers 1260. Tout de suite à gauche, un escalier monte en pente douce jusqu'au sommet de la **Giralda**, l'ancien minaret de la mosquée almohade transformé en clocher, d'où l'ample panorama sur Séville vous récompensera de vos efforts. Cette tour en brique, haute de 104 m, est l'un des joyaux de

La Giralda

l'architecture musulmane en Espagne. La girouette en bronze, connue sous le nom d'**El Giraldillo**, représente la foi ; elle est devenue le symbole de Séville.

Une fois redescendu, procédez dans le sens des aiguilles d'une montre. La **Capilla Real**, souvent fermée, abrite d'importantes sépultures royales, dont la châsse en argent contenant la sainte dépouille de Ferdinand III, le conquérant chrétien de la ville.

La série de salles sur la gauche recèle des fleurons de la peinture espagnole. On peut voir notamment un tableau de Goya représentant les saintes Juste et Rufine (1818) dans la Sacristía de los Cálices, la *Sainte Thérèse d'Avila* (vers 1650) de Zurbarán dans la Sacristía Mayor et la resplendissante *Immaculée Conception* (1667) de Murillo dans la Sala Capitular.

En face de la Puerta del Príncipe se tient le **tombeau de Christophe Colomb**, un catafalque soutenu par trois statues. Des tests ADN réalisés en 2006 ont confirmé que les restes humains à l'intérieur étaient bien ceux de l'illustre navigateur.

La **Capilla Mayor**, au cœur de la cathédrale, renferme la pièce maîtresse, un immense retable illustrant des scènes de l'Ancien et du Nouveau Testament : cet ensemble de boiseries

AUTRE ÉGLISE INCONTOURNABLE

Un billet combiné permet de visiter la cathédrale et la **Iglesia Colegial del Divino Salvador,** une grande église baroque (p. 66) aux nombreux retables sculptés scintillant d'or.

OÙ SE LOGER DANS LE BARRIO SANTA CRUZ

Hotel Alfonso XIII
Datant de 1928, cette institution locale arbore une façade néomudéjare en briques et carreaux vernissés. **€€€**

Pensión San Pancracio
Des chambres sans prétention, avec salles de bains partagées, dans le cœur historique de Séville. Réservez à l'avance. **€**

Legado Alcázar
Des chambres haut de gamme aux poutres apparentes et balcon. L'Alcázar est tout proche. **€€€**

VOIR

1 Acuario de Sevilla
2 Alameda de Hércules
3 Antigua Fábrica de Tabacos
4 Archivo General de Indias
5 Barrio de Santa Cruz
6 Basílica de La Macarena
7 Capilla de San José
8 Casa de Pilatos
9 Casa de Salinas
10 Castillo de San Jorge
11 Cathédrale et Giralda
12 Centro Andaluz de Arte Contemporáneo
13 Centro Cerámica Triana
14 Hospital de la Caridad
15 Hospital de los Venerables Sacerdotes
16 Iglesia Colegial del Divino Salvador
17 Iglesia de San Luis de los Franceses
18 Iglesia de Santa Ana
19 Metropol Parasol
20 Museo Antiquarium
21 Museo Arqueológico
22 Museo Casa de la Ciencia
23 Museo de Artes y Costumbres Populares
24 Museo de Bellas Artes
25 Museo del Baile Flamenco
26 Pabellón de la Navegación
27 Palacio de la Condesa de Lebrija
28 Palacio de las Dueñas
29 Parque de María Luisa

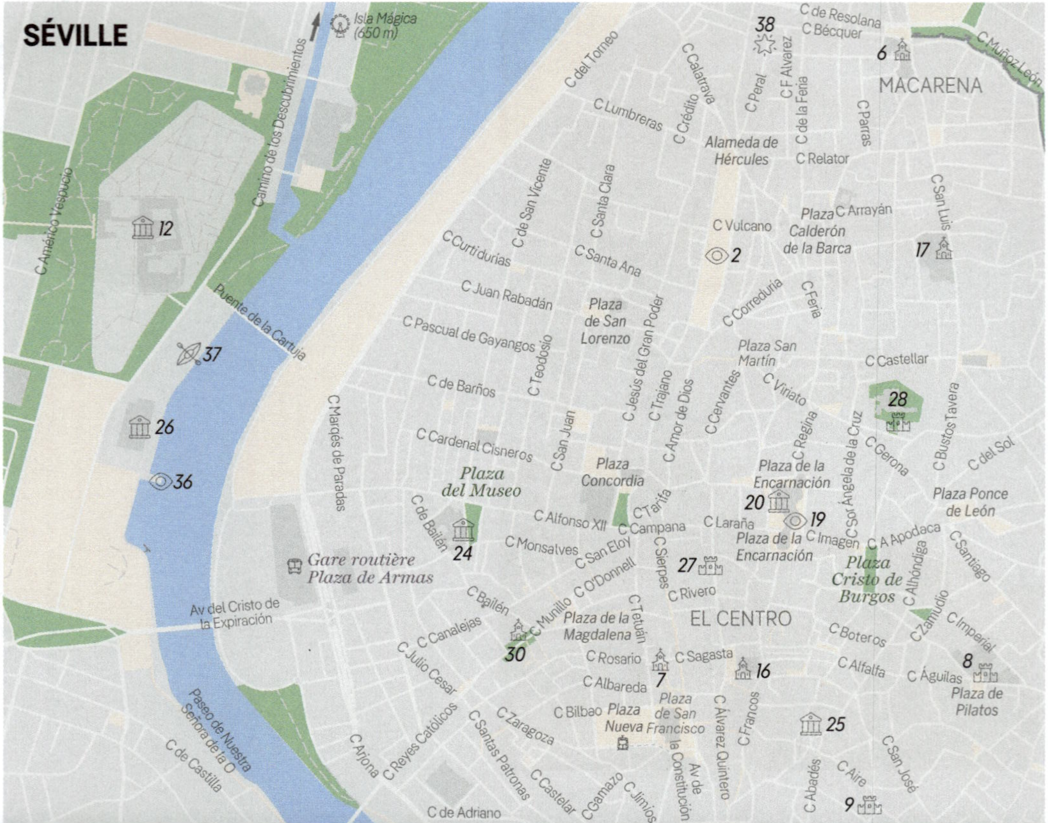

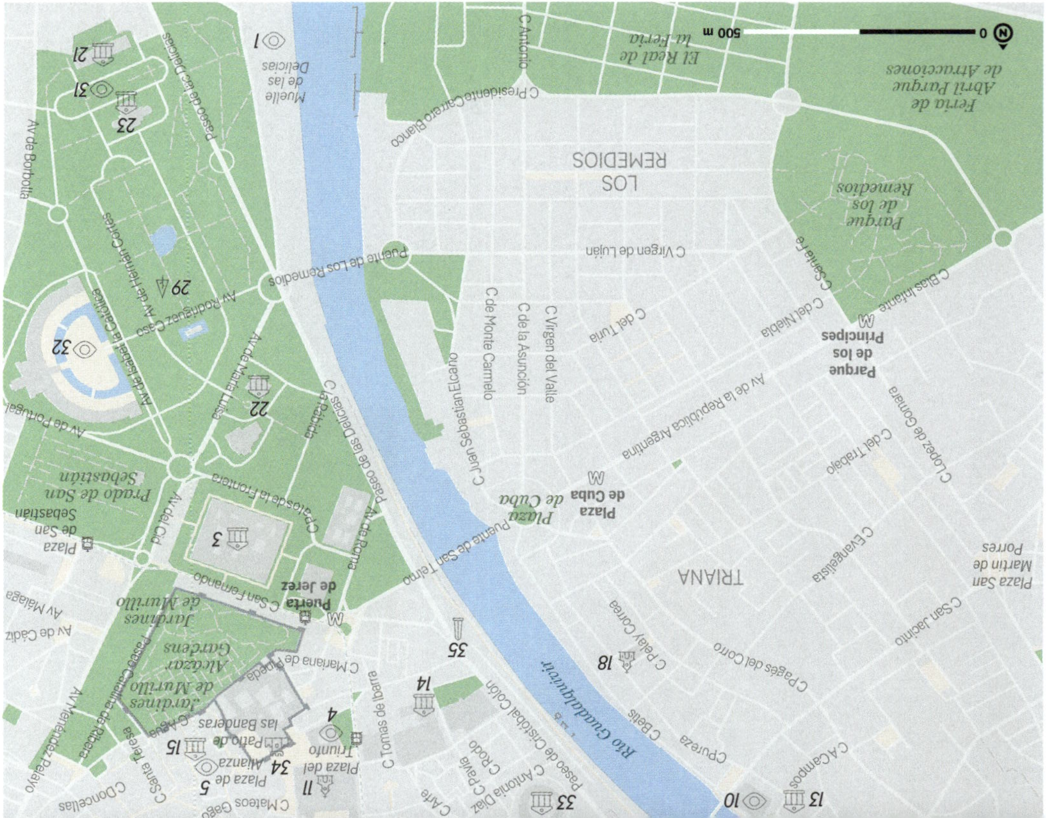

30 Parroquia de Santa María Magdalena
31 Plaza de América
32 Plaza de España
33 Plaza de Toros de la Real Maestranza
34 Real Alcázar
35 Torre del Oro
36 Torre Schindler

ACTIVITÉS
37 Kayak Sevilla
38 Taller Flamenco

Acuario de Sevilla (p. 70)

ANIBAL TREJO/SHUTTERSTOCK ©

La cathédrale de Séville

CE QU'IL FAUT VOIR

En 1402, les architectes de Séville édifièrent la cathédrale, l'un des bâtiments les plus grandioses de l'histoire médiévale, animés par la volonté que les générations futures soient sidérées par ses dimensions et sa beauté. Achevée en 1506, elle demeure aujourd'hui la plus grande cathédrale gothique du monde.

Pour éviter de se perdre, le mieux est de se repérer par rapport aux éléments majeurs. Juste après le portail sud (entrée principale) se trouve le monumental **1 tombeau de Colomb**. De là, tournez à droite vers l'angle sud-est pour découvrir des trésors artistiques : un Goya dans la Sacristía de los Cálices, un Zurbarán dans la **2 Sacristía Mayor** et la superbe *Inmaculada* de Murillo dans la Sala Capitular. Longez la paroi est de la cathédrale pour atteindre la **3 Capilla Real**, souvent fermée, qui abrite d'importantes sépultures royales. Vous serez alors irrésistiblement attiré par la **4 Capilla Mayor** et son magnifique retable. Dissimulée dans l'angle nord-ouest, la **5 Capilla de San Antonio** conserve un légendaire Murillo. La gigantesque **6 Puerta de la Asunción**, en face, est généralement close. Dirigez-vous ensuite vers la **7 Giralda**, tout en admirant au passage les plafonds voûtés. Après avoir contemplé de haut l'étendue du sanctuaire, redescendez et sortez par le **8 Patio de los Naranjos**.

BON À SAVOIR

- Ne tentez pas de visiter l'Alcázar et la cathédrale le même jour. Il y a beaucoup trop à voir.
- Prenez le temps d'admirer la cathédrale de l'extérieur et notamment de nuit, vue de la Plaza Virgen de los Reyes ou de la rive opposée du fleuve, à Triana.
- Évitez la file d'attente en réservant vos billets en ligne ou en les achetant à l'Iglesia Colegial del Divino Salvador (p. 66).

TRABANTOS / SHUTTERSTOCK ©

Capilla de San Antonio
Il faudra chercher parmi les 80 chapelles pour débusquer cette sublime *Vision de saint Antoine* peinte par Murillo en 1656. Dérobée en 1874, l'œuvre fut ensuite retrouvée et restaurée.

Patio de los Naranjos
Une soixantaine d'orangers sévillans parfument ce patio ceint de murs fortifiés, un vestige de la mosquée du XIIe siècle. La sortie s'effectue par la Puerta del Perdón, sous l'arc en fer à cheval.

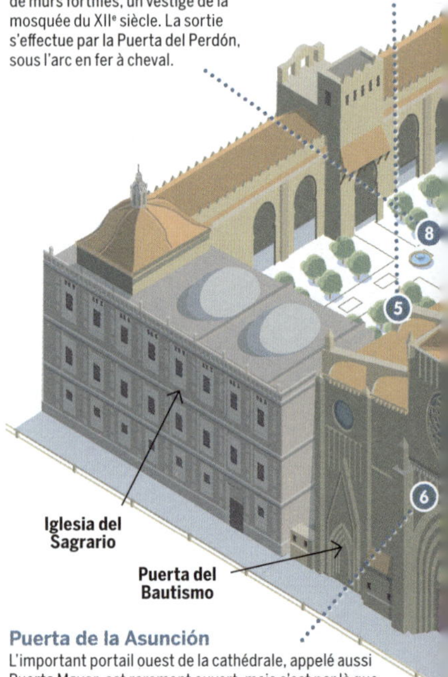

Puerta de la Asunción
L'important portail ouest de la cathédrale, appelé aussi Puerta Mayor, est rarement ouvert, mais c'est par là que passent les processions solennelles des *hermandades* (confréries) catholiques pendant la Semana Santa.

JUANMA / STOCK.ADOBE.COM ©

Giralda

Une série de 35 rampes mène au sommet de ce minaret du XIe siècle recouvert d'un beffroi gothico-baroque. Haut de 104 m, il constitue depuis longtemps le symbole de Séville.

Capilla Mayor

Un plaisir pour les yeux ! Au centre de la cathédrale se cache son plus grand trésor, un magnifique retable doré narrant différentes scènes de la vie du Christ. L'œuvre d'une vie, celle de l'artiste flamand Pieter Dancart.

Capilla Real

La chapelle royale, impressionnante mais souvent fermée, est dédiée à la Virgen de los Reyes (Vierge des Rois). La châsse en argent renferme la sainte dépouille du conquérant chrétien de la ville, Ferdinand III, et celle de son fils, Alphonse le Sage.

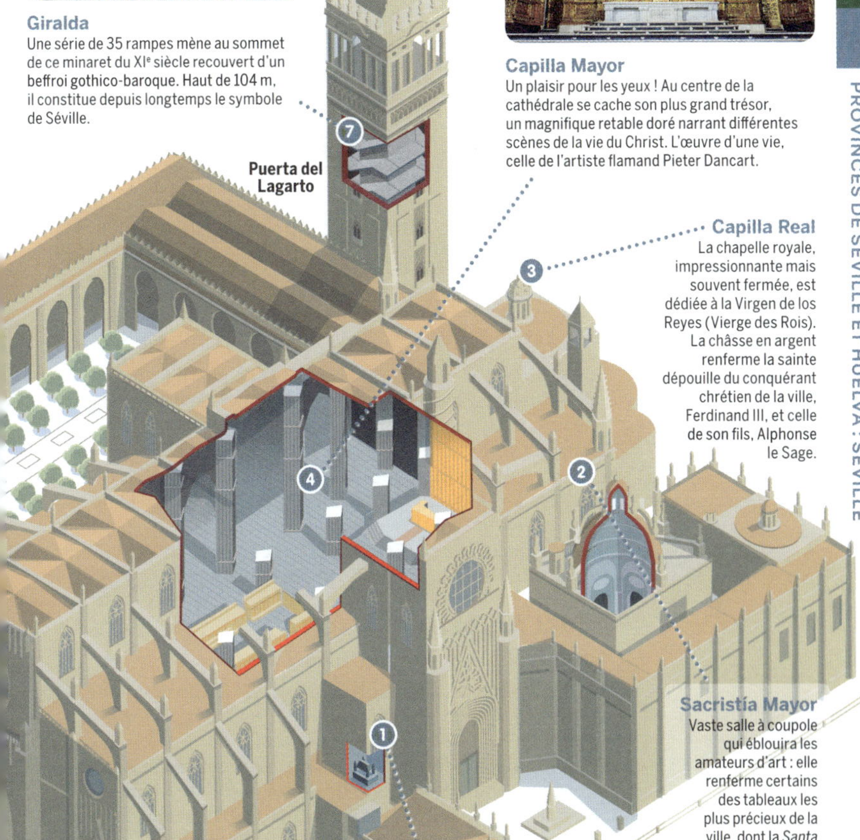

Sacristía Mayor

Vaste salle à coupole qui éblouira les amateurs d'art : elle renferme certains des tableaux les plus précieux de la ville, dont la *Santa Teresa de* Zurbarán et le *Descendimiento* (Descente de croix) de Pedro de Campaña, mais aussi la clé de la ville, prise en 1248.

Tombeau de Christophe Colomb

Inhumée à Valladolid en 1506, la dépouille de Christophe Colomb fut déplacée quatre fois avant d'arriver à Séville en 1898, dans un catafalque richement sculpté.

POURQUOI J'AIME SÉVILLE

Paul Stafford, auteur Lonely Planet. *@paulrstafford*

Une nuit, après être sorti tard à l'Alameda, alors que je traversais la Plaza del Triunfo devant la cathédrale pour rentrer chez moi, j'ai croisé deux personnes en tenue de flamenco qui dansaient sous la lune, pour eux seuls, sur une musique venant d'un téléphone portable. Pour moi, cet épisode résume parfaitement Séville, où, à côté des nombreux monuments célèbres, la récompense du voyageur réside surtout dans des petits instants volés. Il y a tant de détails et de génie artistique partout. C'est comme si chacun tenait à ne laisser ici que le meilleur de lui-même. À ce titre, les moments qui touchent le plus sont souvent ceux auxquels on s'attend le moins.

WIRESTOCK CREATORS/SHUTTERSTOCK ©

Real Alcázar

polychromes et de dorures est sculpté de plus d'un millier de personnages. Entamée en 1482, cette œuvre de Pieter Dancart ne fut achevée que 80 ans plus tard, bien longtemps après la mort du sculpteur flamand.

Seules quelques parties de la cathédrale conservent des aspects de la mosquée d'origine. C'est le cas du **Patio de los Naranjos**, qui contient soixante-six orangers et une fontaine wisigothique, et de la **Puerta del Perdón** donnant sur la Calle Alemanes. Vous traverserez les deux pour sortir.

Real Alcázar

MERVEILLE D'ARCHITECTURE CHRÉTIENNE ET MUDÉJARE

Ce magnifique labyrinthe de palais et de jardins somptueux, classé au Patrimoine mondial de l'Unesco, vous occupera plusieurs heures.

À l'origine forteresse bâtie en 913 par le calife omeyyade de Cordoue, Abd al-Rahman III, l'ensemble a été maintes fois remanié par les souverains successifs au fil de ses onze siècles d'existence, d'où une combinaison de styles variés.

L'entrée se fait par la **Puerta del León** (porte du Lion) de couleur ocre rouge, sur la Plaza del Triunfo, qui mène à une

OÙ SE LOGER DANS LE BARRIO SANTA CRUZ

Hotel Puerta de Sevilla
Un bâtiment moderniste de 1929 renfermant des chambres aussi douillettes qu'impeccables. **€€**

Hotel Casa 1800
Dans une vieille demeure majestueuse à deux pas de la cathédrale et de l'Alcázar. Thé offert l'après-midi. **€€€**

Hotel Amadeus
Mobilier d'époque et classieux jacuzzi sur le toit-terrasse, au cœur de l'ancienne *judería* (quartier juif). **€€€**

petite cour. À gauche de celle-ci se tient la **Sala de la Justicia** (salle de Justice), réalisée dans les années 1340 et ornée de beaux stucs mudéjars et d'un plafond *artesonado* (à caissons). De l'autre côté, la salle donne sur le joli **Patio del Yeso** doté d'une fontaine remplie de poissons rouges, vestige du palais almohade du XIIe siècle reconstruit au XIXe siècle.

Le **Patio de la Montería** (cour de la Chasse) doit son nom au fait que les veneurs s'y rassemblaient à cheval avant les parties de chasse du roi Pierre Ier (1350-1369). Les salles situées à l'ouest de la cour appartenaient à la **Casa de la Contratación** (chambre de commerce), fondée en 1503 pour contrôler le négoce avec les colonies espagnoles d'Amérique.

Fleuron de l'architecture mudéjare, le **Palacio de Don Pedro** qui domine le Patio de la Montería constitue sans doute le monument le plus extraordinaire de Séville. Construit à la demande de Pierre Ier entre 1356 et 1366, il est une synthèse unique de l'art ibéro-musulman : des artisans nasrides venus de Grenade et des charpentiers mudéjars de Tolède collaborèrent à sa création. L'édifice s'organise autour du merveilleux **Patio de las Doncellas** (cour des Demoiselles), entouré d'arcades et décoré de dentelles de stuc et d'azulejos. En 2004, des archéologues ont mis au jour un jardin enfoui au centre du patio, jusque-là dissimulé sous des dalles de marbre du XVIe siècle. Parmi les incontournables du palais figurent le **Cuarto del Principe** (chambre du Prince), qui possède une superbe coupole dorée, et le spectaculaire **Salón de Embajadores** (salon des Ambassadeurs) ancienne salle du trône de Pierre Ier, dont la coupole en bois, parée de multiples motifs en étoile symbolisant l'Univers, fut ajoutée en 1427.

Au niveau supérieur, le **Cuarto Real Alto** est visible dans le cadre de visites guidées payantes, sauf quand la famille royale y réside. Parmi les temps forts de la visite figurent le Salón de Audiencias du XIVe siècle, qui est toujours la salle d'audience et de réception du roi, et la chambre de Pierre Ier, avec ses splendides carreaux de céramique mudéjars et ses décorations en stuc. D'un style radicalement différent, le **Palacio Gótico** d'Alphonse X date du XIIIe siècle mais a subi de nombreuses transformations. Il abrite en particulier les **Salones de Carlos V** (XVIe siècle), baptisés du nom de Charles Quint pris par Charles Ier après son accession au trône du Saint Empire romain germanique.

À l'extérieur se déploient les **jardins de l'Alcázar**, agrémentés de bassins et de fontaines à l'ombre de

BARS INSOLITES DE SÉVILLE

El Garlochi
Goûtez le *sangre de Christo* (sang du Christ), cocktail phare de ce bar conçu pour ressembler à une église baroque.

La Carbonería
Vins rouges, bières et en-cas servis dans un ancien entrepôt de charbon, où des spectacles de flamenco impromptus ont lieu à l'occasion.

Pecata Mundi
Le comptoir en bois et les murs carrelés composent un décor apparemment classique, rendu plus insolite par des masques en papier mâché et des crânes de chèvres.

AUTRE ÉDIFICE MUDÉJAR

La **Casa de Pilatos** (p. 67), une demeure nobiliaire du XVIe siècle toujours habitée, évoque un Alcázar miniature, la foule en moins. Elle affiche un remarquable mélange d'architectures mudéjare, gothique et Renaissance, avec de superbes céramiques et plafonds *artesonados*, ainsi que des jardins topiaires.

OÙ SE LOGER DANS LE CENTRE ET L'ARENAL

Hotel Casa de Colón
Hôtel à la décoration intérieure néomudéjare – carreaux en céramique, vitraux –, près de la cathédrale. €€€

Santiago 15 Hotel Casa Palacio
Hall à colonnes et chambres spacieuses au mobilier d'une élégante originalité. €€

La Banda
Une adresse toujours prisée pour son toit en terrasse, son personnel sociable et ses événements le soir. €

OÙ ASSISTER À UN SPECTACLE DE FLAMENCO

La Casa del Flamenco
Un spectacle envoûtant, qui présente trois styles de flamenco et un solo de guitare en vedette.

Pura Esencia
Les *tablaos* comme celui-ci marchent fort à Triana, bastion de la culture gitane.

Casa de la Guitarra
Cet espace décoré de vieilles guitares propose un mélange équilibré de danse, chant et morceaux instrumentaux.

Teatro Flamenco Sevilla
Des programmations plus grandioses avec davantage d'artistes.

Tablao Flamenco Andalusí
Des danseuses aux tenues élaborées se produisent sur fond de chants, guitare et *cajón* (percussion).

Casa de la Memoria
Dans les anciennes écuries du Palacio de la Condesa de Lebrija, assistez à des soirées de flamenco intimistes.

hauts palmiers. Ne manquez pas la **Galeria del Grutesco**, une galerie à colonnades surélevée construite vers 1612 dans le style maniériste qui offre une jolie vue sur la verdure.

Archivo General de Indias

LA MÉMOIRE DE L'EMPIRE COLONIAL

Installées dans l'ancienne Bourse du commerce, la superbe Casa Lonja (1585) inscrite au Patrimoine mondial de l'Unesco, les Archives générales des Indes furent créées en 1785 pour conserver les cartes et documents relatifs à l'Empire espagnol d'Amérique. La majeure partie du fonds a été transférée depuis, mais les salles revêtues de marbre blanc, noir et rose accueillent des expositions gratuites présentant des photos et des écrits majeurs tels que des extraits des journaux de bord de Christophe Colomb.

Barrio de Santa Cruz

PLACES ANIMÉES ET BARS À TAPAS

À l'est de la cathédrale s'étend l'ancienne *judería* (quartier juif) médiévale de Séville, un dédale dense et pittoresque de ruelles pavées, de bâtiments blancs et de places fleuries qui concentre de nombreux restaurants et bars à tapas, dont la **Bodega Santa Cruz** (p. 70).

Hospital de los Venerables Sacerdotes

PEINTURES BAROQUES

Aménagé dans un édifice baroque du XVIIe siècle, cet ancien hospice pour les prêtres retraités comporte une chapelle au plafond orné de somptueuses fresques réalisées par Juan de Valdés Leal (1622-1690) ainsi qu'un ravissant patio. Il accueille en outre la petite collection de peintures du XVIIe siècle du **Centro Velásquez**, avec notamment la *Sainte Rufine* (1622-1632) de Diego Velásquez, “peintre des peintres” sévillan, et le *San Pedro penitente de los Venerables* (1675) de Bartolomé Esteban Murillo. À noter aussi une représentation anonyme de Séville en 1660.

Flamenco

L'ART ANDALOU PAR EXCELLENCE

À Séville, vous entendrez fréquemment les arpèges chargés d'émotion de la guitare, le rythme à contretemps des *palmas* (claquements de mains) et les chants enflammés propres au

OÙ SE LOGER DANS LE CENTRE ET L'ARENAL

Hotel Abanico
Du hall-patio aux jolies céramiques, tout dans cette demeure du XVIIIe siècle est intrinsèquement sévillan. **€€**

EME Catedral Mercer
Siège du bar La Terraza, le rooftop le plus couru de la ville, cet hôtel loue des chambres design épurées. **€€€**

Oasis Palace Hostel
Auberge de jeunesse bourdonnante, aménagée dans un immeuble du XIXe siècle. Toit-terrasse avec piscine. **€**

Hospital de los Venerables Sacerdotes

ASSISTER À UN MATCH DE FOOTBALL

Le ballon rond a beaucoup d'adeptes à Séville, dont les deux équipes, le Sevilla FC et le Real Betis Balompié, figurent régulièrement en première division. Le Gran Derbi annuel qui oppose ces dernières provoque pas mal d'agitation et divise la ville depuis 1915. Les billets pour la rencontre sont en vente sur le site (en anglais) de chacun des clubs.

flamenco. Il n'est pas rare de tomber dessus dans la rue, mais rien ne vaut un véritable spectacle.

Commencez par une visite au **Museo del Baile Flamenco**, qui aborde la danse andalouse à travers des installations interactives, des robes anciennes et des photographies de danseurs d'hier et d'aujourd'hui. Le soir, des formidables spectacles ont lieu dans la cour et au sous-sol du musée. Autrement, il existe des dizaines de *tablaos* (salles programmant des représentations avec dîner et boissons) et de *peñas* (clubs de quartier privés) où vous pourrez apprécier des représentations nocturnes.

Mieux encore, pourquoi ne pas vous lancer vous-même ? Le **Taller Flamenco**, près de La Macarena (p. 74), dispense des cours particuliers ou en groupe de *compás y palmas* (base rythmique), guitare, chant et danse.

AUX ORIGINES DU FLAMENCO

Découvrez dans le chapitre Comprendre l'Andalousie (p. 357) les différentes cultures, des Almohades aux gitans, qui ont fait de cet art typiquement andalou ce qu'il est aujourd'hui.

OÙ SE LOGER PRÈS DE L'ALAMEDA DE HÉRCULES

Corner House
Un hôtel "urbain" au décor minimaliste, pourvu d'un rooftop, en plein sur la promenade d'Hercule. **€€**

H10 Corregidor Boutique
Adresse moderne rénovée, avec quelques éléments du XIXe siècle et un toit-terrasse accueillant une piscine. **€€**

Hotel Sacristía de Santa Ana
Des chambres garnies de mobilier ancien, dans une maison du XVIIIe siècle agrémentée d'un patio. **€€**

L'ÉMIR POÈTE

Au XIe siècle, Séville devint la *taïfa* (royaume) la plus puissante d'Andalousie et connut une période de paix relative et d'essor culturel sous le règne des Abbadides. Le troisième et dernier émir de la dynastie, Al-Mutamid ibn Abbad (Abbad III, vers 1040-1095), était connu pour ses talents de poète. L'amour et la guerre constituent des thèmes récurrents de son œuvre, comme dans cette strophe de "À Salma, depuis la bataille" :

"Quand l'alerte au combat menace, Salma, tes bras m'enlacent."

Lorsque les armées chrétiennes d'Alphonse VI de Castille poussèrent vers le sud, Al-Mutamid fit appel à l'aide des Almoravides du Maroc qui lui permirent de l'emporter, mais ses anciens alliés s'emparèrent de Séville en 1092. Il mourut en captivité quelques années plus tard.

Iglesia Colegial del Divino Salvador

Iglesia Colegial del Divino Salvador

EXUBÉRANCE BAROQUE

Cette église baroque du XVIIe siècle, l'une des plus extravagantes de la ville, se dresse à deux pas de l'**Ayuntamiento** (hôtel de ville), à l'emplacement de la mosquée principale d'Ichbilia (ancien nom de Séville), elle-même édifiée sur le site du forum romain. Sa monumentale façade maniériste en brique rouge dissimule un vaste intérieur baigné de lumière, couronné d'une imposante coupole et rempli d'extraordinaires retables dorés. Le plus époustouflant, haut de 21 m, est situé derrière le maître-autel et a été réalisé de 1770 à 1779 par l'artiste portugais Cayetano de Acosta.

Ayuntamiento

EXEMPLE DU STYLE PLATERESQUE

L'hôtel de ville de Séville se dresse entre la Plaza de San Francisco et la Plaza Nueva. Il fut construit dans un superbe style plateresque (un style propre à la Renaissance espagnole), comme en témoigne sa façade inachevée peuplée de créatures mythologiques et grotesques. Bâti entre 1527 et 1534 selon

OÙ SE LOGER PRÈS D'ALAMEDA DE HÉRCULES

Hostel A2C
Une auberge de jeunesse sans fioritures, dotée de dortoirs propres et nets, à quelques minutes de l'Alameda. **€**

Hotel Boutique Doña Lola
Cet hôtel simple loue un choix de chambres et d'appartements autour d'une cour où coule une fontaine. **€€**

Hotel San Gil
Hall orné de carreaux, agréable patio ombragé et chambres élégantes derrière une façade jaune. **€€**

PROMENADE À PIED : LES PALAIS DU CENTRE

En déambulant dans les rues, vous apercevrez à l'occasion un patio à l'ombre de feuillages, orné d'azulejos et de fontaines. Il y a des chances pour qu'il appartienne à l'une des demeures nobiliaires de la ville, dont certaines des plus belles sont ouvertes au public.

Commencez par le **1 Palacio de la Condesa de Lebrija** (XVIe siècle), de style essentiellement Renaissance-mudéjar, qui combine divers éléments décoratifs, tels que carreaux de céramique, stucs et mosaïques romaines provenant d'Itálica (voir p. 79). L'ancienne propriétaire, la comtesse de Lebrija (1851-1938), qui était archéologue, avait réaménagé la maison à partir de 1901 pour y rassembler les trésors rapportés de ses voyages. La visite du dernier étage (en espagnol et en anglais), comprise dans le prix de l'entrée, ne peut se faire qu'avec un guide.

Dirigez-vous ensuite vers le sud-est pour rejoindre l'éblouissante **2 Casa de Pilatos** (fin du XVe siècle). Véritable Alcázar miniature, celle-ci présente un mélange d'éléments architecturaux mudéjars, gothiques et Renaissance, notamment de magnifiques plafonds *artesonados* (à caissons) et des céramiques décoratives. La visite guidée de l'étage, en partie habité par les ducs de Medinaceli, n'a lieu que lorsque les propriétaires n'y résident pas.

Ouverte en semaine dans le cadre de visites guidées, la **3 Casa de Salinas** (XVIe siècle) se distingue par ses remarquables *yeserías* (stucs polychromes) mudéjares et sa mosaïque romaine illustrant des plaisirs dionysiaques.

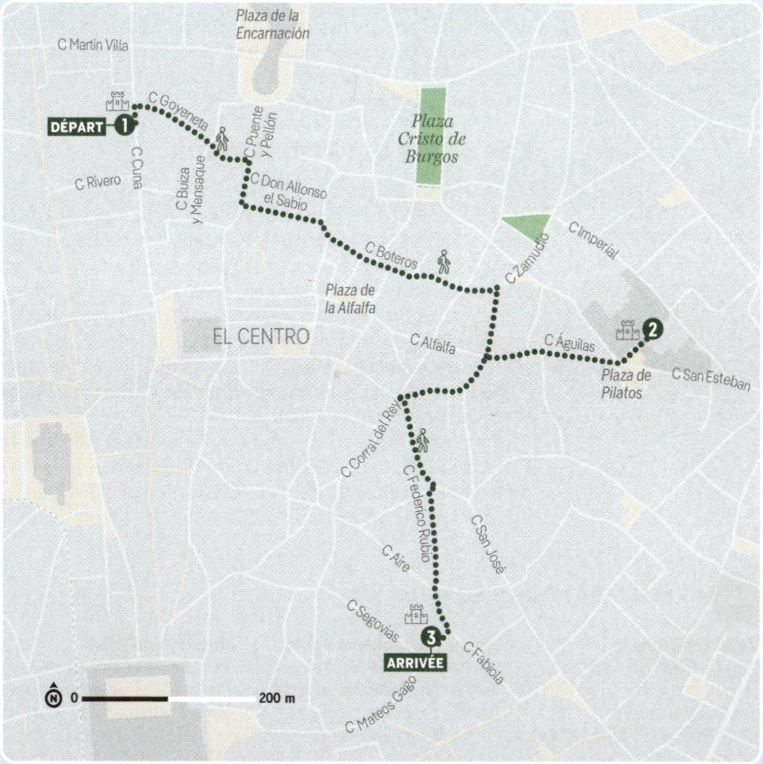

HENRIQUEWESTIN/SHUTTERSTOCK ©, ARCHITECT: JÜRGEN MAYER

Las Setas

LES MEILLEURES GLACES DE SÉVILLE

Dans une ville où le mercure dépasse allègrement les 40 °C en été, les glaces rencontrent un franc succès et les *heladerías* ouvertes tard le soir sont souvent aussi fréquentées que les bars.

Créeme
Une affaire familiale qui propose de délicieux parfums artisanaux, comme El Patio à base d'orange confite. €

Bolas
Des saveurs classiques ou plus exotiques telles que Sevilla Mora (orange, noix, raisins secs et cannelle). €

les plans de Diego de Riaño, l'édifice fut agrandi au XIXe siècle et se dota d'une nouvelle façade néoclassique côté plaza Nueva. Des visites guidées permettent d'admirer la riche décoration des salles d'apparat.

Las Setas et l'Antiquarium

L'ALLIANCE DU PRÉSENT ET DU PASSÉ

Inauguré en 2011 et surnommé à juste titre "*las setas*" (les champignons), le **Metropol Parasol** est une immense structure en bois conçue par l'architecte allemand Jürgen Mayer-Hermann, avec des piliers de 30 m de haut et un toit sinueux alvéolé d'où une passerelle offre une perspective imprenable sur la ville et notamment la cathédrale. Au sous-sol, le **Museo Antiquarium** donne à voir des ruines romaines et maures mises au jour lors du chantier, offrant ainsi deux Séville dans un seul et même endroit.

L'ensemble accueille également le **Mercado de la Encarnación**, marché alimentaire du quartier, plusieurs cafés et bars à tapas, et la Plaza Mayor, espace dédié à des manifestations en plein air où la jeunesse sévillane aime à se retrouver.

OÙ SE LOGER À TRIANA ET CARTUJA

Hotel Zenit Sevilla
Loger à Triana permet d'en avoir plus pour son argent, ici une literie de qualité et une piscine sur le toit-terrasse. €€

Triana Backpackers Hostel
Un bâtiment typique, avec un hall et des espaces communs carrelés, près des meilleures salles de flamenco de Triana. €

Hotel Monte Triana
Des chambres spacieuses et confortables, desservies par un hall en marbre noir et blanc au design contemporain. €€

Palacio de las Dueñas

DEMEURE NOBILIAIRE

Ce palais Renaissance du XVe siècle couvert de bougainvillées était la résidence favorite de l'une des aristocrates les plus titrées au monde, la duchesse d'Alba, décédée en 2014. Il renferme du mobilier précieux, des peintures et des tapisseries, ainsi que la collection personnelle de la duchesse – des objets relatifs à la Semana Santa, à la corrida et au football (madame était fan du Betis) – rassemblée dans des pièces réparties autour d'une cour tropicale.

Le Palacio de las Dueñas fut aussi le lieu de naissance du poète Antonio Machado, qui s'inspira beaucoup de ses jardins à la végétation sculptée. Une longue liste de célébrités, dont Jackie Kennedy et Grace Kelly, y ont également logé.

LES SAINTES PATRONNES DE SÉVILLE

Lors de votre séjour, vous remarquerez peut-être les figures récurrentes de deux femmes vêtues de longues robes flottantes se tenant de part et d'autre de la Giralda. Il s'agit des saintes Juste (Santa Justina) et Rufine (Santa Rufina), patronnes de la ville. Ces deux sœurs, qui exerçaient le métier de potières à Triana, subirent le martyre au IIIe siècle. C'est, dit-on, grâce à leur protection que le clocher de la cathédrale résista au tremblement de terre de Lisbonne en 1755.

Plaza de España

UN ENSEMBLE ARCHITECTURAL SPECTACULAIRE

Le plus impressionnant des projets menés à bien pour l'exposition ibéro-américaine de 1929, cette place grandiose en forme d'hémicycle de 200 m de diamètre s'agrémente de fontaines et de canaux sur lesquels on peut naviguer en barque. Elle est adossée à un palais en brique et marbre, orné de céramiques peintes, qui en épouse les courbes. De style principalement néomudéjar, celui-ci intègre aussi des éléments Art déco, néobaroques et néo-Renaissance. La base de ses deux longues ailes à arcades, flanquées de deux tours, est bordée de bancs et de décorations en azulejos représentant des cartes et épisodes historiques relatifs aux 50 provinces espagnoles de l'époque. À l'intérieur du palais, le **Museo Militar de Sevilla** (entrée libre) expose des armes et uniformes militaires.

MOSAÏQUES

La comtesse de Lebrija, pionnière de l'extraction et de la restauration de mosaïques antiques, ne s'appropria pas toutes celles d'Itálica pour orner son palais. Les plus précieuses se trouvent en effet au Museo Arqueológico (ci-contre) et d'autres ont été laissées sur le site romain (p. 79).

Parque de María Luisa

ESPACE VERT ET MUSÉES

La Plaza de España donne sur ce superbe parc de 34 ha entièrement paysager, refuge idéal contre la chaleur.

Au sud, le **Museo Arqueológico** rassemble de précieuses statues et mosaïques romaines provenant des fouilles d'Itálica, ainsi que le trésor d'El Carombolo, vingt et une pièces d'orfèvrerie de la civilisation de Tartessos datant du VIIIe au IIIe siècle av. J.-C., découvert tout près de Séville. Le musée est

B&B Casa Alfareria 59
Un couple charmant tient cette adresse originale et colorée. Petit-déjeuner inclus. **€€**

Barceló Sevilla Renacimiento
Un hôtel de forme ronde aux installations haut de gamme, dont 4 restaurants, 2 piscines et un centre de fitness. **€€€**

Hotel Kivir Sevilla
Ce quatre-étoiles jouit d'une belle vue sur le Guadalquivir et comprend un restaurant gastronomique. **€€€**

LES MEILLEURS BARS À TAPAS DE SÉVILLE

Bar Alfalfa
Un bar d'angle cosy qui s'adresse aussi aux végétariens et aux végans. **€€**

Bodega Santa Cruz
Le roi des *montaditos de pringá* (sandwichs garnis de viande de porc et saucisses mijotées). **€**

El Rinconcillo
Boiseries sombres, azulejos et jambons suspendus aux poutres apparentes pour ce vénérable établissement en activité depuis 1670. **€€€**

PETRA
Des tapas classiques revisitées de façon créative, dont de bonnes options végétariennes et grillades au barbecue. Les tortillas fondent littéralement dans la bouche. **€€**

Casa Morales
Tenue par la même famille depuis 1850, cette adresse est recommandée pour goûter le xérès local. **€€**

cependant fermé temporairement ; des travaux de rénovation doivent avoir lieu à partir de la fin d'année 2023.

En face, le **Museo de Artes y Costumbres Populares** est consacré aux coutumes, traditions et costumes andalous.

Le Parque de María Luisa plaît généralement aux enfants. On peut y louer des véhicules à pédales pour quatre, une façon amusante de se déplacer. Enfin, deux musées interactifs se tiennent en lisière du parc : le **Museo Casa de la Ciencia**, un excellent musée des sciences doublé d'un planétarium, et l'**Acuario de Sevilla**, un aquarium où voir entre autres des requins-bouledogues.

Antigua Fábrica de Tabacos

SUR LES PAS DE CARMEN

Désormais occupée par l'université de Séville, cette ancienne manufacture de tabac – lieu de travail de Carmen, l'héroïne de l'opéra de Bizet – fut construite au XVIIIe siècle et serait le deuxième plus grand édifice d'Espagne (après le monastère de l'Escurial, au nord-ouest de Madrid). On peut en explorer certaines salles.

TRABANTOS/SHUTTERSTOCK ©

Université de Séville

BARS À COCKTAILS AVEC ROOFTOP

La Terraza del Eme
Un bar d'hôtel très chic d'où contempler la cathédrale, un cocktail classique à la main. Prix en rapport.

Terraza Atalaya
Cocktails avec panorama imprenable depuis la Torre Sevilla (180 m), plus haut bâtiment de la ville.

Corner House Terraza
Terrasse en bois, tables artisanales et vue de premier ordre sur l'esplanade pleine d'animation de l'Alameda.

ANIBAL TREJO/STOCK.ADOBE.COM ©

Torre del Oro

EFFLUVES D'AGRUMES

Chaque rue ou presque bénéficie de l'ombre bienvenue de ces orangers qui produisent des oranges amères, les bigardiers. À la période de Noël, les agrumes orange vif se détachent sur la verdure du feuillage. Et quelques mois plus tard (février-mars), tout Séville embaume le parfum entêtant de la fleur d'oranger. Ce sont les Maures qui ont introduit les premiers orangers amers à Isbiliya (Séville). On les découvre alignés dans les beaux jardins du Real Alcázar, ainsi que dans les cours intérieures d'anciennes mosquées comme la cathédrale et l'Iglesia Colegial del Divino Salvador.

Torre del Oro

HISTOIRE MARITIME ET VUE SUR LA CATHÉDRALE

Au sud-ouest de la cathédrale, cette tour de guet dodécagonale qui surveille le Guadalquivir depuis le début du XIIIe siècle faisait partie des remparts élevés par les Almohades. Au fil des siècles, elle a servi de chapelle, de prison et de bureau de la Marine. Elle renferme aujourd'hui le **Musée naval** et son sommet offre une belle perspective.

Monuments baroques du centre et de l'Arenal

L'ART DU SIÈCLE D'OR EN MAJESTÉ

Un important patrimoine baroque vous attend au croisement du centre et de l'Arenal. Pour une entrée en matière grandiose, visitez la petite **Capilla de San José**, dissimulée dans une rue secondaire entre la Calle Sierpes et la Calle Tetuán. Derrière la façade du XVIIIe siècle, l'intérieur est hallucinant, avec un exceptionnel retable doré entourant une statue de saint Joseph.

OÙ FAIRE LA FÊTE AUTOUR DE L'ALAMEDA DE HÉRCULES

Cafe Central
Un endroit prisé pour commencer ou finir la soirée, avec des tables qui débordent sur la promenade. Jusqu'à 2h.

Alameda Ritual Club
Cet élégant bar LGBT possède un bel intérieur ancien et une vaste terrasse.

1987 Bar
Musique et décor décalés des années 1980.

LES MEILLEURS RESTAURANTS DE L'ARENAL

La Brunilda
Nichée dans une ruelle derrière des portes bleues, cette adresse propose des tapas originales dans un cadre moderne. **€€€**

Mamarracha
Un nouveau venu tendance alliant déco contemporaine et carte éclectique. **€€**

Bar Postiguillo
Cet établissement aux allures de vieille grange rustique a pour spécialité la *carrillada* (joue de porc). **€€€**

À quelques minutes de la Plaza Godínez, la **Parroquia de Santa María Magdalena** (fin du XVIIe siècle) dévoile un intérieur baroque immense, couronné d'une coupole octogonale. Le colossal retable doré du maître-autel, ajouté au XVIIIe siècle, constitue le clou de la visite, mais vous verrez aussi des peintures de Francisco de Zurbarán et Juan de Valdés Leal, artistes baroques de renom.

Au sud, en restant du côté ouest de la cathédrale, l'**Hospital de la Caridad** était à l'origine un hospice destiné aux personnes âgées les plus démunies. Il fut fondé à la fin du XVIIe siècle par Miguel de Mañara – selon la légende, ce libertin notoire aurait changé de mœurs après avoir eu une vision de ses propres funérailles. L'élément phare de l'édifice est sa chapelle tapissée de dorures, richement décorée par des peintres et des sculpteurs du Siècle d'or, notamment Murillo, Valdés Leal et Pedro Roldán.

Plaza de Toros de la Real Maestranza

LES PLUS VIEILLES ARÈNES D'ESPAGNE

D'une capacité de 14 000 spectateurs, les arènes blanc et jaune de Séville sont à la tauromachie ce que le Camp Nou de Barcelone est au football. Leur construction débuta en 1761 et se poursuivit par à-coups jusqu'en 1881. Les visites permettent de découvrir cette tradition ancestrale sans assister à une corrida.

Museo de Bellas Artes

UN HAUT LIEU DE LA PEINTURE BAROQUE

Aménagé dans les imposants bâtiments maniéristes de l'ancien Convento de la Merced, le musée des Beaux-Arts de Séville compte parmi les plus riches pinacothèques d'Espagne. Ses 14 salles rassemblent des peintures et sculptures espagnoles du XVe au XXe siècle, mais ce sont surtout les chefs-d'œuvre baroques du Siècle d'or qui retiennent l'attention. L'ancienne église du couvent à la coupole ornée de fresques (salle V) renferme les tableaux les plus impressionnants, dont l'*Immaculée Conception* (1650) de Murillo dite "la Colossale".

À noter aussi les deux *Christ crucifié* de Zurbarán (salles VI et X), le portrait d'El Greco qui représente son fils Jorge Manuel (vers 1600-1605 ; salle II), la *Tête d'apôtre* (1620) de Vélasquez (salle IV) et le *Don José Duaso* de Goya (salle XI).

LES AMPHITHÉÂTRES D'AUJOURD'HUI

Les arènes de corrida s'inspirent clairement des amphithéâtres romains, nombreux en Andalousie, à commencer par celui d'**Itálica** (p. 79), proche de Séville.

OÙ MANGER VÉGÉTARIEN ET VÉGAN À SÉVILLE

Veganí
Un mouchoir de poche qui sert sandwichs, burgers, *croquetas* et un en-cas savoureux à base de fruit du jaquier. **€**

Cocome
Un agréable café proche de la Plaza del Duque, idéal pour profiter des bonnes options végétariennes proposées. **€**

Vegan Rock
Les meilleures tapas véganes de Séville, à la station de métro Parque de los Príncipes. **€**

ANIBAL TREJO/SHUTTERSTOCK ©

Hospital de la Caridad

Alameda de Hércules

LE RENDEZ-VOUS DES SÉVILLANS

Les étroites rues de Séville débouchent soudain sur l'Alameda de Hércules, une promenade arborée avec deux colonnes romaines supportant des statues de Jules César et d'Hercule à son extrémité sud. Conçue au XVIe siècle et devenue un lieu à la mode durant le Siècle d'or, elle reste aujourd'hui très fréquentée. Ses cafés et sa petite aire de jeux attirent les familles en journée, tandis que ses bars et clubs ont la faveur des noctambules, en particulier ceux de la communauté LGBT.

Lieux de culte remarquables

DEUX ÉGLISES, DEUX DESTINS

Deux magnifiques églises se dressent du nord du centre, dans le quartier de Macarena. Expulsés d'Espagne en 1767 sur l'ordre de Charles III, les Jésuites laissèrent derrière eux une œuvre de génie. L'**Iglesia de San Luis de los Franceses**, un ancien noviciat de la Compagnie de Jésus dédié à Louis IX, a été conçu par Leonardo de Figueroa et achevé en 1731. Il se distingue par sa forme circulaire inhabituelle, sa coupole centrale et ses

SEMANA SANTA

Les célébrations de la Semaine sainte revêtent un éclat particulier à Séville. Chaque jour, du dimanche des Rameaux au dimanche de Pâques, d'immenses *pasos* (chars sur lesquels sont juchées des statues du Christ ou de la Vierge Marie) sont transportés à dos d'hommes des églises de la ville jusqu'à la cathédrale, souvent en début de soirée. Les processions sont organisées par plus de 50 *hermandades* ou *cofradías* (confréries religieuses, dont certaines acceptent les femmes). Leurs membres, les *nazarenos* (pénitents), revêtent de longues tuniques blanches et des cagoules au sommet pointu qui participent de l'atmosphère lugubre des cérémonies. Tout Séville attend alors la Madrugá, le petit matin du Vendredi saint, où apparaissent certaines des statues les plus vénérées de la ville.

Veganitessen
Ce lieu fréquenté du Mercado de Arenal prépare une tortilla végane très réussie. Il est souvent fermé en été. **€€**

Habanita
Un restaurant cubain dont la carte compte surtout des plats végans/végétariens, clairement signalés. **€€**

Levies Cafe Bar
Tapas originales avec ou sans viande, comme le camembert au coulis de cranberry. **€**

RIBEIROANTONIO/SHUTTERSTOCK ©

Puente de Triana

LA DEVISE DE SÉVILLE

En vous promenant dans Séville, vous verrez un peu partout une curieuse inscription : NO8DO. D'après la légende, ce symbole, aujourd'hui la devise de Séville, fut donné à la ville par le roi Alphonse X après qu'il eut reçu le soutien de la capitale andalouse dans la lutte de pouvoir l'opposant à son fils, Sanche IV de Castille.

Le 8 allongé au milieu du symbole représente un écheveau de laine, qui se dit *madeja* en espagnol. NO8DO devient alors "*no madeja do*", abrégé pour "*no me ha dejado*" – "elle (la ville) ne m'a pas abandonné".

quatre retables dorés richement sculptés. Ne manquez pas d'admirer les superbes fresques au plafond. On peut également visiter la crypte et la chapelle plutôt macabre qui contient des ossements de saints exposés dans des reliquaires vitrés. De nombreuses années de restauration ont été nécessaires pour que l'édifice recouvre sa splendeur d'autrefois.

Parcourez 400 m vers le nord dans la Calle San Luis pour rejoindre la **Basílica de La Macarena**. Cette construction néobaroque du XXe siècle recèle derrière son maître-autel l'objet de piété le plus vénéré de Séville, la Virgen de la Esperanza Macarena (Vierge de l'Espérance Macarena), connue de tous comme "La Macarena", protectrice des toréros. Parée d'une couronne en or et de somptueux joyaux, la statue du XVIIe siècle est la vedette des ferventes célébrations de la Semana Santa (Semaine sainte).

L'**Arco de la Macarena**, une porte jaune monumentale située devant la basilique, constitue le plus beau vestige des remparts du XIIe siècle, à l'exception de l'enceinte du Real Alcázar. Érigé par les Maures, il n'empêcha pas les troupes de Ferdinand III de reconquérir la ville en 1248.

OÙ TROUVER DES PRODUITS ARTISANAUX À SÉVILLE

Coco Sevilla
Toute une gamme d'azulejos colorés fabriqués à Triana ainsi que des bijoux et des éventails peints à la main.

La Oleoteca
Un propriétaire de bon conseil pour rapporter de l'huile d'olive de son voyage.

Tarico
Une boutique spacieuse où trouver des délices de petits producteurs régionaux (vin, charcuterie, fromage...).

Triana et Isla de la Cartuja, des quartiers à part

CÉRAMIQUE ET ART CONTEMPORAIN

Franchissez le Puente de Triana du XIXᵉ siècle pour gagner la rive ouest du Guadalquivir et découvrir une facette de Séville différente du centre historique. **Triana** était traditionnellement un quartier populaire, habité par d'importantes communautés de gitans, de marins et de potiers. Il s'agit également d'un bastion de longue date du flamenco, où de nombreux lieux proposent des spectacles inoubliables, ainsi que des cours et stages.

On peut voir un peu partout à Séville et en Andalousie de superbes azulejos provenant des ateliers de Triana. Hébergé dans l'ancienne manufacture Santa Ana, le **Centro Cerámica Triana** abrite des fours en brique au rez-de-chaussée et une exposition à l'étage qui mêle habilement l'évocation des techniques et l'histoire de la production de céramique avec l'histoire du quartier et de ses habitants.

Le quartier de Triana a également hébergé les quartiers généraux de l'Inquisition de 1481 à 1785, au sein du **Castillo de San Jorge**. Ce qui reste de ses fortifications abrite aujourd'hui un musée illustrant les activités de l'Inquisition.

L'été, la Calle Betis et ses innombrables bars, au bord de l'eau, s'assimilent à un vaste salon-terrasse, tandis que le Mercado de Triana semble être la cuisine du quartier. Les nombreuses églises témoignent de la dévotion des habitants, notamment l'**Iglesia de Santa Ana**, "cathédrale" de Triana de style gothico-mudéjar, située dans la calle Vázquez, et l'**Iglesia de Nuestra Señora de la O**, dans la calle de Castilla, de style baroque.

Au nord de Triana, l'**Isla de la Cartuja** a été reliée à la rive occidentale de Séville pour accueillir l'Exposition universelle de 1992. Elle est dominée par le **Monasterio de Santa María de las Cuevas**, communément appelé **La Cartuja**. Cette chartreuse fut convertie en fabrique de porcelaine par l'Anglais Charles Pickman en 1839, d'où les fours en forme de bouteille qui subsistent au milieu du cloître. Le bâtiment abrite maintenant les collections permanentes et expositions temporaires du **Centro Andaluz de Arte Contemporáneo**, en parfait contraste avec le cadre historique. Parmi les œuvres permanentes, *Alicia* de Cristina Lucas, sculpture d'une tête et d'un bras gigantesques dépassant d'une paire de fenêtres, frappe l'imagination. Le site accueille également des événements musicaux comme le cycle de concerts Pop CAAC en août.

La Cartuja en famille

APPRENDRE ET S'AMUSER

Sur les berges du Guadalquivir, le **Pabellón de la Navegación** illustre l'histoire navale de Séville, montrant notamment la vie à bord des vaisseaux en route vers les Amériques. Les

CÉRAMIQUES DE TRIANA

Dès la période romaine, mais surtout à partir du XIVᵉ siècle, Triana devint célèbre pour ses poteries et ses *azulejos* (carreaux de céramique) fabriqués en utilisant la terre glaise. Chaque époque apporta de nouveaux styles et techniques, des motifs géométriques mauresques aux exubérances baroques des XVIᵉ-XVIIᵉ siècles, jusqu'à l'essor commercial au début du XXᵉ siècle. La dernière manufacture de céramique du quartier a toutefois fermé ses portes en 2012.

LE SITE DE L'EXPO 92 À DEUX-ROUES

L'Exposition universelle de 1992 a célébré à Séville le 500e anniversaire de la découverte de l'Amérique par Christophe Colomb, parti du port de Palos de la Frontera, près de Huelva (p. 98). Elle s'est tenue sur l'Isla de la Cartuja, qui en conserve des vestiges. Si on peut parcourir le secteur à pied, il est également relié au centre-ville par des voies réservées aux vélos et aux scooters qui facilitent les déplacements.

Nombre de pavillons ont été rasés et remplacés par des bureaux de start-up spécialisées dans les nouvelles technologies et des bâtiments administratifs. Parmi les structures restantes, le **1 Pabellón del Futuro**, avec sa réplique imposante de la fusée spatiale Ariane 4, son antenne radar parabolique et son satellite, est celle qui incarne le mieux l'esprit du lieu.

Suivez vers le nord la piste cyclable qui longe le Camino de los Descubrimientos, via l'Isla Mágica sur la droite, jusqu'au **2 Pabellón de México**, formé de deux X en béton. Des cactus et une tête olmèque en pierre agrémentent les alentours.

De là, rejoignez la Calle Leonardo Da Vinci, puis empruntez en direction de l'est la large promenade flanquée de cônes géants du **3 Pavillon de la CEE** (Communauté économique européenne, ancêtre de l'UE). La vision pleine d'espoir en l'avenir des années 1990 a quelque chose de gentiment naïf.

Plus au sud, **4** l'**Esfera Bioclimática**, une sphère géante qui menace à tout moment de se détacher pour rouler vers le fleuve, trône au-dessus d'un espace progressivement gagné par la rouille et les mauvaises herbes. À proximité, le **5 Pabellón de Marruecos** ressemble au palais délabré d'un cheikh.

DAVID FOWLER/SHUTTERSTOCK ©, ARCHITECTE : GUILLERMO VÁZQUEZ CONSUEGRA

Torre Schindler

installations interactives enchanteront les enfants. Le billet donne accès à la **Torre Schindler**, une tour panoramique de 65 m de haut.

Cette branche du fleuve est une anse artificielle aux eaux calmes, où **Kayak Sevilla** propose des circuits à la pagaie.

À l'extrémité nord de l'île se tient l'**Isla Mágica**, un parc d'attractions à thème colonial, qui fera le bonheur des enfants, avec toutes sortes de manèges destinés à des classes d'âges différentes.

OÙ PRENDRE LES MEILLEURS PETITS-DÉJEUNERS

Milk Away
Excellents cafés et jus de fruits, copieux bols d'açai garnis de toutes sortes d'ingrédients, nombreuses options végétariennes et véganes. €€

Filo
Un endroit cosy pour le petit-déjeuner/brunch, qui sert du *pan con tomate y jamón*, des gâteaux et un délicieux jus d'orange. €€

La Mala Brunch Rivero
Œufs Bénédicte, pancakes gourmands et smoothies aux fruits pleins de vitamines. €€

COMMENT CIRCULER

Les rues du vieux Séville sont si étroites qu'elles interdisent la circulation de la plupart des véhicules motorisés. Conduire s'avère particulièrement compliqué et les places de stationnement, quand il y en a, coûtent cher. On peut louer dans le centre des scooters et cyclomoteurs électriques à l'heure ou à la journée, souvent au moyen d'une application. Le système de vélos partagés Servici possède des centaines de stations en ville. Si vous prévoyez de nombreux déplacements à bicyclette, le pass de 7 jours offre le meilleur rapport qualité/prix.

Une ligne de tramway efficace longe l'Avenida de la Constitución, via la cathédrale, et rallie la gare ferroviaire de San Bernardo et sa gare routière au sud-est, également desservies par l'unique ligne de métro (www.metro-sevilla.es). Bien que passant juste au sud du centre, celle-ci contourne nombre des sites majeurs de la ville. Elle franchit le Guadalquivir et suit la lisière sud de Triana pour rejoindre à l'est l'imposant stade Ramon Sanchez-Pizjuan, siège du Sevilla FC.

La gare ferroviaire principale, Santa Justa, se situe à l'est du centre. La gare routière principale, Plaza de Armas, est du côté ouest. Elle couvre des destinations régionales et nationales.

Environs de Séville

Non loin de la capitale andalouse, de remarquables ruines romaines nous éclairent sur les origines de la ville.

Plusieurs puissances de l'Antiquité conquirent successivement les terres fertiles au nord de l'actuelle Séville, à commencer par les Carthaginois, conduits par Hamilcar et son fils Hannibal, puis Rome. La majeure partie de la première cité romaine de la péninsule Ibérique, Itálica, gît aujourd'hui sous la bourgade de Santiponce, mais le site archéologique voisin en conserve de beaux vestiges.

Santiponce a résolument plus d'attrait que la moyenne des villes de l'agglomération sévillane, car elle possède aussi un superbe monastère, à l'écart des hordes de touristes.

Pour les infos pratiques, voir le Carnet d'adresses p. 118

À SAVOIR

Tous les sites autour de Séville peuvent faire l'objet d'une journée d'excursion en transports publics.

Santiponce

LUX BLUE/SHUTTERSTOCK ©

JOSERPIZARRO/SHUTTERSTOCK ©

Itálica

VENI, VIDI, VICI

Itálica fut fondée en 206 av. J.-C. par le général romainxPublius Cornelius Scipio, dit Scipion l'Africain, vainqueur d'Hannibal lors de la deuxième guerre punique. Deux illustres empereurs romains, Trajan (53-117) et Hadrien (76-138), naquirent dans cette cité d'Hispanie. C'est sous le règne du premier que l'Empire atteignit sa plus grande extension. Quant au second, il consolida les conquêtes de son prédécesseur et fit ériger la muraille défensive qui porte son nom pour protéger le nord de l'actuelle Angleterre contre les barbares.

Itálica

MOSAÏQUES ET AMPHITHÉÂTRE

Étendues et spectaculaires, les ruines de la cité romaine se déploient à 30 minutes en bus de Séville. L'essentiel du site date du IIe siècle, l'âge d'or d'Itálica sous le règne des empereurs Trajan et Hadrien, tous deux enfants du pays.

À l'entrée, le chemin bifurque à gauche. Suivez-le jusqu'aux larges rues pavées, où se tiennent des demeures patriciennes aux cours intérieures décorées de belles **mosaïques**. Celles de la **Casa de los Pájaros** (maison des Oiseaux), de l'**Edificio del Mosaico de Neptuno** (édifice de la Mosaïque de Neptune) et de la **Casa del Planetario** (maison du Planétarium), qui représente les dieux des sept jours de la semaine, sont particulièrement remarquables.

En retournant vers l'entrée, vous verrez sur la gauche les gros blocs de pierre appartenant au mur extérieur d'un magnifique **amphithéâtre**, l'un des plus grands jamais bâtis, qui pouvait contenir 25 000 spectateurs alors qu'Itálica comptait seulement quelque 15 000 habitants d'après les estimations.

LES AUTRES MOSAÏQUES D'ITÁLICA

Nombre de mosaïques d'Itálica et d'objets préromains découverts dans la région sont exposés au **Museo Arqueológico** de Séville (p. 69).

OÙ SE RESTAURER À SANTIPONCE ET ITÁLICA

Ventorrillo Canario
Près d'Itálica, des spécialités des Canaries accompagnées de *patatas arrugadas* et de *mojo picón* (sauce piquante). **€€**

Taberna La Romana
Des tapas classiques, telles que *croquetas* et *chocos fritos* (seiches frites), à mi-chemin entre Itálica et Santiponce. **€€**

Bodeguita Reyes
De simples *platos combinados*, comme le *flamenquín* (rouleau frit d'échine de porc et de fromage) avec frites et salade. **€**

JOSERPIZARRO/SHUTTERSTOCK ©

San Isidoro del Campo

Non loin, à la périphérie de **Valencina de la Concepción**, à environ 10 minutes en voiture ou 50 minutes en bus avec un changement (siu.ctas.ctan.es), le **Dolmen de la Pastora**, une sépulture mégalithique du IIIe millénaire av. J.-C., témoigne d'une présence humaine bien antérieure aux Romains.

Monasterio de San Isidoro del Campo

MONASTÈRE GOTHIQUE FORTIFIÉ

Sis à l'extrémité sud de Santiponce, à 20 minutes en bus de Séville, ce monastère fut fondé en 1301 par Alonso Pérez de Guzmán (vers 1256-1309), dit Guzmán le Bon, héros du siège de Tarifa en 1294. Au fil des siècles, il a accueilli différents ordres religieux, notamment les cisterciens, puis des moines cloîtrés hiéronymites, à qui l'on doit les superbes fresques du XVe siècle du Patio de Evangelistas ainsi que des motifs floraux et géométriques mudéjars. L'église renferme un splendide retable du XVIIe siècle réalisé par le sculpteur sévillan Juan Martínez Montañés.

LA PREMIÈRE BIBLE EN ESPAGNOL

Au XVIe siècle, l'Église catholique espagnole de plus en plus intolérante ne souffrait guère les divergences religieuses. Casiodoro de Reina (1520-1594), un moine hiéronymite du monastère San Isidoro del Campo ayant adhéré à la Réforme protestante, dut ainsi prendre la fuite en 1557 pour échapper à l'Inquisition et se réfugia successivement dans différents pays d'Europe, avant de s'installer à Francfort. En 1562, son effigie fut brûlée à Séville lors d'un autodafé. Au cours de son exil, le théologien traduisit et édita la première Bible en espagnol.

COMMENT CIRCULER

Depuis la gare routière de la Plaza de Armas, le bus M170 (A ou B) qui relie Séville à Itálica toutes les 30 minutes peut aussi être emprunté pour aller de Santiponce au site archéologique. Sinon, 20 minutes de marche séparent les deux.

CARMONA

Dominant des plaines brûlées par le soleil estival mais étonnamment fertiles le reste de l'année, la blanche Carmona s'élève à la lisière de la Campiña, la région à l'est de Séville. Il s'agit de la ville la plus importante entre la capitale andalouse et Cordoue. Des palais nobiliaires du Siècle d'or, de majestueuses églises mudéjares et deux forts mauresques embellissent son cœur historique, véritable ravissement pour les yeux.

La position stratégique de la cité profita aux Romains qui établirent le tracé des rues, inchangé à ce jour. Non loin, une fascinante nécropole romaine rappelle son passé antique.

Enfin, l'atmosphère qui règne en ces lieux respire le calme et l'authenticité.

Pour les infos pratiques, voir le Carnet d'adresses p. 118

À SAVOIR

Un itinéraire touristique (*ruta turistica*) balisé passe par les principaux sites de Carmona. Il suffit de jeter un œil de temps en temps aux marques sur le sol pour ne pas s'égarer.

Necrópolis Romana

HYPOGÉES ROMAINS

Cette nécropole romaine est considérée comme l'une des plus importantes du genre en Andalousie. Mieux vaut commencer la visite par l'instructif **musée**, qui présente des objets découverts dans les sépultures et éclaire sur les rites funéraires des Romains. La plateforme d'observation au sommet de l'édifice offre une vue sur Carmona.

Plus loin, des centaines de tombes ont été creusées dans la roche entre le Ier siècle av. J.-C. et le IIe siècle de notre ère. Certaines, comme la **Tumba del Elefante** (tombe de l'Éléphant), sont très élaborées et comptent de multiples chambres. Des échelles ou des marches permettent de descendre dans plusieurs autres, souvent par d'étroites entrées. À l'intérieur subsistent des restes de fresques et des niches pour les urnes en pierre contenant les cendres des défunts (la plupart des Romains de la période impériale se faisaient incinérer).

L'AUTRE PALAIS DE PIERRE Ier

Pierre Ier de Castille (1334-1369), surnommé le Cruel par ses ennemis, est surtout connu pour le **Real Alcázar** (p. 62), sa magnifique résidence de Séville. On sait moins qu'il possédait aussi un palais à Carmona, devenu un hôtel.

OÙ SE LOGER À CARMONA

Parador de Carmona
Ce luxueux parador (hôtel appartenant à l'État) s'agrémente de touches gothico-mudéjares. **€€€**

Hotel Alcázar de la Reina
Superbe de fond en comble, du patio en brique couvert aux chambres élégantes avec sol en marbre. **€€**

El Rincón de las Descalzas
Une maison de ville du XVIIIe siècle dont chaque chambre possède une déco unique et charmante. **€€**

La Tumba del Elefante (p. 81)

Puerta de Sevilla

De l'autre côté de la route se trouve un **amphithéâtre romain** du Ier siècle av. J.-C. en piètre état dont ne subsistent pratiquement que les contours. Il n'est pas ouvert au public mais on le voit bien de l'extérieur.

Alcázar de la Puerta de Sevilla

FORTIFICATIONS ET PANORAMA

Gardant la partie ouest de la vieille ville, la **Puerta de Sevilla** en forme de trou de serrure est la porte principale des remparts, construits au cours de différentes époques. Franchissez-la pour accéder à la forteresse par le centre d'information touristique sur la droite.

Les Romains renforcèrent la structure primitive, qui se dressait déjà là depuis cinq siècles et édifièrent un temple par-dessus. Les musulmans almohades ajoutèrent un *aljibe* (citerne) au patio supérieur.

Des escaliers montent au sommet de la tour, d'où l'on peut contempler un panorama typiquement andalou de maisons blanches cubiques et de clochers élancés.

Iglesia Prioral de Santa María de la Asunción

ÉGLISE GOTHIQUE À L'EMPLACEMENT D'UNE MOSQUÉE

Vous entrerez par le **Patio de los Naranjos**, dont l'un des piliers à droite porte un **calendrier wisigothique** gravé, annonciateur des curiosités que contient cette église. La cour du XIIe siècle correspond à celle de l'ancienne **mosquée** de Carmona dans laquelle les fidèles procédaient à leurs ablutions rituelles. C'est au XVe siècle que l'église actuelle remplaça la mosquée.

DORMIR DANS DES COUVENTS ET MONASTÈRES

Convento Madre de Dios de Carmona
Les nonnes s'occupent avec dévotion des chambres et des jardins.

Hotel Monasterio de San Francisco
Doté de cloîtres pittoresques, l'ex-monastère de Palma del Río propose des chambres spacieuses.

Hospedería Convento de Santa Clara
À l'abri des remparts de Palma del Río, cet ancien couvent comporte des patios plantés d'orangers et une piscine.

Hospedería del Monasterio Osuna
Sur les hauteurs d'Osuna, le monastère jouit d'une jolie vue.

LES MEILLEURS RESTAURANTS DE CARMONA

Cervecería San Fernando
Le personnel de cette brasserie vous conseillera volontiers au sujet des plats, comme les *alcachofas* (artichauts). **€€**

Mesón La Cueva
Pour manger au frais, direction cette cave rupestre blanchie à la chaux, au pied de l'Alcázar de la Puerta de Sevilla. **€€**

Molino de la Romera
Une adresse cosy figurant dans le *Guide Michelin* où déguster des grillades dans un moulin du XVe siècle assorti d'une terrasse panoramique. **€€€**

Mingalario
Un bar à tapas traditionnel, avec des jambons suspendus au plafond, qui propose notamment de bons plats à base de porc, comme le *cochinillo* et la *pringá*. **€**

Pastelería Latidos de Carmona
Une pâtisserie où se procurer des en-cas. Mention spéciale pour les *tartas*. **€**

Convento de Santa Clara

À l'intérieur, sous les hautes voûtes gothiques, le maître-autel comporte un **retable** (1559) étincelant d'or dont les vingt-huit panneaux sculptés représentent des scènes bibliques très détaillées. Deux énormes coquilles Saint-Jacques symbolisant le baptême flanquent les portes principales. Un petit musée à l'étage expose des objets d'art religieux.

COMMENT CIRCULER

Si vous arrivez de Séville en voiture, il est facile de se garer gratuitement dans les rues près de la nécropole romaine, à 15 minutes de marche de la vieille ville de Carmona. Sinon, il existe un parking souterrain payant mais plus central dans le Paseo del Estatuto.

Les bus de Casal (www.autocarescasal.com) à destination de Séville (1 heure 15) partent du Paseo del Estatuo. Alsa propose des liaisons pour Cordoue (1 heure 30) en passant par Écija (30 min).

ÉGLISES ET PALAIS DE CARMONA

Un itinéraire touristique parcourt la vieille ville au départ de l'Alcázar de la Puerta de Sevilla. Prenez d'abord la Calle Prim jusqu'à la **1 Plaza de San Fernando** (Plaza Mayor), lieu de rendez-vous prisé des habitants. De là, empruntez les rues pavées en direction du **2 Museo de la Ciudad**, qui retrace l'histoire de Carmona de l'âge du cuivre (il y a quelque 5 000 ans) à nos jours. La collection comprend des jarres en terre cuite décorées de la civilisation tartessienne et des mosaïques romaines. Le musée occupe le Palacio del Marqués de las Torres, doté d'un beau portail à colonnes doriques, dont l'aspect actuel remonte au XVIIIe siècle.

Visitez ensuite **3** l'**Alcázar de Arriba**, une forteresse almohade transformée en palais par Pierre Ier au XIVe siècle. L'édifice a été très endommagé par les tremblements de terre de 1504 et 1755, mais ce qu'il en reste accueille le **4 Parador de Carmona**.

Longez la muraille extérieure du fort vers le sud en direction de la **5 Puerta de Córdoba**, bâtie par les Romains pour contrôler l'accès est de Carmona. En excellent état, cette porte a été remaniée dans le style néoclassique au XVIIIe siècle et flanquée de deux tours hexagonales.

En remontant vers le centre, vous arriverez au **6 Convento de Santa Clara** (fin du XVe-début du XVIe siècle). Le cloître à deux niveaux d'arcades débouche sur une église aux voûtes gothiques en croisées d'ogives, au plafond mudéjar et à l'éblouissant retable doré, caractéristique du baroque sévillan.

Enfin, continuez vers l'ouest pour regagner la Plaza de San Fernando et arrêtez-vous en chemin à **7** l'**Iglesia Prioral de Santa María**. Les rues autour de cette église abritent la plus forte concentration de palais du Siècle d'or aux façades impressionnantes.

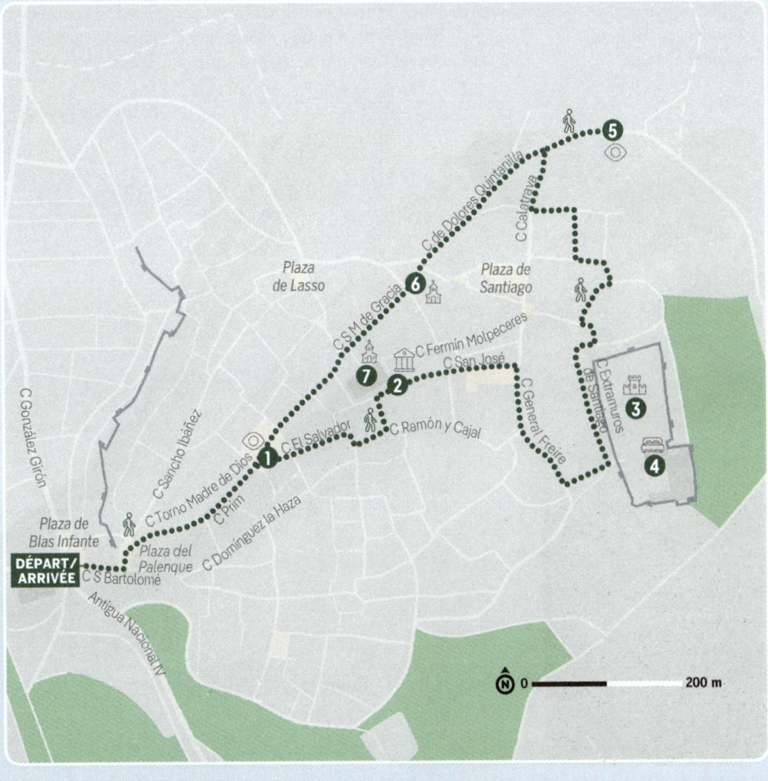

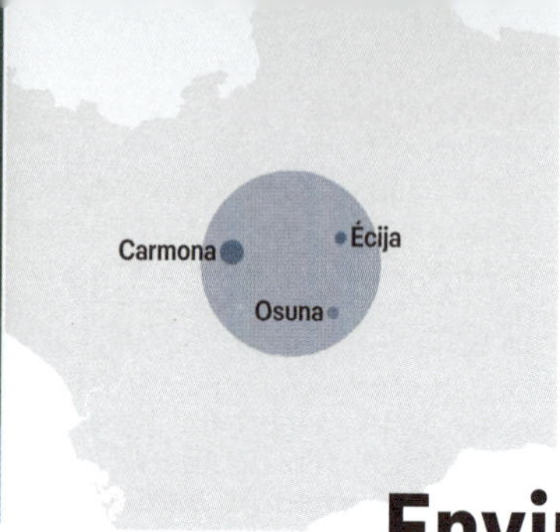

Environs de Carmona

Les villes chargées d'histoire de la Campiña ont chacune leur caractère et du cachet à revendre.

Pour les infos pratiques, voir le Carnet d'adresses p. 119

À SAVOIR

Sans voiture, vous devrez compter sur des bus locaux peu fréquents pour explorer la Campiña. L'application de covoiturage BlaBlaCar constitue toutefois une solution plus économique.

Les plaines agricoles qui dominent la région connaissent des températures annuelles parmi les plus élevées d'Europe, surtout à l'approche de Cordoue. Ces étendues désolées n'en recèlent pas moins des villes riches de remarquables trésors artistiques et culturels, comme Écija et Osuna, chacune ayant son caractère propre. Douce et accueillante, Écija se démarque par sa dizaine de clochers rehaussés de carreaux en céramique.

Siège des plus grandioses demeures baroques d'Andalousie en dehors de Séville, Osuna déploie ses rues tortueuses irradiantes de blancheur au pied d'une magnifique collégiale Renaissance.

Palacio de Peñaflor

Museo Histórico Municipal

PALAIS BAROQUE ET ART ROMAIN À ÉCIJA

Installé dans le superbe Palacio de Benamejí (XVIIIe siècle), le musée d'histoire d'Écija expose notamment la gracieuse sculpture d'une Amazone blessée et des mosaïques romaines superbement conservées, en particulier le *Don del Vino,* qui dépeint le mythe de la naissance du vin.

Palacio de Peñaflor

L'EMBLÈME D'ÉCIJA

Bordant entièrement la calle Emilio Castelar, le très baroque "palais aux longs balcons" (*balcones largos*) du XVIIIe siècle arbore une façade incurvée, peinte de chérubins et de scènes pastorales aux tons passés. L'intérieur est souvent fermé au public, mais on peut parfois admirer les écuries voûtées du rez-de-chaussée et monter en haut de son *mirador* (plateforme d'observation), qui offre un beau panorama sur le site.

Collégiale et monastère d'Osuna

ARCHITECTURE ET ART RELIGIEUX

Sur les hauteurs de la ville, la magnifique **Colegiata de Santa María de la Asunción** de style Renaissance renferme des œuvres de José de Ribera (1591-1652), dit Lo Spagnoletto ("le petit Espagnol"), célèbre peintre baroque de l'école napolitaine. Elle comporte un vaste sépulcre souterrain (*panteón ducal*), créé en 1545 pour servir de caveau familial aux ducs d'Osuna. Un peu en aval, le **Monasterio de la Encarnación**, de style baroque, possède une cour ornée d'azulejos du XVIIIe siècle illustrant des épisodes bibliques et des scènes de chasse tandis que son église recèle un retable baroque impressionnant. Les deux sites sont accessibles uniquement dans le cadre de visites guidées (en espagnol).

LES MEILLEURES TABLES D'ÉCIJA

Agora
Cette adresse fréquentée propose des tapas de qualité soigneusement présentées à des prix très raisonnables. **€**

La Reja
Malgré les jambons suspendus au-dessus du comptoir, ce bar à tapas gastronomique est plutôt spécialisé dans les plats de la mer. **€€€**

Hispania
Une cuisine espagnole contemporaine, à l'image du riz noir sauté au wok avec des *chipirones* (petits calmars). Réservez. **€€**

VISITE DE PALAIS

Beaucoup de palais sévillans appartenant à des particuliers, dont le **Palacio de las Dueñas** (p. 69), sont ouverts au public.

COMMENT CIRCULER

Les trains pour Málaga relient Osuna à Séville (1 heure 10). La seule autre ligne ferroviaire de la Campiña contourne la partie nord de la région. Depuis Écija, des bus Alsa desservent Carmona (35 min), Cordoue (1 heure) et Séville (1 heure 15). La compagnie Monbus permet de relier Osuna à Séville (1 heure 30).

Une voiture s'avère indispensable si vous prévoyez de visiter la Sierra Norte après les centres urbains de la Campiña. Palma del Río est une halte pratique à mi-chemin entre Écija et la Sierra Norte, et même entre Séville et Cordoue.

ÉGLISES ET CLOCHER D'ÉCIJA

À 40 minutes en voiture à l'est de Carmona, la *ciudad de las torres* (cité des tours) est réputée pour sa multitude de clochers baroques qui se dressent au-dessus des toits. La plupart datent de la fin du XVIIIe siècle, époque à laquelle beaucoup d'églises furent reconstruites après le séisme dévastateur de 1755.

La promenade peut partir de n'importe quel point du parcours. Si vous êtes motorisé, garez-vous le long de l'Avenida Dr Fleming, près de la rivière. De là, rejoignez **1** l'**Iglesia de San Gil**, bâtie sur les fondations d'un fort mauresque tout en haut de la ville.

Dirigez-vous ensuite vers le nord-ouest jusqu'à **2** l'**Iglesia de San Juan**, dont l'ascension du clocher ornementé blanc et ocre rouge est parfois possible. Plus au nord, **3** l'**Iglesia de San Pablo y Santo Domingo**, de style gothico-mudéjar, comporte une tour en brique du XVIIIe siècle inachevée.

L'étroite Calle Almonas conduit à une place plantée d'arbres et d'éclatants bougainvillées sur laquelle s'élève la **4 Parroquia Mayor de Santa Cruz**, ancienne grande mosquée d'Écija. Au-delà de l'atrium sans toit, qui conserve des arches imposantes de l'église primitive du XIIIe siècle, le vaste intérieur à coupole renferme un retable baroque doré.

Pour finir, empruntez la Calle Mas y Prat piétonnière vers le sud jusqu'à la **5 Plaza de España**. Juste en retrait de la place principale se dresse **6** l'**Iglesia de Santa María**, plus belle église de la ville. Flanquée d'un clocher gothico-mudéjar orné d'azulejos bleus et blancs, celle-ci présente un intérieur coiffé d'un dôme peint et une cour avec des orangers rappelant son passé de mosquée.

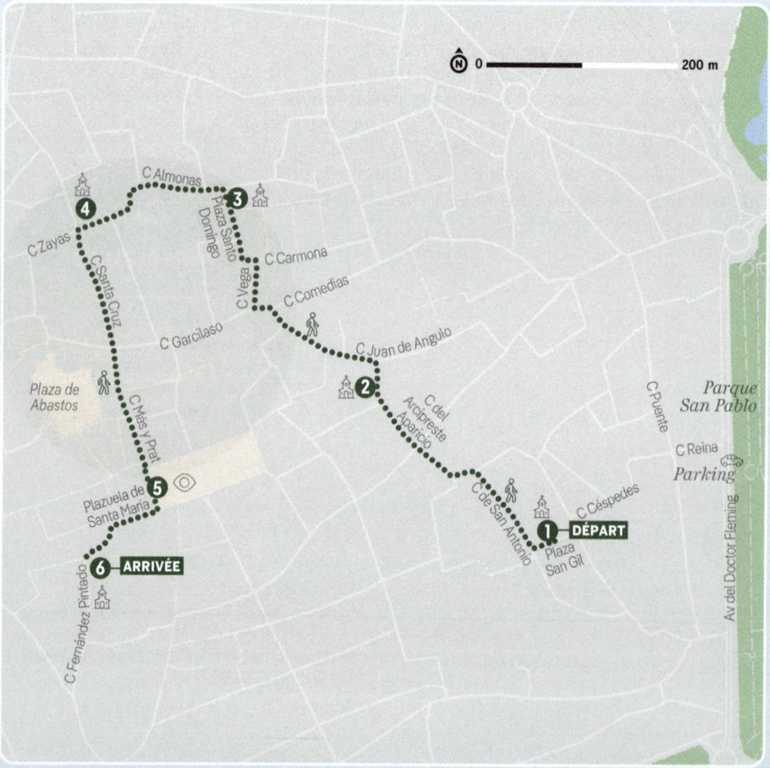

DEMEURES BAROQUES D'OSUNA

À une heure de route au sud-est de Carmona se trouve la jolie ville d'Osuna. Vous pourrez vous garer autour de la Calle Alfonso XII. Les rues entre cet axe, la Calle Sevilla et la Calle Carrera sont bordées de majestueuses demeures baroques, construites grâce aux fortunes issues des Amériques. La Calle San Pedro concentre les plus somptueuses. La plupart sont fermées au public, mais leur architecture extérieure vaut le détour.

Converti en hôtel, le **1 Palacio del Marqués de la Gomera** (vers 1770) possède un portail à colonnes surmonté d'un élégant balcon et du blason des propriétaires d'origine. Demandez à la réception la permission de voir la chapelle privée, avec ses panneaux de porte incrustés d'or. Un peu plus loin, la façade de la **2 Cilla del Cabildo Colegial** (1773), superbement restaurée, est couverte de sculptures, dont une représentation de la Giralda de Séville au-dessus de l'entrée.

Au sud de la Plaza Mayor, dans la Calle La Huerta, le **3 Palacio de los Cepeda** accueille aujourd'hui le palais de justice. Le portail, flanqué de colonnes churrigueresques (style baroque exubérant du XVIIIe siècle espagnol), supporte les armoiries de la famille Cepeda entre deux hallebardiers de pierre.

Une rue plus au nord, la Calle Sevilla abrite le **4 Palacio de Govantes y Herdara**, dont les deux colonnes torsadées s'entremêlent de grappes de raisin et de feuilles de vigne. En face s'élève le Palacio de los Hermanos Arjona y Cubas, ouvert à la visite, qui renferme l'office du tourisme et le **5 Museo de Osuna**. Le musée donne à voir une collection d'objets locaux et de tableaux, ainsi qu'une exposition consacrée à *Game of Thrones*. Des scènes de la série télévisée ont en effet été tournées ici.

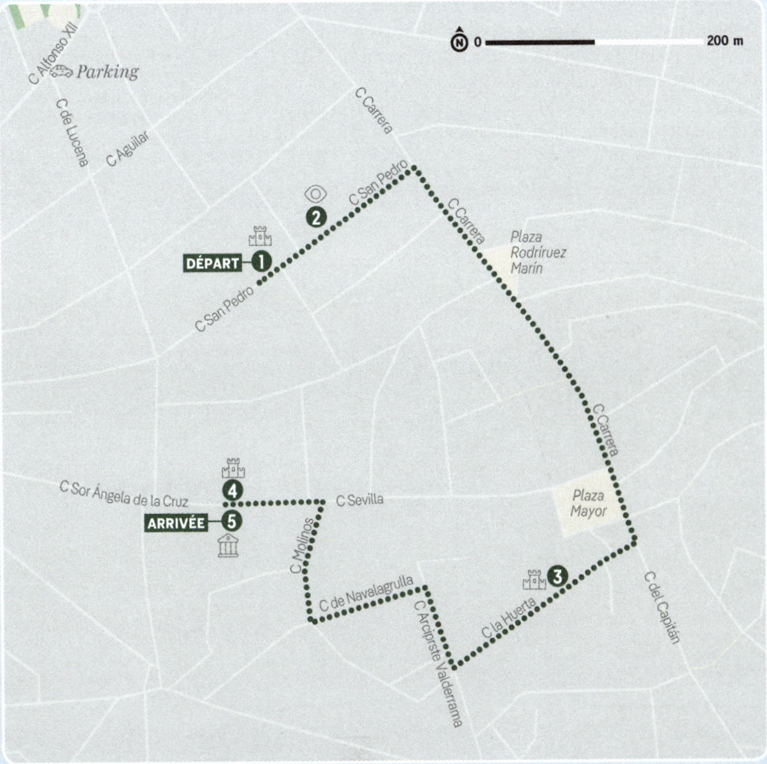

CONSTANTINA ET CAZALLA

Constantina et Cazalla de la Sierra sont les deux principales portes d'accès au parc naturel de la Sierra Norte, parfait pour échapper à la chaleur torride de Séville pendant un jour ou deux.

Capitale officieuse de la région, la première s'inscrit dans l'environnement forestier de la vallée boisée de Huéznar. Ses tortueuses ruelles médiévales débouchent sur un centre-ville émaillé de belles demeures du XVIIIe siècle et de cafés traditionnels, le tout surplombé par un château mauresque.

De son côté, la ravissante bourgade blanche de Cazalla de la Sierra s'étage à flanc de colline. Son cœur historique se déploie autour de la Plaza Mayor, dominée au sud par l'Iglesia de Nuestra Señora de la Consolación.

Des sentiers bien balisés à travers bois débutent à la périphérie des deux destinations, ce qui en fait des bases de randonnée idéales.

Pour les infos pratiques, voir le Carnet d'adresses p. 120

À SAVOIR

Au moins trois trains par jour circulent entre Séville et Cazalla-Constantina, une gare située sur la route reliant Constantina à Cazalla de la Sierra. Ces deux villes au centre de la Sierra Norte sont distantes d'environ 20 km. Une voiture s'impose pour se déplacer facilement.

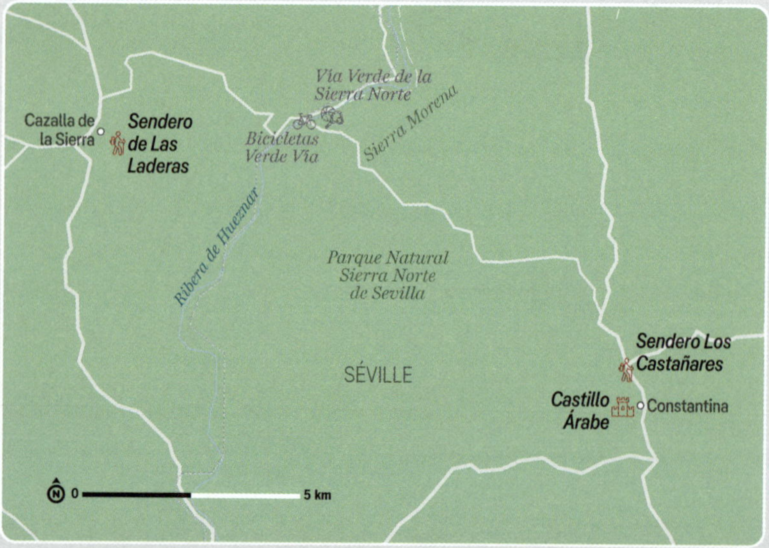

MARIADELAO/GETTY IMAGES ©

Constantina

Castillo Árabe

PANORAMA SUR LES ENVIRONS DE CONSTANTINA

Cela vaut la peine de grimper jusqu'aux ruines de la forteresse almoravide perchée dans la partie ouest de Constantina. Le point de vue, doté d'un parking, permet de se repérer et d'avoir un aperçu du paysage environnant. En contrebas, le clocher mudéjar caractéristique de l'Iglesia de Santa María de la Encarnación s'élève au-dessus des maisons blanches blotties les unes contre les autres du Barrio de la Morería.

Randonnée en Sierra Norte

SENTIERS PÉDESTRES À TRAVERS MONTS ET FORÊTS

Il existe dans la Sierra Norte des itinéraires de randonnées de durée variable depuis Constantina et Cazalla. De courts chemins en boucle, comme le **Sendero Los Castañares** (5,5 km, 2 heures environ), partent de la lisière nord de Constantina et montent jusqu'à un point de vue au sommet d'une colline via d'épaisses forêts de châtaigniers. Il est indiqué à partir du Paseo de la Alameda, tout au nord de Constantina.

POUR LES MORDUS DE RANDO

La Sierra Morena s'étend de la Sierra Norte vers le sud-est en direction du Portugal. Les environs d'**Aracena** (p. 107) se prêtent particulièrement à la randonnée.

OÙ SE RESTAURER À CONSTANTINA ET CAZALLA

La Toscana
Cette adresse de Constantina propose des tapas classiques à prix bas, certaines en petites portions, inscrites à la craie sur une ardoise. **€**

Asador los Navarro
De copieuses grillades de bœuf, porc et poulet ainsi que de succulents desserts vous attendent dans ce restaurant le long du Paseo de la Alameda à Constantina. **€€€**

Embrujo Andaluz
Un bar à tapas/commerce d'alimentation de Constantina rempli de victuailles du cru. **€€**

Agustina
Spécialités régionales revisitées sur le mode gastronomique et bons vins, à Cazalla. **€€€**

Cortijo Vistalegre
Un établissement de Cazalla réputé pour son *arroz con perdiz* (perdrix au riz), dans le cadre rustico-chic d'un ancien corps de ferme. **€€€**

JULIA MLOZANO/SHUTTERSTOCK ©

Cazalla de la Sierra

Beaucoup plus exigeant, le **GR 48** (senderogr48.sierramorena.com), sentier de 571 km partant de Barrancos au Portugal, traverse l'extrémité ouest de la Sierra Norte avec un tronçon allant de Cazalla à Almadén de la Plata (45 km, 2-4 jours). Toujours au départ de Cazalla, le **Sendero de Las Laderas** (8 km, 3 heures) mène à la vallée de Huéznar, en traversant des paysages typiques de la Sierra Norte : bois de chênes verts, oliveraies, vignes et châtaigneraies. Prévoyez des chaussures de marche ad hoc, car certains tronçons sont en pente abrupte.

Praticable à pied, à vélo ou à cheval, l'excellente **Vía Verde de la Sierra Norte** (18,7 km) longe une voie ferrée minière désaffectée qui commence à la gare de Cazalla-Constantina. Elle se dirige vers le nord à travers la vallée de Huéznar jusqu'au village de San Nicolás del Puerto, puis vers le sud jusqu'aux anciennes mines du Cerro del Hierro. **Bicicletas Verde Vía**, juste à l'extérieur de la gare, loue des bicyclettes standard et des VTT.

COMMENT CIRCULER

Pour randonner d'un point A à un point B ou en boucle sans voiture, prenez le train de Séville à la gare de Cazalla-Constantina. Des sentiers et une *vía verde* passent à proximité, mais il est difficile de rallier Constantina à pied depuis cet endroit. Mieux vaut également disposer d'une voiture pour rejoindre Cazalla. De rares bus de Monbus relient Séville à ces deux villes.

Environs de Constantina et Cazalla

Partez à la découverte de charmants villages et de châteaux perchés, en randonnant dans de merveilleux paysages naturels.

L'attrait de la Sierra Norte réside pour beaucoup dans les collines et vallées en dehors des pittoresques centres habités. Si la présence d'oliveraies et d'anciennes exploitations minières trahit l'intervention de l'homme, on ne rencontre guère âme qui vive dans ces grands espaces parcourus de sentiers pédestres invitant à de courtes promenades ou à des treks de plusieurs jours.

Si le temps vous manque pour explorer le territoire à pied, un circuit en voiture permet de faire le tour des sites phares, dont les châteaux d'Alanís et d'El Real de la Jara, les formations rocheuses et mines désaffectées du Cerro del Hierro, et les cascades de la vallée de Huéznar.

Pour les infos pratiques, voir le Carnet d'adresses p. 121

À SAVOIR

La Sierra Norte connaît un climat doux. La période d'avril à juin, avec ses journées ensoleillées et ses prairies fleuries, est la plus agréable.

Cascadas del Huéznar (p. 94)

CIRCUIT EN VOITURE DANS LA SIERRA NORTE

Cet itinéraire de 50 km entre Constantina et Cazalla de la Sierra offre une approche exhaustive du parc naturel de la Sierra Norte.

Rendez-vous d'abord à **1 El Robledo**, à la périphérie sud de Constantina, qui comprend un jardin botanique et un centre d'accueil des visiteurs où se procurer des cartes de randonnée. Traversez ensuite Constantina en suivant la A455 vers le nord sur 3 km, puis prenez à droite la SE163 qui serpente au milieu de la campagne vallonnée. Au bout de 8 km, un embranchement indiqué sur la droite conduit au **2 Cerro del Hierro**, où le parking gratuit est entouré d'une friche minière. Le **3 Sendero Cerro del Hierro** (1,8 km, 1 heure), jalonné de points de vue sur de curieuses formations géologiques façonnées par l'activité minière, donne l'occasion de se dégourdir les jambes. En franchissant un petit pont près du point de vue situé au nord-ouest, on peut emprunter un sentier qui passe par une série de ruines. Celui-ci paraît se terminer en cul-de-sac broussailleux, mais une étroite gorge au-delà abrite encore d'autres ruines.

En voiture, continuez vers le nord sur la SE163. Juste après le village de San Nicolás del Puerto, tournez à gauche dans la SE7101, qui remonte la vallée le long d'un ruisseau jusqu'aux **4 Cascadas del Huéznar**. De retour à San Nicolás del Puerto, suivez la SE8100 vers le nord-ouest à travers des paysages de plus en plus isolés pour atteindre **5 Alanís**, couronné d'un château médiéval.

S'il vous reste du temps, faites un crochet au nord-ouest pour rejoindre, après le village de Guadalcanal, le **6 Sendero Sierra del Viento**, où vous pourrez longer à pied une crête sur 5 km (2 heures). Sinon, prenez la A432 vers le sud à Alanís pour rallier Cazalla via des panoramas collinaires et quelques viaducs ferroviaires loin de tout.

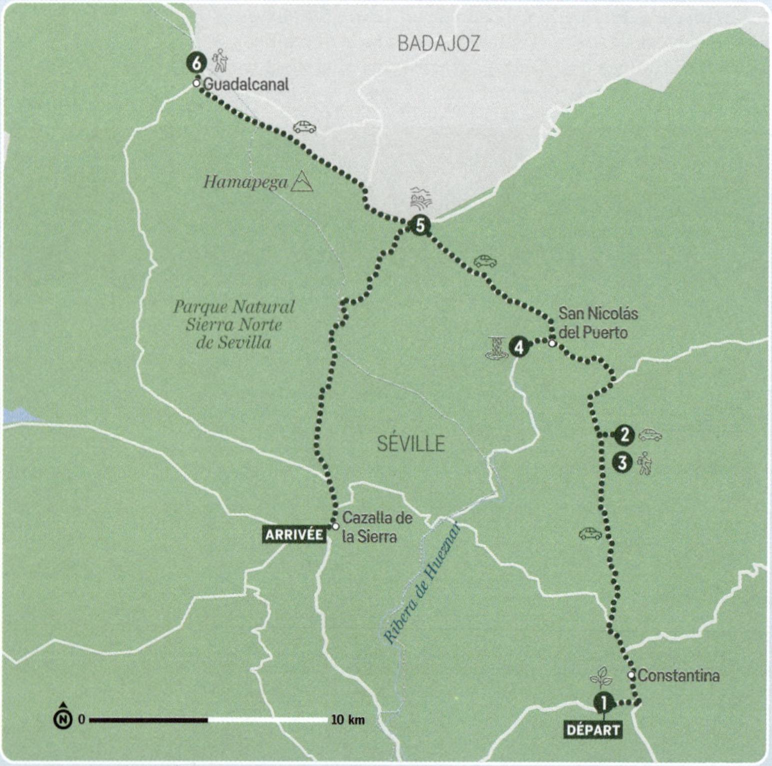

HUELVA

Si elle allie une histoire passionnante, des beautés naturelles et les plages de la Costa de la Luz, la province la plus occidentale d'Andalousie demeure peu fréquentée par les visiteurs étrangers. Industrielle, sa capitale n'en possède pas moins un joli centre aux vastes places piétonnières qui affichent une ambiance animée tous les soirs de la semaine. Ses habitants sont appelés *choqueros* en raison de leur goût pour les *chocos* (seiches).

L'histoire de Huelva remonte à 3 000 ans, au temps de la phénicienne Onuba. Dévastée par le tremblement de terre de Lisbonne en 1755, la ville s'agrandit après que la compagnie britannique Rio Tinto eut développé l'exploitation minière locale dans les années 1870. Le Barrio Obrero, œuvre de l'entreprise, a d'ailleurs un petit air anglais. Aujourd'hui, Huelva possède une industrie pétrochimique importante, lancée par Franco dans les années 1950, et une flotte de bateaux de pêche assez considérable. La tradition maritime séculaire des localités au sud de l'estuaire du Tinto, qui a produit des générations de grands marins et capitaines au long cours, conduisit Christophe Colomb à choisir l'endroit comme port d'embarquement pour son voyage transatlantique de 1492.

Pour les infos pratiques, voir le Carnet d'adresses p. 121

À SAVOIR

Huelva s'inscrit dans un estuaire en forme de V à la confluence du Tinto et de l'Odiel. La gare routière se situe du côté ouest du centre historique, la gare ferroviaire du côté sud. La Plaza de las Monjas forme le cœur de la ville.

LES MEILLEURS CHOCOS

Huelva a été désignée Capitale espagnole de la gastronomie en 2017. Elle a pour spécialités les *chocos* (seiches) et les crevettes blanches.

Paco Moreno
Une table sans prétention qui sert des fruits de mer légèrement frits. **€€**

Coma Tapas & Punto
Bon *montadito de chocos fritos* (sanchwich garni de seiches frites). **€**

Restaurante Portichuelo
Un bar à tapas haut de gamme où déguster des recettes de *chocos* plus raffinées. **€€€**

Museo de Huelva

ART ET ARCHÉOLOGIE

La section archéologique du rez-de-chaussée fait la part belle à la période romaine et à l'activité minière dans la province de Huelva, avec notamment une noria antique (roue hydraulique) très bien conservée. L'étage abrite une collection de peintures espagnoles couvrant sept siècles. À quelques numéros du musée, la **Casa Colón** rose saumon (ancien hôtel de luxe bâti pour les hôtes de la compagnie Rio Tinto dans les années 1880) accueille des expositions d'art temporaires.

Santuario de Nuestra Señora de la Cinta

ÉGLISE GOTHICO-MUDÉJARE

Ce sobre sanctuaire blanc trône sur une colline à 3 km au nord du centre-ville (prenez le bus n° 6 devant la gare). À l'origine du style gothico-mudéjar, il a été reconstruit aux XVIIIe et XIXe siècles. On raconte que Christophe Colomb, pris dans une violente tempête sur l'Atlantique en 1493, aurait promis de venir prier ici à son retour en Espagne. Une œuvre en azulejos de l'artiste Daniel Zuloaga (1920) illustre la scène.

Embarcadero de Mineral de Río Tinto

VUE SUR L'ESTUAIRE

À environ 1 km au sud-ouest de la Plaza de las Monjas se trouve cet embarcadère de fer, curieux héritage du passé minier de la région. Construit pour la société Rio Tinto dans les années 1870, par l'ingénieur britannique George Barclay Bruce, il décrit une courbe dans l'estuaire de l'Odiel. Les passerelles des niveaux supérieur et inférieur se prêtent à d'agréables balades, avec vue sur le port et les bateaux.

FIESTAS COLOMBINAS

Huelva célèbre le départ de Christophe Colomb pour l'Amérique, le 3 août 1492, par six jours de musique, de danse, de manifestations culturelles et de corridas. Pour en savoir plus sur le personnage, voir p. 98.

COMMENT CIRCULER

Le centre de Huelva étant en grande partie piétonnier, les déplacements y sont faciles et rapides. De nombreux bus urbains partent d'arrêts situés devant la principale gare routière, dont les n°s 2 et 6 qui desservent la gare ferroviaire. Si vous aimez marcher, une promenade de plusieurs kilomètres longe le front de mer via des vestiges du passé minier de la ville.

Environs de Huelva

Des sites en lien avec Christophe Colomb, des stations balnéaires plus tranquilles et une ville fortifiée.

Les Lugares Colombinos ("lieux de Christophe Colomb") regroupent les localités de La Rábida, Palos de la Frontera et Moguer, sur la berge orientale de l'estuaire du Tinto. Toutes ont joué un rôle crucial dans son voyage vers les Amériques et peuvent faire l'objet d'une excursion depuis la capitale provinciale.

Huelva est aussi un point d'accès à une portion de littoral andalou moins fréquentée par les touristes étrangers. Ici, les plages de sable blanc de la Costa de la Luz s'étendent sur des kilomètres sans interruption et sont souvent désertes. Sur la principale route qui mène à Séville, la vieille ville de Niebla possède la plus belle forteresse de la province.

Pour les infos pratiques, voir le Carnet d'adresses p. 121

À SAVOIR

Pour une longue journée d'excursion aux Lugares Colombinos, prenez le bus M403 à Huelva tôt le matin.

Palos de la Frontera (p. 98)

LES TRAVERSÉES DE CHRISTOPHE COLOMB

En avril 1492, Christophe Colomb reçut enfin l'appui des Rois Catholiques - les monarques espagnols Ferdinand et Isabelle - pour son projet d'expédition en quête d'une nouvelle route vers les Indes, riches en épices.

Colomb partit de Palos de la Frontera le 3 août 1492, avec cent hommes d'équipage et trois vaisseaux, et accosta le 12 octobre sur l'île de Guanahaní, aux Bahamas, qu'il baptisa San Salvador. Poursuivant son périple, il découvrit Cuba et Hispaniola, où la *Santa María* coula. La *Niña* et la *Pinta* rentrèrent à Palos le 15 mars 1493. Le navigateur, qui revenait avec des animaux, des parures d'or et six Indiens des Caraïbes reçut un accueil triomphal, convaincu d'avoir atteint les Indes orientales. Entre 1493 et 1502, il entreprit trois autres traversées, découvrant la Jamaïque, Puerto Rico, le Honduras, Trinidad et le Panama.

Lugares Colombinos

BATEAUX, MUSÉES ET MONASTÈRES

Le front de mer de **La Rábida**, à 20 minutes de Huelva par le bus M403, abrite le **Muelle de las Carabelas**, reconstitution d'un quai du XVe siècle, où l'on peut monter à bord des répliques grandeur nature de la *Niña*, de la *Pinta* et de la *Santa María*, les trois navires utilisés par Christophe Colomb pour son premier périple transatlantique. Un intéressant musée retrace l'histoire des expéditions du navigateur, sans omettre leurs répercussions négatives sur la vie des indigènes.

Avant de larguer les amarres, Colomb se rendit maintes fois au **Monasterio de la Rábida**, un monastère franciscain des XIVe et XVe siècles. Ne manquez pas la statue de la Vierge en albâtre devant laquelle il priait ni le cloître mudéjar orné de fresques. Autre site justifiant la visite, le délicieux **Parque Botánico José Celestino Mutis** rassemble des plantes et arbres du Vieux comme du Nouveau Monde et se prête à une délicieuse promenade avec ses canaux bordés de palmiers, ses bassins, sa serre tropicale et sa belle terrasse d'observation donnant sur le Río Guadiana.

C'est du port de **Palos de la Frontera** que Colomb mit les voiles vers l'inconnu. La petite localité lui fournit deux vaisseaux et leurs capitaines (les frères Pinzón, Martín Alonso et Vicente Yáñez), ainsi que plus de la moitié de son équipage. La façade redécorée de l'**Ayuntamiento** (hôtel de ville) témoigne de la prospérité locale qui en a découlé. Suivez la Calle Colón vers le nord jusqu'à la **Parroquia San Jorge Mártir** (XVe siècle), une église en brique surmontée de nids de cigognes, où Colomb et ses matelots reçurent la communion avant d'embarquer. La fontaine mudéjare voisine, **la Fontanilla** (XIIIe siècle), approvisionna les navires en eau.

À 8 km au nord-est de Palos, la ville blanche de **Moguer** est l'endroit où fut construite la *Niña*. En rentrant de son premier voyage, en mars 1493, Colomb passa une nuit de prière au **Monasterio de Santa Clara**, qui conserve un cloître mudéjar et des stalles nasrides du XIVe siècle uniques en leur genre, décorées de sculptures de lions inspirés de l'Alhambra, de colonnes et de chapiteaux arabes. Une statue de Colomb se dresse sur la place devant.

Casa Museo Zenobia y Juan Ramón Jiménez

UNE DEMEURE POÉTIQUE À MOGUER

À 40 minutes de Huelva par le bus M403, Moguer abrite également l'ancienne maison du poète Juan Ramón

OÙ SE LOGER DANS LES LUGARES COLOMBINOS

Hotel La Pinta
À Palos, hôtel avec un hall sur le thème naval, un bar de style saloon et des chambres sans chichis dallées de marbre. **€**

Complejo Rural Nazaret de Moguer
Un vaste hôtel avec piscine sur un domaine boisé et paysager au sud de Moguer. **€€**

Hostal Montemayor
Cette option propre et correcte à la périphérie de Moguer se dote d'un parking gratuit et d'un café-bar. **€**

Muelle de las Carabelas

Jiménez (1881-1958), prix Nobel de littérature en 1956, et de son épouse, l'écrivaine Zenobia Camprubí de Jiménez. Audioguide en plusieurs langues à disposition. En flânant dans la ville, vous remarquerez des citations tirées de *Platero y yo* (Platero et moi, 1914), le recueil le plus célèbre de Jiménez, dans lequel il évoque avec tendresse son âne Platero, gravées sur des carreaux de faïence.

Costa de la Luz

PLAGES DE SABLE LOIN DE LA FOULE

Si cette partie de la Costa de la Luz est bien connue des vacanciers espagnols, les étrangers semblent encore ignorer qu'elle recèle certaines des plus belles plages de la région. À l'ouest de Huelva, le rivage sud d'**Isla Cristina** est accessible en 40 minutes de voiture ou 1 heure 30 de bus. Une promenade faite en planches y relie deux longues plages sablonneuses, la **Playa de la Gaviota** et la **Playa Central**. Plus à l'est, un sentier nature serpente à travers des marais boisés, propices à l'observation des oiseaux.

Toujours à l'ouest de Huelva, les discrètes stations de **Punta Umbría** et **Ayamonte** se situent respectivement à 20 minutes et 40 minutes en voiture. Située face au Portugal qui se trouve de l'autre côté du Río Guadiana, la petite ville d'Ayamonte se caractérise par une joyeuse animation. Baladez-vous le long

LES PLAGES LES PLUS REMARQUABLES DE HUELVA

Flecha del Rompido
Une spectaculaire plage de 8 km, uniquement desservie par le ferry FlechaMar qui lève l'ancre d'El Rompido toutes les heures (avril-octobre).

Playa de Cuesta Maneli
D'un parking sur l'A494, une promenade en planches mène à cette paisible étendue de sable.

Playa de Nueva Umbría
Une langue de sable vierge de 12 km de long à l'est de La Antilla.

Playa del Parador
Une sublime étendue sablonneuse de 6 km ourlée de falaises, à l'extrémité ouest du Parque Natural de Doñana. L'accès se fait par le Parador de Mazagón.

OÙ SE LOGER SUR LA COSTA DE LA LUZ

Sol Y Mar
Cet hôtel d'Isla Cristina loue des chambres un peu datées avec de chouettes balcons face à la mer. **€€**

Barceló Punta Umbría Mar
Un immense complexe hôtelier bien équipé à Punta Umbría, qui compte notamment deux piscines et un spa. **€€**

Parador de Mazagón
Un établissement doté de deux piscines, à la lisière du Parque Natural de Doñana, à deux pas d'une plage de sable. **€€**

ESCAPADE AU PORTUGAL

Le Río Guadiana forme la frontière naturelle entre une bonne partie de l'Andalousie et le Portugal voisin. C'est dans l'estuaire du fleuve que se concentrent les principaux points de passage entre les deux pays. Le franchissement de la frontière en voiture ou en bus via le pont international se passe sans aucune formalité ni contrôle.

La traversée en ferry de 15 minutes entre les charmantes villes d'Ayamonte (Espagne) et de Vila Real de Santo António (Portugal) constitue une balade populaire. Les bateaux naviguent toutes les 30 minutes de 9h à 21h en été, toutes les heures de 9h à 18h le reste de l'année.

LUX BLUE/SHUTTERSTOCK ©

Castillo de los Guzmán

de la berge du fleuve ainsi que dans sa vieille ville ponctuée de jolies places et d'églises. Les plages d'Isla Canela et de Punta del Moral, plus loin au sud, sont plutôt belles mais gâtées par des tours d'appartements. Depuis Ayamonte, des ferrys réguliers desservent Vila Real de Santo António, au Portugal.

À l'est de Huelva, la principale destination balnéaire est **Mazagón** (16 minutes en voiture), d'où des plages de sable peu urbanisées se succèdent sur 30 km jusqu'à Matalascañas. Pour fuir la foule, il suffit de choisir un coin le long de l'A494.

Niebla

DES FORTIFICATIONS IMPRESSIONNANTES

À 25 minutes de Huelva en train ou en voiture, Niebla mérite le détour pour son impressionnante **enceinte almohade** de 2 km de long, jalonnée de quarante-six tours carrées et de cinq portes monumentales. À l'intérieur, le **Castillo de los Guzmán** (XVe siècle) renferme deux cours ouvertes et un glaçant musée de la torture installé dans ses cachots. L'**Iglesia de Santa María de Granada**, à l'origine une cathédrale wisigothique, fut convertie en mosquée au IXe siècle, puis devint au XVe siècle une église de style gothico-mudéjar.

COMMENT CIRCULER

Damas assure au moins 5 bus quotidiens de Huelva à la gare routière d'Isla Cristina (Calle Manuel Siurot), 3 à 5 bus de Séville à Niebla, et 3 à 7 de Huelva à Niebla. En revanche, un véhicule s'impose pour s'évader dans les lieux plus retirés de la côte. Le bus M403 circule toutes les heures dans les deux sens entre la gare routière de Huelva et les Lugares Colombinos.

ARACENA

Au nord de Huelva, le bourg d'Aracena déploie ses maisons blanches coiffées de tuiles en terre cuite au creux d'une vallée, tandis qu'une forteresse et une robuste église médiévale trônent sur les hauteurs. Ce centre économique local réputé pour son jambon s'inscrit dans un relief calcaire qui réserve lui aussi bien des curiosités, notamment des grottes aux étonnantes formations rocheuses.

La portion de la Sierra Morena qui entoure Aracena constitue l'un des atouts de la province. Ces montagnes tempérées mesurant entre 800 et 900 m d'altitude abritent en effet les plus grands espaces de verdure d'Andalousie, formés d'épais bosquets de chênes verts, de chênes-lièges, de pins et de genévriers. Les bois regorgent de champignons en automne et la nature se couvre de fleurs sauvages au printemps, invitant à emprunter les nombreux sentiers de randonnée. Enfin, des *pueblos blancos* à l'ombre d'un château ou lieu de culte s'accrochent aux versants.

Pour les infos pratiques, voir le Carnet d'adresses p. 122

À SAVOIR

Aracena et ses environs se trouvent pour l'essentiel à l'intérieur du Parque Natural Sierra de Aracena y Picos de Aroche (1 870 km²), deuxième plus grande zone protégée d'Andalousie. Les principales localités dessinent au centre une sorte de losange, avec Aracena à l'est, Cortegana à l'ouest, Jabugo au nord et Almonaster la Real au sud.

OÙ SE RESTAURER À ARACENA

Le terroir local se montre généreux : asperges sauvages au printemps, grosses tomates sucrées en été, *setas* (champignons) en automne et délicieux *jamón ibérico de bellota* (jambon cru à base de viande de porc nourri aux glands) tout au long de l'année.

Rincón de Juan
Goûtez le fromage de chèvre ou les *montaditos* (petits sandwichs) au jambon ibérique dans ce bar à tapas rustique. **€**

Jesús Carrión
Une affaire familiale qui revisite la cuisine de la région avec des plats comme le risotto aux cèpes et à l'huile de truffe. **€€€**

José Vicente
Ce restaurant s'adresse aux inconditionnels du fondant *jamón ibérico*, dont il sert les quatre qualités. **€€€**

Cerro del Castillo de Aracena

CHÂTEAU, ÉGLISE ET PANORAMA

Depuis la Plaza Alta, le centre de la vieille ville avec son massif **Cabildo Viejo** (ancienne mairie) du XVe siècle, un chemin escarpé monte jusqu'aux ruines du **Castillo de Aracena**, un château édifié au XIIe siècle par les royaumes du Portugal et de Castille sur les vestiges d'une construction musulmane. Juste à côté se dresse l'**Iglesia Prioral de Nuestra Señora del Mayor Dolor** de style gothico-mudéjar, bâtie par les Templiers, dont l'atrium encadre de manière photogénique le paysage alentour.

Gruta de las Maravillas

FÉERIE SPÉLÉOLOGIQUE

Sous la colline du château se cache un réseau de grottes et de galeries. Un circuit guidé de 1,2 km (50 minutes) fait découvrir douze salles hérissées de stalactites et de stalagmites ainsi que des lacs souterrains, le tout superbement illuminé. Les visites se font en espagnol et la fréquence de départ dépend de la demande (toutes les demi-heures ou toutes les heures). Il est recommandé de réserver son billet à l'avance.

Museo del Jamón

UN RÊVE DE CARNIVORE

Ce musée moderne met à l'honneur le *jamón* qui fait la renommée de la sierra. On y apprend comment l'environnement naturel, l'alimentation des porcs ibériques, les méthodes d'abattage et de salage se conjuguent pour produire ce remarquable jambon cru. Dégustation gratuite et audioguides disponibles en cinq langues.

COMMENT CIRCULER

Un bus quotidien Damas depuis Huelva dessert Aracena via Cortegana. Mais du fait de la rareté des bus et du relief vallonné, mieux vaut louer une voiture pour rallier Aracena et ses alentours. Il est possible de couvrir à pied la distance entre les grottes et le château, mais les rues pavées peuvent poser des difficultés aux personnes à mobilité réduite.

Sierra de Aracena

L'un des coins les plus méconnus d'Andalousie, fier du *jamón ibérico*, où les forteresses médiévales côtoient les sites miniers.

La Sierra de Aracena s'étend au nord et à l'ouest de la ville éponyme, occupant une grande partie de la province de Huelva, qui va de Séville à la frontière portugaise. La campagne ondulante est émaillée de pittoresques châteaux, de vieux villages et d'églises fortifiées, tandis qu'ailleurs prospèrent de vastes *dehesas*, ces pâturages à l'ombre de chênes verts où les porcs noirs ibériques trouvent des glands pour se nourrir.

Les sentiers de randonnée et les localités à l'ouest d'Aracena, dont Alájar, Linares de la Sierra, Castaño del Robledo, Cortelazor et Almonaster la Real, comptent parmi les plus beaux d'Andalousie. Au sud, le sol riche en minerais dessine un paysage moins amène, strié d'ocre et de mauve, où les puits de mine béants de Minas de Riotinto et les eaux rouges du Río Tinto offrent une vision spectaculaire.

Pour les infos pratiques, voir le Carnet d'adresses p. 122

À SAVOIR

Vous pouvez télécharger des cartes sur www.sierradearacena.com et www.ventanadelvisitante.es, ou vous procurer les guides *Sierra de Aracena – A Walk!* et *Sierra de Aracena Tour & Trail Map*.

Linares de la Sierra

RÉVOLTE DES MINEURS

Le 4 février 1888, plusieurs milliers de mineurs en grève manifestent sur la place de la ville de Minas de Riotinto pour obtenir de la compagnie une augmentation salariale et une réduction du temps de travail. Ils réclament surtout la fin de la pratique des *teleras*, un procédé de raffinage des minéraux par calcination en plein air qui émet des fumées sulfureuses toxiques. La réponse est sanglante, des dizaines de manifestants et des agriculteurs du coin sont abattus par les soldats. Cet *Año de los Tiros* (année de la Fusillade) est l'objet d'*El Corazón de la tierra* (2001 – pas de traduction française à ce jour), un roman de Juan Cobos Wilkins, originaire de la région, adapté au cinéma par Antonio Cuadri (2007).

JORGE ANASTACIO/SHUTTERSTOCK ©

Castillo de Cortegana

Castillo de Cortegana

AMBIANCE MÉDIÉVALE

À 35 minutes en voiture d'Aracena, Cortegana incarne parfaitement les localités de la Sierra de Aracena. Ses maisons blanches se détachent sur une crête à l'ombre d'un château aux origines incertaines. La légende veut qu'il ait été bâti au XIIIe siècle par Pedro Domingo, un chevalier tombé en disgrâce à la cour de Sanche IV de Castille et banni dans l'arrière-pays. Bien conservée, la forteresse, transformée en musée, renferme des armures, des tapisseries et du mobilier ancien. Vue imprenable garantie du haut des remparts.

OÙ SE LOGER DANS LA SIERRA DE ARACENA

Finca Buenvino
Une ferme rose saumon, à 10 km à l'ouest d'Aracena, qui propose aussi des retraites d'écriture et des cours de cuisine. **€€**

Sierra Luz
Un hôtel de Cortegana avec de grandes chambres sans fioritures et un bar-restaurant. Places de parking à foison. **€**

Hotel Luz Almonaster
Cet établissement élégant, situé à Almonaster la Real, possède un solarium et une piscine à l'arrière. **€€**

Minas de Riotinto

MINES, FLEUVE ROUGE, MUSÉE ET TRAIN TOURISTIQUE

La lisière méridionale de la Sierra Morena recèle l'un des plus vieux sites miniers au monde, les **Minas de Riotinto** (32 minutes d'Aracena en voiture). Si ancien que le roi Salomon de Jérusalem en aurait tiré l'or nécessaire à la construction de son célèbre temple. Les Romains en extrayaient encore de l'argent au IVe siècle av. J.-C., puis il fut abandonné jusqu'aux années 1870, époque à laquelle la compagnie britannique Rio Tinto se mit à en exploiter le cuivre à grande échelle (donnant accessoirement naissance au premier club de foot espagnol, Recreativo de Huelva). Les mines furent revendues à l'Espagne franquiste en 1954. Elles ont cessé leur activité en 2001 mais l'endroit demeure fascinant.

Commencez par le **Museo Minero**, qui donne une vue d'ensemble de l'histoire et de la géographie uniques de la région, depuis les tombes mégalithiques du IIIe millénaire av. J.-C. jusqu'à la période britannique. Il présente notamment une collection de roches et de gemmes, la réplique d'une mine romaine, longue de 200 m, et le *Vagón del Maharajah*, un wagon luxueux créé en 1892 pour une visite en Inde de la reine Victoria. Le musée vend en outre les billets des attractions ci-dessous.

Si vous êtes motorisé, visitez ensuite la **Peña de Hierro**, mines de cuivre et de soufre désaffectées comprenant la source du Río Tinto, un immense puits à ciel ouvert et une galerie souterraine.

Juste au sud de Nerva, le **Ferrocarril Turístico-Minero** est un ancien train minier du début du XXe siècle qui vous transporte sur 22 km (aller-retour) à travers un paysage irréel, ponctué d'infrastructures rouillées, en longeant les eaux rouges, chargées de fer et de cuivre, dont le fleuve tire son nom. Les passagers peuvent mettre pied à terre pendant 10 minutes avant le trajet du retour.

Jamones Eíriz Jabugo

DE LA FERME À LA TABLE

À Corteconcepción, 9 km à l'est d'Aracena, l'entreprise familiale **Jamones Eíriz Jabugo** propose la visite de sa ferme. Après avoir flâné sous les chênes, dans le petit paradis des cochons friands de glands, vous arpenterez les salles de salaison et de séchage, où le *jamón* local développe son goût inimitable.

LES VARIÉTÉS DE JAMBON IBÉRIQUE

Un système de certification assorti d'un code couleur distingue les différentes qualités de jambon ibérique, qui dépendent notamment de la race des porcs, de leur régime, de leur âge et de leur poids au moment de l'abattage. Le *Pata negra* (littéralement "patte noire"), désigné par un label noir, est le nec plus ultra. Viennent ensuite, dans l'ordre, les labels rouge, vert et blanc.

La ville de Jabugo, à 25 km à l'ouest d'Aracena, fabrique, dit-on, le meilleur jambon d'Espagne, pour ne pas dire du monde.

Pata negra

Posada San Marcos
Au cœur d'Alájar, cette agréable propriété vieille de 200 ans est très engagée dans le développement durable. **€€**

Finca La Fronda
Entre Alájar et Linares de la Sierra, un bel établissement avec chambres spacieuses et piscine bordée de rosiers. **€€**

Posada del Castaño
À Castaño del Robledo, cette vieille maison villageoise a été aménagée pour accueillir les randonneurs. **€**

MIGUEL GARCIA SAAVED/STOCK.ADOBE.COM©

Mezquita d'Almonaster la Real

Almonaster la Real

ARCHITECTURE MUSULMANE DU IXe SIÈCLE

Lovée parmi des collines couvertes de forêts de chênes-lièges, Almonaster la Real est l'un des villages les plus pittoresques, authentiques et séduisants de la Sierra de Aracena. Le centre du bourg est surplombé par un joyau d'architecture musulmane. Datant des IXe et Xe siècles, la splendide **mezquita** est perchée à 5 minutes à pied au-dessus de la place principale d'Almonaster. La mosquée, presque intacte, ressemble à une miniature de celle de Cordoue. Malgré sa christianisation au XIIIe siècle, elle conserve presque toutes ses caractéristiques musulmanes d'origine : arcs en fer à cheval, mihrab semi-circulaire (niche de prière orientée vers La Mecque) tenu pour le plus ancien de la péninsule Ibérique, fontaine à ablutions et diverses inscriptions en arabe. Encore plus anciens, les chapiteaux des colonnes les plus proches du mihrab sont romains. Le minaret carré d'origine jouxte l'édifice. Juste en aval se tiennent les arènes du XIXe siècle.

Sur la placeta de San Cristóbal, remarquez l'**Iglesia de San Martín**, une église mudéjare qui possède une porte du XVIe siècle de style manuélin (portugais), unique dans la région.

Pour les amateurs de randonnée, une boucle de 5,5 km (environ 2 heures 30) part de l'est du village et mène en haut du **Cerro de San Cristóbal** (912 m), d'où la vue sur la sierra est imprenable.

GRANDE MOSQUÉE

Pour admirer une ancienne *mezquita* de dimensions beaucoup plus impressionnantes, direction la **cathédrale de Cordoue** (p. 226), inscrite au Patrimoine mondial de l'Unesco.

Randonner dans la Sierra de Aracena

À LA DÉCOUVERTE DE BEAUX VILLAGES ET PANORAMAS

La Sierra de Aracena est propice à d'agréables randonnées à travers une campagne vallonnée, émaillée de vieux villages et de châteaux. Un réseau dense de sentiers bien entretenus, avec un panorama changeant, sillonne ainsi la région.

Partant de la limite sud-ouest de **Linares de la Sierra**, joli village au cœur d'une vallée verdoyante, une boucle moyennement difficile de 9,7 km, balisée, traverse des prés d'altitude et une forêt de chênes jusqu'au hameau de Los Madroñeros, puis monte par le Puerto de los Madroñeros (618 m) et rejoint le village d'Alájar. Au retour, on remonte doucement la ravine du Barranco del Hoyo jusqu'à Puerto Linares (703 m), avant la descente assez abrupte vers Linares.

Situé à 5 km à l'ouest de Linares de la Sierra, **Alájar** est le village le plus typique de la région, surplombé par la Peña de Arias Montano, un éperon rocheux qui offre une vue sublime sur la ville. Plusieurs itinéraires démarrent ici ou traversent le village. Vous pourrez notamment rejoindre le joli village de Castaño del Robledo, grâce à un itinéraire de 5 km (2 heures), de difficulté moyenne, qui part à l'extrémité ouest du village, de l'autre côté de la HU8105. Le sentier monte vers le hameau jadis inhabité d'El Calabacino, devenu une colonie d'artistes et de hippies, avant de continuer jusqu'à Castaño del Robledo, via une forêt de chênes-lièges et de châtaigniers.

À **Castaño del Robledo**, vous pourrez également effectuer une belle boucle de 10 km (3 heures) jusqu'au village de Galaroza. En prenant le chemin PRA38 de Castaño del Robledo jusqu'à Galaroza et en revenant par le SLA129, un autre chemin longeant la rivière, le parcours traverse des bois entrecoupés de vastes panoramas. Vous verrez sans doute des cochons dits *pata negra* (patte noire), à la recherche de glands.

LES MEILLEURS RESTAURANTS DE LA SIERRA DE ARACENA

Arrieros
Viande de porc cuisinée de manière originale et délicieuse soupe de tomates. À Linares de la Sierra. **€€€**

El Padrino Particular
Un restaurant d'Alájar qui fait la part belle à la *tomatá*, une grosse tomate sucrée typique de la région, et aux plats carnés. **€€**

Rincon de Curro
Adresse réputée à Almonaster la Real pour sa *leche frita* (lait sucré épaissi avec de la farine, puis frit). **€**

COMMENT CIRCULER

Damas assure au moins un bus quotidien dans chaque sens entre Séville et Cortegana, en passant par Alájar ou Jabugo. En semaine, la compagnie relie aussi Aracena à Cortegana 4 ou 5 fois par jour, souvent via Linares de la Sierra, Jabugo et Alájar. Trois bus par jour circulent entre Huelva et Minas de Riotinto, mais il faut ensuite une voiture pour explorer la plupart des sites miniers.

CIRCUIT EN VOITURE DANS LA SIERRA DE ARACENA

Cet itinéraire de Cortegana à Aracena permet de voir en une journée tous les sites phares de la *sierra*. Suivez la N433 de **1 Cortegana** vers l'est sur 2 km, puis empruntez à droite la HU8105, une route agréable à parcourir au volant, qui conduit à **2 Almonaster la Real**. Du parking gratuit sur la droite, contemplez la charmante petite ville et sa *mezquita* des IXe et Xe siècles, véritable joyau d'architecture islamique. Traversez la place centrale, d'où des panneaux indiquent la direction de cette version miniature de la grande mosquée de Cordoue. Continuez vers l'est à travers des collines tapissées de forêts de chênes-lièges, avant de mettre cap au nord par la N435. Si vous souhaitez faire provision de *jamón ibérico* à la source, poussez jusqu'à **3 Jabugo**. Autrement, prenez à droite la HU8114 qui mène à **4 Castaño del Robledo**, ravissant village au milieu de châtaigneraies. Ce dernier possède deux grandes églises, dont la plus intéressante, l'Iglesia Inacabada, demeure inachevée.

Plus à l'est, au niveau de Fuenteheridos, suivez la HU8121 qui se dirige vers le sud. Au bout de 2 km, vous tomberez sur le **5 Mirador de Alájar**, un point de vue particulièrement enchanteur au coucher du soleil. À proximité, l'éperon rocheux baptisé Peña de Arias Montano supporte l'Ermita de Nuestra Señora Reina de los Ángeles (XVIe siècle), un important lieu de pèlerinage. De là, une série de lacets rejoint **6 Alájar**, candidat sérieux au titre de plus beau village de la région, qui conserve des ruelles pavées et une église baroque. Arrivé sur la HU8105, faites une dernière halte à **7 Linares de la Sierra**, dont les rues pavées s'agrémentent de quelque 300 *llanos* (mosaïques ornant les patios). Un trajet facile vous ramènera ensuite à **8 Aracena.**

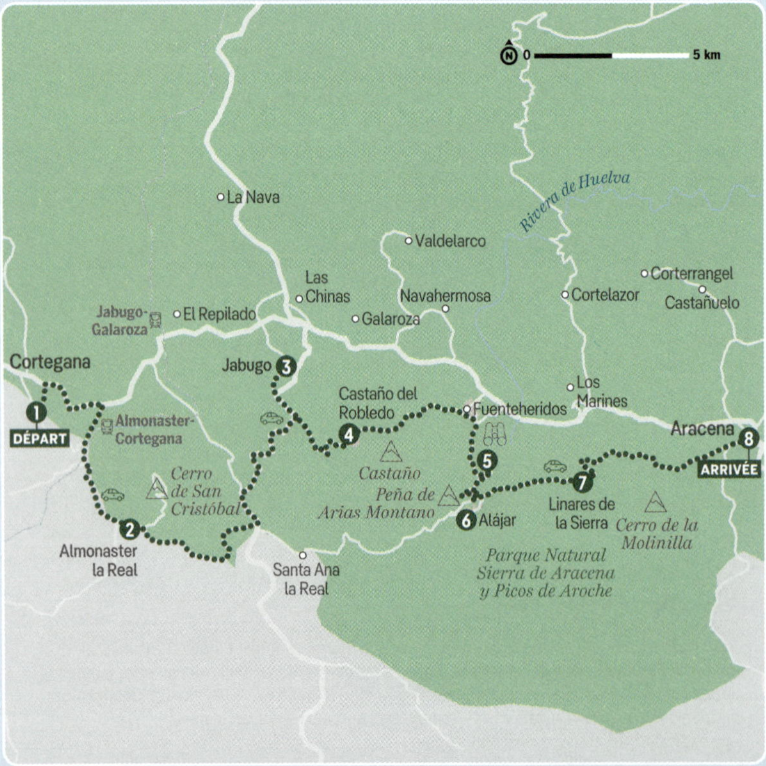

PARQUE NACIONAL DE DOÑANA

Des nuées de flamants roses se détachent sur le ciel au coucher du soleil, tandis que des hardes de cerfs arpentent le *coto* (réserve boisée), et que l'insaisissable lynx ibérique se bat pour sa survie. Dans le delta du Guadalquivir, le Parque Nacional de Doñana occupe de vastes étendues de marais côtiers, jadis communs dans la province de Huelva et désormais menacés par les bâches plastique des serres agricoles qui défigurent le paysage alentour. Il s'agit d'une des plus vastes zones humides d'Europe, inscrite à ce titre au Patrimoine mondial de l'Unesco.

D'une superficie de 601 km^2, le parc national et le Parque Natural de Doñana attenant, aire moins strictement protégée jouant le rôle d'espace tampon, abritent 360 espèces d'oiseaux, 37 de mammifères et 21 de reptiles. Des animaux au bord de l'extinction, comme le lynx ibérique et l'aigle ibérique, ont vu ici leur population s'accroître, et ce malgré la pression exercée par les infrastructures humaines, l'agriculture intensive, la chasse et le tourisme de masse.

Pour les infos pratiques, voir le Carnet d'adresses p. 123

À SAVOIR

Au sud de Séville, le Guadalquivir poursuit sa course vers l'océan, formant un large delta. Le cours principal du fleuve marque la limite est du parc national de Doñana, qui s'étend sur 30 km le long du littoral atlantique et sur 25 km à l'intérieur des terres. L'accès par la route se fait du côté ouest, via l'A483.

LES MEILLEURS CIRCUITS À DOÑANA

Plusieurs prestataires proposent de vous faire découvrir le parc. Au printemps, en été et pendant les vacances, mieux vaut réserver un mois à l'avance ; le reste de l'année, une semaine suffit.

Doñana Wings
Une agence de Séville qui excelle dans les circuits ornithologiques.

Doñana Nature
Cette compagnie basée à El Rocío propose deux fois par jour des circuits privés ou en groupe de 8-15 personnes.

Discovering Doñana
Circuits privés en 4x4.

Circuits organisés

À LA RENCONTRE DE LA FAUNE DES MARAIS

Pour visiter le parc, vous devrez passer par une agence agréée. Nombre de tour-opérateurs proposent des circuits d'une journée ou d'une demi-journée à bord de véhicules tout-terrain pouvant transporter de 4 à 30 passagers. Il existe aussi des formules à cheval. Les guides parlent d'ordinaire plusieurs langues, ont l'œil exercé et fournissent une foule d'informations passionnantes. Des jumelles sont fournies dans les circuits en petits effectifs. Prévoyez en revanche de l'eau et un produit contre les moustiques. Sachez que les groupes importants ont moins de chances d'apercevoir les animaux les plus méfiants.

L'aube et le crépuscule sont les moments les plus propices pour l'observation des créatures sauvages. Si la vue d'un cerf, d'un sanglier et d'une multitude d'oiseaux est presque garantie, le lynx ibérique se laisse très rarement surprendre. Peut-être aurez-vous l'immense privilège de croiser une femelle avec sa progéniture entre le milieu et la fin de l'été, mais n'y comptez pas trop.

On recense à Doñana une centaine de lynx, pour lesquels la principale menace reste la circulation automobile. Le programme de reproduction en captivité a toutefois produit des résultats probants, 28 couples ayant donné naissance à 43 petits en 2022 (plus de détails sur www.lynxexsitu.es). Le **Centro de Visitantes el Acebuche** projette une vidéo en direct des spécimens du centre de reproduction voisin (fermé au public), qui s'étirent et font leur toilette comme de gros chats. Depuis ce centre, vous pourrez emprunter le Sendero Lagunas del Acebuche, dont les deux sentiers (1,5 km chacun, 3,5 km en boucle) conduisent à des postes d'observation d'oiseaux surplombant les lagunes voisines.

De l'autre côté de la principale route nord-sud qui longe le parc, près de l'entrée pour El Rocío, le **centre des visiteurs** installé dans le Palace Acebrón, un ancien lodge de chasse, comprend un musée illustrant la vie et les coutumes locales ainsi qu'un point de vue sur le toit. Du parking, le **Sendero Charco de la Boca** (3,5 km aller-retour) traverse différents milieux naturels en suivant un cours d'eau.

AUTRE POINT D'ACCÈS À DOÑANA

Si la plupart des circuits organisés entrent dans le parc par l'ouest et le sud, d'autres partent de **Sanlúcar de Barrameda** (p. 144), dans la province de Cadix, et traversent le Guadalquivir en bateau.

COMMENT CIRCULER

Vous ne pourrez pas pénétrer dans le parc national avec votre véhicule personnel, mais aurez le droit de rouler jusqu'à El Rocío, l'une des entrées principales, pour participer à un circuit guidé. Les excursions organisées depuis Séville incluant le transport jusqu'au site et le "safari" constituent toutefois l'option la plus populaire.

Environs du Parque Nacional de Doñana

Plages étendues, dunes ondoyantes et plus grand pèlerinage annuel d'Espagne.

Pour les infos pratiques, voir le Carnet d'adresses p. 123

À SAVOIR

Loger à El Rocío permet de mieux ressentir l'énergie qui émane de ce lieu inhabituel et offre davantage de possibilités en matière de circuits à Doñana.

À l'extérieur de Doñana, la nature protégée cède la place à des cultures intensives. Deux localités aux raisons d'être radicalement différentes attirent cependant les visiteurs. El Rocío et Matalascañas, qui disposent d'un bon choix d'hébergements et de restaurants, sont les deux bases principales de la province de Huelva pour explorer les parcs national et naturel de Doñana.

Chaque dimanche de Pentecôte, la première entre en effervescence à l'occasion de la fervente Romería del Rocío, un événement religieux qui voit des milliers de pèlerins affluer dans ses rues sablonneuses. Quant à la seconde, c'est une station balnéaire moderne dont la plage a la faveur des vacanciers espagnols.

El Rocío (p. 112)

SERGIO SERGO/SHUTTERSTOCK ©

DOÑANA AU FIL DES SAISONS

Des centaines de milliers d'oiseaux aquatiques en provenance du Nord, dont environ 80 % des canards sauvages d'Europe occidentale, viennent hiverner dans les *marismas* (marais) de Doñana. Au printemps, quand le niveau des eaux baisse, arrivent flamants roses, hérons, cigognes, spatules, avocettes, huppes, guêpiers, albatros et autres espèces pour passer l'été ou nidifier, s'attroupant autour des *lucios* (étangs). Vers la fin de l'été, l'assèchement des marais pousse certains à s'en aller, tandis que le lynx ibérique devient plus actif dans le *coto* (réserve boisée). Genettes, chats sauvages, sangliers, cerfs élaphes et daims peuplent aussi le parc, de même que des rapaces tels que milans et aigles ibériques. En octobre, les *marismas* se remplissent à nouveau d'eau et le cycle recommence, grâce à la protection dont bénéficie Doñana.

El Rocío

UN VILLAGE INSOLITE

Avec ses rues désertes, ses maisons vides la plupart du temps et ses chevaux, **El Rocío** évoque un peu une ville fantôme du Far West, mais il n'en est rien. Si seules 700 personnes y vivent à l'année, les habitations colorées bien entretenues qui flanquent ses chaussées couvertes de sable appartiennent à 115 *hermandades* (confréries), dont les membres affluent chaque année à la Pentecôte.

Au cœur du village se dresse l'**Ermita del Rocío**, une église d'un blanc étincelant, qui recèle la très vénérée **Nuestra Señora del Rocío** (Notre-Dame de la Rosée), une statuette en bois de la Vierge parée d'une longue robe sertie de joyaux. Les fidèles viennent se recueillir devant elle, en particulier le week-end, car les confréries se réunissent alors souvent pour des célébrations hautes en couleur.

Principal point d'accès au Parque Nacional de Doñana, El Rocío est entouré de *marismas* (marais), où les chevaux broutent, les cerfs viennent boire à l'aube et, à certaines périodes de l'année, les flamants roses se rassemblent en nombre. Le **centre ornithologique Francisco Bernis**, géré par l'Association nationale de protection des oiseaux (SEO Birdlife), possède un affût et une plateforme d'observation bien placés à la lisière sud-est de la localité. Le personnel expert peut vous renseigner sur les oiseaux migrateurs présents et les endroits où les trouver (prêt gratuit de jumelles).

Romería del Rocío

LE PLUS GRAND PÈLERINAGE D'ESPAGNE

Le week-end de la Pentecôte, sept semaines après Pâques, une véritable fièvre s'empare d'El Rocío. Jusqu'à un million de fidèles en liesse foulent alors les rues du village à l'occasion du plus grand pèlerinage d'Espagne. Ces derniers convergent vers la statuette de Nuestra Señora del Rocío (Notre-Dame de la Rosée), trouvée dans un arbre des marais par un chasseur du village d'Almonte au XIIIe siècle.

Dans une atmosphère rien moins que solennelle, les participants, en costume andalou traditionnel, chantent, dansent, boivent et s'amusent. La plupart appartiennent à l'une des 115 *hermandades* (confréries) qui viennent de tout le pays.

Les deux jours de fête atteignent leur paroxysme le lundi à l'aube. Les membres de la *hermandad* d'Almonte, réclamant la Vierge, font irruption dans l'église et s'emparent de la statuette qu'ils installent sur un char au milieu de la cohue. L'effigie

OÙ SE LOGER À EL ROCÍO

Hotel La Malvasía
Une majestueuse *casa señorial* dont les belles chambres ont de grandes fenêtres donnant sur les marais. **€€**

La Fonda del Rocío
Dans une rue typique d'El Rocío, cet *hostal* sympathique loue des chambres sans fioritures autour d'un patio. **€€**

Hospedería el Cazadero Real
Cette adresse offre une vue splendide sur l'Ermita del Rocío et les *marismas* depuis son toit-terrasse. **€**

JUAN CARLOS MUNOZ/SHUTTERSTOCK ©

Cigognes, Parque Nacional de Doñana

fait le tour des confréries avant de retrouver sa place dans l'église l'après-midi.

Si l'opinion espagnole se montre plus sensible au bien-être animal depuis quelques années, il est arrivé que des chevaux perdent la vie durant la manifestation, ce malgré la présence de vétérinaires bénévoles.

Matalascañas

NATURE ET PLAGE

Station balnéaire moderne à 50 km au sud-est de Huelva, surtout fréquentée par les vacanciers espagnols, Matalascañas jouxte le Parque Nacional de Doñana, mais son développement a heureusement été limité à une surface de 4 km sur 1 km. Seule une mince clôture en fil de fer à sa lisière est protège de l'appétit des promoteurs les dunes du vaste **Parque Dunar**, sillonné de passerelles en planches.

Plusieurs opérateurs proposent des circuits à cheval, dont **Hipica Doñana the Pasodoble**, à l'entrée de la ville.

Adossée aux dunes, la **Playa de Matalascañas** est la plage la plus spectaculaire du littoral de Huelva ; à chaque extrémité, elle rejoint les plages les plus sauvages du Parque Nacional de Doñana.

LES MEILLEURES TABLES D'EL ROCÍO

Aires de Doñana
Jouissant d'une vue exceptionnelle sur l'Ermita del Rocío et les marais, ce restaurant de cuisine andalouse prépare essentiellement des fruits de mer mais aussi quelques plats végétariens. **€€€**

La Pastelería Pizzas
Savoureux *bocadillos* (sandwichs), pizzas et pâtisseries à emporter. **€**

Restaurante Toruño
Carte de fruits de mer et de viandes à déguster dans une atmosphère andalouse traditionnelle, sur une place ombragée. **€€€**

LES AUTRES PARCS NATIONAUX D'ANDALOUSIE

Malgré les beautés naturelles de la région, seules la **Sierra de las Nieves** (p. 196), à l'ouest de Málaga, et la **Sierra Nevada** (p. 296), entre Grenade et Almería, ont le statut de parc national.

COMMENT CIRCULER

Les bus Damas circulent de la Plaza de Armas de Séville à El Rocío (2/jour, 1 heure 30), puis jusqu'à Matalascañas (25 minutes de plus). Depuis Huelva, il faut prendre un bus pour Almonte, puis un autre pour El Rocío. En voiture, comptez 50 minutes de trajet de Huelva jusqu'à Matalascañas.

Carnet d'adresses

SÉVILLE

Acuario de Sevilla
Voir p. 70 (955 44 15 41 ; www.acuariosevilla.es ; Muelle de las Delicias ; adulte/enfant/-4 ans 18/13 €/gratuit ; 10h-18h lun-ven, 10h-19h sam-dim sept-juin, 10h-19h lun-ven, 10h-20h sam-dim juil-août)

Antigua Fábrica de Tabacos
Voir p. 70 (954 55 11 23 ; www.us.es ; Universidad de Sevilla, Calle San Fernando 4 ; entrée libre ; visite sur rendez-vous)

Archivo General de Indias
Voir p. 64 (954 50 05 28 ; www.visitasevilla.es ; Avenida de la Constitución ; entrée libre ; 9h30-16h30 mar-sam, 10h-13h30 dim et fêtes)

Ayuntamiento
Voir p. 66 (955 01 00 10 ; www.sevilla.org ; Plaza Nueva 1)

Basílica de La Macarena
Voir p. 74 (954 90 18 00 ; www.hermandaddelamacarena.es ; Plaza de la Esperanza Macarena 2 ; musée tarif plein/réduit 5/3 € ; 9h-21h lun-dim ; basilique 9h-14h et 17h-21h lun-dim juin-12 sept, 9h-14h et 17h-21h lun-sam, 9h30-14h et 17h-21h dim 12 sept-mai)

Capilla de San José
Voir p. 71 (954 22 32 42 ; Calle Jovellanos ; entrée libre ; 9h30-12h30 et 18h30-20h30 été, horaires restreints hiver)

Casa de Pilatos
Voir p. 67 (954 22 52 98 ; www.fundacionmedinaceli.org ; Plaza de Pilatos 1 ; adulte/-11 ans 10 €/gratuit ; 9h-18h)

Casa de Salinas
Voir p. 67 (619 25 44 98 ; www.casadesalinas.com ; Calle Mateos Gago 39 ; visites guidées adulte/enfant 8/4 € ; 10h-18h lun-ven mi-oct à mi-juin, 10h-14h mi-juin à mi-oct)

Castillo de San Jorge
Voir p. 75 (955 47 02 55 ; Plaza del Altozano ; 11h-19h mar-dim)

Catedral et Giralda
Voir p. 56 (902 09 96 92 ; www.catedraldesevilla.es ; Avenida de la Constitución ; adulte/enfant avec Iglesia Colegial del Divino Salvador 16/5 € ; 10h45-18h lun-sam, 14h30-19h dim)

Centro Andaluz de Arte Contemporáneo
Voir p. 75 (955 03 70 70 ; www.caac.es ; Avenida Américo Vespucio 2, Camino de los Descubrimientos ; visite complète/expositions temporaires 3/1,80 € ; 11h-21h mar-sam, 10h-15h30 dim)

Centro Cerámica Triana
Voir p. 75 (955 47 42 93 ; www.visitasevilla.es ; Calle Callao 16 ; plein/réduit 2,10/1,60 € ; 11h-18h mar-sam, 10h-15h dim)

Hospital de la Caridad
Voir p. 72 (954 22 32 32 ; www.santa-caridad.es ; Calle Temprado 3 ; tarif plein/réduit/-18 ans/-7 ans 8/5/2,50 €/gratuit, entrée libre dim 16h30-18h30 ; 10h30-19h lun-ven, 14h-19h sam-dim)

Hospital de los Venerables Sacerdotes
Voir p. 64 (697 89 86 59 ; losvenerables.es ; Plaza Venerables 8 ; tarif plein/réduit/-12 ans 12/10 €/gratuit ; 10h-19h lun-sam, 10h-15h dim)

Iglesia Colegial del Divino Salvador
Voir p. 66 (954 21 16 79 ; iglesiadelsalvador.es ; Plaza del Salvador 3 ; adulte/-14 ans 7 €/gratuit ; visite culturelle 10h15-17h30 lun-sam, 14h30-19h dim)

Iglesia de San Luis de los Franceses
Voir p. 73 (954 55 02 07 ; www.dipusevilla.es ; Calle San Luis 37 ; tarif plein/réduit 4/2 €, entrée libre dim après-midi ; 10h-14h et 16h-20h mar-dim, 10h-14h et 18h-22h mar-dim juil-août)

Iglesia de Santa Ana
Voir p. 75 (santanatriana.org ; Plazuela de Santa Ana, Calle Pelay Correa ; 3 € ; 10h30-13h30 et 16h30-19h lun-jeu, 11h-13h30 et 16h30-19h ven)

Metropol Parasol
Voir p. 68 (606 63 52 14 ; setasdesevilla.com ; Plaza de la Encarnación ; tarif plein/réduit 15/12 € ; 9h30-0h30 avr-oct, 9h30-minuit nov-mars)

Museo Antiquarium
Voir p. 68 (955 47 15 80 ; icas.sevilla.org ; Plaza de la Encarnación ; tarif plein/-16 ans 2 €/gratuit ; 10h-20h mar-sam, 10h-14h dim)

Museo Arqueológico
Voir p. 69 (957 35 55 17 ; www.museosdeandalucia.es/web/

museoarqueologicodesevilla ; Plaza América ; fermé pour travaux)

Museo Casa de la Ciencia
Voir p. 70 (954 23 23 49 ; www.casadelaciencia.csic.es ; Avenida María Luisa ; entrée générale/planétarium/combinée 3/3/5 €, gratuit -3 ans ; 10h-20h mar-dim, fermé août)

Museo de Artes y Costumbres Populares
Voir p. 70 (955 03 53 25 ; www.museosdeandalucia.es ; Plaza de América 3 ; 1,50 € ; 9h-15h mar-dim mi juin à mi-sept, 9h-21h mar-sam, 9h-15h dim mi-sept à mi-juin)

Museo de Bellas Artes
Voir p. 72 (954 78 64 98 ; www.museosdeandalucia.es ; Plaza del Museo 9 ; tarif plein/réduit 1,50 €/gratuit; 9h-15h mar-dim août, 9h-21h mar-sam, 9h-15h dim sept-juil)

Museo del Baile Flamenco
Voir p. 65 (954 34 03 11 ; museodelbaileflamenco.com ; Calle Manuel Rojas Marcos 3 ; tarif plein/réduit/enfant/-6 ans 10/8/6 €/gratuit ; 10h-19h été, 11h-18h hiver)

Museo Militar de Sevilla
Voir p. 69 (954 93 82 83 ; Plaza de España ; entrée libre ; 9h30-14h lun-ven, 10h-14h sam)

Pabellón de la Navegación
Voir p. 75 (954 04 31 11 ; www.pabellondelanavegacion.com ; Camino de los Descubrimientos 2 ; tarif plein/réduit 6/4 € ; 10h-19h30 mar-sam, 10h-15h dim)

Palacio de la Condesa de Lebrija
Voir p. 67 (954 22 78 02 ; palaciodelebrija.com ; Calle Cuna 8 ; adulte/enfant 12/6 € ; 10h-15h)

ESKYSTUDIO/STOCK.ADOBE.COM ©

Plaza de España, Séville (p. 69)

Palacio de las Dueñas
Voir p. 69 (954 21 48 28 ; www.lasduenas.es ; Calle Dueñas 5 ; tarif plein/réduit 12/10 € ; 10h-20h été, 10h-18h hiver)

Parroquia de Santa María Magdalena
Voir p. 72 (954 22 96 03 ; www.rpmagdalena.org ; Calle Bailén 5 ; 7h45-11h et 18h30-21h lun et ven, 7h45-13h30 et 18h30-21h mar-jeu, 8h45-14h et 18h30-21h sam-dim)

Plaza de Toros de la Real Maestranza
Voir p. 72 (954 21 03 15 ; corrida : plazadetorosdelamaestranza.com ; musée : realmaestranza.com ; Paseo de Cristóbal Colón 12 ; musée tarif plein/réduit 10/6 € ; 9h30-21h lun-dim mai-oct, 9h30-19h30 jeu-mar nov-avr)

Real Alcázar
Voir p. 62 (954 50 23 24 ; www.alcazarsevilla.org ; Patio de Banderas ; tarif plein/réduit/-13 ans 13,50/6 €/gratuit ; 9h30-19h avr-sept, 9h30-17h oct-mars)

Real Betis Balompié
Voir p. 65 (619 56 21 17 ; www.realbetisbalompie.es ; Avenida de la Palmera)

Sevilla FC
Voir p. 65 (954 54 30 30 ; www.sevillafc.es ; Calle Sevilla Fútbol Club ; visite tarif plein/enfant 12/10 € ; 17h-21h jeu, 11h-15h et 17h-21h ven-dim)

Torre del Oro
Voir p. 71 (954 22 24 19 ; www.visitasevilla.es ; Paseo de Cristóbal Colón ; musée maritime tarif plein/réduit 3/1,50 € ; 9h30-19h lun-ven, 10h30-18h45 sam-dim)

Torre Schindler
Voir p. 77 (954 04 31 11 ; www.pabellondelanavegacion.com ; Camino de los Descubrimientos 2 ; adulte/enfant avec Pabellón de la Navegación 6/4 € ; 10h-19h30 mar-sam, 10h-15h dim)

Isla Mágica
Voir p. 77 (954 48 70 30 ; www.islamagica.es ; Pabellón de España ; adulte/enfant 37/23 € ; 11h-23h juin-août, horaires réduits sept-nov et avr-mai)

Kayak Sevilla
Voir p. 77 (669 24 79 13 ; kayaksevilla.com ; Camino de los Descubrimientos ; 9h-20h lun-sam, 9h-15h dim)

Taller Flamenco
Voir p. 65 (954 56 42 34 ; tallerflamenco.com ; Calle Peral 45 ; cours flamenco à partir de 30 €)

B&B Casa Alfareria 59
Voir p. 69 (954 34 13 17 ; casaalfareria59.com ; Calle Alfarería 59)

Barceló Sevilla Renacimiento
Voir p. 69 (954 46 22 22 ; www.barcelo.com ; Avenida Álvaro Alonso Barba)

Corner House
Voir p. 65 (954 91 32 62 ; thecornerhousesevilla.com ; Alameda de Hércules 11)

EME Catedral Mercer
Voir p. 64 (954 56 00 00 ; www.emecatedralmercer.com ; Calle Alemanes 27)

H10 Corregidor Boutique
Voir p. 65 (954 38 51 11 ; www.h10hotels.com ; Calle Amor de Dios 34)

Hostel A2C
Voir p. 66 (640 56 48 22 ; www.hostela2c.com ; Calle Guadiana 15)

Hotel Abanico
Voir p. 64 (954 21 32 07 ; www.hotelabanico.com ; Calle Águilas 17)

Hotel Alfonso XIII
Voir p. 57 (954 91 70 00 ; www.marriott.com ; Calla San Fernando 2)

Hotel Amadeus
Voir p. 62 (954 50 14 43 ; www.hotelamadeussevilla.com ; Calle Farnesio 6)

Monasterio de la Cartuja, Séville (p. 75)

JOSERPIZARRO/STOCK.ADOBE.COM ©

Hotel Boutique Doña Lola
Voir p. 66 (954 91 52 75 ; www.donalolasevilla.com ; Calle Amor de Dios 19)

Hotel Casa 1800
Voir p. 62 (954 56 18 00 ; www.hotelcasa1800sevilla.com ; Calle Rodrigo Caro 6)

Hotel Casa de Colón
Voir p. 63 (955 11 78 28 ; hotelcasadecolon.com ; Calle Hernando Colón 3)

Hotel Kivir Sevilla
Voir p. 69 (954 59 13 43 ; www.hotelkivir.com ; Paseo de Cristóbal Colón 3)

Hotel Monte Triana
Voir p. 68 (954 34 31 11 ; www.hotel-montetriana.com ; Calle Clara de Jesús Montero 24)

Hotel Puerta de Sevilla
Voir p. 62 (954 98 72 70 ; www.hotelpuertadesevilla.com ; Calle Puerta de la Carne 2)

Hotel Sacristía de Santa Ana
Voir p. 65 (954 91 57 22 ; www.hotelsacristia.com ; Alameda de Hércules 22)

Hotel San Gil
Voir p. 66 (954 90 68 11 ; hotelsangil.es ; Calle Parras 28)

Hotel Zenit Sevilla
Voir p. 68 (954 34 74 34 ; sevilla.zenithoteles.com ; Calle Pagés del Corro 90)

La Banda
Voir p. 63 (621 01 28 91 ; labandahostel.com ; Calle Dos de Mayo 16)

Legado Alcázar
Voir p. 57 (954 09 18 18 ; www.legadoalcazarhotel.com ; Calle Mariana de Pineda 18)

Oasis Palace Hostel
Voir p. 64 (955 26 26 96 ; oasissevilla.com ; Calle Almirante Ulloa 1)

Pensión San Pancracio
Voir p. 57 (954 41 31 04 ; www.hotelesyo.com/pension-san-pancracio ; Calle Cruces 9)

Santiago 15 Hotel Casa Palacio
Voir p. 63 (955 54 84 42 ; santiago.alojamientosconencantosevilla.com ; Calle Santiago 15)

Triana Backpackers Hostel
Voir p. 68 (954 45 99 60 ; www.trianahostel.com ; Calle Rodrigo de Triana 69)

Bar Alfalfa
Voir p. 70 (954 22 23 44 ; baralfalfa.negocio.site ; Calle Candilejo 1 ; tapas 2-5 € ; 9h-minuit)

Bar Postiguillo
Voir p. 72 (954 56 51 62 ; www.barpostiguillo.com ; Calle Dos de Mayo 2 ; tapas 4-18 € ; 12h-minuit)

Bodega Santa Cruz
Voir p. 70 (954 21 86 18 ; www.facebook.com/BodegaSantaCruzSevilla ; Calle Rodrigo Caro 1 ; tapas 2,30-13 € ; 8h30-minuit dim-mer, 8h30-17h jeu, 8h-minuit ven, 8h-1h sam)

Bolas
Voir p. 68 (954 22 74 11 ; Cuesta del Rosario 1 ; cornets et pots 3-5,50 € ; 14h-23h mar-jeu, 14h-minuit ven-sam, 14h-20h dim)

Casa Morales
Voir p. 70 (954 22 12 42 ; Calle García de Vinuesa 11 ; tapas 3-21 € ; 12h-16h et 20h-minuit lun-sam)

Créeme
Voir p. 68 (954 91 08 32 ; www.creeme.es ; Plaza del Museo 2 ; cornets et pots 3,20-5,50 € ; 12h30-1h en été, horaires restreints en hiver)

Cocome
Voir p. 72 (955 11 15 66 ; www.cocomefresco.com ; Calle Tarifa 4 ; salade 7,95 € ; 9h-12h et 13h-17h lun-sam)

El Rinconcillo
Voir p. 70 (954 22 31 83 ; www.elrinconcillo.es ; Calle Gerona 40 ; tapas 4-6 €, plats 7-25 € ; 13h-17h30 et 20h-0h30 mer-lun)

Filo
Voir p. 77 (955 18 68 92 ; filosevilla.es ; Calle Hernando Colón 19 ; plats 5,50-12 € ; 8h-18h)

Habanita
Voir p. 73 (606 71 64 56 ; habanita.es ; Calle Golfo 3 ; plats 7-13,50 € ; 12h30-16h30 et 20h-23h30 lun et jeu-sam, 12h30-16h30 mar et dim)

La Brunilda
Voir p. 72 (954 22 04 81 ; www.labrunildatapas.com ; Calle Galera 5 ; tapas 5-8 €, plats 7-16 € ; 13h30-16h30 et 20h30-23h30)

La Mala Brunch Rivero
Voir p. 77 (623 04 78 48 ; lamalabrunch.com ; Calle Rivero 7 ; plats 4,50-9,50 € ; 9h-16h lun-ven, 9h30-16h sam, 10h-14h dim)

Levies Cafe Bar
Voir p. 73 (954 21 53 08 ; Calle San José 15 ; plats 2,50-14 € ; 11h-minuit)

Mamarracha
Voir p. 72 (955 12 39 11 ; ovejasnegrascompany.com/mamarracha ; Calle Hernando Colón 1-3 ; tapas 3-16 €, plats 8-20 € ; 13h-16h30 et 20h30-23h30)

Milk Away
Voir p. 77 (854 80 20 81 ; milkaway.es ; Calle Carlos Cañal 5B ; plats 4,50-15 € ; 8h30-15h30 lun-jeu et dim, 8h30-19h30 ven, 9h30-19h30 sam)

PETRA
Voir p. 70 (672 82 37 50 ; restaurante-petra.com ; Calle Alfalfa 5 ; tapas 3-11 €, plats 13-23 € ; 19h-23h30 lun, 12h30-16h et 19h-23h30 mar-sam)

Vegan Rock
Voir p. 72 (637 00 13 51 ; Calle Rockero Silvio ; tapas 3,90-9,10 € ; 13h30-16h30 lun, mer, 13h30-22h30 jeu-sam, 13h30-16h dim)

Veganí
Voir p. 72 (611 49 84 71 ; Correduría 7 ; plats 6,50-8,50 € ; 12h30-16h et 20h-23h30 mar-sam, 12h30-16h dim)

Veganitessen
Voir p. 73 (611 69 04 63 ; veganitessen.es ; Calle Pastor y Landero ; plats 3,50-11,75 € ; 11h-16h mar-sam)

Corner House Terraza
Voir p. 70 (954 91 32 62 ; thecornerhousesevilla.com ; Alameda de Hércules 11 ; 13h-15h30 et 20h-22h30)

El Garlochi
Voir p. 63 (Calle Boteros 26 ; 21h-2h)

La Carbonería
Voir p. 63 (954 22 99 45 ; lacarbonerialevies.blogspot.com ; Calle Céspedes 21A ; 19h-1h)

La Terraza del Eme
Voir p. 70 (954 56 00 00 ; www.laterrazadeleme.com ; Calle Alemanes 27 ; 13h30-1h)

Pecata Mundi
Voir p. 63 (Calle Álvarez Quintero 46 ; 22h-2h jeu, 22h-3h ven-sam)

Terraza Atalaya
Voir p. 70 (954 46 60 22 ; www.atalayatorresevilla.com ; Plaza Alcalde Sanchez Monteseirin 2 ; 12h-21h dim-mer, 12h-1h jeu-sam avr-oct, 11h-19h dim-jeu, 11h-1h ven-sam nov-mars)

1987 Bar
Voir p. 71 (www.facebook.com/1987Bar ; Alameda de Hércules 93 ; 22h-3h30 lun-mar, jeu, dim, 22h-4h mer, 20h-4h30 ven, 16h-5h sam)

Alameda Ritual Club
Voir p. 71 (954 609 51 26 62 ; Alameda de Hércules 68 ; 16h-2h lun-jeu, 14h-3h ven-dim)

Cafe Central
Voir p. 71 (954 37 09 99 ; Alameda de Hércules 64 ; 12h-2h)

Casa de la Guitarra
Voir p. 64 (954 22 40 93 ; casadelaguitarra.es ; Calle Mesón del Moro 12 ; plein/réduit/enfant 20/15/12 € ; à partir de 19h30)

Casa de la Memoria
Voir p. 64 (954 56 06 70 ; www.casadelamemoria.es ; Calle Cuna 6 ; plein/réduit/enfant 22/18/12 € ; à partir de 18h)

La Casa del Flamenco
Voir p. 64 (955 02 99 99 ; lacasadelflamencosevilla.com ; Calle Ximénez de Enciso 28 ; plein/réduit/enfant 22/17/11 € ; à partir de 17h30)

Pura Esencia
Voir p. 64 (667 58 81 61 ; puraesenciaflamenco.com ; Calle Betis 56 ; plein/réduit/enfant 26/12 €/gratuit ; à partir de 20h)

Tablao Flamenco Andalusí
Voir p. 64 (678 23 60 79 ; tablaoflamencoandalusi.com ; Calle Arenal 3 ; adulte/enfant 22/12 € ; à partir de 18h30)

Teatro Flamenco Sevilla
Voir p. 64 (681 94 83 60 ; teatroflamencosevilla.com ; Calle Cuna 15 ; plein/réduit/enfant 25/18/15 € ; à partir de 17h30)

Coco Sevilla
Voir p. 74 (657 299470 ; facebook.com/cocosevilla ; Plaza de Pilatos 3 ; 11h-20h lun-sam)

La Oleoteca
Voir p. 74 (954 86 91 85 ; laembajadadelaceite.com ; Calle García de Vinuesa 39 ; 10h30-14h et 17h-20 lun-ven, 10h30-14h sam)

Tarico
Voir p. 74 (954 02 68 03 ; www.taricoshop.com ; Calle Amor de Dios 14 ; 10h-14h et 17h-20h30)

ENVIRONS DE SÉVILLE

Dolmen de la Pastora
Voir p. 80 (955 72 02 11 ; Valencina de la Concepción ; entrée libre ; 9h-17h mar-ven, 10h-14h sam-dim)

Itálica
Voir p. 79 (600 14 17 67 ; www.museosdeandalucia.es/web/conjuntoarqueologicodeitalica ; Avenida de Extremadura 2, Santiponce ; résidents UE/hors UE entrée libre/1,50 € ; 9h-15h mar-dim mi-juin à mi-sept, 9h-18h mar-sam, 9h-15h dim mi-sept à mi-mars, 9h-18h mar-jeu, 9h-21h ven-sam, 9h-17h dim mi-mars à mi-juin)

Monasterio de San Isidoro del Campo
Voir p. 80 (955 62 44 00 ; Avenida de San Isidoro del Campo 18, Santiponce ; entrée libre ; 10h-14h30 mar-dim mi-juin à mi-sept, 10h-15h mar-jeu, 10h-19h ven-sam, 10h-14h30 dim mi-sept à mi-juin)

Bodeguita Reyes
Voir p. 79 (697 24 95 51 ; ang. Avnida Extramadura et Cella de la Iglesia ; tapas 3-17 € ; 12h-16h30 et 20h-23h30 lun-mar et jeu-sam, 12h-17h dim)

Taberna La Romana
Voir p. 79 (620 09 83 18 ; Avenida Extremadura 39, Santiponce ; plats tapas 3,60-11 € ; 8h-12h lun, 7h-16h et 20h-minuit mar-sam, 8h-16h dim)

Ventorrillo Canario
Voir p. 79 (955 99 67 00 ; ventorrillocanario.com ; Avenida Extremadura 13, Santiponce ; plats 10-24 € ; 13h-17h et 20h30-minuit)

CARMONA

Alcázar de Arriba
Voir p. 85 (954 19 09 55 ; Calle Extramuros de Santiago ; tarif plein/réduit/enfant 2/1 €/gratuit ; 11h-15h lun-mar, jeu-ven, 11h-15h sam-dim)

Alcázar de la Puerta de Sevilla
Voir p. 83 (954 19 09 55 ; alcazardelapuertadesevillacarmona.wordpress.com ; Plaza de Blas Infante ; tarif plein/réduit 2/1 €, entrée libre lun ; 9h-15h lun-ven, 10h-15h sam-dim juin-août, 10h-18h lun-sam, 10h-15h dim sept-mai)

Convento de Santa Clara
Voir p. 85 (954 14 21 02 ; clarisascarmona.com ; Calle Torno de Santa Clara ; 2 € ; 11h-14h et 16h30-18h30 jeu-lun)

Museo de la Ciudad
Voir p. 85 (954 14 01 28 ; www.museociudad.carmona.org ; Calle San Ildefonso 1 ; tarif plein/réduit/enfant 2,50/1,20 €/gratuit, entrée libre mar ; 11h-14h lun, 11h-19h mar-dim sept à mi-juin, 10h-14h mi-juin à août)

Necrópolis Romana
Voir p. 81 (600 14 36 32 ; www.museosdeandalucia.es ; Avenida de Jorge Bonsor 9 ; résidents UE/hors UE entrée libre/1,50 € ; 9h-15h mar-dim mi-juin à mi-sept, 9h-18h mar-sam, 9h-15h dim mi-sept à mi-mars, 9h-18h mar-jeu, 9h-21h ven-sam, 9h-15h dim mi-mars à mi-juin)

Iglesia Prioral de Santa María de la Asunción
Voir p. 83 (954 19 14 82 ; www.santamariacarmona.org ; Plaza Marqués de las Torres ; tarif plein/réduit 3/1,80 € ; 10h-13h30 et 17h-19h mar-mer, 10h-13h30 et 17h-18h30 jeu-ven, 10h-13h30 sam)

Puerta de Córdoba
Voir p. 85 (954 19 09 55 ; Calle de Dolores Quintanilla ; tarif plein/réduit 2/1 € ; 11h-15h lun-mar, jeu-ven, 10h-15h sam-dim)

Convento Madre de Dios de Carmona
Voir p. 83 (954 14 05 21 ; casadeoracionmadrededios.blogspot.com ; Calle del Aire 5)

El Rincón de las Descalzas
Voir p. 81 (954 19 11 72 ; elrincondelasdescalzas.com ; Calle de las Descalzas 1)

Hospedería Convento de Santa Clara
Voir p. 83 (637 89 97 10 ; hospederiaconventodesantaclara.es ; Calle Rioseco, Palma del Río)

Hospedería del Monasterio Osuna
Voir p. 83 (955 82 13 80 ; hospederiadelmonasterio.com ; Plaza de la Encarnación 3, Osuna)

Hotel Alcázar de la Reina
Voir p. 81 (954 19 62 00 ; alcazar-reina.es ; Calle Hermana Concepción Orellana 2)

Hotel Monasterio de San Francisco
Voir p. 83 (957 71 01 83 ; www.monasteriodesanfrancisco.es ; Avenida Pío XII 35, Palma del Río)

Parador de Carmona
Voir p. 81 (954 14 10 10 ; paradores.es/es/parador-de-carmona ; Alcázar de Arriba, Calle Extramuros de Santiago)

Cervecería San Fernando
Voir p. 84 (661 65 49 60 ; Plaza de San Fernando 18 ; tapas 2,50 €, plats 9-17 € ; 12h-16h30 et 20h-minuit mar-dim)

Mesón La Cueva
Voir p. 84 (665 20 61 39 ; Calle Barbacana Baja 2 ; plats 18-29 € ; 12h30-0h30 lun, 12h30-16h30 et 20h30-0h30 mar-dim)

Mingalario
Voir p. 84 (954 14 38 93 ; Calle El Salvador 7 ; tapas 2,50-4,50 €, plats 8-26 € ; 12h-17h lun et dim, 12h-16h30 et 20h-23h30 mer-sam)

Molino de la Romera
Voir p. 84 (954 14 20 00 ; molinodelaromera.es ; Calle Sor Ángela de la Cruz 8 ; tapas 3,50-8 €, plats 12-21 € ; 13h-16h et 20h-23h mar et jeu-sam, 13h-16h mer et dim)

Pastelería Latidos de Carmona
Voir p. 84 (Calle Domínguez de la Haza 4 ; 10h-14h et 16h-19h mar-ven, 10h-14h sam, 10h-14h et 16h-21h dim)

ENVIRONS DE CARMONA

Colegiata de Santa María de la Asunción
Voir p. 87 (954 81 04 44 ; www.colegiatadeosuna.es ; Plaza de la Encarnación, Osuna ; visite guidée 6 € ; visite toutes les heures 10h15-13h15 mar-dim, plus 19h-20h jeu mi-juin à mi-sept, toutes les heures 10h15-13h15 plus 16h et 17h mar-dim mi-sept à mi-juin)

Iglesia de Santa María
Voir p. 88 (Plaza de Santa María, Écija ; 9h30-13h30 et 17h30-20h30 lun-sam, 10h-13h dim)

Iglesia de San Gil
Voir p. 88 (854 52 00 35 ; www.hermandadsangil.es ; Calle San Marcos 3, Écija)

Iglesia de San Juan
Voir p. 88 (Plaza de San Juan, Écija ; tour 2 € ; 10h30-13h30 mar-dim, plus 17h-19h ven)

Iglesia de San Pablo y Santo Domingo
Voir p. 88 (Plaza de Santo Domingo, Écija ; 18h30-19h30 mar-ven, 19h-20h sam, 12h-13h et 19h-20h dim)

Monasterio de la Encarnación
Voir p. 87 (Plaza de la Encarnación, Osuna ; 3,50 € ; 9h30-14h30 mar-dim mi-juin à mi-sept, 10h-14h30 et 16h-18h mar-dim mi-sept à mi-juin)

Cilla del Cabildo Colegial, Osuna (p. 89)

MARIA/STOCK.ADOBE.COM ©

DAVID ACOSTA ALLELY/STOCK.ADOBE.COM ©

Castillo de Aracena (p. 102)

Museo de Osuna
Voir p. 89 (954 81 57 32 ; Calle Sevilla 37, Osuna ; 2,50 €, entrée libre mer ; 9h30-14h30 mar-dim plus 19h-21h jeu mi-juin à mi-sept, 10h-14h et 17h-20h mar-dim mi-sept à mi-juin)

Museo Histórico Municipal
Voir p. 87 (954 83 04 31 ; museo.ecija.es ; Plaza de la Constitución 1, Écija ; entrée libre ; 10h-14h30 mar-ven, 10h-14h et 20h-22h sam, 10h-15h dim juil à mi-sept, 10h-13h30 et 16h30-18h30 mar-ven, 10h-14h et 17h30-20h sam, 10h-15h dim mi-sept à juin)

Palacio de Peñaflor
Voir p. 87 (747 86 72 02 ; Calle Emilio Castelar Antes Caballeros 26, Écija ; 2 € ; 11h-13h30 et 16h30-18h30 lun-sam, 11h-14h dim)

Parroquia Mayor de Santa Cruz
Voir p. 88 (954 83 06 13 ; Plazuela de Nuestra Señora del Valle, Écija ; entrée libre ; 9h-13h et 16h-19h30 lun-ven, 9h-13h et 17h-19h30 sam, 10h-13h et 18h-20h dim)

Palacio del Marqués de la Gomera
Voir p. 89 (954 81 26 32 ; hotelpalaciodelmarques.es ; Calle San Pedro 20, Osuna)

Agora
Voir p. 87 (955 31 70 77 ; agoratapas.es ; Calle Barquete 38A, Écija ; tapas 2-3,50 €, plats 8,50-16 € ; 8h-minuit mar-jeu, 10h-20h ven-dim)

Hispania
Voir p. 87 (954 83 26 05 ; hispaniacafe.com ; Pasaje Virgen de Soterraño 3, Écija ; plats 10-18 € ; 12h-15h30 et 20h-22h30)

La Reja
Voir p. 87 (954 83 30 12 ; www.barlareja.es ; Calle Cinteria 16, Écija ; plats 8-15 € ; 8h-1h mar-sam)

CONSTANTINA ET CAZALLA

Castillo Árabe
Voir p. 91 (955 88 12 97 ; Constantina ; entrée libre ; 9h-21h)

Bicicletas Verde Vía
Voir p. 92 (955 49 01 04 ; www.bicicletasverdevia.com ; Carretera A455, km 8, Cazalla de la Sierra ; 7-30 €/jour ; 10h-20h)

Agustina
Voir p. 92 (954 88 32 55 ; Plaza del Concejo 5, Cazalla de la Sierra ; plats 9-16 € ; 13h-17h et 20h-minuit)

Asador los Navarro
Voir p. 92 (954 49 63 61 ; losnavarroasador.com ; Paseo de la Alameda 39, Constantina ; tapas 3 €, plats 7-20 € ; 9h-23h45 été, 9h-18h dim-jeu, 9h-minuit ven-sam hiver)

Cortijo Vistalegre
Voir p. 92 (954 88 35 13 ;

www.cortijovistalegre.com ; Carretera Real de la Jara, km 0,5, Cazalla de la Sierra ; plats 8-20 € ; 12h30-16h30 mer-jeu, 12h30-16h30 et 20h30-0h30 ven, 12h30-0h30 sam-dim, plus dîner mar-jeu mi-juil à août)

Embrujo Andaluz
Voir p. 92 (Calle Mesones 37, Constantina ; 8h-1h)

La Toscana
Voir p. 92 (656 60 43 41 ; Martires, Constantina ; tapas 2,50-4,10 €, plats 8-14 € ; 7h30-minuit mar-dim)

ENVIRONS DE CONSTANTINA ET CAZALLA

El Robledo
Voir p. 94 (955 88 95 93 ; www.juntadeandalucia.es ; Carretera Constantina a el Pedroso, km 1, Constantina)

HUELVA

Casa Colón
Voir p. 96 (Plaza del Punto ; entrée libre ; 11h-14h et 18h-21h lun-ven, 11h-14h sam)

Museo de Huelva
Voir p. 96 (959 65 04 24 ; www.museosdeandalucia.es/web/museodehuelva ; Alameda Sundheim 13 ; entrée libre ; 9h-21h mar-sam, 9h-15h dim)

Santuario de Nuestra Señora de la Cinta
Voir p. 96 (959 15 51 22 ; Avenida de la Cinta ; 9h-13h et 16h-19h)

Coma Tapas & Punto
Voir p. 96 (604 44 75 13 ; Calle Pablo Rada 1 ; tapas 2-4,10 €, plats 3,90-7,90 € ; 12h30-16h30 et 20h-minuit)

Paco Moreno
Voir p. 96 (959 24 30 48 ; www.facebook.com/cbpacomoreno ; Paseo Independencia 18 ; tapas 5,50-8 €, plats 9-18 € ; 13h-16h et 20h-minuit)

Restaurante Portichuelo
Voir p. 96 (959 24 57 68 ; restauranteportichuelo.com ; Calle Vázquez López 15 ; plats 6-18 €, menus à partir de 49 € ; 12h-17h lun, 12h-minuit mar-sam)

ENVIRONS DE HUELVA

Ayuntamiento
Voir p. 98 (959 10 00 32 ; Calle Rábida 3, Palos de la Frontera)

Casa Museo Zenobia y Juan Ramón Jiménez
Voir p. 98 (959 37 21 48 ; casamuseozenobiajuanramonjimenez.com ; Calle Juan Ramón Jiménez 10, 10h-15h sam-dim mi-juin à mi-sept, 10h-14h et 16h-19h mar-sam, 10h-14h dim mi-sept à mi-juin)

Castillo de los Guzmán
Voir p. 100 (959 36 22 70 ; Calle Campo del Castillo, Niebla ; 4,50 € ; 10h-14h et 17h-21h)

Iglesia de Santa María de Granada
Voir p. 100 (959 36 30 05 ; Plaza Santa Maria 5, Niebla ; messe 19h lun-sam, 12h dim)

La Fontanilla
Voir p. 98 (Calle Cristóbal Colón 84, Palos de la Frontera)

Monasterio de Santa Clara
Voir p. 98 (959 37 01 07 ; www.monasteriodesantaclara.com ; Plaza de las Monjas 1, Moguer ; visite guidée tarif plein/réduit 3,50/2,50 € ; visite 10h, 11h, 12h, 13h, 14h mar-sam)

Monasterio de la Rábida
Voir p. 98 (959 35 04 11 ; www.monasteriodelarabida.com ; Paraje de La Rábida ; tarif plein/réduit 3,50/3 € ; 10h-18h mar-dim)

Muelle de las Carabelas
Voir p. 98 (959 53 05 97 ; www.diphuelva.es/Rabida/contenidos/Muelle-de-las-Carabelas ; Paraje de La Rábida ; tarif plein/réduit 3,60/1,60 € ; 10h-21h30 mar-dim de mi-juin à mi-sept, 9h30-20h mar-dim mi-sept à mi-juin)

Parque Botánico José Celestino Mutis
Voir p. 98 (959 53 05 35 ; www.diphuelva.es/Rabida/contenidos/Parque-Botanico-Jose-Celestino-Mutis ; Paraje de La Rábida ; entrée libre ; 9h30-18h mar-dim mi-sept à fév, 9h30-19h mar-dim mars à mi-juin, 10h-20h30 mar-dim mi-juin à mi-sept)

Parroquia San Jorge Mártir
Voir p. 98 (959 35 07 58 ; Calle Fray Juan Pérez 19, Palos de la Frontera ; horaires variables)

Barceló Punta Umbría Mar
Voir p. 99 (959 49 54 00 ; www.barcelo.com ; Avenida del Océano, Punta Umbría)

Complejo Rural Nazaret de Moguer
Voir p. 98 (959 37 30 32 ; nazaretdemoguer.com ; Paraje de Fuentepiña, Moguer)

Hostal Montemayor
Voir p. 98 (606 68 47 72 ; www.hostalrestaurantemontemayor.com ; Polígono los Arroyos, Moguer)

Hotel La Pinta
Voir p. 98 (959 35 05 11 ; www.hotellapinta.com ; Calle Rábida 75, Palos de la Frontera)

Parador de Mazagón
Voir p. 99 (959 53 63 00 ; paradores.es ; Carretera San Juan del Puerto-Matalascañas, km 31, Mazagón)

Sol Y Mar
Voir p. 99 (959 33 20 50 ; hotelsolymar.org ; Paseo Maritimo, Playa Central, Isla Cristina ; fin mars-oct)

ARACENA

Castillo
Voir p. 102 (663 93 78 77 ; Cerro del Castillo ; visite guidée adulte/enfant 3,50/2,50 € ; 12h-14h et 16h-18h)

Gruta de las Maravillas
Voir p. 102 (663 93 78 76 ; www.aracena.es/es/municipio/gruta ; Calle Pozo de la Nieve ; tarif plein/réduit 15/11 € ; 10h-13h30 et 15h-18h)

Iglesia Prioral de Nuestra Señora del Mayor Dolor
Voir p. 102 (Plazoleta Virgen del Mayor Dolor ; 10h-19h30 juil-août, 9h-14h et 16h-18h30 sept-juin)

Museo del Jamón
Voir p. 102 (663 93 78 70 ; www.aracena.es/es/municipio/museo ; Calle Gran Vía ; tarif plein/réduit 3,50/2,50 € ; 10h-14h et 16h-19h)

Jesús Carrión
Voir p. 102 (959 46 31 88 ; jesuscarrionrestaurante.com ; Calle Pozo de la Nieve 35, Aracena ; tapas 7,50-14 €, plats 9-28 € ; 13h30-16h mer-dim, 21h-23h ven-sam)

José Vicente
Voir p. 102 (959 12 84 55 ; Avenida de Andalucía 53, Aracena ; plats 20-30 € ; 13h-17h mer-lun)

Rincón de Juan
Voir p. 102 (627 33 47 66 ; Avenida de Portugal 3, Aracena ; tapas 2,70-5 €, plats 8-13 € ; 7h30-16h lun-sam, plus 19h30-minuit jeu-ven)

SIERRA DE ARACENA

Castillo de Cortegana
Voir p. 104 (627 69 58 01 ; Calle Castillo 50, Cortegana ; 11h-14h et 16h-18h mar-dim)

Ferrocarril Turístico-Minero
Voir p. 105 (959 59 00 25 ; parquemineroderiotinto.es ; Minas de Riotinto ; tarif plein/réduit 11/10 €, billet combiné Museo Minero et Peña de Hierro 21/16 € ; 10h30-15h et 16h-20h)

Iglesia de San Martín
Voir p. 106 (Placeta de San Cristóbal, Almonaster la Real ; horaires variables)

Mezquita
Voir p. 106 (Calle Castillo 10, Almonaster la Real ; 10h-20h)

Museo Minero
Voir p. 105 (959 59 00 25 ; parquemineroderiotinto.es ; Plaza Ernest Lluch, Minas de Riotinto ; tarif plein/réduit 5/4 €, billet combiné Peña de Hierro et Ferrocarril Turístico-Minero 21/16 € ; 10h30-15h et 16h-20h mi-juil à mi-sept, jusqu'à 19h le reste de l'année)

Playa de Cuesta Maneli (p. 99)

Peña de Hierro
Voir p. 105 (959 59 00 25 ; www.parquemineroderiotinto.es ; Nerva ; tarif plein/réduit 8/7 €, billet combiné Museo Minero et Ferrocarril Turístico-Minero 21/16 € ; horaires variables)

Jamones Eíriz Jabugo
Voir p. 105 (679 34 01 60 ; www.rutadeljamondejabugo.com ; Calle Pablo Bejarano 43, Puerto Gil ; visite et dégustation 45,50 €/pers)

Finca Buenvino
Voir p. 104 (959 12 40 34 ; www.fincabuenvino.com ; Los Marines)

Finca La Fronda
Voir p. 105 (959 50 12 47, 659 963510 ; www.fincalafronda.com ; Carretera Cortegana-Aracena, Km 22, Alájar)

Hotel Luz Almonaster
Voir p. 104 (638 87 01 29 ; www.hotelluzalmonaster.com ; Calle Iglesia 3, Almonaster la Real)

Posada del Castaño
Voir p. 105 (6959 46 55 02 ; www.posadadelcastano.com ; Calle José Sánchez Calvo 33, Castaño del Robledo)

Posada San Marcos
Voir p. 105 (667 906132, 959 12 57 12 ; sanmarcosalajar.com ; Calle Colón 12, Alájar)

Sierra Luz
Voir p. 104 (959 62 31 00 ; www.sierraluz.com ; Calle Jesús Nazareno, Cortegana)

Arrieros
Voir p. 107 (959 46 37 17 ; www.restaurantearrieros.es ; Calle Arrieros 2, Linares de la Sierra ; plats 16-26 €, menu dégustation à partir de 45 € ; 13h30-16h jeu-mar, fermé mi-juin à mi-juil)

El Padrino Particular
Voir p. 107 (959 12 56 01 ; Plaza de Miguel Moya, Alájar ; plats 12-20 € ; ven-dim)

Rincon de Curro
Voir p. 107 (959 14 31 49 ; rincon.de.curro.la-colmena.org ; Carretera Almonaster-Cortegana, km 1, Almonaster la Real ; plats 15-29 € ; 10h-17h)

PARQUE NACIONAL DE DOÑANA

Centro de Visitantes El Acebrón
Voir p. 110 (600 14 46 25 ; www.juntadeandalucia.es ; A483, km 27,5 ; 9h-15h et 16h-19h fév-oct, jusqu'à 18h nov-jan)

Centro de Visitantes el Acebuche
Voir p. 110 (959 43 96 29 ; www.juntadeandalucia.es ; A483, km 38,7 ; 8h-15h et 16h-21h mai à mi-sept, 8h-15h et 16h-19h mi-sept à mars, 8h-15h et 16h-20h avr)

Discovering Doñana
Voir p. 110 (620 96 43 69 ; www.discoveringdonana.com ; Avenida de la Canaliega 21, El Rocío ; adulte/-10 ans 50/30 € ; 8h-14h et 17h-20 lun et mer-sam, 8h-14h mar et dim)

Doñana Nature
Voir p. 110 (630 97 82 16 ; donana-nature.com ; Calle Moguer 10, El Rocío ; 40 €/pers ; 10h-19h)

Doñana Wings
Voir p. 110 (690 34 08 31 ; www.donanawings.com ; Calle Mesina 6, Montequinto, Séville ; observation des oiseaux à partir de 60 € ; 7h-22h)

ENVIRONS DU PARQUE NACIONAL DE DOÑANA

Ermita del Rocío
Voir p. 112 (959 44 24 25 ; Calle Ermita, El Rocío ; 8h-21h avr-sept, 8h-19h oct-mars)

Parque Dunar
Voir p. 113 (A494, km 52, Matalascañas ; 8h-21h)

Centre ornithologique Francisco Bernis
Voir p. 112 (959 44 23 72 ; seo.org/centro-ornitologico-francisco-bernis ; Paseo Marismeño, El Rocío ; 9h-14h et 16h-18h mar-dim juin-sept, 9h-14h mar-ven, 9h-13h et 18h-21h sam-dim oct-mai)

Hipica Doñana the Pasodoble
Voir p. 113 (959 44 82 41 ; www.donana-rutas-caballo.com ; Parque Dunar, Matalascañas ; parcours équestre à partir de 35 € ; horaires variables)

Hospedería el Cazadero Real
Voir p. 112 (959 09 04 58 ; www.hospederiareal.es ; Calle Moguer 13, El Rocío)

Hotel La Malvasía
Voir p. 112 (959 44 27 13 ; www.hotellamalvasia.com ; Calle Sanlúcar 38-44, El Rocío)

La Fonda del Rocío
Voir p. 112 (959 44 23 76 ; lafondadelrocio.es ; C/ Sacrificio 34, El Rocío)

Aires de Doñana
Voir p. 113 (959 44 22 89 ; airesdedonana.com ; Avenida de la Canaliega 1, El Rocío ; plats 15-30 € ; 13h-23h mar-dim)

La Pastelería Pizzas
Voir p. 113 (665 34 77 04 ; Plaza Doñana 94, El Rocío ; sandwiches 4-5 €, pizzas 7-11 €)

Restaurante Toruño
Voir p. 113 (959 44 24 22 ; Plaza Acebuchal 16, El Rocío ; plats 13-25 € ; 12h-23h30)

© JORG GREUEL/GETTY IMAGES

Vejer de la Frontera (p. 158)

PROVINCE DE CADIX ET GIBRALTAR

LA CULTURE ET LES PLAGES

Plages immaculées, *pueblos blancos* (villages blancs) intemporels et produits de la mer d'exception, le torride Sud ne peut que séduire. C'est aussi la terre natale du flamenco.

Si une région devait résumer la richesse culturelle et la beauté naturelle de l'Andalousie, ce serait celle de Cadix (Cádiz en espagnol). Le destin de cette province, la plus méridionale d'Espagne, s'est bâti en relation avec la mer. Son climat et ses eaux poissonneuses y ont attiré les Phéniciens et les Romains ; aujourd'hui, la saison du thon rouge draine les gourmets du monde entier.

La mer, toujours : Tarifa et Los Caños de Meca se sont fait une réputation chez les kitesurfeurs, tandis que, dans l'ombre de l'immense monolithe calcaire et de la réserve naturelle du Rocher, l'enclave britannique de Gibraltar abrite une importante base navale. Souvent à l'écart des foules, les plages blanches et les tranquilles bourgades de la Costa de la Luz (côte de la Lumière) séduisent les amateurs de bronzette.

À l'intérieur des terres, les montagnes des parcs naturels de la Sierra de Grazalema et de Los Alcornocales sont le paradis des randonneurs ; elles abritent aussi les magnifiques *pueblos blancos* (Vejer, Grazalema, Arcos...) qui marquaient autrefois la frontière entre la Grenade maure et l'Espagne chrétienne (d'où le complément "de la Frontera").

Au nord, Jerez, Sanlúcar et Puerto de Santa María dessinent le "triangle du xérès". C'est l'épicentre de la culture andalouse et du flamenco dans son expression la plus brute et la plus pure ; sur la côte, Cadix – où a lieu le plus grand carnaval d'Espagne – est la plus charmante et la plus sous-estimée des villes d'Andalousie.

SITES PRINCIPAUX

CADIX
Architecture, tapas, flamenco, fruits de mer, plages. p. 130

JEREZ DE LA FRONTERA
Culture andalouse, xérès, architecture, flamenco, gastronomie. p. 140

PARQUE NATURAL SIERRA DE GRAZALEMA
Montagnes escarpées, randonnées, *pueblos blancos*. p. 146

TARIFA
Sports aquatiques, observation des baleines, plages. p. 152

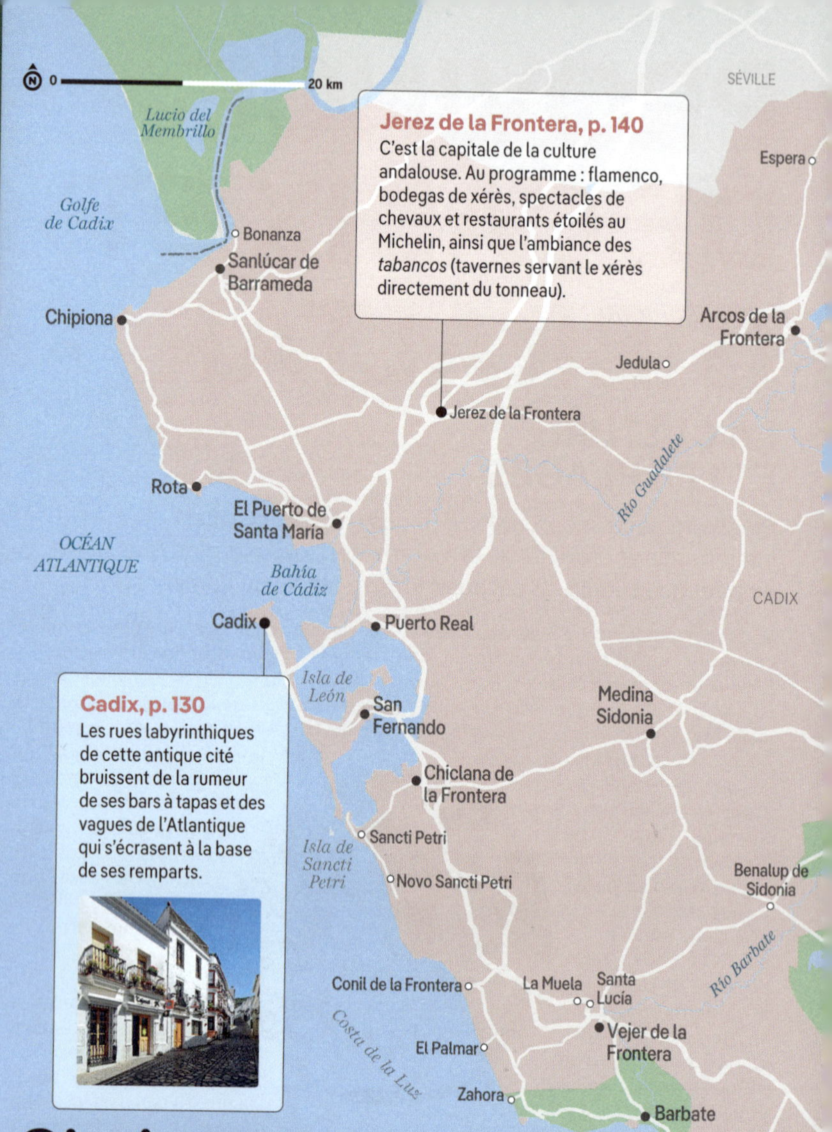

Jerez de la Frontera, p. 140

C'est la capitale de la culture andalouse. Au programme : flamenco, bodegas de xérès, spectacles de chevaux et restaurants étoilés au Michelin, ainsi que l'ambiance des *tabancos* (tavernes servant le xérès directement du tonneau).

Cadix, p. 130

Les rues labyrinthiques de cette antique cité bruissent de la rumeur de ses bars à tapas et des vagues de l'Atlantique qui s'écrasent à la base de ses remparts.

S'orienter

Au sud de l'Andalousie, la province de Cadix offre des activités nombreuses et variées. Vous trouverez ici les sites les plus représentatifs de son patrimoine, de sa gastronomie et de ses paysages naturels.

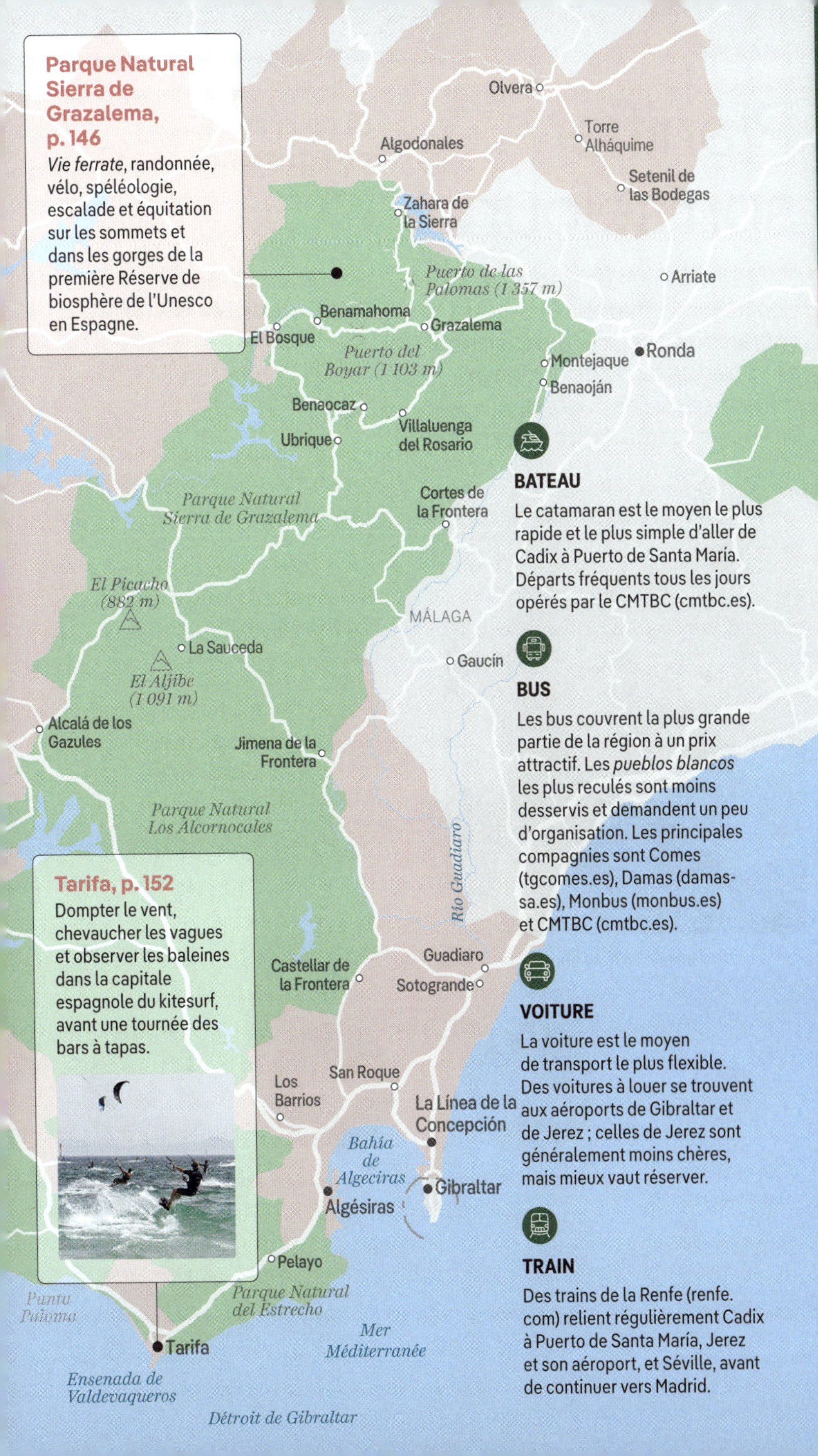

Parque Natural Sierra de Grazalema, p. 146

Vie ferrate, randonnée, vélo, spéléologie, escalade et équitation sur les sommets et dans les gorges de la première Réserve de biosphère de l'Unesco en Espagne.

Tarifa, p. 152

Dompter le vent, chevaucher les vagues et observer les baleines dans la capitale espagnole du kitesurf, avant une tournée des bars à tapas.

BATEAU

Le catamaran est le moyen le plus rapide et le plus simple d'aller de Cadix à Puerto de Santa María. Départs fréquents tous les jours opérés par le CMTBC (cmtbc.es).

BUS

Les bus couvrent la plus grande partie de la région à un prix attractif. Les *pueblos blancos* les plus reculés sont moins desservis et demandent un peu d'organisation. Les principales compagnies sont Comes (tgcomes.es), Damas (damas-sa.es), Monbus (monbus.es) et CMTBC (cmtbc.es).

VOITURE

La voiture est le moyen de transport le plus flexible. Des voitures à louer se trouvent aux aéroports de Gibraltar et de Jerez ; celles de Jerez sont généralement moins chères, mais mieux vaut réserver.

TRAIN

Des trains de la Renfe (renfe.com) relient régulièrement Cadix à Puerto de Santa María, Jerez et son aéroport, et Séville, avant de continuer vers Madrid.

Planifier son séjour

Dans la province de Cadix, il fait bon flâner. Prenez le temps de contempler ses plages désertes de sable blanc, ou de sillonner l'arrière-pays, ses *pueblos blancos* et ses sentiers escarpés.

PHOTOOIASSON/GETTY IMAGES ©

Mercado Central de Abastos (p. 130)

Si vous avez peu de temps

- Découvrez le centre historique et les principaux sites de Cadix. Après un petit-déjeuner au **Mercado Central de Abastos** (p. 130), arpentez le front de mer par l'Alameda Apodaca, le Parque del Genovés et la Playa de la Caleta avant de monter au clocher de la cathédrale pour apprécier la vue panoramique sur la ville puis déjeuner au **Sonámbulo** (p. 135).

- L'après-midi, visitez le **Teatro Romano** (p. 130) et l'excellent **Museo de Cádiz** (p. 131), parcourez les ruelles du Barrio de San Juan et écumez ses étonnants magasins, avant une tournée des bars à tapas du Barrio de la Viña, par exemple la **Casa Manteca** (p. 135).

Au fil des saisons

Des fêtes ont lieu en toutes saisons. Le carnaval donne lieu à d'immenses célébrations, mai-juin marque la saison du thon rouge, et septembre celle du xérès.

FÉVRIER

Cadix est le lieu d'un exubérant carnaval, tandis que le festival de Jerez met le flamenco à l'honneur.

AVRIL

La *Semana Santa* est fêtée avec exubérance, notamment à Arcos de la Frontera : au programme, foule et processions.

MAI

La saison de l'*almadraba* attire les gourmets sur la côte, tandis que les amateurs de xérès se ruent sur Sanlúcar et El Puerto de Santa María.

PABLOAVANZINI/SHUTTERSTOCK ©, ROBERT PAUL VAN BEETS/SHUTTERSTOCK ©, BARMALINI/GETTY IMAGES ©

Si vous avez trois jours

● Cap au sud pour une randonnée matinale sur le **Sendero del Acantilado** (p. 158), qui domine la Costa de la Luz depuis le Parque Natural de la Breña y Marísmas de Barbate. Puis, à la saison de l'*almadraba* (pêche au thon), direction Barbate pour un déjeuner inoubliable à **El Campero** (p. 139), avant un après-midi à **Vejer de la Frontera** (p. 158) et un dîner à **La Judería** (p. 160).

● Le troisième jour, faites un saut sur la splendide plage de sable blanc de **Zahara de los Atunes** (p. 156) ou visitez le site romain de **Baelo Claudia** (p. 157). L'après-midi, offrez-vous une **excursion d'observation** (p. 152) des baleines ou des dauphins à Tarifa avant de dîner à **El Lola** (p. 153).

Si vous avez plus de temps

● Dans l'idéal, deux semaines ne sont pas de trop pour visiter la province de Cadix. Commencez par une journée à **Gibraltar** (p. 161), avec un tour à pied au sommet du Rocher. Puis faites route au nord, vers **Jerez de la Frontera** (p. 140), pour deux jours en immersion dans la tradition andalouse : bodegas de xérès, spectacles de chevaux, *tabancos* et bars à flamenco. Les amateurs de xérès perfectionneront leurs connaissances dans le "triangle du xérès".

● Les amoureux du grand air s'offriront quelques jours à pied ou à vélo dans le **Parque Natural Sierra de Grazalema** (p. 146) et les *pueblos blancos* comme Grazalema ou Sentenil de las Bodegas.

JUIN

Le moment rêvé pour observer les baleines au large de Tarifa, lorsque les cétacés répondent à l'appel des bancs de thons.

JUILLET

Début juillet, le festival de jazz de Vejer de la Frontera accueille musiciens espagnols et étrangers.

SEPTEMBRE

Au menu des Fiestas de la Vendimia, à Jerez : 2 semaines de xérès, *bulerías* (flamenco rapide), courses à cheval et dégustation.

OCTOBRE

Le mois des vendanges et des festivals de cuisine régionale – dégustations de fromage et découpe du *jamón*.

CADIX

Considérée comme la plus ancienne zone d'implantation humaine ininterrompue en Occident, Cadix aurait été fondée par les Phéniciens vers 1100 av. J.-C. sous le nom de Gadir. Quatre millénaires de présence de l'homme ont laissé leur empreinte sur le centre historique, presque entièrement entouré par l'océan, avec sa charmante architecture ancienne. La ville se visite facilement à pied, et on prend plaisir à écumer ses boutiques d'art ou à flâner parmi les immenses figuiers et les dragonniers pleins d'épines des jardins d'Alameda Apodaca, sur le front de mer. Cadix est moins touristique que Málaga et Séville et donne accès à une Andalousie plus authentique et plus décontractée.

Il y a beaucoup à découvrir, entre les longues plages de sable blanc, au sud, et les pittoresques ruelles du centre avec ses *barrios* (quartiers) pleins de caractère, ses vieux bars à tapas, où se pressent de volubiles *gaditanos* (habitants de Cadix), et ses inspirantes salles de flamenco.

Pour les infos pratiques, voir le Carnet d'adresses p. 164

À SAVOIR

Le cœur historique de Cadix se trouve sur une péninsule qu'entoure une promenade de bord de mer. Ses rues multiséculaires, sur un plan orthogonal, se répartissent entre plusieurs *barrios* et se visitent de préférence à pied. Parking souterrain Avenida del Puerto, près de l'embarcadère des ferries et de la gare ferroviaire, tout de suite à l'est du centre.

VOUS AVEZ DIT MURGAS ?

Lors du carnaval, différents groupes arpentent Cadix.

Coros Groupes d'une trentaine d'interprètes, qui défilent en chantant sur des chars extravagants, accompagnés de guitares, de mandolines et de luths.

Comparsas Groupes d'une quinzaine de carnavaliers, défilant au son des guitares et des tambours.

Chirigotas Circulant par dix dans les bars de Cadix, ce sont les rigolos de la bande, avec leurs chansons satiriques, au son des *pitos* (sifflets).

Trios, quartetos, quintetos Petits groupes interprétant des scènes satiriques.

À la découverte des barrios de Cadix

LE CHARME DES RUES, PLACES ET SITES

Le vieux Cadix se divise en plusieurs *barrios*. La ville est née dans le **Barrio del Pópulo**, un dédale de rues pavées, autrefois délabrées, aujourd'hui l'un des centres de la vie nocturne. On y trouve la **cathédrale** baroque et néoclassique, avec sa coupole jaune, particulièrement belle au crépuscule depuis le Campo del Sur, sur le front de mer. Bien que commencée en 1722, sa construction ne fut achevée qu'en 1838 : entre-temps, des éléments néoclassiques, tels le dôme, les tours et la façade principale, s'étaient insinués dans les plans baroques originels de Vicente Acero. Ne manquez pas le splendide chœur en bois sculpté et descendez dans la crypte pour vous recueillir sur la tombe du grand compositeur *gaditano* Manuel de Falla (1876-1946). L'entrée comprend l'accès à la **Torre del Reloj** d'où la vue à 360 degrés domine la vieille ville, la coupole de la cathédrale et les 129 tours de garde. Non loin, le **Teatro Romano** du Ier siècle av. J.-C. – mis au jour sous le château mauresque (Xe siècle) en ruine – a vu se faire et se défaire des carrières d'acteurs devant un public de 20 000 personnes. Vous pouvez vous promener parmi ses sièges restaurés, admirant au passage le musée et l'impressionnant vomitoire sous les gradins.

Serré entre le Barrio del Pópulo et la gare, le vieux quartier gitan du **Barrio de Santa María** est l'un des lieux de naissance du flamenco ainsi que l'un des plus anciens *barrios* (XVe siècle).

Au nord-ouest du Barrio del Pópulo, le **Barrio de San Juan** s'étend autour du **Mercado Central de Abastos** – le plus vieux marché couvert d'Espagne (1838) –, kaléidoscope d'étals et de bars à tapas, et de la Plaza de Topete, intime et fleurie. Juste à côté, la **Torre Tavira** (XVIIIe siècle) fut désignée tour-vigie officielle du port, car culminant à 45 m de hauteur – c'est le point le plus haut de la ville. La vue sur Cadix depuis son belvédère est splendide, et la chambre noire, avec lentilles optiques et miroirs, à l'étage en dessous, permet d'admirer une vue panoramique de la ville. C'est l'une des 160 fameuses tours belvédères de style baroque de Cadix, construites à partir du XVIIe siècle, dont 129 tiennent toujours debout. À quelques pâtés de maisons au nord, la vieille Calle Ancha est la principale rue commerçante (et piétonnière) de la ville.

Entre le Barrio de San Juan et la mer, le vieux quartier de pêcheurs du **Barrio de la Viña** – qui doit son nom à un ancien vignoble – est divisé en deux par la Calle Virgen de la Palma, épicentre du carnaval (p. 134), où se trouvent aussi certains des meilleurs bars à tapas de Cadix. À l'ouest du barrio, la Playa de la Caleta, plage très fréquentée et reconnaissable à son *balneario* (bains publics), aboutit au **Castillo de Santa Catalina** (XVIe siècle), en forme d'étoile, construit après le pillage de la ville par des forces anglo-hollandaises en 1596, et doté d'une chapelle datant de 1683. De là, une étroite chaussée de pierre s'avance dans la mer, où les promeneurs sont aspergés par les embruns sur le chemin du **Castillo de San Sebastián** (1706).

Situé dans le nord bourgeois de la ville, le **Barrio del Mentidero** (le quartier "des rumeurs et des ragots") s'est développé au milieu du XVIIIe siècle autour de la Plaza de San Antonio. Le quartier abrite le **Gran Teatro Falla**, qui accueille chaque année les compétitions du carnaval, le triangle de la Plaza Mentidero, pleine de bars animés, ainsi que les **parcs** – Alameda Apodaca et Parque del Genovés – du front de mer et leur cadre magnifique, sans oublier la vaste Plaza de San Antonio. Signalons aussi la Plaza de Mina, bordée d'arbres, où est situé l'extraordinaire **Museo de Cádiz**. Installé dans un édifice néoclassique vieux rose du XIXe siècle, ce musée est le plus beau de la province. Au rez-de-chaussée, dans la section archéologique, on peut admirer deux rares et magnifiques sarcophages phéniciens anthropoïdes en marbre blanc datant du Ve siècle av. J.-C. (ils furent découverts dans la vieille ville à un siècle d'intervalle, en 1887 et 1980), ainsi qu'une collection de statues romaines, dont une grande statue de marbre de l'empereur Trajan, provenant de Baelo Claudia, ancienne cité romaine du IIe siècle av. J.-C. À l'étage, la remarquable section Beaux-Arts donne à voir des œuvres d'artistes espagnols, allant du XVIIIe siècle jusqu'au début du XXe siècle, notamment 18 superbes toiles signées Francisco de Zurbarán, représentant saints, anges et moines.

LES MEILLEURS BOUTIQUES-HÔTELS

Casa de Las Cuatro Torres
Manoir du XVIIIe siècle. Dans les chambres : murs de pierre, poutres de bois, plafonds voûtés et puits de lumière. €€€

Casa Canovas
Tissus luxueux, marbre et chandeliers dans une maison de ville rénovée avec soin. €€€

Hotel Argantonio
Au choix, des chambres en style mudéjar ou "romantique colonial", dans une maison du XVIIIe siècle en plein centre. €€

La Sal by Pillow
Un hôtel intime à un jet de pierres de la cathédrale, aux chambres fraîches et lumineuses. €€

LE PATRIMOINE ROMAIN DE CADIX

Si la visite du Teatro Romano de Cadix vous a inspiré, suivez le Parcours romain (p. 137) à la découverte de l'histoire des Romains dans la province.

OÙ SE LOGER À BON MARCHÉ À CADIX

Casa Caracol
Repaire de routards alimenté à l'énergie solaire : dortoirs colorés, joli toit-terrasse, vélos et planches de surf à louer. €

Planeta Cadiz
Astucieux lits superposés, chambres familiales avec terrasse, location de vélos et visites gratuites. €

Pension España
Un bâtiment historique orné de céramique et d'éléments en fer forgé. Chambres confortables avec salle de bains commune. €

CADIX
Alameda
Alameda Marqués de Comillas
Paseo de Carlos III
C Calderón de la Barca
C Adolf de Castro
C Enrique de las Marinas
C Buenos Aires
Promenade côtière de Cadix
13
Av Doctor Gómez Ulla
Plaza Mentidero
BARRIO DEL MENTIDERO
C Hércules
C Navas
C Cánovas del Castillo
C Santa Rosalía
C Caballos
C Cervantes
Plaza de San Antonio
Plaza Fragela
C Zaragoza
C Torre
C San José
7
23
C Pérez Galdos
Plaza de Falla
24
C Benjumeda
C Sagasta
C Dr Marañón
C Santa Inés
C Diego Arias
C Sacramento
C Solano
C Sacramento
C Marqués del Real Tesoro
9
C Encarnación
C Torre
18
C Hospital de Mujeres
5
Av Duque de Nájera
C Jesús Nazareño
C San José
C Sagasta
C San Francisco Javier
3
Plaza de la Libertad
C José Celestino Mutis
15
Plaza de la Reina
C Hermano Ignacio
C María Arteaga
11
14
C Corralón de los Carros
C Cardoso
C Libertad
8
19
2
22
C Paraguay
C San Félix
C Cruz
C Sagasta
C Pericón de Cádiz
BARRIO DE LA VIÑA
20
Castillo de San Sebastián (400 m)
C Venezuela
Campo del Sur
OCÉAN ATLANTIQUE
0
200 m

CADIX

VOIR

1 Alameda Apodaca
2 Barrio de la Viña
3 Barrio de San Juan
4 Barrio de Santa María
5 Barrio del Mentidero
6 Barrio del Pópulo
7 Calle Ancha
8 Calle Virgen de la Palma
9 Castillo de Santa Catalina
10 Cathédrale de Cadix
11 Mercado Central de Abastos
12 Museo de Cádiz
13 Parque del Genovés
14 Playa de la Caleta
15 Plaza Tío de la Tiza
16 Teatro Romano
17 Torre del Reloj
18 Torre Tavira

SE RESTAURER

19 Casa Manteca
20 El Faro de Cádiz
21 La Candela
22 La Tabernita
23 Recreo Chico

SORTIR

24 Gran Teatro Falla

Barrio de la Viña

POURQUOI J'AIME CADIX

Anna Kaminski, autrice Lonely Planet. @ACKaminski

Je suis tombée amoureuse de cette ville méridionale et décontractée dès que, jeune routarde, je l'ai découverte. J'ai tout de suite aimé le brouhaha du marché central, l'animation des ruelles qui entourent la cathédrale, la langueur des après-midi au pied des figuiers de la Plaza de Mina, l'ambiance bon enfant des bars à tapas bondés. J'aime par-dessus tout me promener tôt le matin sur le front de mer et faire le tour de la vieille ville, pieds nus sur les dalles de marbre lisses dans les parcs.

Carnaval !

LE CARNAVAL LE PLUS FOU D'ESPAGNE CONTINENTALE

Si vous êtes à Cadix entre le 16 et le 26 février, enfilez votre plus beau costume et mêlez-vous aux *Gaditanos* pour le plus grand carnaval d'Espagne, avec ses chants, ses danses et ses fêtes de rue arrosées (codigocarnaval.com), ses défilés, sa cuisine de rue, ses feux d'artifice et ses plus de 300 *murgas* (groupes costumés). Pendant dix jours, la fête dure jour et nuit.

Le carnaval remonte au XVe siècle, lorsque des marchands génois, touchés par le mal du pays, introduisirent à Cadix la coutume des fêtes costumées. Interdit par les franquistes pendant la guerre civile (1936-1939) et jusqu'en 1948, il se poursuivit illégalement dans les demeures privées. Sévèrement contrôlée sous la dictature de Franco, la fête n'a pris sa forme actuelle qu'en 1977.

C'est un employé des douanes du XIXe siècle, Antonio Rodríguez Martínez (dit El Tío de la Tiza, "Tonton la Craie"), qui organisa les *murgas* du carnaval en quatre catégories principales : *coros*, *comparsas*, *chirigotas* et les petits trios,

OÙ PRENDRE UN VERRE À CADIX

Taberna Manzanilla
Un verre de manzanilla tiré d'un tonneau géant, dans cette taverne à xérès des années 1930. **€**

La Colonial
Sur la promenade, un bar élégant avec vue sur la mer et riche choix de cocktails originaux et de xérès rares. **€€**

Rollin' Rock Pub
Pour une IPA sur fond de rock, devant des affiches de Muddy Waters ou des Doobie Brothers. **€**

quartetos et *quintetos* (voir encadré p. 130). Les chanteurs testent leurs chansons humoristiques, grivoises et satiriques, pendant l'Erizada (fête des Oursins) et l'Ostionada (fête des Huîtres), les deux week-ends avant le carnaval, avant d'être départagés par un jury au **Gran Teatro Falla**. Vous trouverez les *murgas* en action aux environs du quartier ouvrier Barrio de la Viña, devant la belle cathédrale au dôme doré et entre le Mercado Central de Abastos (p. 130) et la **Playa de la Caleta**. Les *ilegales* – des familles et des groupes d'amis en vadrouille, hors compétition officielle, mais fort bruyants – se réunissent autour de la Plaza de Topete.

Réservez votre hébergement des mois à l'avance. Si vous ne trouvez pas de chambre à Cadix, essayez Puerto de Santa María ou Séville, et prenez le ferry ou le train avec les carnavaliers costumés qui descendent à Cadix.

Tapas et bistrots de Cadix

BARS ANIMÉS ET PETITS PLATS

Vers 20h30, une file d'habitants commence à s'allonger devant **El Faro de Cádiz**, l'un des bars à tapas préférés des *Gaditanos*. Dès que la porte s'ouvre, tout ce monde s'engouffre entre les murs carrelés pour s'installer au comptoir, un verre de manzanilla à la main, ou sur les tabourets hauts. Après quelques fabuleuses *tortillitas de camarones* (omelettes aux crevettes) ou de plus végétariennes *patatas aliñadas* (salade de pommes de terre), rendez-vous sur la petite Plaza Tío de la Tiza. Là, frayez-vous un chemin jusqu'à la **Casa Manteca**, aux murs chargés de toreros et de souvenirs du flamenco et du carnaval, et commandez des *chicharrones* (couennes de porc frites) ou du *payoyo* (fromage) à la confiture d'asperges, qui vous seront servis sur du papier glacé avec un verre d'*oloroso* ou de *fino* (xérès sec, couleur paille).

Faites ensuite un saut sur la terrasse de **La Tabernita**, établissement familial et local le plus populaire du Barrio de la Viña. Sur un tabouret, dégustez sa cuisine aussi succulente que créative, *cazón al coñac* (roussette au brandy) ou boulettes de seiche à l'encre.

Dans le Barrio de San Juan, **La Candela** étonne avec ses fenêtres à décor floral et sa salle en style rustico-industriel. Installez-vous au bar, devant la cuisine ouverte, et observez la préparation du *salmorejo* (soupe) de fraises avec tartare de thon ou d'autres tapas d'inspiration asiatico-andalouse.

Si vous n'êtes pas rassasiés, terminez par le détonnant **Recreo Chico**, dans le Barrio del Mentidero, pour un *arróz meloso con atún* (riz onctueux au thon) ou des *fideos al ajillo* (vermicelles à l'ail).

LES RESTAURANTS LES PLUS CRÉATIFS

Sonámbulo
Un restaurant rétro au mobilier rustique, où l'on sert produits agricoles et de la pêche, du producteur au consommateur. €€

Restaurante Contraseña
Le chef néerlandais revisite la tradition *gaditana* et andalouse avec une touche personnelle, associant par exemple agneau à la lavande et crevettes au xérès. €€

Código de Barra
Des menus de saison ludiques et des assiettes exquises, joliment présentées, qui expriment la diversité historique de Cadix. €€

La Curiosidad de Mauro Barreiro
Des plats régionaux réinventés par un étonnant chef du cru, aux saveurs inspirées de ses voyages. Cartes séparées pour le bar et le dîner. €€€

COMMENT S'Y RENDRE ET CIRCULER

Les gares ferroviaire et routière, et le terminal des ferries sont proches du centre. Des trains partent pour El Puerto de Santa María (30 min), Jerez de la Frontera (40 min) et Séville (1 heure 45). 3 trains ALVIA assurent la liaison quotidienne avec Madrid (4 heures 15).

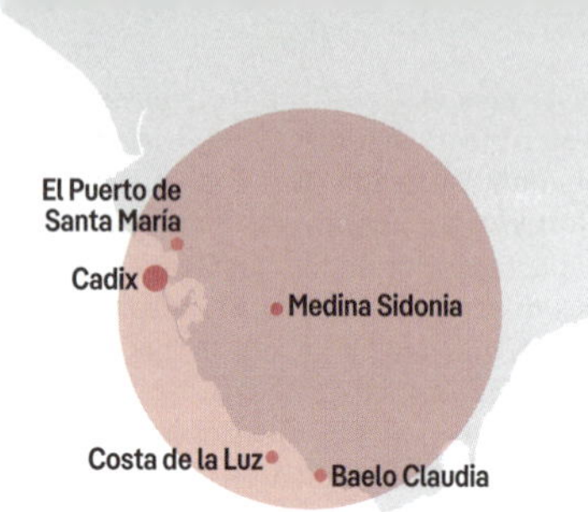

Environs de Cadix

Vestiges romains, étapes gastronomiques et charmant littoral – à moins que vous ne préfériez traverser la baie jusqu'à Puerto de Santa María, patrie du xérès.

La région de Cadix est riche de sites remarquables et de vestiges romains. De fréquents ferries conduisent à sa voisine, Puerto de Santa María, à l'extrémité sud du "triangle du xérès", pour une agréable excursion d'une journée.

Cadix est l'extrémité nord de la Costa de la Luz. Ses plages de sable blanc sont facilement accessibles en voiture depuis le sud de la ville, des plages de Cadix au port de pêche de Barbate.

Pour mieux apprécier la beauté de la région, prenez le chemin des écoliers par la route qui traverse les petites villes de la côte. Pendant l'*almadraba*, la saison du thon, régalez-vous sur la *ruta de atún*.

Pour les infos pratiques, voir le Carnet d'adresses p. 165

À SAVOIR

Les fins gourmets visiteront de préférence la province en mai-juin, au sommet de la saison du thon rouge.

Baelo Claudia

Parcours romain depuis Cadix

SITES ROMAINS ET PATRIMOINE HISTORIQUE

Avant les Maures et les rois chrétiens, la province de Cadix a subi l'influence de six siècles de domination romaine, dont les vestiges sont visibles à **Gadès** (Cadix) et alentour.

À l'intérieur des terres, dans la blanche **Medina Sidonia**, le **cardo maximus**, excavé, est la voie principale de l'Asido Caesarina romaine au Ier siècle (ne manquez pas le jeu d'enfants gravé dans un pavé). Le Museo Arqueológico présente de remarquables égouts souterrains.

Sur la Costa de la Luz, le site romain **Baelo Claudia** domine la magnifique Playa de Bolonia ; on y accède par le village éponyme (voir p. 157).

La route du xérès de Puerto de Santa María

DÉGUSTATIONS DE XÉRÈS, FRUITS DE MER ET PLAGES

Au nord de Cadix, Jerez de la Frontera, Sanlúcar de Barrameda et El Puerto de Santa María forment le “triangle du xérès”. Bodegas de xérès offrant visites et dégustations, produits de la mer de premier ordre et plages de sable blanc sont les trois grandes raisons d'emprunter le ferry qui traverse la baie de Cadix ou de prendre le train depuis Jerez.

Les **Bodegas Gutiérrez Colosía** sont une petite exploitation familiale, fondée en 1838, juste derrière l'embarcadère du catamaran. Les visites (lun-sam, 15 €) se concluent par la dégustation de six vins. Visites de nuit de juillet à septembre.

Tout le monde connaît le taureau noir visible sur des panneaux géants dans toute l'Espagne – goûtez donc les produits des **Bodegas Osborne**, le producteur de xérès le plus célèbre d'El Puerto. Fondée en 1772 par l'Anglais Thomas Osborne Mann, la cave propose des visites guidées (18 €) de ses installations ultramodernes, avec pour point d'orgue une dégustation de quatre vins ; réservation recommandée. La boutique propose tout le catalogue, dont des xérès rares et des VORS (pour *Very Old Rare Sherry*).

Aux **Bodegas Caballero**, fondées dans les années 1830, à l'autre bout de la ville, des visites de 2 heures (mar-sam, 14 €) vous feront découvrir le Castillo de San Marcos, au bord de l'eau. Considérablement restauré au XXe siècle, le splendide château d'El Puerto fut construit par Alphonse X El Sabio

LES MEILLEURS MUSÉES ROMAINS

Museo de Cádiz
Une épave romaine reconstituée, avec ses amphores de *garum*, un immense Trajan de marbre. (p. 131)

Conjunto Arqueológico Baelo Claudia
Trouvailles du site archéologique voisin : mosaïques, objets funéraires, monnaies, lampes à huile et ornements. (p. 157)

Yacimiento Arqueológico Romano Carteia
Les vestiges d'une ville romaine proche de Gibraltar, avec son temple, son usine de salaisons, son théâtre et les ruines d'une villa.

ENCORE UN PEU DE XÉRÈS ?

Poursuivez votre formation œnologique dans les bodegas de xérès et les **tabancos** de Jerez (p. 140) et découvrez l'extraordinaire **manzanilla** de Sanlúcar de Barrameda, où elle est née (p. 145).

OÙ *TAPEAR* À EL PUERTO DE SANTA MARÍA

Bespoke
Un chaleureux bar à tapas et à xérès dans un décor rustique et chic. À la carte, plus de cent vins. €

Toro Tapas
La “bodega-cathédrale” avec ses tapas raffinées : fromages de Cadix au miel de Grazalema, crevettes de l'Atlantique. €€

Bar Vicente Los Pepes
Une institution centenaire ornée de photos. Spécialité : l'*atún encebollado* (thon en sauce à l'oignon). €

UN VIN TRÈS BRITANNIQUE

L'industrie andalouse du xérès a peut-être une personnalité espagnole, mais ses origines sont sans conteste anglo-irlandaises. Sa passion pour le xérès, la Grande-Bretagne la doit à Francis Drake, qui en pillant Cadix en 1587, s'enfuit avec plus de 3 000 tonneaux contenant ce vin.

Thomas Osborne Mann, un commerçant anglais établi à Cadix, fut l'un des premiers à se lancer dans l'aventure. Avec des viticulteurs d'El Puerto de Santa María, en 1772, il créa Osborne, l'une des plus anciennes entreprises familiales espagnoles de xéres. John Harvey, de Bristol, commença à importer du xérès d'Espagne en 1796. Même la dynastie la plus fameuse d'Espagne, Gonzalez-Byass – producteurs de la marque Tío Pepe –, était une alliance anglo-espagnole formée en 1835 entre l'Andalou Manuel Maria Gonzalez et son agent (anglais) installé à Londres, Robert Byass.

(le Sage) sur le site d'une mosquée, après qu'il eut conquis la ville en 1260. À l'intérieur, l'ancienne mosquée transformée en église en est l'élément le plus remarquable. Le château appartient désormais aux Bodegas Caballero.

Les plages d'El Puerto de Santa María

PLAISIRS BALNÉAIRES

En dehors des bodegas, El Puerto offre de populaires plages de sable blanc. La plus proche de la ville est la **Playa de la Puntilla**, ourlée de pins, à 1,5 km au sud-ouest du centre ; allez-y à pied ou prenez les bus n^os^1 ou 2 (bus.elpuertodesantamaria.es) sur l'Avenida Aramburu de Mora. Quelque 2 km plus au sud-ouest vous attend la très chic marina de **Puerto Sherry**, et, au-delà, la petite **Playa de la Muralla** et les 3 km de sable de la **Playa de Santa Catalina**, dotée de bars et desservie par le bus n°6 (montez à l'arrêt de la Plaza de Toros). Depuis l'Avenida Aramburu de Mora, dans le centre, le bus n°3 file sur 6 km au nord-ouest jusqu'à la **Playa Fuentebravía**, à l'extrémité nord de la Playa de Santa Catalina. Ce bus dessert également la **Playa de Valdelagrana**, une plage populaire bordée d'immeubles sur la rive est du Río Guadalete, où il fait bon s'attabler dans ses *marisquerías* (restaurants de fruits de mer).

L'heure du thon

UNE PÊCHE ANCESTRALE, UN SPECTACLE POUR LES GOURMETS

Tel un orque ou un bateau de pêche japonais armé par un groupe d'amateurs de thon, vous croiserez sans doute de fin avril à juin dans les eaux à l'entrée du détroit de Gibraltar. C'est alors que les bancs d'*atún rojo* (thon rouge) – le membre le plus grand et le plus recherché de la famille des thons – passe de l'Atlantique à la Méditerranée pour y frayer. L'animal est aussi la base de la gastronomie de la côte de la province de Cadix.

Depuis l'époque phénicienne (et sans doute bien avant), les pêcheurs de la Costa de la Luz exploitent ce cadeau de la nature. Et depuis des siècles, ils perpétuent la technique de pêche des Phéniciens, consistant à extraire les thons en masse au moyen de filets et à les tirer sur le rivage, où ils sont frappés à mort. Cela porte le nom d'origine arabe d'*almadraba* ("lieu où l'on frappe").

L'*almadraba* est toujours pratiquée par les pêcheurs de Tarifa, Barbate, Zahara de los Atunes et Conil de la Frontera. Des excursions en bateau permettent aux visiteurs d'assister à la *levantá* (levage des filets). Contactez **Cadiz Atlántica** (cadizatlantica.com), initiative de tourisme gastronomique durable ; prévoyez plusieurs jours afin de vous assurer des

OÙ MANGER DES FRUITS DE MER À EL PUERTO DE SANTA MARÍA

Restaurante Romerijo
Ce local chaleureux et bon marché propose six sortes de *langostino* (crevettes). **€**

La Taberna del Chef del Mar
La *taberna* (taverne) authentique et accessible d'Ángel León sert des produits issus de la pêche durable. **€€**

Aponiente
Premier 3-étoiles Michelin d'Andalousie dirigé par le chef Ángel León. Menus dégustation inventifs (270 €). **€€€**

Playa de la Puntilla

meilleures conditions climatiques. Sinon, contentez-vous de goûter l'*atún rojo* à une bonne table de la région. À **Barbate**, le célèbre restaurant **El Campero** propose d'excellents menus de douze plats utilisant toutes les parties du thon (98 €). Réservation indispensable.

À cette période, les villages locaux accueillent les fêtes de la *ruta del atún* (rutadelatun.com) où les restaurateurs rivalisent d'inventivité pour concocter la meilleure tapa de thon. La fête la plus appréciée est celle de Zahara de los Atunes (p. 156).

THON DE L'ALMADRABA : LES MEILLEURES ADRESSES

Pendant la saison de l'*almadraba*, rassasiez vos envies de thon sur la *ruta del atún*.

Mercado de Abastos, Barbate
Pour un pavé de thon frais, tentez les enchères pendant la saison de l'*almadraba*.

Calle Alta, Vejer de la Frontera
Essayez la longe de thon conservée dans de la graisse de porc ibérique, entre autres produits à base de thon, ainsi que des vins andalous.

CAUR, Conil de la Frontera
Un petit supermarché gastronomique offrant tout un catalogue de préparations au thon et diverses spécialités locales.

COMMENT CIRCULER

Plusieurs ferries circulent chaque jour entre Cadix et El Puerto de Santa María (30 min). Depuis El Puerto de Santa María, les bus CMTBC desservent Cadix (45 min), Jerez de la Frontera (20 min) et Sanlúcar de Barrameda (30 min). Les bus Comes relient Barbate à Cadix et Vejer de la Frontera. En été, il est parfois dur de se garer.

JEREZ DE LA FRONTERA

Vénérable patrie du xérès et première étape du “triangle du xérès”, Jerez est une ville détendue et sous-estimée, aussi essentielle à la culture andalouse que ses rivales plus courues Séville et Grenade. Son principal attrait réside dans les bodegas de xérès qui parsèment le charmant *casco antiguo* (vieille ville), ainsi que ses palais et ses églises baroques et Renaissance. La production des bodegas se retrouve dans les nombreux *tabancos* de la région.

Les grandes familles du xérès ayant adopté de nombreuses modes des élites anglaises, du tweed à l'équitation, on ne s'étonne pas que la ville soit aussi la capitale de l'art équestre dans la région. Centre de la culture flamenca aux côtés de Cadix et Séville, Jerez a donné naissance à la *bulería*, réponse légère et ironique à la tragique *soleá* de Séville – à découvrir dans le *barrio* gitan de Santiago, dont elle est originaire.

Pour les infos pratiques, voir le Carnet d'adresses p. 166

À SAVOIR

Évitez juillet et août, où la température atteint souvent les 45°C ; le printemps et le début de l'automne sont préférables. Les amateurs de xérès, de flamenco ou d'équitation ne doivent pas manquer les Fiestas de la Vendimia, en septembre. Réservez pour les spectacles de flamenco, même dans les *tabancos*. Attention, Jerez compte peu de possibilités d'hébergement.

BELLES SALLES DE FLAMENCO

Tablao la Bailaora
À Jerez, cette adresse accueillante s'ouvre à des spectacles improvisés à 21h30 du jeudi au dimanche.

Centro Cultural Flamenco Don Antonio Chacón
L'une des meilleures *peñas* de Jerez porte le nom d'un maître du flamenco. De grands noms s'y produisent.

La Cava
Cette *taverna* est aussi le principal *tablao* de Cadix. Spectacles mardi, jeudi et samedi à 21h30.

La Perla
À Cadix, de beaux spectacles, presque tous les vendredis, à 21h30.

Le centre historique de Jerez

DÉAMBULATION CULTURELLE

Débutez votre promenade à l'**Alcázar**. Cette forteresse des XIe et XIIe siècles, imposante mais raffinée, est l'un des vestiges les mieux préservés de la période almohade en Andalousie. Elle abrite des œuvres d'art et offre une vue imprenable sur Jerez. On y accède par le Patio de Armas. Sur la gauche, la jolie mezquita (mosquée), transformée en chapelle par Alphonse X en 1264, a conservé sa fontaine et ses arches ; c'est la seule des 18 mosquées que comptait jadis Jerez encore debout. Sur la droite, le **Palacio Villavicencio**, édifice baroque des XVIIe et XVIIIe siècles, est doté d'une *camera obscura* permettant d'admirer le panorama. La tour octogonale de la forteresse, élément classique des forts défensifs de cette époque, se rejoint en traversant des jardins arabes. Bien conservés et coiffés d'un dôme, les bains arabes (*baños arabos*) almohades, éclairés par des puits de lumière en forme d'étoiles, méritent le coup d'œil.

Tout à côté, sur la Plaza de la Encarnación, se trouve la **Catedral de San Salvador**. Rappelant celle de Séville, la cathédrale de Jerez est un mélange harmonieux des styles baroque, néoclassique et gothique. Ses larges arcs-boutants et ses plafonds en pierre finement sculptés sont remarquables.

Plus au nord, dans le quartier de Santiago, vous pourrez découvrir la superbe collection d'artefacts du **Museo Arqueológico**. Ne manquez pas le casque grec en bronze du VIIe siècle av. J.-C., découvert dans le Río Guadalete, ainsi que les cylindres de marbre dans lesquels sont gravées deux idoles.

Le pays du flamenco

UN CHANT D'ÉMOTION ET DE PASSION

L'histoire du flamenco remonte à l'arrivée des Gitans en Espagne au XVe siècle (voir p. 368), où ils découvrirent la tradition musicale juive et arabe. Comme Cadix et Séville, Jerez accueillit un certain nombre d'entre eux et devint un des principaux centres du flamenco, qui y prit des formes spécifiques.

En matière de *palos* (types de chants flamencos), Jerez est célèbre pour ses rapides *bulerías*, tandis que Cadix excelle dans la joyeuse *alegría* et la mélancolique et expressive *siguiriya*.

Il y a trois manières d'assister à un spectacle de flamenco. Les *tablaos* organisent des spectacles avec danse ; on n'y retrouve donc pas la spontanéité et le *duende* (inspiration géniale) du

IL Y A XÉRÈS ET XÉRÈS

Manzanilla Un blanc sec, délicat et rafraîchissant, produit exclusivement à Sanlúcar de Barrameda. À déguster avec sushis ou fruits de mer.

Fino Un vin frais, sec, à la robe pâle, parfait pour l'apéritif. Accompagne olives, tapas, fruits de mer, charcuterie et fromages jeunes.

Amontillado Un xérès fortifié, ambré, au goût de noix, sec ou légèrement sucré. Agrémente plats de riz, viande blanche, asperges vertes et fromages affinés.

Oloroso Un rouge sombre et très sec, charnu, au goût de noix. Va bien avec les viandes rouges, des ragoûts roboratifs ou des fromages affinés.

Palo Cortado Un xérès rare, complexe, à mi-chemin entre l'*amontillado* et l'*oloroso*. Se marie avec les plats épicés.

Cream Un *oloroso* mi-doux, parfait après dîner. Accompagne les fruits ou le curry.

Pedro ximénez Un vin de dessert sombre, intense et fortifié.

OÙ ÉCOUTER DU FLAMENCO À JEREZ DE LA FRONTERA

Centro Cultural Flamenco Don Antonio Chacón
L'une des meilleures *peñas* de Jerez (et donc d'Andalousie).

El Guitarrón de San Pedro
Spectacles réguliers, parfois expositions d'art, et généreuses dégustations de xérès avec tapas.

Tabanco El Pasaje
Le plus vieux *tabanco* de Jerez (1925), autrefois hôte de la légendaire Lola Flores. Jusqu'à deux représentations par jour.

ÉTAPES GASTRONOMIQUES

La Carboná
Bodega pittoresque qui propose des plats à partir de produits du marché, comme du riz aux cèpes avec des couteaux. €€

LÚ, Cocina y Alma
Des menus dégustation expérimentaux et de saison. €€€

Mantúa
Ce restaurant inventif accorde ses menus dégustation avec une carte de quelque 200 xérès. €€€

Mulai
Des classiques de la cuisine *gaditana* – gambas de Sanlúcar et *rabo de toro* (queue de bœuf) – à la mode internationale. €€

"flamenco pur" mais on y écoute des interprètes d'excellente qualité, généralement devant un dîner et des boissons. Les *peñas* (clubs de flamenco privés) traditionnelles, gérées par des aficionados, accueillent des concerts improvisés. Enquérez-vous d'adresses ouvertes aux non-membres, de préférence pendant les deux semaines que dure le festival de Jerez. Enfin, de nombreux *tabancos* sont teintés de culture flamenco (facebook.com/rutadelostabancosdejerez) et on peut y admirer le spectacle, un verre de *fino* à la main.

Situé au cœur du fameux quartier de Santiago et installé dans une magnifique maison-palais du XVIIIe siècle, le **Centro Andaluz de Flamenco** vaut également la visite pour son architecture et la richesse de sa documentation sur le flamenco.

La route du xérès de Jerez

VISITES DE CAVES ET ALCOOLS CÉLÈBRES

L'histoire d'amour des Britanniques avec Jerez remonte au XIVe siècle, lorsque des marchands commencèrent à faire le commerce du *jerez* ("xérès"). Certaines bodegas ont été fondées par des réfugiés catholiques anglais et irlandais au XVIe siècle. Aujourd'hui, une bonne partie des quelque vingt caves de la ville sont ouvertes à la visite (pensez à réserver) et vous pourrez y approfondir vos connaissances œnologiques, dégustation à l'appui.

Généralement produit à partir du cépage palomino, le xérès doit son goût au sol crayeux *albariza*. Une fois les vendanges faites, le raisin est pressé et le moût mis à fermenter dans des tonneaux en bois. Après la fermentation, un voile mousseux de levure, appelé *flor*, se forme à la surface, empêchant l'oxydation et conférant au vin une saveur particulière. Tous les xérès (sauf le *manzanilla*) sont alors fortifiés à l'eau-de-vie et entrent dans le système de la *solera*, où ils sont mélangés à des vins plus anciens.

Les *finos* et les *manzanillas*, plus fins, vieillissent naturellement sous la flor, tandis que les *olorosos*, plus robustes, sont vieillis par oxydation, de même que les vins issus de raisins plus sucrés (pedro ximénez et muscat). L'*amontillado* et le *palo cortado* subissent un mélange de vieillissement naturel et par oxydation.

Dans le système de la *solera*, les fûts de chêne américains remplis aux 5/6e sont alignés sur trois à six niveaux. Environ trois fois par an, 10 à 15% du vin est soutiré des fûts de l'étage supérieur et déplacé à l'étage inférieur, de manière à ce que le

LES AUTRES EXTRÉMITÉS DU "TRIANGLE DU XÉRÈS"

Si les bodegas et les *tabancos* de Jerez ne vous ont pas suffi, rendez-vous à **Sanlúcar de Barrameda** (p. 145) pour y déguster le *manzanilla*, produit du cru, ou des vintages à **Puerto de Santa María** (p. 137).

OÙ SE LOGER À JEREZ DE LA FRONTERA

Nuevo Hotel
Un hôtel au charme un peu suranné, avec des chambres simples, confortables et d'un bon rapport qualité/prix. €

YIT Casa Grande
Une vaste demeure des années 1920 soigneusement restaurée, aux chambres réparties sur 3 étages autour d'un patio. €€

Astuto Boutique
Agréable hôtel installé dans un bâtiment historique. Piscine dans la cour intérieure et agréable toit-terrasse. €€

Palacio Villavicencio (p. 140)

vin le plus vieux "éduque" le plus jeune. Il n'y a donc pas de "bonne" ou de "mauvaise" année.

Parmi les bodegas ouvertes à la visite, la récente **Bodegas Tradición** (1998) se distingue par ses visites de qualité (1 heure 30 ; en espagnol, anglais et allemand). Ses xérès extra-vieux (20 à 30 ans d'âge) ont rencontré les faveurs de la critique. Les dégustations comprennent quatre xérès et la visite d'une collection privée d'art espagnol du XIVe au XIXe siècle, avec des œuvres de Goya, Velázquez, du Greco et de Zurbarán.

À l'ouest de l'Alcázar se trouve le siège de **González-Byass**, producteur de la célèbre marque Tío Pepe et du brandy Lepanto, et l'une des plus grandes maisons de xérès, fondée en 1835 ; on y admire les plus vieilles caves de la ville.

Basiques, les visites (en espagnol, anglais et allemand) comprennent une halte dans la bodega La Concha, à l'architecture attribuée (à tort ?) à Gustave Eiffel, et la dégustation de deux vins ; d'autres incluent tapas et d'autres xérès.

LE GRAND RETOUR DES TABANCOS

On peut également déguster des alcools dans les célèbres *tabancos* qui parsèment le *casco antiguo* de Jerez. Datant pour la plupart du début du XXe siècle, les *tabancos* sont empreints d'un charme rétro, avec leurs intérieurs rustiques et leurs azulejos. Menacés de disparition il y a encore quelques années, les *tabancos*, revenus sur le devant de la scène grâce aux changements de propriétaires, sont désormais des établissements branchés, fréquentés par une clientèle comptant autant de jeunes *Jerezanos* stylés que de fidèles de la première heure. L'office du tourisme dispose d'informations sur la *Ruta de los Tabancos de Jerez* , une "route des *tabancos*" loin d'être exhaustive.

COMMENT S'Y RENDRE ET CIRCULER

L'aéroport de Jerez, à 10 km au nord-est de la ville, sur l'A4, est le seul à desservir la province de Cadix, avec des vols depuis/vers Barcelone, Madrid, Bilbao et Majorque.

Trains et bus desservent régulièrement toute l'Andalousie depuis l'entrée du *casco historico*. Parmi les trains, citons ceux pour Cadix (40 min), Séville (1 heure 15) et Cordoue (2-3 heures). Parmi les bus, Arcos de la Frontera (40 min), El Puerto de Santa María (15-20 min) et Sanlúcar de Barrameda (40 min).

Malgré sa taille, Jerez se parcourt facilement à pied, notamment le cœur historique. Garez-vous dans un parking à l'extérieur du centre et de ses rues à sens unique.

Environs de Jerez de la Frontera

Toujours sur la côte, découvrez Sanlúcar, dans le “triangle du xérès”, et la nature sauvage du Parque Nacional de Doñana.

Pour les infos pratiques, voir le Carnet d'adresses p. 167

À SAVOIR

Sanlúcar de Barrameda se visite de préférence pendant la fête du *manzanilla*, fin mai, afin de déguster le xérès emblématique de la ville.

Au nord-ouest de Jerez, la ville de Sanlúcar de Barrameda, également connue pour son xérès, borde l'Atlantique, à l'embouchure du Guadalquivir. Son microclimat et la proximité de l'océan confèrent au xérès *manzanilla* une tonalité salée appréciée des connaisseurs. À côté du Barrio Alto – la séduisante vieille ville, compacte, praticable à pied, avec son château et ses nombreuses bodegas –, Sanlúcar offre plusieurs plages.

De l'autre côté du fleuve, le paysage se dissout dans le vaste marécage du Parque Nacional de Doñana (parc national de Doñana), le plus riche d'Europe pour sa biodiversité, comptant notamment d'innombrables espèces d'oiseaux, dont certains migrateurs. Le parc n'est accessible que dans le cadre de visites guidées, excursions en bateau ou combinant bateau et jeep ; réservation conseillée l'été.

Bodegas Barbadillo

JOSERPIZARRO/SHUTTERSTOCK ©

Les bodegas et les oiseaux de Sanlúcar

EXCURSIONS DANS LA NATURE ET XÉRÈS LOCAL

Parmi les bodegas proposant des visites guidées, les établissements Barbadillo et Hidalgo se distinguent. Propriété de la première famille qui ait mis le manzanilla en bouteille, les **Bodegas Barbadillo**, fondées en 1821, produisent un magnifique *manzanilla pasada* de 15 ans d'âge, ainsi que le Castillo de San Diego, comptant parmi les vins blancs les plus populaires d'Espagne. Sur le même site, le Museo de la Manzanilla mérite également la visite. Les visites durent 1 heure (15 €) et se concluent par une dégustation de quatre vins. Gérées par la 8e génération de la même famille, les **Bodegas Hidalgo-La Gitana**, fondées en 1792, produisent encore les fameux *manzanillas* La Gitana, ainsi que des xérès VORS comme un *amontillado* en petite quantité. La visite de 2 heures (17 €) est passionnante, avec dégustation dans la cour.

De l'autre côté du Guadalquivir, les dunes, les vastes marécages et les forêts de pins du **Parque Nacional de Doñana** abritent un riche écosystème. La visite se déroule à bord du *Real Fernando,* qui part de la Fábrica de Hielo, à Bajo de Guía. L'excursion, organisée par **Visitas Doñana**, dure 3 heures et comprend deux brèves marches avec guide qui vous conduiront à la rencontre des chevaux sauvages, des flamants roses et des hérons. Sinon, **Viajes Doñana** propose des excursions par voie de terre dans des 4x4 pouvant accueillir 21 ou 29 personnes.

Sanlúcar côté histoire

L'ÉGLISE, LE PALAIS ET LE CHÂTEAU

En retrait de la Calle Caballeros, le vaste **Palacio de los Guzmán**, palais de style Renaissance, était la demeure des ducs de Medina Sidonia, famille aristocratique qui possédait plus de biens que quiconque en Espagne. Le palais déborde d'antiquités et de tableaux de grands peintres espagnols, dont Goya et Zurbarán. Faites une pause pour un thé ou un gâteau dans son joli café, avec des tables disséminées dans un jardin.

Tout à côté, la médiévale **Iglesia de Nuestra Señora de la O** se distingue par son magnifique portail gothico-mudéjar, datant des années 1360, et par la richesse de sa décoration intérieure.

Situé à deux pas des bâtiments des Bodegas Barbadillo, le **Castillo de Santiago**, superbe château médiéval (XVe siècle), présente une architecture défensive caractéristique. À l'intérieur, on peut voir une collection d'armes et d'uniformes militaires, et une exposition sur l'histoire maritime de la ville. Depuis sa Torre del Homenaje, la vue sur le delta du Guadalquivir est superbe.

LES MEILLEURS RESTAURANTS DE SANLÚCAR

Casa Balbino
Installez-vous sur la plaza pour d'énormes *tortillitas de camarones* ou de l'anémone de mer frite. €

EntreBotas
Le restaurant des Bodegas Hidalgo-La Gitana mêle saveurs locales et internationales. Xérès et produits du cru sont à l'honneur. €€

Casa Bigote
Les spécialités de ce lieu apprécié des habitants : un tataki de thon almadraba à la sauce salmorejo et un espadon grillé avec du riz aux champignons sauvages. €€

El Espejo
Dans un patio arboré, des plats élégants comme le tartare de thon almadraba ou le riz au fromage payoyo. Menus avec vins accordés. €€

OÙ SE LOGER À SANLÚCAR

La Alcoba del Agua
14 chambres de style autour d'une cour avec chaises longues, hamacs et piscine. €€

La Casa
Petits-déjeuners maison, chambres aux couleurs inspirées du parc de Doñana et touches contemporaines. €€

Hotel Posada del Palacio
Un palais restauré avec soin, aux patios verdoyants. Dans les chambres, mobilier ancien et arcades de briques rouges. €€€

PARQUE NATURAL SIERRA DE GRAZALEMA

Les pics du Parque natural Sierra de Grazalema s'élèvent abruptement au-dessus des plaines au nord-est de Cadix. Ses gorges et ses versants abritant plus de 1 300 espèces végétales, dont de nombreuses orchidées. Le site de ce parc de 534 km^2, déclaré Réserve de biosphère de l'Unesco en 1977 (la première d'Espagne), s'étend sur le nord-ouest de la province de Málaga. On y trouve des lacs turquoise, des *pueblos blancos* – célèbres pour leur artisanat et leurs productions locales – parmi les plus beaux d'Andalousie, ainsi que d'importants vestiges romains.

C'est un magnifique territoire de randonnées, avec ses vingt itinéraires, dont certains mettront au défi les marcheurs les plus aguerris. Attention : des chemins sont fermés de juin à mi-octobre. Parmi les autres activités proposées : vélo, kayak, parapente, équitation et via ferrata. Prévoyez des vêtements imperméables : nous sommes dans la région la plus pluvieuse d'Espagne (à Grazalema, les précipitations annuelles atteignent 2 200 mm). Les mois de mai, juin, septembre et octobre sont les plus cléments.

Pour les infos pratiques, voir le Carnet d'adresses p. 167

À SAVOIR

Les meilleurs itinéraires du parc – Garganta Verde, El Pinsapar, Llanos del Rabel (6,2 km) et El Torreón – requièrent des permis, délivrés par le Centro de Visitantes El Bosque (956 40 97 33 ou cvelbosque@reservatuvisita.es). Réservez un mois ou deux à l'avance. Des permis sont parfois disponibles le jour même, à récupérer au Centro.

JOSERPIZARRO/SHUTTERSTOCK ©

Sierra de Grazalema

À pied, à vélo et en paddle dans la Sierra de Grazalema

GORGES PROFONDES, HAUTES MONTAGNES

Des randonnées inoubliables vous attendent dans la Sierra de Grazalema, entre les sentiers séculaires qui relient les *pueblos blancos* et l'ascension exigeante d'El Torreón (1 648 m), point culminant de la province de Cadix.

Le tranquille **Sendero del Pinsapar** (12 km, 4 heures 30 l'aller) part d'un parking situé à 2 km au-dessus (au nord-ouest) de Grazalema sur la CA9104 ; il aboutit à Benamahoma après avoir traversé une forêt de *pinsapos*, avec une vue magnifique sur les provinces de Séville et de Málaga. Ces rares forêts de sapins méditerranéennes de l'ère tertiaire n'ont survécu qu'au sud-ouest de l'Andalousie et au nord du Maroc. Du 1er juin au 15 octobre, une partie de l'itinéraire est accessible avec **Horizon**, à Grazalema.

Depuis un panneau situé à 3,5 km au sud de Zahara de la Sierra (au Km 10 sur la CA9104 depuis/vers Grazalema), le sentier de la **Garganta Verde** (2,5 km) descend dans la "gorge

PLUS HAUT QUE LE CIEL

Pour découvrir depuis le ciel, les pics et les vallées de la sierra contactez **Zero Gravity** (zero-gravity.es), entreprise de parapente établie de longue date dans le petit village d'Algodonales, l'un des principaux centres de parapente et de deltaplane en Andalousie. Envolez-vous pour un vol de 30 minutes en tandem (90 €), à moins que vous ne préfériez passer votre brevet dans le cadre d'un cours pour débutants ou confirmés.

Si vous préférez garder les pieds sur terre, lancez-vous sur un des nombreux parcours de via ferrata du parc national, en excursion organisée avec **RSG Aventura** (reservasierragrazalema.com). Dans le village de Benaoján, la via ferrata du même nom, courte mais exigeante, comprend un pont tibétain, quelques impressionnantes sections verticales et un surplomb difficile, avec une vue stupéfiante depuis le sommet.

OÙ SE LOGER DANS LA SIERRA

Tambor del Llano, Grazalema
Refuge rural dans une ancienne écurie, avec 10 chambres contemporaines, cuisine maison et piscine. **€€**

Al Lago, Zahara de la Sierra
6 chambres de style rustique chic dans un boutique-hôtel anglo-américain, avec vue sur le lac de Zahara. **€€**

No 31 Bed et Breakfast, Olvera
Pension intime (3 chambres) dans une maison de ville du XIXe siècle avec toit-terrasse. Délicieux petits-déjeuners. **€€**

LES BOUCHONS DU PARQUE NATURAL LOS ALCORNOCALES

Le sud du Parque Natural Sierra de Grazalema touche la frontière nord du Parque Natural Los Alcornocales, espace naturel peu peuplé de 1736 km². S'étirant vers le sud en direction de Gibraltar, il est composé de collines sur lesquelles poussent les plus vastes *alcornocales* (forêts de chênes-lièges) d'Espagne, que traversent quelques rares sentiers, surtout accessibles depuis le *pueblo blanco* de Jimena de la Frontera.

Tous les étés, les *tiradores* (écorceurs de chênes-lièges) arrachent l'écorce des arbres, qui sera transformée en bouchons de bouteilles. Mais l'avenir des *tiradores* et des *alcornocales* est en suspens : l'industrie du vin délaisse de plus en plus le liège pour le plastique, tandis que le gouvernement espagnol subit des pressions pour la protection du milieu naturel de différentes espèces.

Grazalema

verte", une faille luxuriante de plus de 100 m de profondeur. On y voit souvent des vautours, dont la colonie est l'une des plus importantes d'Europe. Le meilleur point de vue se trouve à environ 30 minutes de marche. Les spéléologues feront peut-être un détour par la Cueva de la Ermita, au fond du ravin, avant la montée du retour (1 heure 30). Certaines zones sont fermées du 1er juin au 15 octobre (saison de reproduction des vautours).

L'ascension extrêmement raide d'**El Torreón** n'est longue que de 3 km – comptez quand même 2 heures 30. Du sommet, on aperçoit par temps clair Gibraltar, la Sierra Nevada et le Rif, au Maroc. Le début de l'itinéraire se trouve à 100 m à l'est du Km 40 de l'A372 entre Grazalema et Benamahoma.

Le VTT est de plus en plus populaire dans le parc et de nombreux itinéraires sont à disposition pour tous les niveaux : tranquille découverte des *pueblos blancos* pour les débutants, ou cols escarpés et aventures hors-piste pour les plus aguerris. Un défi ? La montée de 12,5 km jusqu'au Puerto de las Palomas (1 357 m), avec une vue magnifique sur le lac de Zahara et

OÙ TROUVER DES PRODUITS ARTISANAUX DANS LA SIERRA

Convento de las Mercedarias Descalzas, Arcos de la Frontera
De délicieux biscuits réalisés par les nonnes du couvent.

Artesanía Textil, Grazalema
Le magasin de l'usine textile vend des produits en laine tissée : manteaux, couvertures, écharpes et ponchos.

Quesería la Hazuelas, Grazalema
Observez la fabrication du fromage payoyo, avant d'en acheter à emporter.

les montagnes environnantes. La **Vía Verde de la Sierra** (viasverdes.com) est une option moins éprouvante. Filant d'est en ouest sur 36 km entre Olvera et Puerto Serrano, cet itinéraire de randonnée à pied et à vélo emprunte une voie ferrée désaffectée des années 1920. Outre son cadre naturel sauvage et escarpé, on y découvre 4 spectaculaires viaducs, 30 tunnels et 3 anciennes gares transformées en hôtels-restaurants. Le point de départ officiel à l'est se trouve à 1 km au nord d'Olvera, à l'Hotel Vía Verde de la Sierra ; là, **Secsca** loue des vélos. À Grazalema, **Grazalema Cycling Adventures** propose balades, VTT à louer (y compris électriques) et cartes pour se promener en autonomie. Des vélos sont également disponibles à la location sur la *vía verde*, à Coripe ainsi qu'à Puerto Serrano.

Pour les amateurs de sports aquatiques, comment résister au lac turquoise qui s'étend au pied de Zahara de la Sierra ? Au bord du lac, **Discovery Aventura** loue kayaks et paddles et propose des excursions en kayak à la pleine lune.

Les pueblos blancos de la Sierra de Grazalema

VILLAGES HISTORIQUES ET ROUTES SPECTACULAIRES

Le Parque natural Sierra de Grazalema comprend quelques *pueblos blancos* magnifiques, qui ont partagé pendant deux siècles l'histoire de la frontière entre Maures et chrétiens, jusqu'à la chute de Grenade en 1492. Lancez-vous à leur découverte, dans les lacets de magnifiques routes de montagne.

Perché à plus de 800 m d'altitude, le village de **Grazalema** s'étale sur les flancs rocheux et accidentés de la Sierra de Grazamela. C'est un *pueblo blanco* emblématique, avec ses petites rues pentues bordées de maisons chaulées, aux toits de tuiles rouges. Le cadre de montagne est magnifique et le village est connu pour sa production ancestrale de couvertures en laine, de miel et de fromage. Il vit aussi, désormais, du tourisme vert – c'est la base la plus populaire pour explorer le Parque Natural Sierra de Grazalema. Au centre du village, la Plaza de España arborée, qui date du XVIIIe siècle, est charmante, avec sa fontaine wisigothique à 4 jets et, à son extrémité est, l'Iglesia de la Aurora, de style baroque de la fin du XVIIe siècle.

À l'est puis au nord de Grazalema, la CA9104 serpente jusqu'au col **Puerto de las Palomas** (1 350 m) avant une descente spectaculaire vers le village fortifié de **Zahara de la Sierra**. Installé autour d'un éperon rocheux coiffé d'une forteresse nasride, à l'ombre des montagnes de Grazalema,

RESTAURANTS DE MONTAGNE DE LA SIERRA DE GRAZALEMA

La Maroma, Grazalema
Ce bar gastronomique propose les tapas et les *raciones* les plus inventifs de Grazalema. €

Al Lago, Zahara de la Sierra
Une cuisine andalouse créative. À signaler, les assiettes de fromages et la truite du lac. €€

Casa Palmero, Setenil de las Bodegas
Une cuisine régionale simple à partir de recettes familiales : salades de fromage de chèvre ou bar cuit au four. €

Gastroteka, Ubrique
Un restaurant familial qui sert de copieux plats de riz, des côtes de porc à cuisson lente et une fondante queue de bœuf. €€

Setenil de las Bodegas (p. 150)

OÙ SE RESTAURER À ARCOS DE LA FRONTERA

Aljibe
Dégustez une cuisine d'inspiration marocaine dans une citerne du XVIIIe siècle réaménagée. €€

Taberna Jóvenes Flamencos
Profitez d'un repas composé à partir de produits locaux, parfois devant un spectacle de flamenco. €

Bar La Cárcel
De bonnes tapas simples à accompagner de *tinto de verano* (vin rouge servi avec de la limonade). €€

ce village, en surplomb des eaux turquoise de l'Embalse (lac de barrage) de Zahara, a conservé un peu de sa physionomie mauresque. Pendant plus de 150 ans au XIVe et au XVe siècle, il tint tête, sur l'ancienne frontière médiévale, au bourg chrétien d'Olvera, clairement visible au loin. Zahara a tous les attraits typiques des *pueblos blancos*, avec ses petites rues raides et tortueuses bordées de hauts palmiers et de bougainvillées rose vif. Il fait aussi une excellente base pour randonner dans la Garganta Verde (p. 147).

Plus au nord, après le village d'**Algodonales**, réputé pour ses ateliers de fabrication de guitares et comme base de deltaplane et de parapente, prenez l'A382 vers l'est pendant 18 km jusqu'à **Olvera**. Reconnaissable aux silhouettes de son château mauresque et de son église perchée sur une colline, la bourgade se détache à des kilomètres à la ronde de l'océan d'oliveraies qui l'entoure. Reconquise par Alphonse XI en 1327, cette petite cité blanche, souvent ignorée des touristes était, jusqu'au milieu du XIXe siècle, un repaire de bandits. Aujourd'hui, la plupart des visiteurs viennent à Olvera pour parcourir, à pied ou à vélo, la *vía verde* (p. 149), mais ce gros bourg est également réputé pour son huile d'olive, ses deux jolies églises et son histoire mouvementée, dont les débuts remonteraient à l'époque romaine. Ne manquez pas de monter au sommet de la tour du château mauresque pour une vue à couper le souffle sur le village en contrebas.

À 14 km environ au sud-est d'Olvera, sur la magnifique CA9120, les rues de **Setenil de las Bodegas** évoquent des grottes, à l'abri d'immenses rochers sur les rives du Río Trejo. Le rocher sert de toit à de nombreuses maisons, dont certaines ont jusqu'à trois étages. La luminosité comptait moins que la capacité du village à se défendre : ce n'est qu'au prix de 15 jours de siège que les chrétiens parvinrent à en déloger les Maures en 1484. Il est possible de loger dans ces maisons troglodytiques (autrefois utilisées pour entreposer le vin) et de déguster l'huile, le miel et la charcuterie qui ont fait la renommée de Setenil. Tout en haut du village, le château date du XIIe siècle. Vous pourrez monter au sommet de sa tour du XIIIe siècle.

Un magnifique écart de 13 km au sud-ouest de Grazalema, sur l'A372, conduit à **Villaluenga del Rosario**, le plus haut village de la province (867 m), niché près d'un énorme rocher et souvent noyé dans une brume épaisse. Ne manquez pas sa Plaza de Toros, creusée dans le rocher, ni son fromage de chèvre primé.

VESTIGES ROMAINS DANS LA SIERRA

Juste en dehors d'**Ubrique**, réputée pour son travail du cuir, des guides spécialistes vous feront découvrir la **cité romaine d'Ocuri**, qui a prospéré jusqu'au IIIe siècle de notre ère. Ses vestiges de tombes, de thermes, de citernes et de logements occupent un site spectaculaire. Il est impératif de réserver sa visite en amont (www.yacimientodeocuri.com).

Depuis le village blanc de **Benaocaz**, à 4 km, randonnez sur l'ancienne voie romaine entre oliveraies odorantes et forêts de chênes-lièges.

OÙ SE LOGER À ARCOS DE LA FRONTERA

La Casa Grande
Perchée sur la falaise, superbe demeure de 1729 disposant de 7 chambres décorées avec goût. **€€**

Cortijo Bablou
À 6 km au sud-est d'Arcos, 4 chambres dans une ferme du XIXe siècle, 3 yourtes et une roulotte gitane. **€€**

Parador de Arcos de la Frontera
Ancienne demeure de magistrat du XVIe siècle, au sommet d'une falaise dominant la ville. **€€**

IVAN SOTO COBOS/SHUTTERSTOCK ©

Arcos de la Frontera

ARCOS DE LA FRONTERA, UNE VILLE FRONTIÈRE

La position stratégique d'Arcos de la Frontera a nourri les convoitises. Pendant une brève période au XIe siècle, elle devint même une *taïfa* (petit royaume indépendant) sous domination berbère. En 1255, le roi chrétien Alphonse X le Sage l'intégra à Séville ; Arcos demeura une ville frontière ("de la Frontera") entre l'Espagne maure et l'Espagne chrétienne jusqu'à la prise de Grenade, en 1492.

Arcos de la Frontera

INCONTOURNABLE PUEBLO BLANCO

Sur la frontière imaginaire qui sépare la Sierra de Grazalema des vignobles du "triangle du xérès", il ne faut surtout pas manquer le *pueblo blanco* d'Arcos de la Frontera. Ses origines sont antérieures aux Romains. Tout à Arcos est incroyable : sa situation sur une falaise calcaire surplombant le Guadalete, son *casco antiguo* endormi avec ses édifices maures et Renaissance, ses arcades blanches sur des ruelles tortueuses ainsi que ses colonnes romaines.

La **Plaza del Cabildo** est le cœur de la vieille ville. De son vertigineux mirador, la vue ouvre sur la vallée en contrebas. Le **Castillo de los Duques,** d'origine musulmane, est fermé au public, mais ses remparts extérieurs offrent une belle vue sur Arcos. Ne manquez pas non plus la **Basílica Menor de Santa María de la Asunción**, riche d'éléments gothiques et baroques, et l'**Iglesia de San Pedro** qui possède l'un des plus beaux intérieurs d'Andalousie.

COMMENT S'Y RENDRE ET CIRCULER

À l'intérieur de la Sierra de Grazalema, il est possible de se déplacer à pied entre les villages ; mais beaucoup de départs d'itinéraires ne sont accessibles qu'en voiture (à condition d'aimer les routes de montagne étroites et venteuses). Les bus Comes desservent Zahara de la Sierra depuis Ronda (45 min-1 heure 15). El Bosque, Grazalema, Benaocaz et Ubrique sont desservis par les bus Damas, basés à Ronda. Les bus Damas et Comes relient Olvera à Ronda (1 heure 30), Cadix (3 heures 15), Jerez (2 heures 30) et Málaga (2 heures 15), tandis que Setenil de las Bodegas est desservie depuis Ronda (45 min) et Málaga (3 h 45) par les Autocares Sierra de las Nieves. Attention : les fréquences sont variables et certains services ne fonctionnent pas le week-end

TARIFA

Jusqu'aux années 1990, la petite ville de Tarifa, où l'Atlantique et la Méditerranée se rencontrent à l'extrémité sud de l'Espagne, était tristement célèbre pour son taux de suicide, le plus élevé du pays, en raison de l'épuisant vent *levante*. Mais c'est à ce même "vent qui rend fou" et à son reflet plus modéré, le *poniente*, que Tarifa doit sa renaissance : surfeurs, kitesurfeurs et véliplanchistes du monde entier ont fait de la ville le plus grand centre de sports aquatiques d'Espagne.

Le site actuel de Tarifa a d'abord été occupé par les Carthaginois et les Romains, mais la ville doit son nom à Tarif ibn Malik, chef du premier raid arabe sur l'Espagne en 710, un an avant la principale attaque des Maures sur la péninsule. La ville évoque l'Afrique du Nord, avec ses rues blanches labyrinthiques et son centre historique fortifié. Tarifa est la dernière étape avant le Maroc, qu'on aperçoit à 27 km de l'autre côté du détroit de Gibraltar.

Pour les infos pratiques, voir le Carnet d'adresses p. 168

À SAVOIR

Pour les kitesurfeurs, c'est entre avril et octobre que les vents sont les plus réguliers à Tarifa. La ville étant pleine à craquer de fin juin à fin août, les eaux sont plus praticables en avril-mai et en septembre-octobre ; l'eau est plus chaude en automne.

CRÉATURES DES PROFONDEURS

Le détroit de Gibraltar fait partie des meilleurs sites d'Europe pour observer la faune marine, notamment d'avril à octobre. Le dauphin commun, le beau dauphin bleu et le grand dauphin fréquentent ces eaux toute l'année, de même que le globicéphale ; le cachalot, plus solitaire, n'apparaît qu'occasionnellement au printemps. En juillet-août, les orques se regroupent souvent au confluent du détroit et de l'Atlantique pour guetter le passage des thons.

Baleines, vents et surfeurs

SPORTS AQUATIQUES ET OBSERVATION DE LA FAUNE

Les célèbres vents de Tarifa et ses conditions idéales sur la côte atlantique ont fait de cette petite ville une capitale mondiale du kitesurf et de la planche à voile. Deux vents y soufflent : le *poniente* (vent d'ouest), modéré et doux, parfait pour le kitesurf, et le *levante* (vent d'est), chaud et violent, qui souffle d'Afrique, notamment en juin et juillet. Ce dernier est aussi le préféré des véliplanchistes – mais seuls les plus expérimentés sauront le dompter.

Des compétitions ont lieu toute l'année ; l'hiver s'avérera peut-être trop difficile pour les débutants. Pendant la saison haute (d'avril à octobre), les auberges de jeunesse, les campings, les bars et les magasins de locations de la Calle Batalla del Salado se remplissent de touristes bronzés ; les hébergements servent aussi souvent de camp de kitesurf ou de planche à voile.

Les cours coûtent généralement 100 € par jour et par personne environ, sur la base d'un formateur pour deux personnes ; les cours privés sont plus chers. Il est vivement conseillé, notamment pour les novices, de consulter un opérateur professionnel comme **Tarifa Max**, **Gisela Pulido Pro Center**, **Freeride Tarifa** ou **ION Club**, dont les formateurs proposent des cours pour tous les niveaux, dans plusieurs langues.

Les plus expérimentés pourront se rendre sur les plages suivantes, à Tarifa ou dans les environs :

Plage de Tarifa. Kitesurf interdit en été ; fort *levante* au large. Conditions imprévisibles et rafales ; uniquement pour les surfeurs aguerris.

Playa de los Lances. Cette large bande de sable blanc s'étend sur 7 km au nord-ouest de Tarifa ; idéale pour les débutants, mais non moins attrayante pour les pros.

Playa de Valdevaqueros. Cette plage de sable de 3 km de long s'étend de 7 km à 10 km au nord-ouest de Tarifa. Prise d'assaut en été. Zones rocheuses difficiles d'accès. Bon vent cross-shore hors-saison, quand le *levante* se lève.

Los Caños de Meca. Vaste plage partiellement rocheuse à 45 minutes de route au nord ; une bonne solution de remplacement pour les jours où le *levante* est trop fort à Tarifa.

Palmones. Une plage étroite à 28 km dans la direction d'Algésiras ; également une bonne solution de remplacement les jours de fort *levante* à Tarifa – les conditions sont meilleures le matin.

Pour sortir en mer, il est aussi possible de participer à une excursion d'observation des baleines. Parmi les nombreux opérateurs, l'association à but non lucratif **FIRMM** se distingue. Originellement dédiée à l'étude de la vie marine et à la protection des habitats marins, elle propose des excursions écosensibles de deux heures jusqu'à la frontière maritime avec le Maroc ; le bateau ralentit ou s'arrête lorsque le guide annonce des animaux à bâbord ou à tribord, et les mouvements des passagers d'un côté à l'autre sont régulés.

LES MEILLEURS RESTAURANTS ET BARS À TAPAS DE TARIFA

El Lola
Le thon almadraba est à l'honneur dans ce bar à tapas, aux raciones inventives. €€

La Favela
Une cuisine internationale et japonaise joliment présentée, dans une maison de pierre débordant de verdure. €€

Bar Anca Curro
Un sanctuaire de produits à base de porc : jambons suspendus, assiettes de jamón et bocadillos (sandwichs). €

Chilimosa
Une adresse végétarienne et végane discrète et chaleureuse, avec des plats du Moyen-Orient à partir d'ingrédients du jardin. €

Los Caños de Meca

OÙ SE LOGER "KITE" À TARIFA

Rebels Tarifa Hostel
Auberge de jeunesse agréable, avec forfaits kitesurf, dortoirs spartiates ou élégantes chambres privées. €

Beach Hotel Dos Mares
Des chambres à la marocaine à Playa Los Lances, avec école de kitesurf et piscine extérieure. €€

High Flyers Kite House
Chambres simples et doubles confortables, cours de kitesurf pour tous niveaux et magnifique toit-terrasse. €

BARS FESTIFS À TARIFA

La vie nocturne à Tarifa est assez animée, surtout dans la vieille ville et ses petites rues, dont la Calle Cervantes, la Calle San Francisco et la Calle Santísima Trinidad.

Surf Bar Tomatito
Pour déguster un shooter de Slippery Nipple ou un Tomajito maison entre surfeurs.

Almedina
Sous des arcades de pierre dans les remparts de la ville, avec concerts de flamenco le jeudi soir.

Taco Way
L'ambiance est toujours à la fête, grâce à des mojitos costauds, et autres cocktails tropicaux.

En juillet-août, lorsque FIRMM se voit notifier la présence d'orques, l'association organise des excursions plus longues (trois heures) au large.

À la découverte de la vieille ville de Tarifa

VILLE HISTORIQUE SOUS INFLUENCE MAURE

Bordé à l'ouest par l'ample Paseo Alameda et ses palmiers et au sud par la Méditerranée, le *casco histórico* fortifié de Tarifa est un endroit charmant pour vous reposer entre deux séances de surf.

La **Puerta de Jerez**, porte fortifiée mudéjare remaniée après la Reconquête, marque l'entrée principale de la vieille ville. Non loin, dans la Calle Colón, flânez dans le **Mercado de Abastos** avant de passer devant l'**Iglesia de San Francisco de Asís**, du XVIIIe siècle, toute blanche et mêlant styles baroque et néoclassique, puis l'**Iglesia de San Mateo**, datant principalement du XVIe siècle. Continuez au sud, dans la Calle Coronel Moscardó, puis remontez la Calle Aljaranda pour rejoindre la **Torre del Miramar**. Elle offre également une vue extraordinaire sur les toits de Tarifa et jusqu'au djebel Moussa (851 m), l'une des deux "Colonnes d'Hercule" avec Gibraltar, au Maroc.

Construit sur les ruines d'un fort romain (ne manquez pas les vestiges des murailles romaines, découvertes en 2010), le **Castillo de Guzmán el Bueno** est un château maure du Xe siècle ; ses remparts offrent une vue imprenable sur la Méditerranée. Édifiée sur l'ordre du calife de Cordoue, Abd al-Rahman III, cette forteresse aujourd'hui restaurée porte le nom d'un héros de la Reconquête, Alonso Pérez de Guzmán, dit Guzmán le Bon. En 1294, lorsqu'on le menaça de tuer son fils capturé s'il n'abandonnait pas le château aux forces mérinides du Maroc, Guzmán tendit son propre poignard pour que la menace soit mise à exécution. Les descendants de Guzmán furent faits ducs de Medina Sidonia, et devinrent l'une des familles les plus puissantes d'Espagne.

À 200 m du château, à côté de la marina, **La Galería del Mar** présente des œuvres originales d'un populaire artiste du cru, réalisées à partir d'objets hétéroclites comme des ancres de bateau.

COMMENT S'Y RENDRE ET CIRCULER

Plusieurs bus Comes relient chaque jour Tarifa à Cadix, Jerez, Séville, Málaga, La Línea (pour Gibraltar) et Algésiras.

FRS (frs.es) propose chaque jour plusieurs départs en bateau (1 heure) pour Tanger (Maroc).

Environs de Tarifa

Sur la côte comme dans l'arrière-pays, de la Costa de la Luz au Rocher de Gibraltar et aux sauvages Alcornocales, le paysage est spectaculaire.

Au sud de Tarifa, il ne reste que le Maroc ! À moins que vous n'ayez des envies d'Afrique et que vous ne preniez le ferry pour Tanger, vous trouverez sur la côte et dans l'arrière-pays, plus sauvage, quantité de sites à explorer.

À l'est de Tarifa, après le port peu attrayant d'Algésiras (autre point de départ pour le Maroc), on arrive à Gibraltar, étrange enclave britannique au pied de l'immense monolithe du Rocher. Au nord-ouest de Tarifa, la Costa de la Luz (côte de la Lumière) offre certaines des plus belles plages de sable blanc d'Espagne, ainsi que des agréables bourgs côtiers. Dans l'arrière-pays, le paysage du vaste Parque Natural Los Alcornocales est fait de montagnes sauvages, de villages isolés et de forêts de chênes-lièges.

Pour les infos pratiques, voir le Carnet d'adresses p. 169

À SAVOIR

Les plages de la Costa de la Luz sont plus agréables en juin et en septembre. Vous éviterez ainsi les foules de juillet-août, tout en profitant du beau temps.

Parque Natural Los Alcornocales

LE GARUM : CAVIAR OU KETCHUP ?

Aussi prisé que le caviar aujourd'hui, et aussi répandu que le ketchup, le *garum* était le condiment préféré des Romains et – si l'on en croit les cuves et les jarres de fermentation géantes découvertes sur la côte – une importante production de la province de Cadix.

Le *garum* était de qualité très variable. Les couches supérieures de la société romaine appréciaient les meilleurs produits, à partir de poissons entiers (de préférence du maquereau, sinon du thon) fermentés avec du sel, dont le prix atteignait les 500 € par bouteille au cours actuel. Les classes inférieures et les esclaves devaient se contenter des équivalents bon marché, fabriqués à partir de viscères et de sang de poissons.

Frappant témoignage de la vieille passion des humains pour l'umami, les usines de *garum* étaient situées à l'écart des centres urbains. Mais quand le vent soufflait...

MIGEL/SHUTTERSTOCK ©

Playa de Bolonia

Les villages et les plages de la Costa de la Luz

SABLE BLANC ET VILLAGES TRANQUILLES

Succession de plages de sable blanc et de paisibles villages de pêcheurs, la Costa de la Luz s'étend sur 200 km, de Tarifa, chère aux amateurs de kitesurf, aux marais du Parque nacional de Doñana, dans la province de Huelva. Kitesurfeurs et amateurs de soleil y trouveront un havre de paix, au bord de l'Atlantique.

À **Bolonia**, à 15 km au nord-ouest de Tarifa sur la N340, une passerelle de bois serpente jusqu'à la spectaculaire **Playa de Bolonia**, appréciée des nageurs comme des amateurs de bronzette, au pied d'une dune de 30 m de haut. Le CA8202 mène au site romain de Baelo Claudia (voir page ci-contre), à 3 km à l'ouest, en direction du Faro Camarinal, d'où un sentier de 2 km relie la tranquille plage naturiste de **Playa el Cañuelo**.

De Bolonia, un détour de 30 km autour du Cabo de Gracia conduit à **Zahara de los Atunes**, village de pêcheurs devenu une paisible station balnéaire aux hôtels modestes mais à la scène gastronomique en plein essor, et dotée d'un centre historique autour des ruines du Castillo de las Almadrabas (XVe siècle). Face à Zahara, la superbe **Playa de Zahara** s'étend sur 8 km avec ses *chiringuitos* (snacks) et divers services pour

OÙ SE LOGER À CONIL ET EL PALMAR

Hipotels Gran Conil
Un 4-étoiles typique sur la Playa Fuente del Gallo, avec piscine et courts de tennis. **€€€**

Almadraba Conil
Cette maison de ville du XVIIIe siècle propose des chambres élégantes, autour d'une cour et d'une piscine. **€€**

Nexo Surfhouse
Une pension saisonnière décontractée, à 5 minutes à pied de la plage d'El Palmar ; cours de surf proposés. **€**

les familles et les amateurs de sports nautiques : location de transats, planches de surf, boogie boards et paddles.

À 4 km au sud de Zahara, le hameau d'**Atlanterra** a été transformé en appartements de vacances. Son principal attrait est la vaste **Playa Camarinal**, non aménagée, qui s'étend jusqu'au phare du même nom.

À 20 km de voiture au nord de Zahara, après le port de pêche de Barbate, **Los Caños de Meca** (p. 153) est également un lieu de villégiature décontracté. La plage principale, **Playa de los Caños**, est appréciée des surfeurs ; à son extrémité est, un sentier côtier conduit au discret site naturiste de la **Playa la Cortina**. Citons aussi la **Playa Faro de Trafalgar**, peu fréquentée et longue de 2 km, qui s'étend au nord du phare en direction du hameau de Zahora – très agréable pour se promener mais moins pour nager, en raison de forts courants.

Zahora se fond dans le village assoupi d'**El Palmar**, dont l'étroite plage, longue de 2 km, est labellisée Pavillon Bleu. El Palmar s'anime en été : les surfeurs apprécient ses *beach breaks*, tandis que les *chiringuitos* se transforment en bars au crépuscule.

À 7 km au nord d'El Palmar, l'ancienne colonie de pêcheurs phénicienne de **Conil de la Frontera** est aujourd'hui une station balnéaire en vogue. En juin, apogée de la saison du thon rouge, la **Semana del Atún de Almadraba** attire les gourmets dans les restaurants participant à la *ruta gastronómica*. Le reste de l'année, Conil est surtout apprécié pour ses plages, de la familiale **Playa la Fontanilla** aux vagues généralement douces, aux sept criques abritées de **Calas de Poniente** (à une petite distance à pied, mais ça en vaut la peine : vous y serez souvent seul, ou en compagnie d'une poignée de naturistes).

LES MEILLEURS PRODUITS DE LA MER – AVEC VUE

El Refugio, Zahara
Ce restaurant de plage sert du thon cuisiné de toutes les manières, ainsi que la pêche du jour. €€

Las Rejas, Bolonia
Impossible de résister aux *arroces*, tapas de fruits de mer et poissons du jour grillés, dans cet établissement apprécié des habitants. €€

Casa Reyes, El Palmar
Des plats de poisson simples mais remarquablement exécutés, dans un local décontracté sur une plage. €

Baelo Claudia

RUINES ROMAINES SAISISSANTES À BOLONIA

La cité antique fut fondée au IIe siècle av. J.-C. et connut son apogée sous l'empereur romain Claude (41-54), avant d'être abandonnée suite à un important séisme au IIIe siècle. Superbement situé en bordure d'océan, face à la baie de Bolonia avec le Maroc au loin, c'est l'un des plus importants sites archéologiques romains d'Andalousie. L'ensemble est imposant, avec les vestiges d'un aqueduc et de la **Puerta de Carteia** – la porte principale de la ville –, d'un théâtre, d'un forum pavé entouré de vestiges de temples (Jupiter, Minerve, Junon et Isis) et d'autres édifices, de thermes, d'un marché (*macellum*), d'une basilique dont subsistent des colonnes, et d'ateliers, dans lesquels étaient

EL CAMPERO

Le légendaire **El Campero** (p. 139), le "temple du thon" de Barbate, possède un restaurant jumeau avec une vue magnifique, la Taberna de El Campero, à Zahara.

OÙ SE LOGER À ZAHARA DE LOS ATUNES ET BOLONIA

Hotel Porfirio
Des chambres avec terrasse dans un hôtel chaleureux à Zahara de los Atunes, à 5 minutes de la mer. €€

El Cortijo de Zahara
Sur la Playa Atlanterra, chambres de style maure, suites avec lits à baldaquin et baignoires à remous ; spa. €€€

Hostal la Hormiga Voladora
Ferme surplombant la plage de Bolonia proposant chambres doubles et dortoirs rustiques, blanchis et ventilés. €

fabriqués les produits qui rendirent la cité célèbre dans le monde romain : le poisson salé et le *garum* (condiment à base d'intestins de poisson ; p. 156). Le musée du site est intéressant. En juillet-août, le théâtre, restauré, accueille concerts et spectacles.

LES MEILLEURS CHIRINGUITOS

Chiringuito Feduchy Playa
À Conil, un refuge à flanc de colline, avec un menu inventif : anémones sautées aux langoustines et palourdes. €€

Chiringuito Sunset Loco Beach
Sur la plage de Bolonia, bar au toit de chaume proposant fruits de mer et jolis cocktails. €€

Chiringuito El Pez Limón
Espetos (brochettes) de sardines, *arroz con atún*, face au crépuscule de la Playa del Carmen, à Zahara. €€

Randonnée autour de Los Caños de Meca et du Parque Natural de la Breña

MAGNIFIQUES CHEMINS ET POINTS DE VUE SUR LA CÔTE

À 16 km au sud-ouest de Vejer, sur la Costa de la Luz, **Los Caños de Meca**, petit village décontracté, s'étend le long de magnifiques plages de sable blanc. Ancienne destination hippie, Los Caños continue d'attirer les amoureux de plaisirs balnéaires de toutes origines avec sa culture alternative marquée d'hédonisme, ses plages naturistes et ses sports nautiques. C'est aussi le point de départ de magnifiques randonnées sur la côte.

À l'extrémité ouest de Los Caños, par une petite route sans voitures qui part de l'Avenida Trafalgar (la rue principale), une marche de 20 minutes conduit au **Faro de Trafalgar** (1860). Battu par l'Atlantique, il marque la péninsule du Cabo de Trafalgar, au large de laquelle les forces navales franco-espagnoles furent anéanties par la flotte britannique de l'amiral Nelson en 1805. On distingue depuis le phare une série de plages magnifiques ; attention aux courants au large du cap.

Entre Los Caños et Barbate, le **Parque Natural de la Breña** est, avec ses 50 km^2, le plus petit parc naturel d'Andalousie. Il protège néanmoins un riche écosystème de marais, de pins parasols, de falaises et de dunes mobiles contre la menace d'un développement façon Costa del Sol. Son principal centre d'intérêt est le **Sendero del Acantilado**, long de 7,2 km (2 heures, accès par les parkings sur l'A2233), qui monte entre les pins depuis l'arrière de l'hôtel La Breña, à Los Caños, et court au sommet de falaises rivalisant de beauté avec celles du Cabo de Gata (p. 318), avant de redescendre à Barbate. La **Torre del Tajo** (XVIe siècle) est le point le plus haut de l'itinéraire, avec un belvédère dominant l'Atlantique.

Centre historique de Vejer de la Frontera

PETITE CITÉ BLANCHE DE STYLE MAURESQUE

Le souvenir des Maures marque puissamment les ruelles blanches et sinueuses de Vejer qui s'élève, ombrageuse et compacte entre ses remparts du XVe siècle, au sommet d'une colline. Vous vous perdrez avec plaisir dans le dédale de ses

OÙ SE RESTAURER À LOS CAÑOS ET ZAHORA

Las Dunas
Un café hyper décontracté, avec sculptures de bois flotté, généreux *platos combinados* et concerts. €

Arohaz
Un bar gastronomique aux plats inspirés par les voyages du chef. Magnifiques *arroces* (plats de riz). €€

La Bruma
Un menu créatif composé de plats de la région avec une touche fusion, avant un *tiramisu con whisky* à tomber. €

ABRIL CAMPANA/SHUTTERSTOCK ©

Faro de Trafalgar

rues sinueuses bordées de maison chaulées à l'architecture arabo-andalouse, typique du centre historique (*casco histórico*), passerez par de jolies petites places, et découvrirez des points de vue spectaculaires du château.

Considérablement restauré, le **Castillo de Vejer**, ancienne résidence des ducs de Medina Sidonia, date des Xe et XIe siècles. Le château en lui-même n'a rien d'exceptionnel, mais une fois passé sa porte mauresque et son *aljibe* (citerne souterraine) vous pourrez admirer, depuis les remparts bordés d'hibiscus, un panorama exceptionnel sur la ville en contrebas et les plages de sable blanc de la côte. Au pied du château se dresse l'**Estatua de la Cobijada**, statue d'une femme vêtue d'une *cobijada*, tunique noire typique de Vejer couvrant l'intégralité du corps excepté l'œil droit. Le vêtement serait d'origine chrétienne.

Construite sur une mosquée, sur la Plaza Padre Ángel (à peine 5 minutes à pied depuis le château), l'**Iglesia del Divino Salvador** présente un intérieur mudéjar XIVe siècle côté autel et un style gothique du XVIe siècle à l'autre extrémité.

Tout proche, dans une belle maison-palais du XVIIIe siècle, le **musée de Vejer** donne à voir une impressionnante collection archéologique et historique, qui va du début du paléolithique aux époques romaines et mauresques et à la guerre civile.

LES MEILLEURS BOUTIQUES-HÔTELS DE VEJER

La Casa del Califa
Des chambres d'inspiration nord-africaines, avec arches de pierres, dans un bâtiment du XVIe siècle. Magnifiques petits-déjeuners et hammam. **€€**

La Fonda Antigua
Un hôtel design avec portes anciennes, carreaux vintage dépareillés, douches aux parois de verre et terrasse sur le toit. **€€**

Plaza 18
Cette ancienne maison de marchand de 1896 propose six chambres de style avec poutres au plafond, murs colorés, œuvres d'art international et produits de toilette aux senteurs de Vejer. **€€€**

V
Manoir du XVIIe siècle restauré avec goût. Patio arboré. Massages proposés dans l'ancienne *aljibe* (citerne). **€€€**

OÙ SE LOGER À LOS CAÑOS

Casas Karen
Pour une nuit dans une *choza* (cabane traditionnelle), une ferme transformée ou un "studio" moderne. **€€**

Palomar de la Breña
Dans le Parque Natural de la Breña, ce *cortijo* (ferme) du XVIIIe siècle devenu hôtel est idéal pour les randonneurs. **€€€**

Hotel Madreselva
Un hôtel de style hacienda aux chambres confortables avec terrasse, piscine, cours de surf et de kitesurf. **€€**

DES BARS À TAPAS HORS DES SENTIERS BATTUS

L'experte en xérès et en cuisine régionale **Annie B** nous révèle ses adresses.

Bar Sumia
La *tostada de atún rojo con trufa* du Sumia est excellente avec un *manzanilla* Calejuella. Ma tapa préférée de l'été 2022.

El Central de Vejer
Le *matrimonio*, mariage d'anchois frais et en conserve, est ici une réussite. La *tostada de matrimonio* s'accorde merveilleusement avec le chardonnay de la maison.

Carniceria Guillermo, Mercado San Francisco
Leur *retinto* (bétail en liberté) erre souvent le long des plages et sa viande serait assaisonnée naturellement au sel des embruns. Le *carpaccio de retinto* de Guillermo, saupoudré de parmesan râpé, avec un filet de jus de citron, fond dans la bouche.

Itinéraire gastronomique à Vejer de la Frontera

UNE VILLE DE GOURMETS AUX RUES MÉDIÉVALES

La ville est récemment devenue le rendez-vous des gourmets ; on prend plaisir à explorer le *pueblo blanco* à pied, allant de délice en délice. Commencez Plaza de España, où **Garimba Sur** sert un *arróz negro* (paella noire) à déguster avec un verre de vermouth dans la salle ornée d'azulejos, avant de vous installer au milieu des orangers au **Bar Peneque** pour des tapas d'*atún encebollado* (thon aux oignons braisés) et des *chocos fritos* (seiche frite). Le **Restaurante Trafalgar**, également sur la place, sert des spécialités locales merveilleusement simples comme le *rabo de toro* (queue de bœuf en ragoût) et le *revuelto de morcilla* (œufs brouillés au boudin). Pour des saveurs à la marocaine, direction **El Jardín del Califa**, parmi les restaurants les plus populaires de Vejer, installé dans une maison de pierres du XVIe siècle ; réservation indispensable. Le menu de saison mêle cuisines marocaine et proche-orientale : assiettes de mezze, grillades du soir, et une magnifique carte des vins avec rouges marocains et de la province de Cadix.

Plus haut, près de l'église, **Casa Varo** accorde son excellent *carpaccio de atún de almadraba*, ses *albóndigas de chocos* (boulettes de seiche) et sa charcuterie de porc ibérique avec l'une des plus belles cartes des vins de Vejer. Ne passez pas à côté de **La Judería**, niché dans une ruelle, près d'une arcade de pierres ; sur la terrasse qui fait face au Maroc, on y goûte des plats de riz à se pâmer, un mémorable *ajoblanco* (soupe froide aux amandes et à l'ail) et un définitif cheesecake au miel. Près du Mercado San Francisco, **Corredera 55** propose un menu non moins créatif, avec des plats aussi courus que les joues de porc à la purée de chou-fleur, des *croquetas* de queue de bœuf et un beau choix de desserts.

Parmi les derniers arrivés sur la scène de Vejer en 2022, **El Muro Vejer** est un restaurant élégant près des remparts, où le chef Paco Doncel utilise des produits locaux de première catégorie pour son *arróz de Ibéricos*, son *carpaccio de atún rojo* légèrement flambé et ses *chicharrones* de porc aux perles de citron. Non moins remarquable, **La Vinográfica** ne sert que des vins soigneusement choisis de producteurs andalous (par exemple de succulents palominos blancs), un excellent choix de xérès et une magnifique cuisine Slow Food ; ses *gambas* et son *abanico de cerdo Ibérico* (porc) méritent le détour.

Conquis ? Si vous souhaitez apprendre à cuisiner à l'andalouse, **Annie B** propose des cours à la journée dans sa magnifique maison ; des excursions gastronomiques d'une semaine, avec

OÙ ACHETER DE L'ARTISANAT À VEJER

Ecléctica Deco
Amusantes estampes de David Urzua, El Didujo et Sara Luz, et affiches rétro sur le thème de Vejer.

Cestería Tradicional
L'atelier de Juani Marchán vend sacs, paniers et accessoires en feuilles de palmier et en osier.

Taller de Badillo
Céramiques andalouses colorées, peintes à la main ; tirages photographiques de Vejer et autres produits locaux.

El Jardín del Califa

dégustations de xérès, à Vejer, Cadix et Jerez ; ou, en saison, elle vous emmènera assister à la pêche à l'*almadraba*. Carlos, d'**Explorelatierra**, propose également des excursions autour du xérès et des tapas.

Gibraltar

UNE ENCLAVE SINGULIÈRE CHARGÉE DE NOSTALGIE BRITISH

Que vous atterrissiez sur la piste spectaculaire de l'aéroport de Gibraltar ou que vous arriviez à pied par la ville espagnole de La Línea, vous entrez dans un des endroits les plus britanniques du monde. En remontant l'étroite **Main Street**, au centre-ville, serré entre le port et l'imposante falaise calcaire du Rocher, vous évoluerez entre des pubs servant du *fish and chips*, des cabines téléphoniques rouges et de vieux hôtels des années 1970.

Mais Gibraltar a plus à offrir qu'un peu de nostalgie et des boutiques duty-free. Si l'anglais est la langue officielle de

LE REFUGE DES DERNIERS NÉANDERTALIENS

En 1848, avant même que les archéologues n'identifient l'homme de Néandertal, le squelette d'une femme de Néandertal fut découvert dans la carrière de Forbes, à Gibraltar. D'autres découvertes ont suivi, notamment, dans les années 1920, des outils de silex et le crâne d'un enfant dans l'abri sous roche de Devil's Tower. Huit sites néandertaliens au total ont été fouillés dans les environs : le Rocher est considéré comme le refuge des derniers Néandertaliens d'Europe, il y a seulement 24 000 ans. Les fouilles des quatre grottes de **Gorham**, à l'extrémité sud-est du Rocher, sont en cours ; on espère que de nouvelles découvertes fourniront des éléments sur l'extinction des Néandertaliens et leur fusion avec *Homo sapiens*. Il n'est pas possible d'entrer dans les grottes.

OÙ SE RESTAURER DANS LES ENVIRONS DE VEJER

La Castillería
Les gourmets apprécient les viandes cuites au feu de bois avec légumes grillés, produits dans les environs. **€€**

Venta El Toro
Une institution familiale qui sert des spécialités locales, comme le fromage payoyo et le pain de Conil. **€**

Bodega Gallardo
Goûtez les vins fortifiés produits à proximité et le fameux Sol de Naranja (xérès à la crème parfumé à l'orange). **€**

LES ADRESSES D'UN HABITANT POUR BIEN MANGER À GIBRALTAR

James Lasry, juriste et résident de Gibraltar, recommande des adresses pour toutes les occasions.

L'héritage multiculturel de Gibraltar saute aux yeux à la boulangerie casher **Amar,** sur Convent Pl, entre le Convent (résidence des gouverneurs de Gibraltar depuis des siècles) et les bureaux du ministre en chef, de l'autre côté de la rue. Mon mets préféré ? La *japonesa*, une délicieuse pâtisserie locale, fourrée à la crème. Le **Jury's Café** est parfait pour le petit-déjeuner ou le dîner. Si je suis d'humeur à manger du poisson frais avec vue sur la mer, je vais à la **Casa El Pepe** ou à **El Faro**. Si je reçois des amis et que je veux leur faire partager une expérience authentique, direction la marina d'**Ocean Village**.

Gibraltar, les habitants passent souvent au *llanito*, dialecte andalou ponctué notamment de mots anglais. Bien que la marine britannique y soit moins présente qu'autrefois, l'héritage naval de la mère patrie n'est pas oublié : au **Nelson's Anchorage**, à l'extrémité sud-ouest de la ville, un énorme canon de 100 tonnes, d'époque victorienne, marque l'endroit où, en 1805, le cadavre de l'amiral Nelson toucha terre depuis le HMS *Victory* après la bataille de Trafalgar. Le **cimetière de Trafalgar**, austère comme il se doit, contient les tombes de marins morts pendant la bataille. L'excellent **musée de Gibraltar** propose une immersion dans l'histoire millénaire du site, des vestiges préhistoriques des **grottes de Gorham** au Grand Siège (1779-1783), en passant par l'époque phénicienne.

À l'assaut du Rocher de Gibraltar

VUE MAJESTUEUSE ET HISTOIRE MILITAIRE

Avec ses 426 m d'altitude et ses falaises qui, au nord et à l'est, plongent dans la Méditerranée, la masse calcaire du **Rocher**, longue de 5 km et large de 2, est l'une des formations géologiques les plus impressionnantes du sud de l'Europe. Le sommet fait partie de l'**Upper Rock Nature Reserve**, dont les habitants les plus célèbres sont les terribles singes du Rocher. D'après la légende, lorsque ces 160 singes magots (ou macaques de Barbarie) disparaîtront de Gibraltar, il en ira de même pour les Britanniques – après la Seconde Guerre mondiale, Churchill se montra assez superstitieux pour faire regarnir leurs rangs.

Le Rocher se visite volontiers à pied. Le **téléphérique** conduit de Red Sand Rd au sommet du Rocher. Vous pourrez ensuite redescendre par l'un des nombreux itinéraires de randonnée qui relient panoramas et sites historiques. La plupart des sites intéressants sont situés dans la réserve naturelle ; il est plus économique d'acheter un billet combiné pour le téléphérique et la réserve (32/34 £ aller simple/aller-retour) en ligne à l'avance (vous échapperez ainsi à la file d'attente).

Vous trouverez des singes autour de la gare supérieure du téléphérique. Restez à distance, notamment en été lorsque les parents s'occupent des nouveau-nés ; ne touchez ni ne nourrissez jamais les singes. N'emportez pas de nourriture, au risque d'être attaqué par les singes.

En descendant vers le sud, le **Skywalk** est une terrasse au plancher de verre, comme accrochée à 340 m de hauteur. St Michael's Rd se divise ensuite en deux. En contrebas, la **grotte St Michael** est une vaste caverne remplie de stalagmites et de stalactites, et qui servit d'hôpital militaire

OÙ DÎNER À GIBRALTAR

Curry et Nigiri
Un endroit minuscule géré par deux frères : seuls leurs currys et leurs tandooris peuvent rivaliser avec leurs sushis. **€**

Jury's Café and Wine Bar
Dans la journée, petit-déjeuner anglais complet et plats variés. Le soir, tapas inventives et riche carte des vins. **€€**

The Lounge
Élégant *pub-lounge* du bord de mer, très populaire. Cuisine internationale à base de produits frais. **€€€**

Le Rocher de Gibraltar

pendant la Seconde Guerre mondiale – l'éclairage dessine un ange sur la paroi. Sinon, le chemin du haut mène à la **O'Hara's Battery**, une batterie de canons du XIXe siècle, au sommet du Rocher, destinée à protéger Gibraltar des attaques espagnoles.

Non loin, le spectaculaire (mais peu connu) sentier des **Marches de la Méditerranée** descend en pente raide sur 1,5 km (45 minutes) le versant est du Rocher – la vue est magnifique – avant de remonter abruptement jusqu'à Jews' Gate (Porte des Juifs).

Remontez Queen's Rd en direction du **Windsor Suspension Bridge** et de l'**Apes' Den**, à ses pieds, où vous verrez des singes à coup sûr. Le nord du Rocher concentre des vestiges de la Seconde Guerre mondiale. On y trouve aussi les **Great Siege Tunnels** (creusés à la main pour y loger des pièces d'artillerie pendant le siège de la ville par les Espagnols et les Français en 1779-1783) ; **City Under Siege** – figures de cire mettant en scène les souffrances de la population pendant le Grand Siège ; et les **World War II Tunnels** (visite guidée de 40 minutes), où fut organisé le débarquement allié en Afrique du Nord. On redescend en ville par Willis Rd, en admirant au passage les vestiges du **château maure** du XIVe siècle. L'entrée de ces sites est incluse avec le Nature Pass Reserve.

LES PLUS BEAUX PANORAMAS DE GIBRALTAR

Gare supérieure du téléphérique
L'une des plus belles vues d'ensemble sur la baie, le port de plaisance et la ville.

Europa Point
À la pointe sud de Gibraltar, par temps clair, les montagnes marocaines du Rif pointent à l'horizon.

Marches de la Méditerranée
À mesure qu'on descend ces escaliers escarpés, une vue incroyable s'ouvre sur le versant est de Gibraltar.

Skywalk
La falaise se dérobe sous vos pieds, sous un sol en verre inauguré par Mark Hamill, le Luke Skywalker de *La Guerre des étoiles*.

Windsor Bridge
Une vue proche de celle de la gare du téléphérique, depuis un pont long de 71 m au-dessus d'un ravin profond de 50 m.

Grottes de Gorham
Une plate-forme d'observation donnant sur la mer met en valeur le refuge des derniers Néandertaliens.

COMMENT CIRCULER

Les bus Comes desservent Vejer de la Frontera depuis Cadix, Zahara de los Atunes, Jerez et Séville. En été, Horizonte Sur met en place des bus entre Tarifa et Bolonia (30-40 min).

Aucun bus ne se rend directement à Gibraltar, mais la gare routière de La Línea de la Concepción, en Espagne, n'est qu'à 400 m au nord de la frontière. De là, il y a des bus réguliers depuis/vers Algésiras, Cadix, Málaga, Séville, Tarifa et ses environs.

Carnet d'adresses

CADIX

Castillo de San Sebastián
Voir p. 131 (turismo.cadiz.es ; Paseo Fernando Quiñones ; femé au public)

Castillo de Santa Catalina
Voir p. 131 (956 22 63 33 ; Calle Antonio Burgos ; entrée libre ; 11h-20h mars-oct, 11h-19h nov-fév)

Cathédrale de Cadix
Voir p. 130 (956 28 61 54 ; catedraldecadiz.com ; Plaza de la Catedral ; tarif plein/réduit/-12ans 7 €/6-5 €/gratuit ; 10h-21h lun-sam, 13h30-21h dim juil-août, 10h-14h lun-sam, 13h30-20h dim avr-juin et sept-oct, 10h-19h lun-sam, 13h30-19h dim nov-mars)

Mercado Central de Abastos
Voir p. 130 (956 25 13 23 ; turismo.cadiz.es ; Plaza de la Libertad ; 9h-15h)

Museo de Cádiz
Voir p. 131 (856 10 50 23 ; www.museosdeandalucia.es ; Plaza de Mina ; ressortissants UE/non-UE gratuit/1,50 € ; 9h-21h mar-sam, 9h-15h dim)

Teatro Romano
Voir p. 130 (856 90 42 11 ; www.juntadeandalucia.es ; Calle Mesón 11-13 ; entrée libre ; 11h-17h lun-sam, 10h-14h dim avr-sept, 10h-16h30 lun-sam, 10h-14h dim oct-mars)

Torre Tavira
Voir p. 131 (956 21 29 10 ; www.torretavira.com ; Calle Marqués del Real Tesoro 10 ; tarif plein/réduit 7/5,50 € ; 10h-20h mai-sept, 10h-18h oct-avr)

Casa Canovas
Voir p. 131 (956 22 79 84 ; hotelcasacanovas.com ; Calle Cánovas del Castillo 32)

Casa Caracol
Voir p. 131 (956 26 11 66 ; casacaracolcadiz.com ; Calle Suárez de Salazar 4)

Casa de Las Cuatro Torres
Voir p. 131 (956 90 31 33 ; www.casadelascuatrotorres.com ; Plaza de Argüelles 3)

Hotel Argantonio
Voir p. 131 (956 21 16 40 ; www.hotelargantonio.com ; Calle Argantonio 3)

La Sal by Pillow
Voir p. 131 (856 21 11 29 ; www.bypillow.com ; Calle Compañía 5)

Pension España
Voir p. 131 (856 92 86 48 ; www.pensionespana.es ; Calle Marqués de Cádiz 9)

Planeta Cádiz
Voir p. 131 (956 21 07 02 ; www.planetacadizhostel.com ; Calle Montañés 16)

Casa Manteca
Voir p. 135 (956 21 36 03 ; www.facebook.com/tabernamanteca ; Calle Corralón de los Carros 66 ; tapas 2,50 €, plats 4-11 € ; 12h-16h et 20h30-minuit, parfois fermé dim et lun soir nov-mars)

Código de Barra
Voir p. 135 (635 53 33 03 ; restaurantecodigodebarracadiz.com ; Calle San Francisco 7 ; menu dégustation 75 € ; 13h30-15h et 20h30-22h30, mar-sam)

El Faro de Cádiz
Voir p. 135 (956 21 10 68 ; www.elfarodecadiz.com ; Calle San Félix 15 ; tapas 2,60-7,80 €, plats 18-25 €, menus à partir de 49 € ; 13h-16h et 20h30-23h30)

La Candela
Voir p. 135 (956 22 18 22 ; www.lacandelatapasbar.com ; Calle Feduchy 3 ; tapas 4-10 €, plats 10-14 € ; 13h30-16h et 20h30-23h30)

La Curiosidad de Mauro Barreiro
Voir p. 135 (956 99 22 88 ; curiosidaddemauro.es ; Calle Veedor 10 ; plats 10-21 € ; 13h30-16h et 20h30-23h30 mer-lun)

La Tabernita
Voir p. 135 (www.facebook.com/RafaTabernita ; Calle Virgen de la Palma 32 ; tapas 2,50-6,90 € ; 13h30-16h et 20h30-23h ven-dim)

Recreo Chico
Voir p. 135 (674 74 55 65 ; recreochico.tucartadigital.com ; Calle Ancha 9 ; tapas 3,90-17,20 € ; 13h30-16h et 20h30-23h mar-sam, 13h30-16h dim)

Restaurante Contraseña
Voir p. 135 (655 18 89 17 ; restaurantecontrasenacadiz.es ; Plaza Candelaria 12 ; plats 18,75-23,75 €, menu sans/avec vin 37,50/62,50 € ; 13h30-16h et 20h30-23h jeu-lun)

Sonámbulo
Voir p. 135 (661 77 07 90 ; sonambulocadiz.es ; Plaza Candelaria 12 ; plats 10,90-18,90 € ; 13h-16h et 20h-23h)

La Colonial
Voir p. 134 (☎722 12 34 32 ; www.facebook.com/lacolonialalameda ; Alameda Apodaca 15D ; ⏰18h30-1h30 ven-sam, 16h-22h dim)

Rollin' Rock Pub
Voir p. 134 (☎956 04 62 50 ; ⏰21h-3h mar-jeu et dim, 21h-4h ven-sam)

Taberna Manzanilla
Voir p. 134 (☎956 28 54 01 ; Calle Feduchy 19 ; ⏰11h-15h30 et 19h-22h30 lun-ven, 11h-15h30 sam-dim)

Gran Teatro Falla
Voir p. 135 (☎956 22 08 34 ; www.facebook.com/TeatroFalla ; Plaza de Falla)

La Cava
Voir p. 140 (☎956 21 18 66 ; flamencolacava.com ; Calle Antonio López 16 ; ⏰billetterie 9h-minuit)

La Perla
Voir p. 140 (☎956 25 91 01 ; perladecadiz.com ; Calle Concepción Arenal)

ENVIRONS DE CADIX

Museo Arqueológico
Voir p. 140 (☎956 41 24 04 ; www.turismomedinasidonia.es ; Calle Ortega 11, Medina Sidonia ; adulte/-12 ans 3,50 €/gratuit ; ⏰10h-14h et 18h-21h juin-sept, 10h-14h lun-mer, 10h-14h et 16h30-18h30 jeu-dim oct-mai)

Bodegas Caballero
Voir p. 137 (www.caballero.es ; Avenida Fuenterrabía 15, El Puerto de Santa María ; ⏰7h-2h lun-ven)

Bodegas Gutiérrez Colosía
Voir p. 137 (☎956 85 28 52 ; www.gutierrezcolosia.com ; Avenida de la Bajamar 40, El Puerto de Santa María ; visite et dégustation 15 € ; ⏰9h30-14h30 et 18h30-20h30 lun-ven, 10h-15h sam)

Bodegas Osborne
Voir p. 137 (☎956 86 91 00 ; www.osborne.es ; Calle los Moros 7, El Puerto de Santa María ; visite et dégustation à partir de 18 € ; ⏰10h-15h)

TANDE/SHUTTERSTOCK ©

Playa de la Caleta, Cadix (p. 135)

Castillo de San Marcos
Voir p. 137 (☎627 56 93 35 ; Plaza Alfonso X el Sabio 3, El Puerto de Santa María ; adulte/enfant 8/5 € ; ⏰10h-20h juin-sept, 10h-17h lun-ven oct-mai)

Yacimiento Arqueológico Romano Carteia
Voir p. 137 (☎956 90 80 30 ; www.juntadeandalucia.es ; Guadarranque ; entrée libre)

Cádiz Atlántica
Voir p. 138 (☎636 41 81 45 ; cadizatlantica.com ; expérience levantá 320 €/pers)

Aponiente
Voir p. 138 (☎956 85 18 70 ; www.aponiente.com ; Calle Francisco Cossi Ochoa, El Puerto de Santa María ; menu 21 plats sans/avec vin 295 /470 € ; ⏰13h-16h30 et 20h-23h30 lun-sam juil-août, 13h-16h30 et 20h-23h30 mar-sam mi-mars à juin et sept-déc)

Bar Vicente Los Pepes
Voir p. 137 (☎956 85 46 08 ; Calle Abastos 4, El Puerto de Santa María ; tapas 2,50-6 € ; ⏰7h30-16h)

Bespoke
Voir p. 137 (☎956 10 64 12 ; www.bespokepuerto.com ; Avenida de la Bajamar 36, El Puerto de Santa María ; plats 9-16 € ; ⏰12h-16h30 lun-jeu, 12h-16h30 et 20h-minuit ven-sam, 9h-17h dim)

El Campero
Voir p. 139 (☎956 43 23 00 ; restauranteelcampero.es ; Avenida de la Constitución 5C, Barbate ; tapas 5-12 €, plats 12-59 €, menu dégustation 12 plats 98 € ; ⏰12h-17h et 20h-23h45 mar-sam, 12h-17h dim)

La Taberna del Chef del Mar
Voir p. 138 (☎956 11 20 93 ; latabernadelchefdelmar.com ; Calle Puerto Escondido 6, El Puerto de Santa María ; plats 7,50-27 € ; ⏰13h30-16h et 20h30-23h30 lun-sam, 13h-16h dim avr-oct)

Restaurante Romerijo
Voir p. 138 (☎686 97 00 69 ; romerijo.com ; Calle Ribera del Marisco 1, El Puerto de Santa María ; tapas 2,50-6 €, plats 10-22 € ; ⏰12h-22h30)

Toro Tapas
Voir p. 137 (☎956 90 50 20 ;

www.torotapas.com ; Bodegas Osborne, Calle los Moros 7, El Puerto de Santa María ; tapas 4-9 €, plats 7-24 € ; 8h30-0h30 lun-ven, 10h-0h30 sam-dim)

Calle Alta
Voir p. 139 (956 45 16 65 ; Calle Altozano 19, Vejer de la Frontera ; 9h-14h30 et 17h30-21h lun-sam)

CAUR
Voir p. 139 (956 44 01 79 ; caurconil.com ; Calle Laguna 15, Conil de la Frontera ; 10h-14h et 17h-20h30 lun-ven, 10h-14h sam)

Mercado de Abastos
Voir p. 139 (956 06 36 25 ; www.facebook.com/MercadodeBarbate ; Avenida de Andalucía 1, Barbate ; 9h-14h lun-sam)

JEREZ DE LA FRONTERA

Alcázar
Voir p. 140 (956 14 99 55 ; Alameda Vieja ; Alcázar 5 €, avec camera obscura 7 € ; 9h30-17h30 lun-ven, 9h30-14h30 sam-dim juil à mi-sept, 9h30-14h30 tlj mi-sept à juin)

Catedral de San Salvador
Voir p. 140 (956 16 90 59 ; www.catedraldejerez.es ; Plaza de la Encarnación ; adulte/enfant 7 €/gratuit ; 10h-20h lun-sam, 13h-20h dim)

Bodegas Tradición
Voir p. 143 (956 16 86 28 ; bodegastradicion.es ; Plaza Cordobeses 3 ; visite 50 € ; 10h-18h lun-sam, 10h-12h dim)

González-Byass
Voir p. 143 (956 35 70 00 ; www.gonzalezbyass.com ; Calle Manuel María González 12 ; visite à partir de 16 € ; 11h-13h mar-dim, plus 16h-17h mar et jeu)

Museo Arqueológico
Voir p. 140 (956 14 95 60 ; Plaza del Mercado ; adulte/réduit 5 €/1,80 € ; 9h-15h mar-sam)

Zahara de la Sierra (p. 149)

La Carboná
Voir p. 142 (956 34 74 75 ; www.lacarbona.com ; Calle San Francisco de Paula 2 ; plats 18-27 € ; 13h30-15h45 lun, 13h30-15h45 et 20h-23h mer-dim, fermé juil)

LÚ, Cocina y Alma
Voir p. 142 (695 40 84 81 ; lucocinayalma.com ; Calle Zaragoza 2 ; menus dégustation 80-175 €, avec vin 140-220 €; 13h-15h et 20h30-22h mar-sam, 13h-15h dim sept-juin, plus 20h30-22h dim juil-août)

Mantúa
Voir p. 142 (856 65 27 39 ; www.restaurantemantua.com ; Plaza Aladro 7 ; menus dégustation 105-135 €, avec vins 155-200 € ; 13h30-15h et 20h30-21h15 mar-sam)

Mulai
Voir p. 142 (695 25 10 17 ; mulaijerez.com ; Calle Pescadería Vieja 2 ; plats 16-25 € ; 12h-minuit jeu-lun)

Centro Andaluz de Flamenco
Voir p. 142 (956 902 134 ; www.centroandaluzdeflamenco.es ; Plaza de San Juan 1 ; 9h-14h lun-ven)

Centro Cultural Flamenco Don Antonio Chacón
Voir p. 141 (605 85 83 71 ; www.facebook.com/DAChaconFlamencoJerez ; Calle Salas 2)

El Guitarrón de San Pedro
Voir p. 141 (649 65 69 18 ; www.facebook.com/guitarrondesanpedro ; Calle Bizcocheros 16 ; 12h-17h et 20h-minuit mer-sam, 12h-16h30 dim)

Tabanco El Pasaje
Voir p. 141 (956 33 33 59 ; tabancoelpasaje.com ; Calle Santa María 8 ; 11h-15h30 et 18h45-22h30 dim-ven, 11h-16h et 19h-23h30 sam)

Tablao la Bailaora
Voir p. 140 (605 11 57 81 ; www.tablaoflamencojerez.com ; Calle Porvenir 1)

ENVIRONS DE JEREZ DE LA FRONTERA

Bodegas Barbadillo
Voir p. 145 (956 38 21 ; www.barbadillo.com ; Calle Sevilla 6, Sanlúcar de Barrameda ; visite guidée et dégustation de vins 15 €, musée entrée libre ; visites 12h et 13h lun-sam, en anglais 11h mar-dim, musée 10h-15h lun-sam)

Bodegas Hidalgo –La Gitana
Voir p. 145 (618 66 30 38 ; bodegashidalgolagitana.com ; Calle Banda de la Playa 42, Sanlúcar de Barrameda ; visites à partir de 19,50 € ; visites 12h et 13h lun-sam, en anglais 11h lun-sam)

Castillo de Santiago
Voir p. 145 (956 92 35 00 ; www.castillodesantiago.com ; Plaza del Castillo 1 ; adulte/enfant 9/5 € ; 10h-17h lun, 10h-19h mar-sam, 10h-15h dim jan-mars et oct-déc, 10h-17h lun, 10h-20h mar-sam, 10h-15h dim mai-juin et sept, 10h-22h tlj juil-août)

Iglesia de Nuestra Señora de la O
Voir p. 145 (Plaza de la Paz ; 4 € ; 10h30-14h et 16h30-18h30)

Palacio de los Guzmán
Voir p. 145 (956 36 01 61 ; www.fcmedinasidonia.com ; Plaza Condes de Niebla 1 ; visites 5 € ; visites 12h jeu, 11h30 et 12h dim)

Viajes Doñana
Voir p. 145 (956 36 25 40 ; viajesdonana.es ; Calle San Juan 20, Sanlúcar de Barrameda ; bateau 2 heures 30 25 € ; 9h-13h45 et 17h-20h lun-ven, 10h-13h30 sam)

Visitas Doñana
Voir p. 145 (956 36 38 13 ; visitasdonana.com ; Centro de Visitantes Fábrica de Hielo, Avenida Bajo de Guía, Sanlúcar de Barrameda ; visites à partir de 20 € ; 9h-20h avr-sept, 9h-18h oct-mars)

Hotel Posada del Palacio
Voir p. 145 (956 36 48 40 ; posadadepalacio.com ; Calle Caballeros 9, Sanlúcar de Barrameda)

La Alcoba del Agua
Voir p. 145 (956 38 31 09 ; www.laalcobadelagua.com ; Calle Alcoba 26, Sanlúcar de Barrameda)

La Casa
Voir p. 145 (617 57 59 13 ; www.lacasasanlucar.com ; Calle Ancha 84, Sanlúcar de Barrameda)

Casa Balbino
Voir p. 145 (956 36 05 13 ; www.casabalbino.es ; Plaza del Cabildo 14, Sanlúcar de Barrameda ; tapas 3-5 € ; 12h-17h et 19h-1h30)

Casa Bigote
Voir p. 145 (956 36 26 96 ; www.restaurantecasabigote.com ; Calle Pórtico Bajo de Guía 10, Sanlúcar de Barrameda ; plats 5-20 € ; 13h-16h et 20h30-23h30 lun-sam, fermé nov)

El Espejo
Voir p. 145 (651 14 16 50 ; www.elespejo-sanlucar.es ; Calle Caballeros 11, Sanlúcar de Barrameda ; plats 11-25 €, menu dégustation 36-50 € ; 13h-16h mar-dim, 20h30-23h30 ven-sam)

EntreBotas
Voir p. 145 (644 09 42 52 ; www.entrebotasrestaurante.es ; Bodegas Hidalgo-La Gitana, Calle Banda Playa 40, Sanlúcar de Barrameda ; plats 7-25 € ; 13h-16h mar et dim, 13h-16h et 21h-23h30 mer-sam)

PARQUE NATURAL SIERRA DE GRAZALEMA

Basílica Menor de Santa María de la Asunción
Voir p. 151 (Plaza del Cabildo, Arcos de la Frontera ; 2 € ; 11h15-13h30 et 16h30-18h30 mar-sam, 9h30-11h et 16h30-18h30 dim)

Castillo Árabe
Voir p. 150 (956 12 08 16 ; Plaza la Iglesia, Olvera ; 2 € ; 10h-19h)

Ciudad Romana de Ocuri
Voir p. 150 (670 241 717 ; www.yacimientodeocuri.com ; Carretera Ubrique, Benaocaz ; 3 € ; visites guidées à 11h et 16h mar-sam, 11h dim oct-juin, à 10h mar-sam juil-sept)

Iglesia de San Pedro
Voir p. 151 (Calle San Pedro 4, Arcos de la Frontera ; 2 € ; 11h-13h30 mar-jeu, 11h-14h et 18h30-21h ven-sam, 11h-14h dim)

Grazalema Cycling Adventures
Voir p. 149 (956 13 21 86 ; www.grazalemacycling.com ; Calle Doctor Mateos Gago 9, Grazalema ; location VTT 1-2/3-6/7 jours 30/25/20 €/jour, VTT électrique 50/45/40 €/jour)

Discovery Aventura
Voir p. 149 (956 13 70 72 ; www.discovery-8.com ; Avenida de Andalucia 62, Algodonales)

Horizon
Voir p. 147 (956 13 23 63 ; horizonaventura.com ; Calle las Piedras1, Grazalema ; 10h-14h et 17h-20h juin à mi-oct, 10h-14h lun-ven mi-oct à mai)

RSG Aventura
Voir p. 147 (693 28 15 34 ; www.reservasierragrazalema.com ; Calle Sebastián Macías "El Pato", Ubrique ; via ferrata 42 €, vol en tandem parapente 30 minutes 130 € ; 10h-14h et 16h-19h lun-ven, 10h-14h sam)

Sesca
Voir p. 149 (657 987432, 687 676462 ; www.sesca.es ; Calle Pasadera 4, Olvera ; location vélo/vélo électrique 14/24 € par jour ; 9h-17h oct-mai, horaires réduits juin-sep)

Zero Gravity
Voir p. 147 (615 37 25 54 ; zero-gravity.es ; Calle Ronda 10, Algodonales ; stage 890 €/sem, vol en tandem parapente 30 minutes 90 €)

Cortijo Bablou
Voir p. 150 (691 016576, 620 759698 ; www.cortijobablou.com/fr ; Carretera Arcos-Algar, Km 4, Arcos de la Frontera ; avr à mi-oct)

La Casa Grande
Voir p. 150 (956 70 39 30 ; www.lacasagrande.net ; Calle Maldonado 10, Arcos de la Frontera ; fermé 3 sem en jan)

No 31 Bed & Breakfast
Voir p. 147 (856 09 21 83 ; no31olvera.com ; Calle Maestro Amado 31, Olvera)

Parador de Arcos de la Frontera
Voir p. 150 (956 70 05 00 ; www.parador.es ; Plaza del Cabildo, Arcos de la Frontera)

Tambor del Llano
Voir p. 147 (674 48 48 85 ; www.tambordelllano.es ; Cañada Grande–Los Alamillos, Grazalema)

Al Lago
Voir p. 147 (662 05 25 53 ; al-lago.es ; Calle Félix Rodríguez de la Fuente 11, Zahara de la Sierra ; plats 9-24 €, menu dégustation 6 plats sans/avec vins 42/60 € ; mars-oct)

Aljibe
Voir p. 149 (622 836527 ; Calle Cuesta de Belén, Arcos de la Frontera ; plats 10-19 € ; 13h-16h et 19h-23h mer-lun)

Bar La Cárcel
Voir p. 149 (956 70 04 10 ; www.barlacarcel.es ; Calle Deán Espinosa 18 ; raciones 8-17 € ; 12h30-16h30 et 20h-minuit mar-dim)

Casa Palmero
Voir p. 149 (619 71 61 30 ; restaurantecasapalmero.es ; Plaza de Andalucía 4, Setenil de las Bodegas ; plats 9-48 € ; 12h-16h ven-mer)

Gastroteka
Voir p. 149 (856 50 58 89 ; Calle el Garciago 4, Ubrique ; plats 13-18 € ; 12h-2h mer-dim)

La Maroma
Voir p. 149 (956 13 22 79 ; www.lamaromagrazalema.com ; Calle de Santa Clara, Grazalema ; tapas 3-7,50 €, plats 10-18 € ; 13h-17h jeu, 13h30-15h30 et 20h-22h30 ven-mar)

Taberna Jóvenes Flamencos
Voir p. 149 (657 13 35 52 ; www.facebook.com/taberna.jovenesflamencos ; Calle Dean Espinosa 11, Arcos de la Frontera ; tapas 2-4 € ; 11h-minuit jeu-mar)

Artesanía Textil
Voir p. 148 (956 13 20 08 ; www.mantasdegrazalema.com ; Calle Corrales Terceros, Grazalema ; 11h-13h30 et 17h-19h lun-sam, 11h-13h dim)

Convento de las Mercedarias Descalzas
Voir p. 148 (956 70 04 70 ; Plazuela de la. Boticas 2, Arcos de la Frontera ; 9h-14h)

Quesería la Hazuelas
Voir p. 148 (956 23 16 34 ; lashazuelas.com ; A372, sortie nord, Grazalema ; 10h-14h et 15h-19h lun-sam, 10h-14h et 15h-18h dim)

TARIFA

Castillo de Guzmán el Bueno
Voir p. 154 (607 98 48 71 ; www.castilloguzmanelbueno.com ; Calle Guzmán El Bueno ; tarif plein 4 €, -12 ans gratuit ; 10h-16h mer-dim)

Iglesia de San Francisco de Asís
Voir p. 154 (Calle Santísima Trinidad ; 19h-20h lun-ven)

Iglesia de San Mateo
Voir p. 154 (Calle Sancho IV El Bravo ; 8h45-13h et 18h-20h30 mai-sept, 8h45-13h et 17h30-20h oct-avr)

La Galería del Mar
Voir p. 154 (627 81 34 16 ; Calle Alcalde Juan Núñez 6 ; 10h-15h lun-jeu, 11h-23h ven-sam, 11h-21h dim)

Torre del Miramar
Voir p. 154 (607 98 48 71 ; Calle Amargura ; 10h-15h30)

FIRMM
Voir p. 153 (956 62 70 08 ; www.firmm.org ; Calle Alcalde Juan Núñez 10 ; circuit 2 heures adulte/enfant 45/30 € ; avr-oct)

Freeride Tarifa
Voir p. 152 (601 65 59 93 ; freeridetarifa.com ; Hostal Africa, Calle María Antonia Toledo 12 ; cours kitesurf 1/2/3/4/5 jours à partir de 75/150/220/290/350 € ; 9h-20h)

Gisela Pulido Pro Center
Voir p. 152 (690 98 14 52 ; giselapulidoprocenter.com/fr ; Mar Adriatico 22 ; 10h-21h lun-sam, 10h-14h dim)

ION Club
Voir p. 152 (819 25 49 60 ; ion-club.net ; Carretera N340, km 76, Playa de Valdevaqueros ; cours débutant/intermédiaire/confirmé de kitesurf 375-645/140-375/140-260 € ; 9h30-17h lun-ven avr-juin et sept-jan, 10h30-20h juil-août)

Tarifa Max
Voir p. 152 (696 55 82 27 ; www.tarifamax.com ; boutique Rip Curl, Calle Batalla del Salado 76 ; cours 1/2/3/4/5 jours 108/205/300/385/460 € ; 10h30-22h30)

Beach Hotel Dos Mares
Voir p. 153 (956 68 40 35 ; www.dosmareshotel.com ; Carretera N340, km 79,5)

GRIGORY BRUEV/STOCK.ADOBE.COM ©

Plage de Tarifa (p. 152)

High Flyers Kite House
Voir p. 153 (676 28 61 18 ; www.highflyerstarifa.com ; Calle Santa Teresa 2)

Rebels Tarifa Hostel
Voir p. 153 (628 48 01 00 ; rebelstarifa.com ; Calle Coronel Francisco Valdés 4)

Bar Anca Curro
Voir p. 153 (658 85 40 12 ; Calle Moreno de Mora 5 ; plats 8-19 € ; 19h30-1h lun-sam, 19h30-minuit dim)

Chilimosa
Voir p. 153 (956 68 50 92 ; www.chilimosa.com ; Calle del Peso 6 ; tapas 3,50-9 €, plats 8,50-15 € ; 13h-16h et 19h30-23h)

El Lola
Voir p. 153 (956 62 73 07 ; www.ellolatarifa.com ; Calle Guzmán el Bueno 5 ; tapas 2-7 €, plats 6-20 € ; 13h-16h30 et 19h-minuit)

La Favela
Voir p. 153 (956 43 56 91 ; www.lafavelatarifa.com ; Calle de los Silos 3 ; plats 7-35 € ; 19h-0h30 jeu-dim)

Almedina
Voir p. 154 (669 63 97 51 ; Calle Almedina 3 ; 20h30-3h jeu-sam)

Surf Bar Tomatito
Voir p. 154 (www.surfbartarifa.com ; Calle Cervantes 4 ; 19h-1h lun, 20h-20h mar-jeu et dim, 20h-3h ven-sam)

Taco Way
Voir p. 154 (674 54 34 10 ; tacoway.es ; Calle Sancho IV el Bravo 26 ; 19h-2h dim-jeu, 19h-3h ven-sam)

ENVIRONS DE TARIFA

Baelo Claudia
Voir p. 157 (956 10 67 93 ; www.museosdeandalucia.es ; Bolonia ; entrée libre ; 9h-21h mar-sam, 9h-15h dim mi-mars à mi-juin, 9h-15h mar-dim mi-juin à mi-sept, 9h-18h mar-sam, 9h-15h dim mi-sept à mi-mars)

Castillo de Vejer
Voir p. 159 (Calle del Castillo, Vejer de la Frontera ; entrée libre ; 11h-14h et 17h-19h sam, 11h-14h dim)

Gibraltar Museum
Voir p. 162 (200 74289 ; www.gibmuseum.gi ; 18-20 Bomb House Lane, Gibraltar ; adulte/enfant 5/2,50 £ ; 10h-18h lun-ven, 10h-14h sam)

Museo de Vejer
Voir p. 159 (956 45 08 00 ; Calle Marqués de Tamarón 10, Vejer de la Frontera ; adulte/enfant 2 €/gratuit ; 10h30-14h et 17h-19h lun-sam)

Nelson's Anchorage
Voir p. 162 (www.visitgibraltar.gi ; 100-Tonne Gun, Rosia Rd, Gibraltar ; 3 £, avec Upper Rock Nature Reserve adulte/enfant 16/10 £ ; 9h30-18h15 avr-sept, 9h-17h45 oct-mars)

Réseau de grottes de Gorham
Voir p. 162 (www.gorhamscave.gi ; Gibraltar ; tarif plein/réduit 5/2,50 €, sur réservation à neanderthals@gibmuseum.gi ; 10h-14h lun-ven)

Upper Rock Nature Reserve
Voir p. 162 (www.visitgibraltar.gi ; Gibraltar ; Nature Reserve Pass adulte/enfant 16/10 £, billet

combiné avec le téléphérique adulte/enfant aller-retour 34/22 £ ; 9h30-19h15 avr-sept, 9h-18h15 oct-mars)

Annie B
Voir p. 160 (620 56 06 49 ; www.anniebspain.com ; Calle Viñas 11, Vejer de la Frontera ; cours à partir de 155 €/pers ; 9h30-20h30)

Explorelatierra
Voir p. 161 (722 25 17 90 ; explorelatierra.com ; Calle Juan Relinque, Vejer de la Frontera ; visite 1/2/3/4/8 pers 236/281/326/371 €/pers ; 9h-17h mar-dim)

Téléphérique de Gibraltar
Voir p. 162 (www.buytickets.gi ; Gibraltar ; billet adulte/enfant aller-retour 18/8,50 £, avec Nature Reserve aller-retour 34/22 £ ; 9h30-19h15 avr-sept, 9h30-17h15 oct-mars)

Almadraba Conil
Voir p. 156 (956 45 60 37 ; www.hotelalmadrabaconil.com ; Calle Señores Curas 4, Conil de la Frontera)

Casas Karen
Voir p. 159 (956 43 70 67 ; www.casaskaren.com ; Camino del Monte 6, Los Caños de Meca)

El Cortijo de Zahara
Voir p. 157 (956 43 94 56 ; www.elcortijodezahara.com ; Avenida Cabo de Plata 6, Zahara de los Atunes)

Hotel Madreselva
Voir p. 159 (956 43 72 55 ; califavejer.com ; Avenida de Trafalgar 102, Los Caños de Meca ; mai-oct)

La Casa del Califa
Voir p. 159 (956 44 77 30 ; califavejer.com ; Plaza de España 16, Vejer de la Frontera)

La Fonda Antigua
Voir p. 159 (856 54 71 50 ; lafondaantigua.com ; Calle San Filmo 14, Vejer de la Frontera)

Hipotels Gran Conil
Voir p. 156 (856 90 50 00 ; www.hipotels.com ; Calle Pleamar 2, Conil de la Frontera)

Torre del Tajo (p. 158)

ANGELO DAMICO/SHUTTERSTOCK ©

Hostal la Hormiga Voladora
Voir p. 157 (956 68 85 62 ; www.lahormigavoladora.com ; El Lentiscal 16, Bolonia)

Hotel Porfirio
Voir p. 157 (856 39 35 34 ; www.hotelporfirio.com ; Calle Picota 3, Zahara de los Atunes)

Nexo Surfhouse
Voir p. 156 (600 11 39 40 ; nexosurfhouse.com ; Camino Teodoro, El Palmar)

Palomar de la Breña
Voir p. 159 (956 43 50 03 ; www.palomardelabrena.com ; Pago de La Porquera, Barbate)

Plaza 18
Voir p. 159 (956 44 77 30 ; www.hotelplaza18.com ; Plaza de España 18, Vejer de la Frontera)

V
Voir p. 159 (956 45 17 57 ; hotelv-vejer.com ; Calle Rosario 11-13, Vejer de la Frontera)

Arohaz
Voir p. 158 (956 43 70 05 ; Calle Carril del Pozo, Zahara ; plats 15-23 € ; mai à mi-fév)

Amar's Kosher Bakery
Voir p. 162 (200 61221 ; www.facebook.com/amarsbakery ; 1 Convent Pl, Gibraltar ; pizzas 8-14 £, plats 6,50-23 £ ; 7h30-21h30 lun-ven, 9h30-21h30 dim)

Bar Peneque
Voir p. 160 (Plaza de España, Vejer de la Frontera ; plats 6-11 €)

Bar Sumia
Voir p. 160 (621 00 89 47 ; www.taperiasumia.es ; Calle de la Corredera 49A, Vejer de la Frontera ; tapas 5-9 €, plats 12-15 €)

Bodega Gallardo
Voir p. 161 (666 06 71 13 ; bodegasgallardo.com ; La Barca de Vejer, Vejer de la Frontera ; 9h30-14h30 et 15h30-19h lun-ven, 10h30-14h30 sam-dim)

Carniceria Guillermo, Mercado San Francisco
Voir p. 160 (Calle San Francisco 3, Vejer de la Frontera ; 12h-16h et 20h-minuit)

Casa El Pepe
Voir p. 162 (200 46967 ; www.casapepegibraltar.com ; Unit 18, Queensway Quay Marina, Gibraltar ; plats 8,90-30 £ ; 12h-16h et 19h-tard mar-sam, 12h-16h dim)

Casa Reyes
Voir p. 157 (956 23 22 11 ; casareyeselpalmar.com ; El Palmar ; plats 10-29 € ; 13h-23h30 avr-oct)

Casa Varo
Voir p. 160 (956 45 17 01 ; casavaro.com ; Calle Nuestra Señora de la Oliva 9, Vejer de la Frontera ; plats 12-25 € ; 13h-15h30 et 20h-23h30 mer-lun)

Chiringuito El Pez Limón
Voir p. 158 (Passeo del Pradillo, Zahara de los Atunes ; plats 12-18 € ; 12h-2h)

Chiringuito Feduchy Playa
Voir p. 158 (956 44 09 92 ; www.feduchy.com ; Lugar Fontanilla 382, Conil de la Frontera ; tapas 4-14 €, plats 12-24 € ; cuisine 12h30-16h et 20h30-23h30 mer-dim)

Chiringuito Sunset Loco Beach
Voir p. 158 (639 20 18 98 ; El Lentiscal 4, Bolonia ; plats 9-20 € ; 13h-20h ven-dim)

Corredera 55
Voir p. 160 (956 45 18 48 ; corredera55.com ; Calle de la Corredera 55, Vejer de la Frontera ; plats 11-27 € ; 12h-16h et 19h-23h)

Curry & Nigiri
Voir p. 162 (200 73711 ; 4 City Mill Ln, Gibraltar ; plats 8-12 £ ; 12h-22h30 lun-sam)

El Central de Vejer
Voir p. 160 (956 45 04 57 ; Calle Teniente Castrillón 5, Vejer de la Frontera ; plats 15-20 € ; 13h-23h)

El Faro
Voir p. 162 (200 79241 ; The Tower, Marina Bay Unit-A, Gibraltar ; plats 9,50-24 £ ; 12h-23h mar-jeu et dim, 12h-minuit ven-sam)

El Jardín del Califa
Voir p. 160 (956 45 17 06 ; califavejer.com ; Plaza de España 12, Vejer de la Frontera ; plats 11-28 ; 13h-23h30)

El Muro Vejer
Voir p. 160 (648 78 34 68 ; Calle Passeo de las Cobijadas 1, Vejer de la Frontera ; plats 8-25 € ; 12h30-16h et 19h30-22h30 lun-mar, 19h-22h30 jeu, 12h30-16h et 19h30-23h ven-dim)

El Refugio
Voir p. 157 (Calle Cerro Currita 10, Zahara de los Atunes ; plats 12-22 € ; avr-oct)

Garimba Sur
Voir p. 160 (956 45 53 02 ; garimbasur.com ; Plaza de España 32, Vejer de la Frontera ; tapas 8-14 €, plats 10-25 € ; 12h-16h et 19h30-23h mar-dim)

Jury's Café & Wine Bar
Voir p. 162 (200 67898 ; www.jurysgibraltar.com ; 275 Main St, Gibraltar ; tapas 3,80-6 £, déj 12,50-22,75 £, dîner 9-17,90 £ ; 8h-22h)

La Bruma
Voir p. 158 (626 98 98 92 ; Playa de Zahora ; plats 9-18 € ; 10h-17h et 20h30-23h30 ven-dim)

La Castillería
Voir p. 161 (956 45 14 97 ; restaurantecastilleria.com ; Santa Lucía, Vejer de la Frontera ; plats 13-55 € ; 13h30-16h30 et 20h30-23h30 jeu-mar mai-sept, 13h30-16h30 oct et mars-mai)

La Judería
Voir p. 160 (956 90 74 71 ; www.lajuderiadevejer.com ; Calle Judería 3A, Vejer de la Frontera ; plats 12-37 € ; 13h-15h30 et 19h-23h30 mar-dim)

La Vinográfica
Voir p. 160 (956 45 51 67 ; www.lavinografica.com ; Calle Nuestra Señora de la Oliva 8, Vejer de la Frontera ; plats 12-25 € ; 12h-16h et 19h-23h jeu-mar)

Las Dunas
Voir p. 158 (956 43 72 03 ; www.barlasdunas.es ; Carretera del Cabo de Trafalgar 258, Los Caños de Meca ; plats 8-23 € ; 10h30-3h juil-août, 9h-minuit sept-juin)

Las Rejas
Voir p. 157 (956 68 85 46 ; www.lasrejasrestaurante.es ; El Lentiscal, Bolonia ; plats 11-24 € ; 13h-17h30 et 20h-23h30 mer-dim mai à mi-oct, 13h-17h30 et 20h-23h sam-dim mi-oct à avr)

Restaurante Trafalgar
Voir p. 160 (956 44 76 38 ; Plaza de España 31, Vejer de la Frontera ; tapas 3-5,50 € ; 11h-17h mer-lun)

The Lounge
Voir p. 162 (200 61118 ; thelounge.gi ; 17A et B Ragged Staff Wharf, Queensway Quay, Gibraltar ; plats 10-20 £ ; 10h-22h lun-jeu, 10h-23h ven-sam, 10h-16h dim)

Venta El Toro
Voir p. 161 (956 45 14 07 ; venta-el-toro.business.site ; Santa Lucía, Vejer de la Frontera ; tapas 2-12 €, plats 9-22 € ; 9h-20h mer-lun)

Cestería Tradicional
Voir p. 160 (696 89 52 27 ; cesteriatradicional.com ; Calle Trafalgar 7, Vejer de la Frontera)

Ecléctica Deco
Voir p. 160 (620 57 87 32 ; eclecticadeco.es ; Calle Canalejas 2, Vejer de la Frontera ; 11h-14h lun-sam)

Taller de Badillo
Voir p. 160 (626 42 63 96 ; Calle Badillo 4, Vejer de la Frontera ; 11h-14h)

SEANPAVONEPHOTO/GETTY IMAGES ©

Ronda (p. 188)

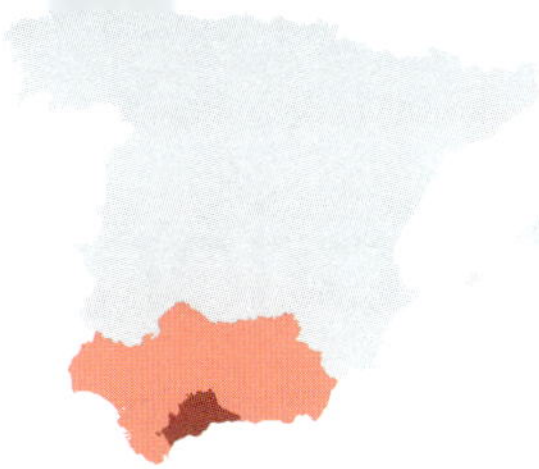

PROVINCE DE MÁLAGA

AU-DELÀ DE LA COSTA DEL SOL

Les plages splendides ne sont qu'un début. Dans la province de Málaga vous attendent culture, nature et aventures en plein air à foison.

En passe de devenir l'une des principales destinations touristiques d'Andalousie, la province de Málaga tente d'attirer les vacanciers de ses côtes réputées vers l'arrière-pays, qui a bien des choses à offrir.

Les villes anciennes de Ronda, Antequera et Málaga, la capitale provinciale, possèdent de bons musées, dont le Museo Picasso Málaga, et sont comme des fenêtres sur le passé de la région. Les ravissants *pueblos blancos* (villages blancs) comme Mijas, Frigiliana et Benalmádena Pueblo sont des oasis de calme après la frénésie des plages. S'ajoutent encore une gastronomie riche et variée, ainsi que des fêtes traditionnelles uniques comme la Semana Santa (Semaine sainte) d'Antequera.

© LUX BLUE/SHUTTERSTOCK

Côté nature, on trouve d'intéressantes espèces d'oiseaux et de gibier d'eau dans la réserve de la Laguna de Fuente de Piedra, dont les eaux salées attirent des flamants roses qui viennent s'y reproduire de février à mai. Si vous n'avez pas le vertige, faites la promenade du Caminito del Rey, dans la gorge d'El Chorro.

La province possède aussi des paysages plus inhabituels, comme les saisissantes formations calcaires d'El Torcal à Antequera et les falaises de Marro-Cerro Gordo.

Toute la province est un paradis pour amateurs d'activités de plein air. Outre les plaisirs balnéaires qui vous attendent sur la Costa del Sol, vous pourrez par exemple marcher dans le Río Chillar à Nerja, ou encore faire une excursion en kayak à travers les grottes marines de Maro-Cerro Gordo.

SITES PRINCIPAUX

MÁLAGA
Ville de culture vibrante, où se trouve le Museo Picasso. **p. 178**

RONDA
Gorge, ponts, histoire – et panoramas. **p. 188**

ANTEQUERA
Ville historique au cœur de l'Andalousie. **p. 198**

FRIGILIANA
Le plus beau *pueblo blanco* de la province. **p. 207**

S'orienter

Visiter Málaga, Ronda, Antequera et Frigiliana offre un bon aperçu de l'histoire, de la culture et des paysages de la province, mais chacune de ces villes est un monde en soi qui mérite d'être exploré en profondeur.

SEAN PAVONE/SHUTTERSTOCK ©, SOPOTNICKI/SHUTTERSTOCK ©

VOITURE

La voiture est le meilleur moyen d'explorer la province, permettant de découvrir des plages secrètes, des villages isolés et les vignobles émaillant l'arrière-pays.

BUS

À défaut d'une voiture, le bus est le meilleur moyen de rallier les localités secondaires de la province. À Málaga, les bus partent de la gare routière située sur le Paseo de los Tilos. Parmi les principales compagnies, citons Alsa (www.alsa.es), Interbus (www.interbus.es), Comes (www.tgcomes.es) et Damas (www.damas-sa.es).

TRAIN

Les principales villes de la région sont accessibles en train de la Renfe (www.renfe.com) depuis la gare de Málaga, et les paysages sont superbes en chemin. Une ligne à grande vitesse vient d'ouvrir entre Málaga et Grenade.

AVION

L'aéroport Málaga-Costa del Sol (AGP ; www.aena.es), à 9 km au sud-ouest du centre-ville de Málaga, est le principal point d'entrée international en Andalousie. C'est un carrefour aérien majeur du sud de l'Espagne, aussi bien pour les grandes compagnies que pour les low cost.

Málaga, p. 178
Une ville en plein renouveau, avec cafés et musées en nombre, une superbe forteresse maure et un musée rendant hommage à Pablo Picasso.

Antequera, p. 198
La promenade dans la gorge d'El Chorro, inoubliable, est l'un des sites touristiques les plus fréquentés de la province.

Frigiliana, p. 207
Le magnifique *pueblo blanco* (village blanc) de Frigiliana est proche de sites côtiers splendides avec de vastes panoramas sur la Méditerranée.

Planifier son séjour

Errez de plage en plage le long des superbes côtes de la province, ou aventurez-vous dans les terres pour découvrir les *pueblos blancos* et des monuments historiques.

UNAI HUIZI PHOTOGRAPHY/SHUTTERSTOCK ©

Genalguacil (p. 195)

Si vous avez peu de temps

- Passez la matinée à explorer les rues animées de Málaga. Visitez le **marché d'Atarazanas** (p. 182) pour admirer l'édifice, vous imprégner de l'ambiance et manger un morceau. Savourez un chocolat et des churros chez **Casa Aranda** (p. 183).

- Prenez un verre de vin doux local à **l'Antigua Casa de Guardia Banderillas** (p. 182) avant de visiter l'amphithéâtre romain et l'**Alcazaba** (p. 182).

- Ensuite, cap sur le bar **El Pimpi** (p. 180) ; entamez la conversation avec vos voisins de comptoir et recueillez des conseils pour le reste de votre séjour.

- Le soir, détendez-vous en dégustant des *espetós* (brochettes de sardines) sur la plage.

Au fil des saisons

L'été, il fait très chaud à Málaga ; restez près des plages. Le printemps et l'automne sont des périodes idéales pour les dégustations de vin et la randonnée.

JANVIER

Le 5 janvier, les Rois mages défilent à travers Málaga sur des chars ornementés lors de la Cabalgata de Reyes.

FÉVRIER

On célèbre le carnaval à travers la province. Les amandiers sont en fleur et les flamants roses débarquent pour se reproduire.

AVRIL

À Málaga, Antequera et Ronda, les *cofradías* portent, lors de la Semana Santa, des effigies sacrées à travers les rues.

Q77PHOTO/SHUTTERSTOCK ©, JESUS COBALEDA/SHUTTERSTOCK ©, KLUBLU/SHUTTERSTOCK ©

Si vous avez trois jours

- Après une journée à Málaga, cap sur **Ronda** (p. 188), au nord-ouest. Admirez les ponts, profitez de panoramas somptueux et découvrez les multiples facettes de l'histoire de la région.

- Passez un jour ou deux à conduire d'un *pueblo blanco* à un autre. Ne manquez pas **Genalguacil** (p. 195), où des œuvres d'art sont exposées dans tout le village. Choisissez un village proposant des ateliers – dans la fabrique de fromage familiale Quesos Sierra Crestellina, à **Casares** (p. 195), ou à la boulangerie Hn@s Guerrero de **Benalauría** (p. 195), par exemple.

Si vous avez plus de temps

- Après une exploration approfondie de Málaga et Ronda, filez au nord-est pour découvrir **Antequera** (p. 198) et sa cuisine régionale authentique.

- Plus loin, les sites fantastiques d'**El Torcal** (p. 204) et des **dolmens d'Antequera** (p. 202) méritent chacun au minimum une journée. Si vous êtes dans le coin entre février et mai, allez voir les flamants roses venus nicher dans la **réserve naturelle de Fuente de Piedra** (p. 204), en périphérie de Málaga.

- Pour décompresser après tout cela, cap au sud-est pour visiter **Nerja** (p. 210) et paresser sur certaines des plus belles plages de la Costa del Sol.

JUILLET

Málaga accueille concerts et spectacles lors du Festival Terral, et des cinémas en plein air s'installent un peu partout.

AOÛT

La Feria de Agosto, qui débute par un grand feu d'artifice et dure 9 jours, est la plus exubérante des fêtes estivales d'Andalousie.

OCTOBRE

Après la récolte des noix, les feuilles des noyers passent du vert au rouge – une "forêt de cuivre" de toute beauté.

DÉCEMBRE

Le centre-ville de Málaga brille de mille feux pour Noël – les illuminations de Calle Larios sont célèbres dans toute l'Espagne.

SOPA IMAGES LIMITED/ALAMY STOCK PHOTO ©, RYSZARD FILIPOWICZ/SHUTTERSTOCK ©, EKATERINA CHUYKO/SHUTTERSTOCK ©, PHIL DARBY/SHUTTERSTOCK ©

MÁLAGA

Ces dernières années, Málaga s'est complètement réinventée. Autrefois considérée comme simple terrain de jeu pour étudiants fêtards, la capitale de la Costa del Sol s'est métamorphosée en destination culturelle dotée d'un paysage artistique et culinaire de premier ordre.

La création d'une série de musées par le maire Francisco de la Torre Prados, dont l'exceptionnel Museo Picasso est à l'origine de cette transformation, a valu à Málaga d'être en compétition pour devenir Capitale européenne de la culture en 2016.

Chargée d'histoire, à la fois animée d'une vigueur juvénile et revendiquant fièrement son passé complexe, Málaga offre désormais aux visiteurs de bonnes galeries d'art, une zone portuaire entièrement remodelée et un quartier artistique en plein essor appelé – inévitablement, sans doute – Soho.

Dans le même temps, les citadelles de l'Alcazaba et de Gibralfaro témoignent du passé maure de la ville, et l'amphithéâtre romain ancre encore plus profondément Málaga dans l'histoire.

Pour les infos pratiques, voir le Carnet d'adresses p. 214

À SAVOIR

Le centre-ville de Málaga peut s'explorer à pied, mais il vous faudra une voiture pour découvrir les sites des environs. Le vélo est envisageable, mais une nouvelle réglementation impose de mettre pied à terre à certains endroits. D'agréables croisières au couchant sont disponibles au port de Málaga pour 20 € par adulte environ.

FERIA DE MÁLAGA

La Feria de Málaga commémore la reprise de la ville aux Maures avec l'entrée triomphale des Rois Catholiques, Ferdinand d'Aragon et Isabelle de Castille, le 19 août 1487. Célébrée depuis 1491, elle est devenue au fil des siècles la plus grande fête estivale d'Espagne, qui se déroule traditionnellement la troisième semaine d'août, du samedi de la semaine précédente au dimanche.

Museo Picasso Málaga

UN HOMMAGE IMMERSIF AU MAÎTRE

Hommage approprié à un enfant de la ville, l'immanquable Museo Picasso a marqué un tournant lors de son ouverture en 2003. Pour de nombreux habitants, c'est cet événement qui a achevé de faire de Málaga une destination incontournable.

La collection retrace presque huit décennies du travail de Picasso, et permet d'apprécier la rigueur et la créativité de cet artiste de génie. Plus de deux cents œuvres ont été léguées ou prêtées au musée par Christine Ruiz-Picasso (épouse de Paul, fils aîné de Picasso) et Bernard Ruiz-Picasso (petit-fils de Picasso) ; elles couvrent la brillante carrière de l'artiste malgré quelques lacunes notables (les périodes "bleue" et "rose" ne sont presque pas représentées).

Conçue comme un voyage chronologique à travers la vie artistique de Picasso, la visite débute par la section "Apprentissage de la peinture". Viennent ensuite des salles consacrées à différentes périodes : "Le Portrait en tant que miroir", "L'Aventure du cubisme" ou encore "Muses et masques". Ne manquez pas la *Vuelta al Mediterráneo* (*Retour à la Méditerranée*), peinture émouvante évoquant le retour de Picasso à ses racines méditerranéennes, et *Las Tres Gracias* (*Les Trois Grâces*), hommage à la beauté, l'amour et l'amitié qui témoigne de l'influence de la mythologie grecque dans le travail de Picasso.

VOIR
1 Alcazaba
2 Calle Marqués de Larios
3 Casa Natal de Picasso
4 Castillo de Gibralfaro
5 Catedral de Málaga
6 Centre Pompidou Málaga
7 Centro de Arte Contemporáneo
8 Mercado Atarazanas
9 Museo Automovilístico Málaga
10 Museo Carmen Thyssen
11 Museo de Arte Flamenco
12 Museo Jorge Rando
13 Museo Picasso Málaga
14 Museo Ruso de Málaga

ACTIVITÉS
15 Hammam Al-Andalus

SE RESTAURER
16 Casa Aranda

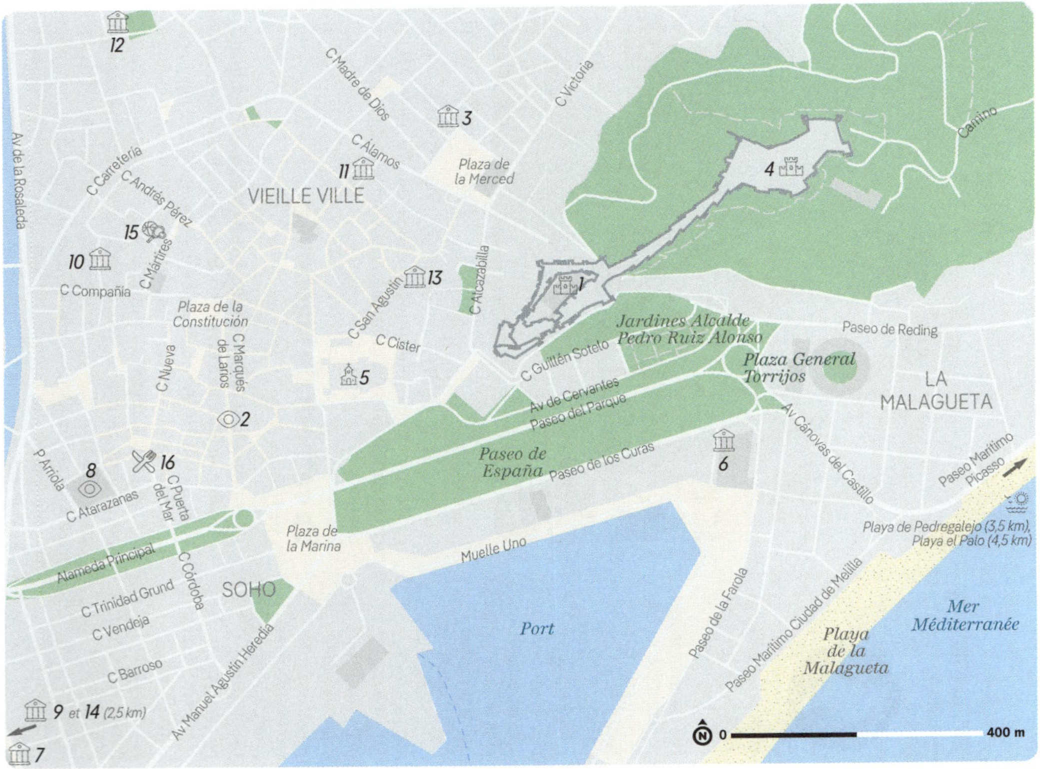

Castillo de Gibralfaro (p. 182)

POURQUOI J'AIME MÁLAGA

Mark Julian Edwards, auteur Lonely Planet *@markjulianedwards*

Málaga m'enchante par la variété des expériences qu'offre la ville. Le même jour, vous pourrez bavarder avec les pêcheurs locaux autour d'*espetós* et profiter d'une session hammam luxueuse à prix raisonnable.

Les plages sont idéales pour la baignade, les glaces de Málaga sont délicieuses et l'ambiance des rooftops dominant la ville est incroyable. Dans l'assiette, les saveurs sont résolument locales. Le temps que j'ai passé à écouter les histoires locales à El Pimpi et à boire dans le brouhaha d'El Pimpi Florida m'a révélé la ville telle qu'elle est vraiment : vaste et importante, mais aussi terre-à-terre et pleine de cachet.

Centre Pompidou Málaga

Les visites guidées permettent de profiter davantage des expositions, notamment celles de We Love Málaga (welovemalaga.com) et Málaga Discovery (malagadiscovery.com).

La cathédrale inachevée

UNE MERVEILLE DE LA RENAISSANCE

La construction de la **Catedral de Málaga**, à l'architecture élaborée, débuta au XVIe siècle sur le site de l'ancienne mosquée dont ne subsiste que le Patio de los Naranjos, une petite cour intérieure plantée d'orangers parfumés. À l'intérieur, le superbe plafond voûté s'élève à 40 m, et la vaste nef à colonnes abrite un énorme chœur en bois de cèdre. Les bas-côtés donnent accès à 15 chapelles ornées de somptueux retables et œuvres d'art sacré du XVIIe siècle. Cela vaut la peine de suivre une visite guidée des *cubiertas* (toits) afin de profiter de la vue panoramique sur la ville.

Édifier la cathédrale fut un projet épique qui dura quelque 200 ans. Trop coûteux, les travaux furent arrêtés en 1782. L'un des deux clochers resta inachevé, d'où le surnom de la cathédrale, *La Manquita* (la Manchote).

OÙ SE RESTAURER À MALÁGA

La Recova
Antiquaire avec un bar à l'intérieur. Petits-déjeuners et tapas sans gluten servie dans une vaisselle faite main. **€**

Mesón Mariano
L'un des plus anciens restaurants traditionnels en ville. Goûtez les *alcachofas fritas* (artichauts frits). **€**

El Pimpi
Restaurant emblématique, servant une excellente cuisine. Ne manquez pas les fûts signés par des célébrités. **€€**

Déambulations culturelles

DE LA PLAGE AUX MUSÉES

Malága possède une vaste offre culturelle qui ravira notamment les amateurs d'art.

Non loin de la cathédrale, dans le Palacio de Aduana (palais de la Douane) de Málaga, édifice de style néoclassique, le **Museo de Málaga** rénové abrite, sur deux niveaux, des collections d'art et d'archéologie.

Découvrez l'enfance de Picasso dans sa **Casa Natal**, où il vit le jour en 1881. Située sur la plaza de la Merced, au nord-est du centre historique, la maison abrite désormais une fondation, proposant de petites expositions trimestrielles du travail du maître, une réplique de studio d'artiste du XIXe siècle, ainsi que des objets personnels de Picasso et de sa famille.

À deux minutes à pied de la Casa Natal se trouve **Museo de Arte Flamenco**. Présentée sur deux étages dans la plus ancienne et prestigieuse *peña* (club de flamenco privé) de Málaga, sa collection d'éventails, de costumes, d'affiches et d'autres objets témoigne de l'importance de cet art dans la ville.

Située dans un palais du XVIe siècle rénové avec soin, à l'ouest du centre historique, la large collection du **Museo Carmen Thyssen** fait la part belle à l'art espagnol et andalou du XIXe siècle, avec des peintres tels que Joaquín Sorolla y Bastida et Ignacio Zuloaga.

Plus au nord, dans la calle Cruz del Molnillo, entrée libre au **Museo Jorge Rando**, qui présente l'œuvre d'une grande figure du néo-expressionnisme, Jorge Rando, né dans la ville en 1941. Ses peintures et sculptures abstraites, particulièrement émouvantes, abordent, entre autres, la pauvreté en Afrique.

Enfin, à l'est de la ville, non loin de la playa de Huelin, le **Museo Ruso de Málaga** et le **Museo Automovilístico Málaga** occupent tous deux l'ancienne manufacture de tabac. Le premier est consacré à l'art russe du XVIe au XXe siècle, tandis que le second présente une collection centrée à la fois sur la mode et sur les vieilles voitures – ce mélange a priori étonnant donne un résultat intéressant.

Du côté du port

L'ART CONTEMPORAIN À MÁLAGA

À proximité du port, le **Centre Pompidou Málaga**, antenne du Centre Pompidou de Paris, est aménagé dans un bâtiment moderne surmonté d'un amusant cube multicolore signé Daniel Buren. Les principales expositions changent tous les six mois ou tous les ans, et s'appuient sur la vaste collection

QUARTIERS STREET ART

Née du mécontentement de résidents se sentant abandonnés par la municipalité, la renaissance du quartier de Lagunillas passe par de nombreuses façades d'immeubles arborant les œuvres d'artistes locaux et du monde entier.

C'est ici que doit débuter toute visite street art de Málaga. Commencez par les œuvres spectaculaires d'Aintzane Cruceta sur la Plaza Esperanza et dans la Calle Lagunillas. Pour voir d'autres œuvres d'artistes internationaux, visitez le quartier de Soho et cherchez les œuvres d'Obey et D'Face dans la Calle Navalon. Vous pourrez également admirer le travail de l'artiste sud-africain Faith 41 dans Alameda Principal, et celui de l'artiste belge Roa dans la Calle Casa de Campos.

OÙ SE LOGER À MALÁGA

Gran Hotel Miramar
Hôtel luxueux dans un bâtiment classé. Bar-restaurant sur une terrasse face à la mer. **€€€**

Hotel la Chancla
Possède une terrasse donnant sur la Playa de las Acacias, idéale pour le petit-déjeuner. **€€**

Las Acacias Hostal Restaurante
Charmant et accueillant. Proche de la Playa de las Acacias. **€**

d'art contemporain du musée. Le Centre abrite également des installations audiovisuelles, des "têtes" parlantes et des expositions temporaires.

On entre librement dans le **Centro de Arte Contemporáneo** (Centre d'art contemporain), installé au bord de l'estuaire, dans un marché de gros des années 1930 habilement reconverti. Le curieux plan triangulaire du bâtiment et ses formes cubistes se marient brillamment avec l'art moderne exposé. Entièrement peint en blanc, le musée accueille des expositions temporaires mettant en avant le travail de célèbres artistes contemporains, et fait la part belle à l'art espagnol.

VINS DE MÁLAGA

Málaga et les montagnes environnantes sont l'une des plus anciennes régions viticoles d'Europe, réputée pour ses vins doux fortifiés de cépages pedro ximenez et moscatel.

On assiste ces dernières années à un regain d'intérêt pour les vins doux, et ceux de Málaga ont trouvé leur place sur la scène mondiale.

Dégustez-en avec des *banderillas* (brochettes) à l'Antigua Casa de Guardia Banderillas. Fondé en 1840, ce bar à vins historique est plein de cachet. Goûtez les vins dans des petits verres, accoudé au bar long et étroit, et observez les serveurs charismatiques noter votre addition à la craie à même le comptoir, comme dans le temps.

Panoramas depuis l'Alcazaba et le Castillo de Gibralfaro

FAITES UN VOYAGE DANS LE PASSÉ

Sorte de modèle réduit de l'Alhambra, l'**Alcazaba** du XIe siècle était la résidence des émirs arabes de Málaga, qui fondèrent ici un royaume indépendant après l'effondrement du califat de Cordoue. À l'entrée de l'Alcazaba se trouve un théâtre romain découvert en 1951 lors d'un chantier de construction. Le théâtre sert désormais d'auditorium pour des spectacles à ciel ouvert variés. Arpentez les terrasses et patios agrémentés de cyprès, de plantes aromatiques et de bassins ornementaux, notamment le Patio de la Alberca. Si l'intérêt de l'Alcazaba réside dans le bâtiment en lui-même et ses jardins, sachez qu'un musée présente diverses expositions de poterie de l'époque islamique.

Le **Castillo de Gibralfaro** domine la ville, perché à 132 m d'altitude sur la crête d'une grande colline. Il fut érigé au VIIIe siècle par l'émir de Cordoue puis reconstruit au XIVe siècle pour loger les troupes et protéger l'Alcazaba. Son chemin de ronde offre la meilleure vue sur la ville.

Le Castillo et l'Alcazaba sont proches l'un de l'autre, mais aucune route ne les relie ; en effet, chacun possède sa propre route d'accès.

Mercado Atarazanas

LES SENS EN FÊTE !

Le marché d'Atarazanas est une fête pour les sens. Dès l'entrée, l'imposante arche de marbre blanc cassé (dernier vestige de vastes chantiers navals) vous laissera sans voix, de même que l'immense vitrail à l'autre bout du marché.

À l'intérieur, le marché se divise en trois sections : fruits et légumes, poisson, et viande. Les étals immaculés témoignent du soin que leur apportent leurs propriétaires. Goûtez des

OÙ BOIRE UN VERRE EN ADMIRANT LA VUE À MÁLAGA

Hotel AC Málaga Palacio
L'une des premières terrasses de la ville et la plus glamour. Panorama sur les toits de la cathédrale. **€**

Lola
Le 7e étage de l'hôtel Only You a été transformé en grande terrasse faisant bar, cafétéria et restaurant. **€**

The Top
Sur le toit-terrasse de l'Hotel Molina Lario, profitez de la vue sur la cathédrale voisine et le Parque, cocktail à la main. **€**

Mercado Atarazanas

produits frais cultivés dans la région, ailleurs en Andalousie et dans toute l'Espagne.

Mangez un morceau à l'intérieur en sirotant une *caña* (bière) ou un *vino tinto* (vin rouge). Essayez un *frito de verduras* (légumes en tempura), des *pinchos de gambas, atún o cerdo* (brochettes de gambas, thon ou porc) et des *boquerones al limón* (petite friture au citron). Ne manquez pas les figues en juillet-août, les mangues en octobre-novembre et les avocats de fin novembre à mi-décembre. Les étals d'olives et d'amandes sont fabuleux toute l'année.

L'un des meilleurs endroits pour un festin est le **Bar Atarazanas**, qui prépare quotidiennement produits de la mer et autres délices. En sortant du marché, arrêtez-vous à la boulangerie **El Colmenero** pour le dessert, ou offrez-vous un chocolat et des churros à la **Casa Aranda**.

EL PARQUE ET MUELLE UNO

Le climat doux de Málaga – hivers cléments, étés chauds – favorise les activités de plein air. El Parque, jardin centenaire pourvu de plantes exotiques provenant du monde entier, est l'un des plus beaux endroits du centre. Les *Malagueños* aiment y flâner et se réfugier à l'ombre des immenses palmiers. À quelques encablures, on découvre les dernières opérations urbanistiques de la ville : le port agrandi et le Muelle Uno, promenade moderne avec vue sur la mer.

El Palo et Pedregalejo

PLAGES DE RÊVE ET ESPETÓS

Playa el Palo et **Playa de Pedregalejo** sont des plages prometteuses bordant les banlieues de pêcheurs du même nom. Surtout fréquentées par la population locale, elles sont plus calmes et moins bondées que les plages plus connues

La Terraza de Valeria
Depuis le 5e étage de l'hôtel Room Mate Valeria, la vue se déploie de l'Alcazaba au port. **€**

Terraza Chinitas
Le Chinitas Urban Hostel abrite une terrasse où déguster de bons cocktails face à la cathédrale. **€**

Parador Málaga Gibralfaro
La terrasse de cette belle bâtisse en pierre offre un panorama magique sur la baie de Málaga. **€**

de Málaga, comme la Playa de la Malagueta, la plage la plus proche du centre-ville.

Prenez un café ou un brunch léger à l'**hôtel la Chancla** ou dans l'un des nombreux restaurants voisins, et admirez la vue sur la plage. Le soir, faites un festin d'*espetós de sardinas* (brochettes de sardines) – un classique à Málaga. Des bars et restaurants bordent les deux plages, où vous mangerez des sardines grillées sur une barque renversée au bord de l'eau.

Pour rejoindre ces plages, empruntez le bus n°11 au Paseo del Parque.

L'ESPETÓ, UNE SPÉCIALITÉ LOCALE

L'*espetó* est une brochette de sardines fraîches, grillées sur des charbons, souvent sur un vieux bateau de pêche. Un *espetó* compte habituellement quatre ou cinq sardines, assaisonnées d'un peu de citron. Il se dévore avec les mains, assis sur la plage à côté du pêcheur qui a rapporté et grillé les sardines, en discutant de la vie autour d'une *cerveza*.

Hammam Al-Ándalus

EXPÉRIENCE SENSORIELLE RELAXANTE

Mêlant tradition et modernité, ce hammam rénové il y a peu encapsule l'essence des bains maures anciens de la région. Il a été décoré en respectant scrupuleusement les codes de la tradition mauresque, avec des fresques, des mosaïques et une impressionnante coupole soutenue par une série d'arches au-dessus des thermes centraux.

Le soin standard est le service Midra, qui consiste en un gommage de 15 minutes au savon mousseux suivi d'un massage revigorant de 15 minutes. Ensuite, profitez des différents bains dont les températures variées offrent des sensations changeantes.

Shopping dans la Calle Marqués de Larios

RUES EN MARBRE ET BOUTIQUES DE LUXE

Le plus souvent appelée Calle Larios, c'est la principale rue commerçante piétonne de la ville. C'est aussi la rue la plus chère de Málaga pour se loger, et la 11e rue résidentielle la plus chère de toute l'Espagne.

Le long de cette avenue parfaitement symétrique, les coins des immeubles sont arrondis, permettant à l'air de mieux circuler et limitant ainsi la propagation des maladies (la rue fut construite au XIXe siècle). C'est la seule rue d'Europe entièrement constituée d'immeubles identiques. La Calle Larios et les rues avoisinantes sont bâties en granit et en marbre, ce qui les rend plus lumineuses la nuit, mais aussi plus glissantes lorsqu'il pleut.

COMMENT CIRCULER

L'aéroport Málaga-Costa del Sol (p. 175) est à 9 km au sud-ouest du centre-ville.

La gare ferroviaire Málaga María Zambrano se trouve près de la gare routière, à 15 minutes de marche au sud-ouest du centre-ville. Elle dessert notamment Cordoue (1 heure), et Séville (2 heures-3 heures 30).

De la gare routière des bus rallient toutes les grandes villes espagnoles. La compagnie Interbus (p. 175) dessert l'aéroport de Madrid (6 heures 30).

Un excellent réseau de bus couvre toute la ville. Une piste cyclable agréable relie la Playa de Pedregalejo au centre, mais depuis peu les cyclistes empruntant les trottoirs sont dans l'œil du viseur – pensez-y pour éviter de lourdes amendes.

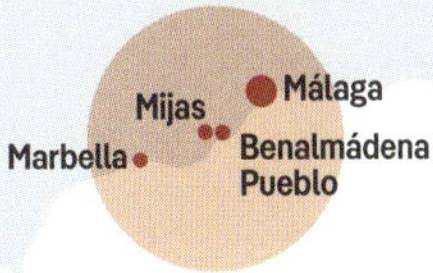

Environs de Málaga

Aventurez-vous hors de la capitale pour découvrir des plages paradisiaques, un fascinant *casco antiguo* (vieille ville) et un marché débordant de vie.

L'ouest de la Costa del Sol est moins spectaculaire que l'est, mais recèle tout de même quelques trésors.

Benalmádena Pueblo et Mijas sont deux *pueblos blancos* traditionnels où de jolies rues paisibles mènent à de petites places idéales pour s'asseoir et regarder les heures passer. Vous pourrez même faire une belle randonnée d'un village à l'autre. Surnommés "Balcón de la Costa del Sol", ces villages offrent certains des plus beaux panoramas de toute la côte.

La vieille ville de Marbella est splendide. Ne manquez pas l'Avenida del Mar, sorte de musée à ciel ouvert du surréalisme, avec des sculptures de Salvador Dalí.

Pour les infos pratiques, voir le Carnet d'adresses p. 215

À SAVOIR

À moins de vous contenter des grandes villes desservies par les bus, il est conseillé de louer une voiture. Mijas est à 40 minutes de Málaga en voiture, contre 1 heure 30 en bus.

Mijas (p. 186)

MA JOURNÉE IDÉALE À MÁLAGA

Victor Garrido est le propriétaire du tour-opérateur We Love Málaga. *@welovemalaga*

Je commencerais le week-end au Mercado del Carmen – les produits de la mer y sont excellents, et le marché est moins cher et moins bondé que celui d'Atarazanas (p. 182).

J'irais ensuite déjeuner en salle au bar El Pimpi (p. 180) avant de faire une petite balade dans les Montes de Málaga ou l'ascension, plus éprouvante, du Monte Victoria. S'il fait trop froid pour marcher, j'irais admirer les belles œuvres du Museo Carmen Thyssen (p. 181).

Le soir, j'irais boire un verre dans l'ambiance conviviale d'El Pimpi Florida.

Benalmádena Pueblo

CULTURE, PLAGES ET PANORAMAS À COUPER LE SOUFFLE

Benalmádena Pueblo, superbe village traditionnel andalou au sud-ouest de Málaga sur la Costa del Sol, est fait de ruelles, de petites places et de maisons chaulées ornées de fleurs colorées. Visitez le Museo de Arte Precolombino pour voir des artefacts précolombiens bien conservés. Admirez le **Castillo Monumento Colomares**, monument aux airs de château construit entre 1987 et 1994 et dédié à Christophe Colomb, et le **stupa de Benalmádena**, un vaste temple bouddhique qui se dresse à la sortie du village.

Non loin de la stupa, le **Mariposario** est peuplé de plus de 1 500 papillons voletant dans un environnement tropical recréé.

Prenez le bus M-103 jusqu'au terminus Nueva Torrequebrada et marchez jusqu'au bord d'une falaise vertigineuse. Un sentier file à travers les broussailles jusqu'à un point de vue phénoménal sur la baie en contrebas.

Redescendez au niveau de la mer (Benalmádena Costa) pour profiter de plages superbes. Puerto Marina, marina moderne où l'on peut visiter l'aquarium **Sea Life Benalmádena**, est considérée comme l'une des plus belles de la Méditerranée.

Mijas d'autrefois et d'aujourd'hui

ART, PLAGES ET CHOCOLAT

Sur les hauteurs dominant la côte, **Mijas Pueblo** est la partie ancienne de la ville de Mijas. Arpentez ce village rural andalou parfaitement préservé avant d'aller vous détendre sur l'une des superbes plages en contrebas.

Des panoramas sublimes vous attendent le long des sentiers grimpant du village dans la **Sierra de Mijas**, bien balisés et assez faciles. Vous pourrez voir jusqu'à Gibraltar et aux montagnes de l'Atlas marocain au-delà. L'office du tourisme, sur la plaza Virgen de la Peña, fournit des plans.

En continuant après l'*ayuntamiento* (mairie), vous rejoindrez **Virgen de la Peña**, une grotte située au sommet d'une falaise où la Vierge serait apparue à deux enfants, conduits ici par une colombe en 1586. Un autel orné de fleurs y est installé face à une image de la Vierge. Le lieu est poignant malgré la foule.

Le petit **Centro de Arte Contemporaneo de Mijas** possède des œuvres de Salvador Dalí, Joan Miró et Pablo Picasso, entre autres. Ne manquez pas les superbes céramiques de Picasso.

ACTIVITÉS INSOLITES DANS LES ENVIRONS DE MÁLAGA

Potter's Lodge
Passez prendre une bière et un feuilleté de saucisse chez ces Britanniques qui connaissent la région comme leur poche.

Téléphérique de Benalmádena
L'aller-retour de 15 minutes offre de belles vues. En haut, grimpez au sommet du mont Calamorro.

Fabrique de chocolat Mayan Monkey Mijas
Visitez le musée et apprenez à fabriquer vos propres barres chocolatées lors d'un atelier.

Stupa de Benalmádena

Marbella la culturelle

VIEILLE VILLE PAISIBLE ET MARCHÉ ANIMÉ

Échappez un instant à la frénésie moderne en explorant le *casco antiguo* de Marbella, superbement préservé et interdit aux voitures. Déjeunez sur la Plaza de los Naranjos, superbe place entourée d'orangers, de fleurs tropicales et de rues pavées.

À **Nueva Andalucía**, tout près de Puerto Banús (à 6 km du centre de Marbella), un marché s'installe le samedi de 8h à 14h. On y trouve un peu de tout : mode et accessoires, photographies, antiquités, tapis, etc. Bondé en été, le marché reste animé toute l'année. Faites la queue au *chiringuito* La Red pour des grillades à tomber.

Beau musée d'art privé, le **Museo Ralli**, à côté du luxueux hôtel Puente Romano, présente des peintures d'artistes essentiellement latino-américains et européens dans des salles bien éclairées. Il est géré par la même fondation que quatre autres musées au Chili, en Uruguay et en Israël. Ses expositions présentent des sculptures de Henry Moore et Salvador Dalí, des peintures de l'Argentine Alicia Carletti et du Cubain Wifredo Lam, ainsi que des œuvres de Joan Miró, Chagall et Chirico.

ANTONIO BANDERAS, CÉLÈBRE ENFANT DE MÁLAGA

"Maintenant je sais que tout est possible à Málaga," affirmait en 2022 l'acteur Antonio Banderas lors de la première de sa seconde comédie musicale, la production 100% espagnole de *Company*, de Stephen Sondheim. Les habitants de Málaga ne parlent de l'acteur qu'avec la plus grande affection. Né à Málaga, il est revenu dans sa ville en 2019, investissant dans plusieurs entreprises commerciales.

En 2019, il a lancé le Teatro del Soho. Il a aussi créé une société de production télévisuelle et un orchestre symphonique, et a également ouvert quatre restaurants. Un club de jazz doit bientôt s'ajouter à la liste de ses projets.

Banderas participe régulièrement aux processions de Pâques en tant que membre des Cofradías Fusionadas, une coalition de confréries religieuses.

COMMENT CIRCULER

Tous ces secteurs sont aisément accessibles en bus ou en voiture depuis Málaga. La compagnie de bus Avanzabus/Portillo (www.avanzabus.com) relie Málaga à Benalmádena, Marbella et Mijas.

RONDA

Ronda est incontournable pour les panoramas extraordinaires qui vous attendent dans cette ville magique, coupée en deux par un canyon vertigineux que surplombe le Puente Nuevo. Ce pont du XVIIIe siècle constitue, avec les célèbres arènes, la pièce maîtresse de la ville.

Deux autres ponts relient les deux côtés de la ville : le Puente Viejo et le Puente San Miguel.

Au nord-ouest de la gorge s'étend le quartier de Mercadillo, en grande partie moderne, tandis que de l'autre côté du pont vous attendent La Ciudad - la vieille ville maure labyrinthique - et le Barrio de San Francisco. Outre son incroyable pont, Ronda possède suffisamment de sites et de musées pour vous occuper quelques jours.

Les arènes de Ronda furent parmi les premières au monde à accueillir une corrida et possèdent la plus vaste *rueda* (le cercle de sable où se déroule le combat) d'Espagne. Visitez le musée et foulez le sable de l'arène.

Pour les infos pratiques, voir le Carnet d'adresses p. 216

À SAVOIR

Ronda est une ville tout en pentes et en rues pavées, qui s'explore donc plus facilement à pied qu'en voiture.

Puente Nuevo

PONT ICONIQUE

Chevauchant la gorge et le Río Guadalevín ("rivière profonde"), le Puente Nuevo est le monument le plus connu de Ronda. Il est ainsi nommé, non pas parce qu'il est récent (sa construction a démarré en 1759), mais en opposition au **Puente Viejo** (pont Vieux). Sous le pont se tient un centre d'interprétation assez terne qui retrace l'histoire de l'ouvrage. L'idéal est de le voir de dessus ou depuis le Sendero Los Molinos (p. 192), qui parcourt le fond de la gorge. Le pont sépare la ville ancienne de la nouvelle.

Baños Árabes

FENÊTRE RELAXANTE SUR LE PASSÉ

Les bains arabes de Ronda datent des Xe et XIe siècles. Ils se composent de trois espaces : un bassin chaud, un bassin tiède et un bassin froid. Les trous d'aération en forme d'étoiles dans les plafonds sont particulièrement esthétiques.

Une visite des vestiges de ces bains est un voyage dans le passé. Commencez par la vidéo de 20 minutes retraçant l'histoire de leur construction et permettant de visualiser les lieux à leur apogée.

Avec ces images en tête, explorez les différentes salles et imaginez-vous profiter des bains il y a plusieurs siècles.

Baños Árabes

CÉLÉBRITÉ(S) DE RONDA

Fondée au IXe siècle av. J.-C., Ronda est l'une des plus anciennes cités d'Espagne, et le plus important village blanc d'Andalousie. La corrida a été inventée ici à la fin du XVIIIe siècle.

Prisée des romantiques de la fin du XIXe siècle, la ville attira en outre de nombreux artistes et écrivains étrangers, qui contribuèrent à étendre sa renommée. Parmi eux, Alexandre Dumas, Rainer Maria Rilke et les Américains Ernest Hemingway et Orson Welles – les cendres de ce dernier reposent ici.

Découvrez l'ingénieux système souterrain de contrôle des températures, et la fonction secondaire de ces bains, qui servaient également à se purifier le corps avant d'aller se purifier l'âme à la mosquée.

Plaza de Toros

UN MUSÉE ET DES ARÈNES HISTORIQUES

Les arènes de Ronda sont chargées d'histoire. L'une des toutes premières corridas d'Espagne y eut lieu, et c'est encore aujourd'hui l'une des plus vastes arènes au monde. L'arène a tout naturellement été convertie en musée de la corrida,

OÙ SE RESTAURER À RONDA

Restaurant Albacara
Dans l'Hotel Moneleiro, avec une vue exceptionnelle. **€€**

Las Maravillas
Restaurant authentique. Goûtez la queue de bœuf. **€€**

Catalonia Ronda
Hôtel-restaurant avec une belle vue sur les arènes. **€€€**

NATURE, VIGNOBLES ET SITES MAGIQUES

Alfredo Carrasco est guide chez Nature Tours Andalucía. *@nature.tours. andalucia*

L'un de mes endroits favoris est la Cueva del Gato (Grotte du chat), avec son entrée spectaculaire. Devant, il y a un bassin où l'on peut se baigner.

Parmi les 300 espèces d'oiseaux de la province de Málaga, j'aime surtout les rapaces. On peut en voir dans la Sierra de Las Nieves. La forêt enchanteresse de Parauta est l'endroit parfait pour admirer les couleurs cuivrées de l'automne.

La Bodega-Schatz est une pionnière de la viticulture locale. La bodega Doña Felisa organise de superbes visites, et la Bodega García Hidalgo possède une histoire qui fait chaud au cœur.

Le site archéologique d'Acinipo (p. 197) est l'un de ces endroits magiques qui font du bien à l'âme.

RAQUEL PEDROSA/SHUTTERSTOCK ©

Casa del Rey Moro

ouvert toute l'année. Il n'y a plus qu'une corrida par an, ce type de spectacle étant en déclin.

Prenez le temps d'arpenter l'arène et de visiter le musée, qui contient des objets tels que des affiches d'époque et des costumes portés par les matadors. Visitez aussi le toril, la petite église où les toreros priaient avant les combats, l'arène de dressage couverte et les écuries principales de l'école équestre de la **Real Maestranza**.

Aujourd'hui l'essentiel des revenus de la Plaza de Toros provient du tourisme (l'enceinte attire 30 millions de visiteurs chaque année), et sert principalement à financer des initiatives culturelles et éducatives locales.

Casa del Rey Moro

DESCENTE AU FOND DE LA GORGE

La maison du Roi maure est fermée, mais ses jardins spectaculaires, divisés en trois terrasses, ornent les parois de la gorge tels d'énormes paniers suspendus.

La Mina, un escalier de la période maure comptant 231 marches, permettait à Ronda de s'approvisionner en eau lorsque la ville était attaquée. C'est aussi par là que les troupes

OÙ SE LOGER À RONDA

Aire de Ronda
Un hôtel qui mêle façade ancienne et intérieur moderne, avec des chambres élégantes tout en noir et blanc. **€€**

Hotel Soho Boutique Palacio San Gabriel
Situé dans la Ciudad, un hôtel charmant dans un édifice historique. **€€**

Hotel Montelirio
Embrassant la gorge d'El Tajo, ce palacio reconverti offre des chambres somptueuses. Excellent restaurant. **€€€**

chrétiennes parvinrent à pénétrer dans la ville en 1485. Soyez prudent car l'escalier est mal éclairé, glissant et étroit par endroits.

En descendant les marches, vous verrez plusieurs salles : la Sala de la Noria (du nom de la roue hydraulique servant à extraire l'eau du puits), la salle d'Armes et la salle des Secrets, qui abrite le puits.

Mais l'essentiel reste la vue qui vous attend au fond du canyon. Admirez la rivière, puis levez la tête pour contempler d'en bas l'impressionnante gorge. Ensuite, remontez et faites une pause détente dans les ravissants jardins du château.

Visites culturelles dans le quartier de La Ciudad

HISTOIRE, ART ET ÉCLECTISME

La Ciudad, la vieille ville sur le côté sud de la gorge d'El Tajo, est un quartier pittoresque au passé toujours palpable, où flâner entre les demeures Renaissance et les nombreux musées.

Dans la calle de Armiñán, le **Museo Lara** abrite la collection privée de Juan Antonio Lara Jurado, qui commença à la constituer à l'âge de 10 ans. Septuagénaire aujourd'hui, il vit toujours au-dessus du musée. La collection se caractérise par son éclectisme : horloges, armes, radios, gramophones, machines à coudre, téléphones, jumelles de théâtre, éventails espagnols, balances, appareils photo, etc.

Sur la plaza del Gigante, le **Museo Joaquín Peinado** est consacré à l'artiste Joaquín Peinado, natif de Ronda et ami de Picasso. Son œuvre est parcourue par de fortes lignes abstraites, une approche cubiste et une apparente obsession pour les nus féminins, que l'on peut voir dans cette galerie d'art aménagée dans un bâtiment historique.

Enfin, sur la Plaza Mondragón, le **Museo de Ronda** qui montre quelques signes de fatigue présente des artefacts et des informations englobant plusieurs millénaires de l'histoire andalouse. Certains s'intéresseront surtout à l'architecture du palais qui l'abrite. Édifié en 1314 pour Abomelic, gouverneur de Ronda, il a conservé ses fontaines et un patio mudéjar, d'où une arche en fer à cheval conduit à un jardin au sommet de la falaise – vue splendide

Escalade et randonnée

BEAUX POINTS DE VUE SUR LA VILLE

Plusieurs sentiers bien balisés partent des limites de la ville et offrent un parcours entre 2,45 km et 9,1 km. Si vous êtes pris

GUITARE ESPAGNOLE ET SPECTACLES DE FLAMENCO

Paco Seco, expert local en guitare espagnole, donne des concerts intimistes de 45 minutes à la Casa Museo Don Bosco, à partir de 19h du lundi au samedi. Dans le jardin à l'arrière de la maison vous attendent un petit bar et une vue magnifique sur le soleil couchant.

Un autre soir, allez voir la *Ronda Flamenca* au Casino del Socorro. Ce spectacle de flamenco traditionnel est idéal pour découvrir la discipline et la passion qu'exige cet art tout en couleurs. Plusieurs chansons dénotent de fortes influences de Ronda. Terminez la soirée avec des tapas et un verre de vin dans l'un des restaurants-bars de la Plaza del Socorro.

OÙ PRENDRE UN VERRE À RONDA

Entre Vinos
Petit bar à vins élégants où goûter des vins de Ronda, accompagnés de tapas innovantes et peu onéreuses.

Tabanco Los Arcos
Bar à vins caché sous les arcades d'où l'on peut avoir une vue sur les gorges tout en dégustant du vin de la région.

Bodeguita El Coto
Petit bar servant bière glacée et tapas : *migas rondeñas*, *caracoles* à l'ail et généreuse tortilla.

Gorge du Tajo de Ronda

par le temps, essayez le sentier **Sendero Los Molinos**, qui mène à l'embouchure des gorges et offre une vue imprenable sur le Puente Nuevo.

On trouve une demi-douzaine de vias ferratas (itinéraires aménagés sur une paroi rocheuse) dans la Serranía de Ronda. Les deux les plus prisées sont situées à la sortie de la ville. Le **Tajo de Ronda I** est réputé difficile, avec son parcours remontant la gorge sur 56 mètres. **Le Tajo de Ronda II**, parallèle au I, est considéré comme facile et idéal pour les débutants. Plusieurs agences proposent des escalades guidées, notamment Andalucía Aventura (www.alandalusactiva.com).

COMMENT CIRCULER

Ronda est accessible en voiture, en bus ou en train depuis Málaga. Le bus (2 heures 45-3 heures) est direct, tandis qu'en train il faut faire une correspondance à Antequera Santa Ana, mais le trajet vaut le coup pour les panoramas splendides en chemin.

PROMENADE À PIED DANS RONDA

Commencez votre promenade architecturale dans Ronda aux arènes.

De là, rejoignez la **1 Plaza de España** et préparez-vous à rester sans voix, car à quelques minutes de marche vous attend le **2 Puente Nuevo** (pont Neuf). Aussi magnifique que terrifiant, perché 120 m au-dessus de la **3 gorge du Tajo de Ronda**, le pont fut achevé en 1793 après 40 ans de travaux éprouvants.

Traversez ensuite les bucoliques **4 Jardines de Cuenca** et rejoignez le **5 Puente Viejo** (pont Vieux). Depuis le pont, prenez la route partant vers la droite, au-delà des anciens remparts, et continuez 10 minutes pour atteindre les **6 Baños Árabes** (bains arabes). Quittez les bains arabes en empruntant le même chemin vers le Puente Viejo. En remontant, après un virage en épingle à cheveux, vous passerez sous l'**7 Arco de Felipe V**, une arche intégrée aux remparts de la ville.

Grimpez ensuite jusqu'à l'élégante **8 Casa del Rey Moro** (maison du Roi maure). En sortant de ses luxuriants jardins, vous entrerez dans le quartier maure, tout simplement baptisé La Ciudad (la Ville), où vous pourrez errer et vous imprégner du charme des lieux.

Si vous avez le temps, visitez le **9 minaret de San Sebastián**. Il faisait jadis partie d'une petite mosquée datant peut-être du XIVe siècle, convertie en église après la reconquête chrétienne et dont il ne reste que ce minaret converti en clocher.

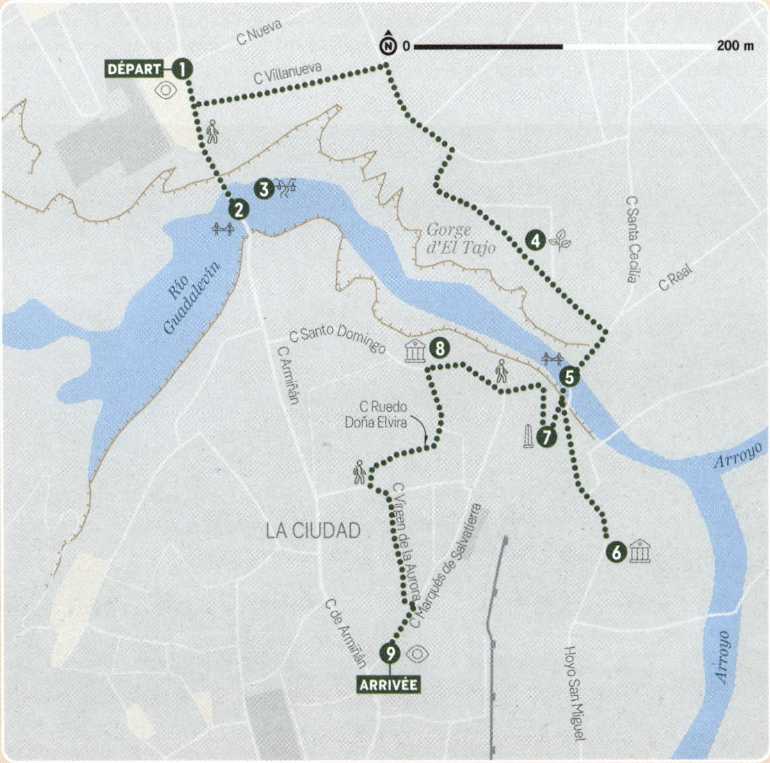

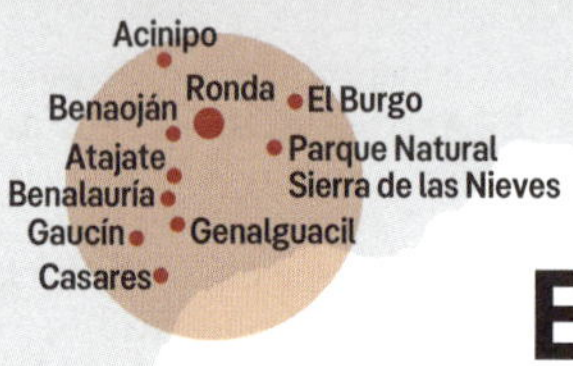

Environs de Ronda

S'aventurer hors de Ronda permet de découvrir des *pueblos blancos* mésestimés et une nature préservée.

Les *pueblos blancos* des environs de Ronda sont bien moins visités que ceux des provinces voisines. Passez une journée à en explorer quelques-uns à l'instinct, en vous arrêtant selon vos envies pour une promenade ou un verre.

Ne manquez pas La Cueva de la Pileta, une grotte fascinante où tous les sens sont à la fête.

Le Parque Natural Sierra de las Nieves vient de devenir le troisième parc national d'Andalousie, et bénéficie désormais du plus haut niveau de protection existant, ce qui fait la fierté des habitants du coin. Réputé pour ses sapins d'Espagne (*Abies pinsapo*), endémiques du sud de l'Espagne et du Maroc, c'est un lieu magnifique où les itinéraires de randonnées sont moins ardus que dans d'autres parcs de la région.

Pour les infos pratiques, voir le Carnet d'adresses p. 216

À SAVOIR

La voiture est le meilleur moyen pour explorer ces villages et le parc.

Atajate

RUDOLF ERNST/GETTY IMAGES ©

Cueva de la Pileta

PEINTURES RUPESTRES, CHAUVES-SOURIS ET NOIR TOTAL

Vous ne pourrez explorer l'extraordinaire Cueva de la Pileta qu'en prenant part à une visite de groupe – ce qui ajoute à la richesse de l'expérience. La guide experte éclaire à la lampe torche les trésors géologiques et historiques de la grotte, et chaque visiteur a aussi une lampe pour avancer dans le noir.

La gigantesque grotte est célèbre pour ses peintures rupestres, dont les plus anciennes remontent à 32 000 ans. Avec plus de 3 800 images recensées, c'est l'un des plus importants sites d'art rupestre en Europe. Selon la guide, ces peintures "ont changé nos perspectives sur ce dont étaient capables les néandertaliens". Chaque salle recèle de véritables trésors visuels. Observer la précision des dessins de chevaux, de poissons, de chèvres, de tortues, est tout simplement sidérant.

Vous serez également fascinés par les bassins minéraux peuplés de minuscules insectes et par l'écho produit lorsque la guide frappe le sol du pied, le tout ponctué du vol des chauves-souris dans la grotte.

Le site est à 23 km de Ronda, dans le village de Benaoján. Réservez et prévoyez des chaussures fermées dotées d'une bonne adhérence.

ATELIERS BOULANGERIE ET FROMAGERIE

Des ateliers de fabrication de pain sont proposés quotidiennement à la boulangerie **Hn@s Guerrero**, à Benalauría. Depuis 1882, la famille Guerrero cuit tous les jours du pain dans son four à bois d'après une recette artisanale inchangée.

La fabrique de fromage familiale **Quesos Sierra Crestellina**, perchée dans les montagnes, est accessible par la route Manilva-Gaucín ou en remontant la route de Casares. Les propriétaires organisent des visites des lieux et l'on peut même parfois traire les chèvres.

Pueblos blancos de la Serrania de Ronda

DE VILLAGE EN VILLAGE

Avec seulement 180 habitants, **Atajate** est le village le moins peuplé de la province de Málaga. Perché à 745 m d'altitude, il offre une vue splendide sur les paysages naturels qui l'entourent, sillonnés de plusieurs sentiers de randonnée. On peut aussi y visiter l'impressionnante Iglesia de San Roque.

À **Benalauría** (500 habitants), ne manquez pas la Bodega 28 metros cuadrados (28 mètres carrés), la plus petite cave de la province.

Ne manquez pas non plus le village d'un blanc immaculé de **Genalguacil** (400 habitants), surnommé le "village musée" car il accueille tous les deux ans au mois d'août depuis 1994 les Rencontres de l'art de la vallée du Genal. Les œuvres sélectionnées sont installées sur les places et le long des rues, transformant le village en musée à ciel ouvert. Plus de cent peintres, sculpteurs, photographes et potiers ont déjà laissé leur empreinte dans le village. Avec tous ces atouts, Genalguacil se classe avec brio parmi les plus beaux villages d'Espagne.

Genalguacil

OÙ SE RESTAURER DANS LES PUEBLOS BLANCOS

Bar Restaurante la Solana, Benalauría
Spécialisé dans les steaks. Très confortable. **€€**

Restaurante Sarmiento, Casares
Vue imprenable sur tout le village. **€€€**

Forge, Casares
Cadre rustique, plats végétariens et sans gluten disponibles. **€€**

VINS DE RONDA

Gema Perez Barea est guide de vin chez Milamores Ronda.

Ronda est célèbre pour ses différents vins, qu'elle doit à un sol et à un climat uniques ainsi qu'à la passion que mettent les viticulteurs de la région dans leur travail.

Nous produisons des vins à base de petit verdot, un cépage français introduit en 2002 dans la région de la Serrania de Ronda. Ce cépage se vendange tardivement, entre octobre et novembre, et il en résulte les meilleurs petits verdots monovariétaux d'Europe.

Parmi les vignobles qui en produisent, citons Bodega F. Schatz, Bodega Vetas, Badman Wines, Cortijo Los Aguilares, Bodega Gonzalo Beltrán et Bodega Doña Felisa.

En chemin, vous traverserez le village d'**Algatocín**, entouré de chênes-lièges. L'écorce des arbres étant prélevée tous les neuf ans, les alentours du village sont divisés en neuf zones de récolte, exploitées à tour de rôle. Selon la tradition, le liège est transporté à dos de mule jusqu'à la route.

Sur la route de Casares, **Gaucín** est un village tout en escaliers abrupts et rues en pente flanquées de maisons chaulées et de vestiges d'architecture populaire maure. Ne manquez pas les ruines du **Castillo del Águila**, perchées à 150 m d'altitude et visibles depuis toute la commune.

Le magnifique village de "morceaux de sucre" de **Casares** (3 000 habitants) est composé de maisons blanches empilées sur les hauteurs jusqu'aux pieds des remparts d'un château maure.

Parque Nacional Sierra de las Nieves

UN PARC NATIONAL TOUT NOUVEAU

Récemment classée parc national, cette réserve naturelle compte plus de 1 500 espèces végétales, dont 19 n'existent que dans la région. Le parc est également peuplé de 120 espèces d'oiseaux, dont plusieurs espèces d'aigles, de quelque 1 000 bouquetins ibériques et d'innombrables chèvres de montagne.

La *nieve* (neige) dont les montagnes tirent leur nom tombe habituellement de janvier à mars. **El Burgo**, village isolé mais charmant à 10 km au nord de Yunquera, constitue une bonne base pour visiter l'est et le nord-est du parc. C'est également un endroit idéal pour l'observation des oiseaux.

Le parc est sillonné de sentiers, dont le plus beau est celui menant au sommet de la plus haute montagne de l'ouest de l'Andalousie, le **Torrecilla** (1 918 m). Partez de l'**Área Recreativa Los Quejigales**, à 10 km à l'est par une route de terre qui part de la route A376 Ronda-San Pedro de Alcántara. L'embranchement, à 12 km de Ronda, est indiqué. De **Los Quejigales**, une montée escarpée de 470 m suit le couloir de **Cañada de los Cuernos** jusqu'au col d'altitude de **Puerto de los Pilones**. Après une section relativement plate, une dernière montée de 230 m conduit au sommet et à une vue splendide. Comptez 5 à 6 heures aller-retour pour cette marche de niveau facile à moyen.

On trouve un office du tourisme (sierranieves.com) à **Yunquera**, et d'autres à **Tolox** et El Burgo. Vous devriez également pouvoir obtenir des informations sur le parc à l'office du tourisme de Ronda. Des bus de la compagnie Paco Pepe (grupopacopepe.com) desservent El Burgo depuis la gare routière de Ronda.

OÙ SE RESTAURER À GAUCÍN

Lla fructuosa, Gaucín
Cuisine étoilée au Michelin d'un excellent rapport qualité/prix, le tout avec vue. **€€**

Bar Paco Pepe, Gaucín
Tapas locales et ambiance chaleureuse, sur une place animée. **€**

La Esquinita, Gaucín
Propose des plats végétariens et sans gluten. **€**

JESUS NOGUERA PHOTOGRAPHY/SHUTTERSTOCK ©

Cascade près d'El Burgo

PLONGEZ DANS LE CHARCO DE LA ESCRIBANA

À mi-chemin entre les villages blancs de Benarrabá et Genalguacil, ce lac naturel d'une clarté sidérante est rafraîchi par le fleuve Genal. Piquez une tête et vous verrez des poissons nager tout autour de vous ; émergez et admirez les montagnes. Ensuite, si le cœur vous en dit, grimpez jusqu'à l'auberge de la Venta San Juan pour une *cerveza* ou un déjeuner léger.

Acinipo

RUINES ROMAINES

À 20 km au nord-ouest de Ronda, le site romain d'Acinipo, à Ronda la Vieja, comprend un théâtre partiellement reconstruit. Cette cité en ruine s'étend dans un cadre sauvage et offre une vue splendide sur la campagne alentour. Vous pouvez flâner des heures au milieu des ruines, en tentant de deviner l'emplacement des divers bains et forums. Les horaires varient d'un mois sur l'autre ; consultez la page Facebook pour plus de détails (www.facebook.com/acinipoenclavearqueologico).

COMMENT CIRCULER

Pour explorer les environs de Ronda, le mieux est d'avoir une voiture. Notez qu'il n'y a qu'une agence de location à Ronda : Auto Ronda Rent A Car, ouverte de 9h à 14h et de 16h à 19h en semaine et de 11h à 13h le samedi.

Des bus Damas relient Ronda à Benaoján (mais la grotte est encore à 4 km au sud), quand la compagnie Comes propose de rares bus entre Ronda, Atajate, Genalguacil, Algatocín. Les autres villages ne sont pas desservis.

ANTEQUERA

Le nom d'Antequera vient de l'ibère "Antikaria", qui signifie "en face de l'énorme rocher". La ville se trouve à l'extrême nord de la province, riche en paysages et en culture. Non loin, les formations rocheuses d'El Torcal de Antequera sont faites de calcaire émergé du fond de l'océan il y a 150 millions d'années.

Surnommée *el corazón de Andalucía* (le cœur de l'Andalousie) en raison de sa position centrale entre les provinces de Grenade, Cordoue et Séville, la ville voit passer de nombreux visiteurs en transit et devient peu à peu une destination à part entière.

Avec plus de trente églises, Antequera possède le plus haut ratio églises/habitants de toute l'Espagne. Les églises sont d'architectures variées, de la Renaissance au néoclassique en passant par le baroque.

Pour les infos pratiques, voir le Carnet d'adresses p. 217

À SAVOIR

Les imposants vestiges de l'Alcazaba dominent la vieille ville et sont facilement accessibles du centre-ville, moyennant une grimpée.

LUZ DE LUNA

De mi-juin à mi-septembre, Antequera accueille, "à la Lumière de la Lune", une série de concerts et spectacles aux éclairages impressionnants dans des sites historiques, dont les nombreuses églises du *casco antiguo* et les routes traversant El Torcal.

Museo de la Ciudad de Antequera

VOYAGE À L'ÉPOQUE ROMAINE

Le musée municipal du centre-ville d'Antequera possède une impressionnante collection d'artefacts romains retrouvés dans la région, dont des objets en verre, des bijoux, des sculptures en pierre, des vêtements, des peintures et des fragments de mosaïques. Tout est extrêmement bien préservé – on dirait presque que les somptueux vêtements sortent de l'atelier. De nombreuses pièces sont accompagnées d'illustrations décrivant leurs usages à l'époque romaine.

L'*Efebo*, une élégante et athlétique statue de bronze de 1,40 m de hauteur d'un jeune garçon, découverte dans une ferme locale en 1952, est l'une des plus belles statues romaines découvertes à ce jour en Espagne.

Convento de Belén

BONBONS TRADITIONNELS VENDUS PAR DES NONNES

De nombreuses nonnes à travers les couvents d'Espagne gagnent leur pain quotidien en vendant des confiseries. Les recettes ont été transmises au fil des siècles depuis l'époque romaine.

Le Convento de Belén est géré par un ordre cloîtré des Clarisses. Pour acheter des bonbons, il faut entrer dans une pièce minuscule avec un plateau tournant aménagé dans le mur, flanqué d'un interphone et d'une liste des prix. Une fois votre choix fait, sonnez à l'interphone. Une nonne prendra alors votre commande, et quelques minutes plus tard apparaîtront

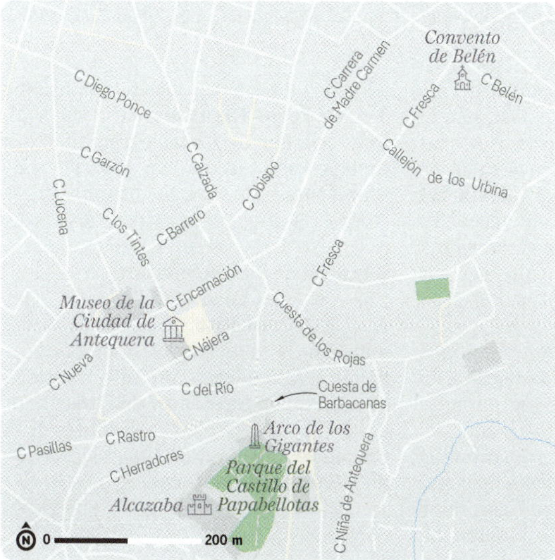

sur le plateau tournant vos délices sucrées. Prenez votre commande, placez l'argent sur le plateau et tournez-le pour le donner à la nonne.

Alcazaba

UN VOYAGE DANS LE PASSÉ

Jadis appréciée des émirs de Grenade, la forteresse maure d'Antequera possède une histoire fascinante et couvre 62 000 m^2. Le principal accès à la colline part de la Plaza de San Sebastián : montez les marches de la Cuesta de San Judas puis franchissez l'impressionnant Arco de los Gigantes, arche érigée en 1585 et jadis surmontée de gigantesques statues d'Hercule. Il ne reste aujourd'hui que des inscriptions latines sur les pierres.

Le billet d'entrée comprend un audioguide en plusieurs langues, qui détaille le contexte historique à mesure que vous avancerez le long des chemins bordés de haies et de quelques vestiges d'une église gothique et de maisons romaines.

Grimpez les cinquante marches de la Torre del Homenaje pour une vue splendide, notamment au nord-est et sur la Peña de los Enamorados (rocher des Amoureux) – rocher en forme de visage humain qui a inspiré de nombreuses légendes.

MA JOURNÉE IDÉALE À ANTEQUERA

Justine Faucon est guide touristique chez Visita Antequera. *@visitaantequera*

Un jour de congé à Antequera démarre avec le lever du soleil. Je prends le petit-déjeuner à Entre Torres ou au Bar Chicón – je commande toujours un *mollete antequerano* (petits pains d'Antequera garnis) avec de l'huile d'olive vierge extra ou avec du jambon, du fromage et des tomates.

Ensuite je vais me promener avec mon chien. Je découvre toujours un balcon ou un joli patio que je n'avais jamais remarqués. Parfois nous allons jusqu'à la rivière. En rentrant, je retrouve des amis autour de *cañas* et de tapas.

Nous aimons tous la randonnée, et nous allons parfois crapahuter dans El Torcal (p. 204).

COMMENT S'Y RENDRE ET CIRCULER

L'aéroport de Málaga n'est qu'à 60 km – environ 50 minutes en voiture. Il y a une ligne de trains à grande vitesse AVE au départ de la gare Maria Zambrano de Málaga (25 min). Le train s'arrête à la gare Santa Ana d'Antequera, à 17 km d'Antequera. Ensuite, rejoignez la ville en taxi. Des bus Alsa relient la gare routière centrale de Málaga à Antequera (1 heure).

RUINES, ÉGLISES ET VISITE DE L'ALCAZABA

Commencez votre exploration de la ville au **1 Convento de Belén** (p. 198), dont la construction débuta en 1628. Admirez les ornementations baroques des plâtres bleus avant de rejoindre l'**2 Iglesia del Carmen**, classée monument national. Contemplez le superbe plafond mudéjar à caissons rectangulaires. Ensuite, cap sur l'**3 Alcazaba de Antequera** (p. 199) et sa riche histoire.

Après l'Alcazaba, marchez quelques minutes jusqu'à la **4 Real Colegiata de Santa María la Mayor**, le tout premier édifice de style Renaissance d'Andalousie. À l'intérieur, une vidéo de 20 minutes retrace la fascinante histoire des lieux. En sortant, admirez la vue et repérez les bains romains. Découverts en 1988, ils datent du Ier siècle et furent utilisés jusqu'au Ve siècle.

En sortant, passez sous le magnifique **5 Arco de los Gigantes**. Érigé en 1585, l'édifice est un bel exemple d'architecture Renaissance tardive. Au sommet sont représentés un vase de nénuphars, le château et un lion – les armes de la ville. À l'ouest, vous verrez la spectaculaire **6 Iglesia de San Sebastián**.

Si vous avez encore de l'énergie, allez voir le **7 Convento de los Remedios**, dont l'autel principal est l'un des plus beaux d'Antequera. Poursuivez jusqu'à l'**8 Iglesia de San Juan de Dios** avant de revenir visiter l'incroyable Museo de la Ciudad de Antequera (p. 198), à l'intérieur du **9 Palacio de Nájera**.

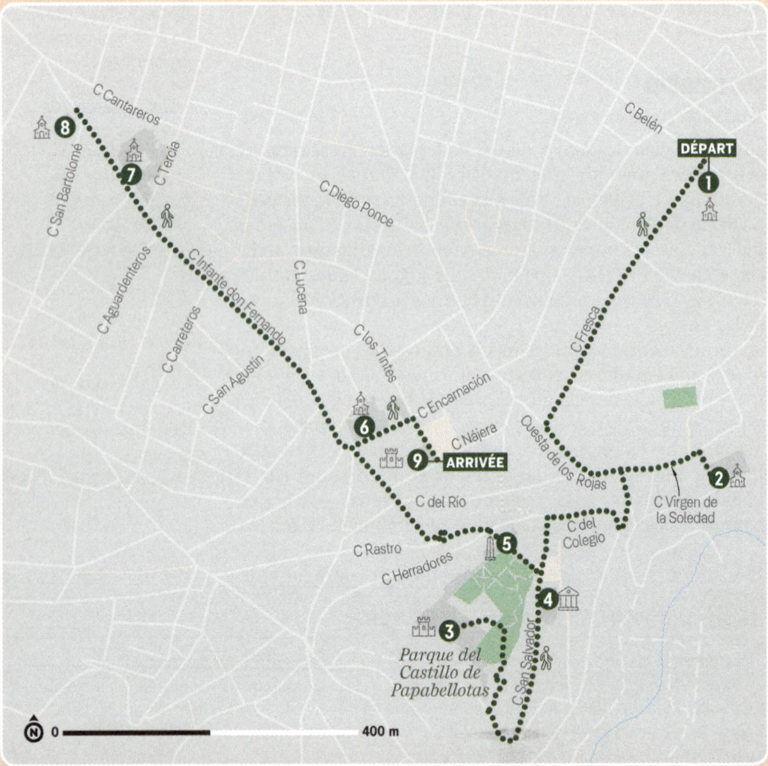

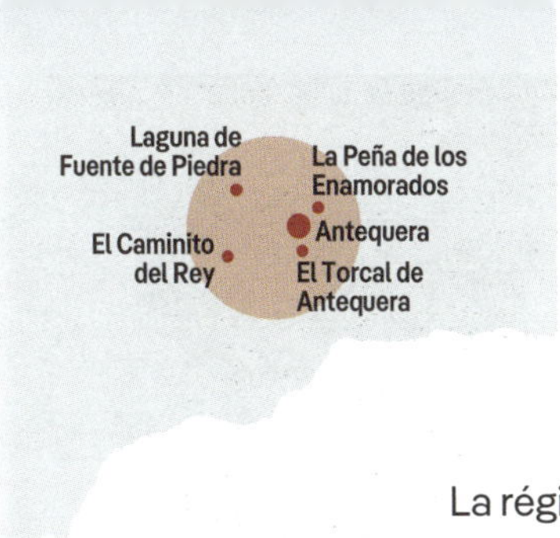

Environs d'Antequera

La région d'Antequera recèle des merveilles d'architecture antique et moderne.

Pour les infos pratiques, voir le Carnet d'adresses p. 218

À SAVOIR

Il y a beaucoup à voir : comptez au moins trois jours pour découvrir les principaux sites.

Peu d'endroits possèdent une telle combinaison de monuments d'importance historique et de paysages naturels saisissants.

Le site archéologique de dolmens d'Antequera est classé au Patrimoine mondial de l'Unesco, de même que les enclaves de Peña de los Enamorados et d'El Torcal de Antequera. El Torcal est l'un des paysages karstiques les plus spectaculaires d'Europe. Comme si cela ne suffisait pas, il y a aussi la lagune de Fuente de Piedra, peuplée de milliers de flamants roses à la période de reproduction (février à mai), et El Caminito del Rey, promenade en planches accrochée aux parois des vertigineuses gorges d'El Chorro.

Ces sites peuvent se visiter depuis Antequera ou lors d'excursions d'une journée depuis Málaga et d'autres villes de la région.

Dolmen de Viera (p. 203)

PROCESSIONS ET FESTIVITÉS UNIQUES

Les processions de la Semaine sainte à Antequera sont radicalement différentes de celles des autres villes d'Andalousie. Lors du fameux Correr la Vega, le Jeudi et le Vendredi saints, les confréries religieuses défilent dans les rues avec leurs chars jusqu'au pied d'une colline abrupte, puis s'élancent vers le sommet dans une course de chars effrénée.

Pendant les processions, les rues ne sont éclairées que de la lueur des bougies, et le son des tambours résonne dans toute la ville.

Des *fiestas* importantes sont organisées en l'honneur des saints patrons de la ville : en mai, El Señor de la Salud y de las Aguas ; en septembre, la Virgen de los Remedios et Santa Eufemia.

Le dernier week-end de mai, la ville accueille Agrogant, une foire agricole et au bétail, et en août la Real Feria (feria royale).

Menga dolmen

Site de dolmens d'Antequera

VOYAGE DANS LE PASSÉ

Ce site extraordinaire se compose de trois monuments culturels – les dolmens (tumulus) de Menga (p. 203) et Viera (p. 203), et le *tholos* (tombeau) d'El Romeral (p. 203), auxquels s'ajoutent deux monuments naturels : La Peña de los Enamorados (p. 204 ; rocher évoquant un visage de femme) et El Torcal (p. 204).

Considérés comme faisant partie des plus beaux monuments néolithiques d'Europe, les tumulus de Menga et Viera ont été classés au Patrimoine mondial de l'Unesco en 2016. Élevés à l'âge du bronze, vers 3000 av. J.-C., ils furent redécouverts en 1903, avec à l'intérieur les restes de plusieurs centaines de corps.

Menga et Viera ne sont séparés que de quelques mètres, tandis qu'El Romeral se trouve 3,5 km plus loin.

Avant d'explorer le site, regardez la brève vidéo au centre d'accueil des visiteurs pour vous familiariser avec les dolmens et leurs liens avec La Peña.

OÙ SE RESTAURER À ANTEQUERA

Bar la Socorrilla
Apprécié des touristes et des habitants. Emplacement superbe. **€€**

Meson Adarve
Petit restaurant familial. Cuisine excellente. **€€**

Recuerdos Tapas Bodega
Tapas de haut niveau, que l'on accompagne d'un choix varié de vins et de cocktails. **€€**

Dolmen de Menga

PANORAMA D'EXCEPTION SUR LA PEÑA

Construit aux alentours de 3500 av. J.-C., ce dolmen est sans doute le plus ancien des trois monuments funéraires d'Antequera. Avec 30 m de longueur, c'est la plus vaste construction de ce type en Europe ; sa plus grande pierre dressée pèse 180 tonnes (la pierre la plus lourde de Stonehenge, au Royaume-Uni, pèse 40 tonnes).

Le tombeau est divisé en trois sections : un couloir ouvert, ou porche-atrium, qui devait être totalement ou partiellement dépourvu de toit ; un passage, ou couloir, composé de quatre pierres ; et un passage menant à la vaste chambre funéraire ovale. Dans le tunnel, vous verrez que les parois sont superbement préservées. À l'intérieur, retournez-vous et, surprise, devant vous se dresse La Peña de los Enamorados ! C'est l'unique exemple en Europe de dolmen aligné avec un site naturel ; l'intentionnalité de cet alignement n'est donc pas avéré.

Dolmen de Viera

ARCHITECTURE PRÉHISTORIQUE LUMINEUSE

Construit avant 3000 av. J.-C., ce qui en fait le deuxième plus ancien dolmen du site, le dolmen de Viera se compose de deux sections : un couloir à ciel ouvert avec une "porte" et un passage de 21 m de long. À l'arrière se trouve une petite chambre sépulcrale à laquelle on accède par une ouverture taillée dans la pierre.

Le dolmen est positionné de sorte que le soleil baigne la chambre de lumière aux équinoxes de printemps et d'automne – un exploit architectural pour l'époque. Des visites en petits groupes sont organisées aux équinoxes, sur réservation auprès du centre d'accueil des visiteurs jouxtant les dolmens.

SPÉCIALITÉS D'ANTEQUERA

Parmi les spécialités culinaires de la région, citons le *mollete antequerano* (pain maure), la *porra* (purée épaisse de tomate et de pain), le *guisado de patas* (ragoût de porc), l'*ajo blanco* (soupe à l'ail, à l'amande et au pain), le *gazpachuelo* (soupe de poisson à la mayonnaise), le *pío antequerano* (morue à l'orange), le lapin *a la cazadora* (cuisiné avec des tomates, des champignons et de l'ail) et le chevreau *a la pastoril* (avec foie, origan, thym et paprika). Côté desserts, ne manquez pas le *bienmesabe* (pâtisserie aux amandes pilées).

El Romeral

ILLUSION D'OPTIQUE MILLÉNAIRE

Érigé vers 2500 av. J.-C., le *tholos* d'El Romeral est une tombe à fausse coupole composée d'un couloir de 26 m de long aux murs maçonnés et coiffé d'un toit plat dont il reste onze grandes dalles de pierre. Le couloir débouche sur deux pierres dressées tout près l'une de l'autre, formant un goulet menant à une chambre funéraire de 5,2 m de large.

Dans la chambre, laissez vos yeux s'accoutumer à l'obscurité et observez le mur à droite de l'ouverture menant à la plus petite chambre. Vous verrez alors une "projection" de la lumière provenant de l'entrée, concentrée par le long couloir.

Porra

Sal y Pimienta
Simple et accueillant, excellentes tapas. **€**

Arte de Tapas
Superbes tapas, ambiance créative. **€€**

Mesón Adarve
Accueil chaleureux et cuisine d'exception. **€€€**

La Peña de los Enamorados

ROCHER MÉTAMORPHE

Cette colline de calcaire dominant la ville et la vallée d'Antequera (880 m) est connue sous le nom de La Peña de los Enamorados (rocher des Amoureux), ou de saut des Amants.

Certains y voient un visage masculin anguleux, d'autres le visage d'une jeune femme. Prenez votre temps pour contempler le rocher et faire votre choix.

L'ÉMOUVANTE LÉGENDE DU SAUT DES AMANTS

L'histoire raconte que le seigneur musulman Ibrahim avait une fille superbe appelée Tagzona, qui était amoureuse d'un jeune chrétien de la famille Abencerrajes, à Antequera. Poursuivis par les soldats maures, les jeunes amants se retrouvèrent acculés au sommet du rocher. Refusant de se laisser capturer et de renoncer à leur amour, ils se jetèrent dans le vide, main dans la main, unis jusqu'à leur dernier souffle.

El Torcal de Antequera

FORMATIONS CALCAIRES SAISISSANTES

Depuis l'émergence de la Sierra del Torcal des profondeurs de la mer il y a 150 millions d'années, l'eau s'infiltrant dans la roche a sculpté d'étonnantes formations, particulièrement remarquables à El Torcal.

En arpentant les 17 km^2 du parc, vous découvrirez des panoramas sur toute la province de Málaga, des plantes locales (les roses sauvages sont superbes) et occasionnellement des vautours fauves survolant le parc en quête de proies. Vous tomberez peut-être aussi sur des fossiles d'ammonites.

Deux sentiers de randonnée balisés sont accessibles sans guide : la **Ruta Verde** et la **Ruta Amarilla** qui partent et finissent au Centro de Visitantes (voir l'encadré page ci-contre).

Plusieurs randonnées guidées à thème sont aussi organisées par le centre de visiteurs, comme celle de l'**Antigua Ruta Roja** (voir l'encadré page ci-contre).

El Torcal est à 30 km au nord de Málaga sur la route d'Antequera, près de Villanueva de la Concepción.

Parque Natural de Fuente de Piedra

OBSERVATION DES FLAMANTS

Le plus grand lac d'Andalousie, la Laguna de Fuente de Piedra, accueille de février à mai des milliers de flamants roses venus s'y reproduire.

Le petit village de Fuente de Piedra se trouve au coin nord-est du lac et dispose d'un centre d'information. Des visites guidées y sont proposées, idéal pour comprendre l'écosystème du lac et identifier les oiseaux. Par ailleurs, quelques courts sentiers mènent du centre d'information à divers points d'observation, plusieurs étant panoramiques.

Non loin de là se trouvent les **Bodegas Málaga Virgen**, l'un des plus anciens vignobles de la province de Málaga, dans la même famille depuis cinq générations.

OÙ SE RESTAURER DANS LES ENVIRONS D'ANTEQUERA

Restaurante la Garganta, El Chorro
Bon restaurant gastronomique. **€€**

Meson Carrion, Alora
Ambiance locale et chaleureuse. **€€**

Bar Cristóbal, Alora
Bonnes tapas locales sans prétention. **€**

El Caminito del Rey

LES ITINÉRAIRES DE RANDONNÉE À EL TORCAL

Ruta Verde (route verte)
Le plus court et le plus facile ; 1,5 km, 30 minutes.

Ruta Amarilla (route jaune)
Grimpe à Las Ventanillas pour un beau panorama ; 2,5 km.

Antigua Ruta Roja (ancienne route rouge)
Le plus long, avec un point de vue pour voir les côtes africaines ; 4,5 km.

El Caminito del Rey

PROMENADE VERTIGINEUSE LE LONG D'UNE GORGE

El Caminito del Rey (le chemin du Roi) – baptisé ainsi car Alphonse XIII l'emprunta pour inaugurer le barrage hydroélectrique de Guadalhorce en 1921 – est une promenade en planches de 2,9 km qui serpente le long des falaises 100 m au-dessus du Río Guadalhorce, offrant des panoramas époustouflants à chaque tournant.

Complètement délabré à la fin des années 1990, le *caminito* était alors réputé être le chemin le plus dangereux au monde, et fut officiellement fermé en 2000 (ce qui n'empêcha pas quelques têtes brûlées de s'y attaquer). Après des travaux de rénovation de 5,5 millions d'euros, la promenade fut rouverte en 2015, et l'on peut désormais l'arpenter en toute sécurité, à condition de ne pas être sujet au vertige.

La promenade est constituée de lattes de bois, et par endroits on aperçoit en contrebas l'ancien chemin croulant. Elle ne peut s'effectuer que dans le sens nord-sud, et il faut réserver le plus tôt possible un créneau de visite sur Internet, ceux-ci étant souvent épuisés des jours, voire des semaines à l'avance.

Le *caminito* peut se parcourir en solo, mais un guide vous

OÙ SE LOGER À ANTEQUERA

Hotel Coso Viejo
Palais néoclassique du XVIIe siècle reconverti ; les chambres donnent sur la plaza. **€**

Hotel Infante Antequera
Dans le centre, avec piscine sur le toit. **€€**

La Fuente del Sol Hotel & Spa
Hôtel rural de luxe sur le versant sud de la Sierra del Torcal. **€€€**

ACTIVITÉS AUTOUR D'EL CAMINITO DEL REY

Après le *caminito*, piquez une tête dans les eaux limpides de la **Playa Caminito del Rey**. Détendez-vous et contemplez le paysage. L'entrée est à côté du restaurant El Kiosko, l'un des kiosques à l'arrivée du chemin.

À 4 km d'El Chorro, visitez les ruines de **Bobastro**, la redoute construite au IXᵉ siècle d'où le rebelle Omar ibn Hafsun mena une révolte prolongée contre Cordoue. Après la billetterie, un sentier mène au vestige d'une petite église mozarabe, taillée dans la roche, puis jusqu'aux restes de l'alcázar rectangulaire d'Ibn Hafsun. La vue y est incroyable.

Prenez le volant pour rejoindre la **nécropole de las Aguilillas**, un ensemble de sept tombes creusées dans le substrat rocheux entre 2100 et 1900 av. J.-C. Un sentier de 2 km de niveau facile à moyen fait une boucle à travers le site.

PABKOV/SHUTTERSTOCK ©

Frigiliana

indiquera les lieux d'intérêt historique et les meilleurs spots pour prendre des photos. Prenez le temps d'observer les strates de terre parsemées de fossiles, sorties des profondeurs de la mer lors d'un mouvement tectonique il y a quelque 66 millions d'années. Avec un peu de chance, vous assisterez au franchissement de la gorge par le train Málaga-Séville.

Il y a de bons kiosques au bout du parcours, qui vous permettront de vous hydrater, de reprendre votre souffle et de profiter de la vue.

Venez en fin d'après-midi pour éviter la foule et la chaleur estivale torride de la mi-journée.

Des bus desservent toutes les demi-heures le départ du sentier depuis la gare ferroviaire d'El Chorro. Il faut ensuite marcher 2,7 km pour rejoindre l'entrée nord du *caminito*, où l'on vous remettra un casque, obligatoire, sur présentation de votre ticket. Après la fin du *caminito*, il faut marcher 2,1 km depuis l'accès sud de la promenade pour revenir à El Chorro. Allouez 3 à 4 heures au total pour cette excursion, afin d'avoir le temps de profiter des panoramas.

Le moyen le plus pratique pour rejoindre la zone est le train. En voiture, garez-vous à un bout ou l'autre de la gorge et prenez le bus pour rejoindre le départ du chemin ou revenir à votre voiture.

COMMENT S'Y RENDRE ET CIRCULER

Une voiture est nécessaire pour explorer les sites de la région, éloignés les uns des autres. El Torcal n'est en effet pas desservi par les transports en commun. Par contre, des bus de la compagnie Alsa relient Fuente de Piedra à Málaga (1 heure 30) via Antequera (30 minutes). Deux trains quotidiens circulent aussi entre Málaga et El Chorro (40 minutes).

FRIGILIANA

Avec ses jolies maisons blanches et ses ruelles et passages étroits, le *pueblo blanco* de Frigiliana est régulièrement élu plus beau village d'Andalousie par les autorités touristiques espagnoles. Niché au cœur du Parque Natural de las Sierras de Tejeda, Almijara y Alhama, c'est une base idéale pour les amoureux de la nature.

El Fuerte, la colline qui domine le village, fut le théâtre de la sanglante défaite finale des morisques (musulmans convertis au christianisme) lors de la rébellion de 1569 dans la région de La Axarquía. Ces derniers auraient sauté du haut de la colline, plutôt que d'être tués ou capturés par les Espagnols. La bataille du Rocher de Frigiliana est représentée sur des carreaux de céramique visibles à travers tout le village.

Après l'expulsion des Maures, la production locale de soie céda la place à l'industrie de la canne à sucre, qui devint la principale activité économique de la région.

Plusieurs bus desservent chaque jour le village depuis Nerja (15 minutes). En voiture, garez-vous dans le parking au pied de la colline. L'autoroute A7 relie Frigiliana à Málaga et Grenade.

Pour les infos pratiques, voir le Carnet d'adresses p. 218

À SAVOIR

Le mieux est d'explorer Frigiliana à pied, mais vous pourrez aussi apprécier la visite en tramway de 30 minutes à travers le village.

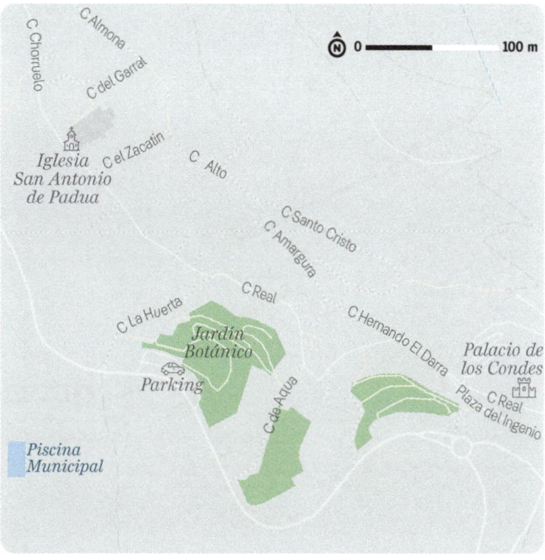

FRIGILIANA EN FÊTE

Fin août, le Festival de las tres culturas célèbre l'héritage musulman, juif et chrétien de la région avec des performances de rue, des spectacles de feu, des ateliers et des concerts. Il y a aussi la Ruta de la Tapa, qui présente les spécialités culinaires des trois cultures dans le centre historique.

PROMENADE À PIED À FRIGILIANA

Frigiliana est un village tout en ruelles pavées et maisons chaulées, dont les portes colorées et les fleurs contrastent avec le blanc immaculé des façades. Des places ombragées permettent de se poser tandis que les bars sont appréciés des visiteurs qui viennent y goûter les vins locaux.

Remontez la Calle Real, la rue principale, jusqu'à la Plaza de la Iglesia pour voir une magnifique église baroque, l'**1 Iglesia San Antonio de Padua**, l'édifice le plus imposant de Frigiliana, construit au XVIIe siècle. Attablez-vous à **2 La Taberna del Sacristán**, qui sert une excellente cuisine en face de l'église.

Immédiatement à droite resplendit le marbre de la **3 Fuente Vieja** (Vieille Fontaine), que jouxte une dalle en terre cuite présentant les symboles des trois principales influences culturelles de la région : la croix chrétienne, l'étoile de David et le croissant islamique.

Promenez-vous sur l'Avenida pour rejoindre la Plaza de las Tres Culturas et sa **4 Fuente de las Tres Culturas** (fontaine des Trois Cultures). Dressée au centre d'un rond-point et ornée des mêmes symboles religieux, la fontaine représente l'union des trois cultures, qui coexistèrent longtemps en paix dans la région.

Grimpez au **5 Restaurante El Mirador** pour manger un morceau et admirer la vue sur le village.

Vous êtes alors tout près du **6 Palacio de los Condes** (palais des Comtes), plus connu sous le nom d'El Ingenio. Situé à l'extrême nord de la vieille ville, ce palais Renaissance abrite la Fábrica de Miel de Caña, seule fabrique de "miel" de canne à sucre (mélasse) en Europe.

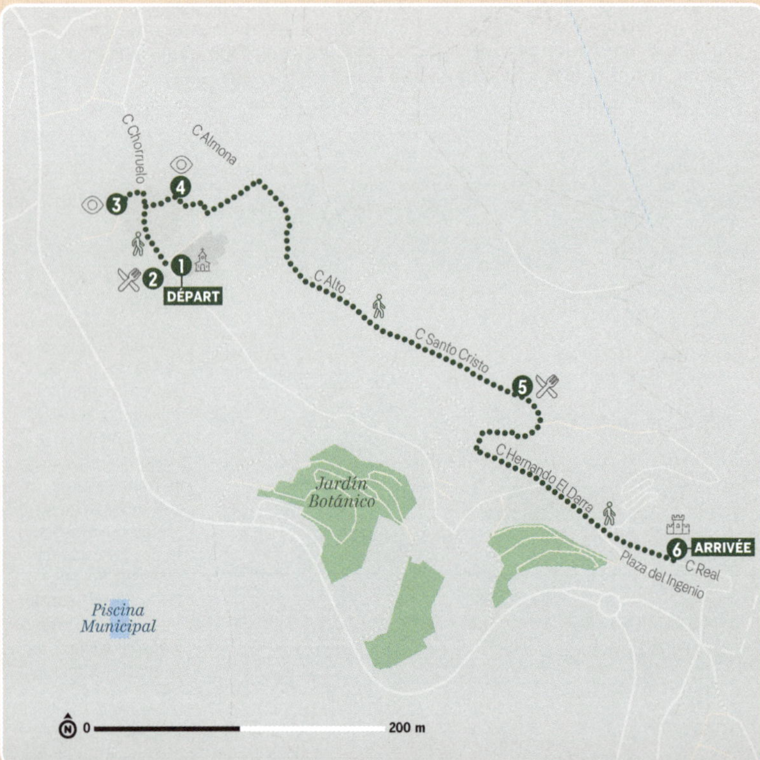

Environs de Frigiliana

Frigiliana constitue une base idéale pour explorer les paysages naturels entourant le village.

Situé à l'extrême est de la province de Málaga, Frigiliana est l'endroit idéal pour découvrir les plages, grottes et panoramas sur la Méditerranée. Entre Nerja et Málaga, la région d'Axarquía est émaillée de villages connus pour leurs avocats, leurs mangues, leurs vins et leurs huiles d'olive. Vous pourrez facilement combiner un séjour à Frigiliana avec une visite de Grenade.

Côté plages, celle de Playa de Maro est immanquable. Pour varier vos aventures aquatiques, faites une marche dans le Río Chillar, où l'eau arrive à la cheville. Visiter la station balnéaire touristique de Nerja est également possible, ne serait-ce que pour découvrir le superbe Balcón de Europa.

S'il vous reste un après-midi de libre, faites un saut à El Acebuchal pour un cours d'histoire et un repas savoureux.

Pour les infos pratiques, voir le Carnet d'adresses p. 218

À SAVOIR

Avec certaines des plus belles plages d'Andalousie, la région est idéale pour décompresser quelques jours.

Playa de Maro (p. 211)

Nerja

LE BALCON DE L'EUROPE

Juste au sud de Frigiliana, la ville côtière de Nerja attire tant de touristes britanniques qu'il peut être difficile d'y reconnaître l'esprit andalou. Cependant les incroyables panoramas sur la Méditerranée et certaines des plus belles plages de la Costa del Sol en font une destination qui vaut tout de même le détour.

Le célèbre **Balcon de l'Europe**, jadis une forteresse où l'on surveillait l'activité des pirates britanniques, est aujourd'hui un point de vue qui laisse sans voix. Faites l'effort de vous lever tôt pour y admirer le lever du soleil. Ensuite, prenez un café et un petit-déjeuner léger au café **Anahi**.

Sur la Plaza de España, faites un tour au **Museo de Nerja** pour découvrir l'histoire de la ville, des habitants des grottes du paléolithique jusqu'au boom touristique des années 1960. Allez-y de préférence avant de visiter la **Cueva de Nerja**, pour avoir une idée des objets qui y furent trouvés au préalable.

En ville, vous trouverez des restaurants basiques et des boutiques de maroquinerie, ainsi que de nombreux magasins ciblant les touristes.

Cueva de Nerja

LE MONDE FANTASTIQUE DES GROTTES

Site immanquable, les grottes de Nerja sont deux immenses cavernes de 4 km de long et de 35 km de large, où l'on admire d'impressionnantes formations calcaires et la plus longue colonne du monde née de la rencontre d'une stalagmite et d'une stalactite (32 m !). Il y a environ 5 millions d'années, l'endroit était creusé par l'eau. Le site fut ensuite habité par des chasseurs de l'âge de la pierre, avant d'être découvert accidentellement en 1959.

La visite des grottes comprend art et histoire, et les grottes accueillent occasionnellement des événements musicaux, dont ceux du Festival international de musique et danse Cueva de Nerja, avec des artistes d'Espagne et du monde entier.

Les grottes sont à 3 km au nord de Nerja, en lisière du *pueblo blanco* de Maro. Des bus circulent régulièrement depuis Málaga et Nerja. Vous pouvez aussi prendre le train touristique depuis le musée de Nerja.

Acantilados de Maro-Cerro Gordo

L'AFRIQUE À L'HORIZON

En regardant au loin depuis l'un des points de vue jalonnant les falaises de Maro-Cerro Gordo par temps clair, vous pourrez

AU BORD DES FALAISES DE NERJA ET MARO

Les Acantilados de la réserve naturelle de Maro-Cerro Gordo recèlent certains des plus beaux paysages côtiers d'Espagne : grottes secrètes, plages isolées et même une cascade cernée d'énormes pitons rocheux.

Le meilleur moyen d'admirer les falaises de Nerja et Maro est de prendre la mer. **Educare Aventura** propose des croisières à travers le Cerro Gordo.

On peut aussi explorer ces paysages magiques en kayak, en paddle ou en voilier. L'itinéraire passe par des sites superbes, dont la Cueva del Lobo, la Cascada Doncella, la Playa Caleta de Maro et la Cascada Grande de Maro.

Certains opérateurs organisent des plongées dans des grottes accessibles uniquement en kayak – une expérience inoubliable.

OÙ SE LOGER À FRIGILIANA

El Torreón 119
Toutes les chambres ont vue sur la mer ou les montagnes. **€€**

Millers Boutique Casa Rural
Superbe *casa rural* gérée en famille, dans l'ancien quartier maure de Frigiliana. **€€€**

Hotel Villa Frigiliana
Petit hôtel familial avec une vue superbe sur les montagnes. **€€**

Acantilados de Maro-Cerro Gordo

contempler des panoramas phénoménaux avec en toile de fond les côtes africaines.

Commencez par le **Balcón de Maro**, sur le parvis de l'Iglesia de las Maravillas, à Maro. Vous apercevrez la tour de guet de **La Marquesa**, l'une des quatre tours érigées au XVIe siècle pour surveiller l'activité des pirates dans la Méditerranée.

Marchez le long de la N-340 vers **Almuñécar** pendant une trentaine de minutes et suivez les panneaux indiquant la Torre de la Marquesa ou la Torre de Maro. Du haut des impressionnantes falaises, on aperçoit en contrebas des criques splendides. Ensuite, reprenez la route pour le mirador de **Cerro Gordo** (comptez 2 heures à pied en partant de la Torre de Maro), point de vue qui offre les plus beaux panoramas sur les falaises et le littoral de Málaga.

Les criques sont interdites d'accès aux voitures.

Plages

PETITS COINS DE PARADIS SUR LA COSTA DEL SOL

Régulièrement classée parmi les plus belles plages d'Espagne et nichée dans un écrin de paysages naturels protégés, la **Playa de Maro** est un paradis de cascades secrètes, de grottes sous-marines et de certains des meilleurs spots de snorkeling de la région.

BONNES TABLES DE NERJA

Nerja compte une profusion de restaurants et de bars, pour la plupart touristiques et quelconques. Évitez ceux qui proposent des petits-déjeuners anglais toute la journée ou qui affichent des photos de plats délavées par le soleil.

La Piqueta
Un bar à tapas populaire qui sert un excellent vin maison et des classiques comme les *huevos estrellados* (œufs au plat), préparés avec du jambon, de l'ail, des pommes de terre et des poivrons. **€**

Pápalo
En plein cœur de la zone piétonne, Pápalo est la création de l'un des chefs vedettes de Nerja. Présentation artistique et saveurs internationales sont au menu. **€€€**

Bakus
La carte surprend par ses étonnantes saveurs et la terrasse offre un agréable panorama sur la Playa Carabello. **€€€**

OÙ SE LOGER À NERJA

Hostal Boutique Aurora
Auberge de jeunesse d'un excellent rapport qualité/prix. Au centre-ville, proche de la plage. **€**

Hotel Riu Monica
Idéalement situé à côté du Balcón de Europa, cet hôtel réservé aux adultes est idéal pour se détendre. **€€**

Welcome Inn Nerja
Boutique-hôtel luxueux et accueillant, hors du centre, avec une vue superbe. **€€€**

SPÉCIALITÉS LOCALES

Les plats traditionnels par excellence de la région de La Axarquía sont le *potaje de hinojos* (potage au fenouil), l'*emblanco* (tripes aux pois chiches) et *el chivo frito* (chevreau grillé) aux épices. Les froides journées d'hiver invitent à goûter des *migas* (plats traditionnels de croûtons et d'accompagnements) – les *migas* d'Andalousie sont souvent frites et servies sous forme de tapas avec des sardines. Si vous avez de la place pour le dessert, essayez *la apropía* et *las marcochas*, douceurs sucrées à la mélasse.

Le *miel de caña* (mélasse, ou sirop de sucre de canne), produit à Frigiliana, accompagne de nombreux plats (notamment les aubergines grillées).

MANUMATA/SHUTTERSTOCK ©

Axarquía

La vaste étendue de sable de la **Playa de Burriana**, souvent envahie de touristes, n'en reste pas moins superbe, sans compter les excellents restaurants qui la bordent. Essayez Ayo pour une superbe paella cuisinée sur un brasier à même la plage ou un poisson merveilleusement cuit à petit feu.

Un joyau secret vous attend près de Nerja : la **Playa el Cañuelo**, à la frontière entre les provinces de Málaga et de Grenade. Y accéder n'est pas chose aisée, mais cela ajoute encore au charme de cette vaste crique cernée de part et d'autre par des rochers jaillissant des eaux. Une session snorkeling permet d'y nager au milieu de poissons et de coraux multicolores. Un bus-navette permet de se rendre à la plage en 15 minutes.

El Acebuchal

UN RESTAURANT CHARGÉ D'HISTOIRE

Le splendide village d'El Acebuchal se trouve en plein cœur du Parque Natural de las Sierras de Tejeda, Almijara y Alhama.

Pendant le fatidique été 1948, un détachement complet de la Guardia Civil de Franco força la population à abandonner le village, qui tomba peu à peu en ruines et devint connu dans la région comme el *pueblo fantasma* (le village fantôme).

OÙ SE RESTAURER DANS LE PORT DE PÊCHE DE CALETA DE VÉLEZ

Chinchin Puerto
Restaurant familial, service impeccable et une superbe *ensaladilla rusa* ! **€€**

Marisquería Mani
Un peu en retrait de la côte ; cuisine simple mais savoureuse, et ambiance locale. **€€**

Bar el Calderón
Ambiance chaleureuse et terrasse agréable. Goûtez la paella. **€€**

Des décennies plus tard, Antonio “El Gumbo”, ancien résident d’El Acebuchal, se mit en tête de redonner vie au village. La première maison fut achevée en 1998, et sept ans plus tard le projet était mené à son terme. L’essentiel du village est désormais restauré.

Dans le restaurant de la famille d’Antonio, qui donne sur des montagnes verdoyantes, vous pourrez savourer un repas succulent essentiellement composé de produits bio des environs. Les salades sont exceptionnelles, tout comme le pain maison, les desserts et les huiles d’olive fabriquées sur place.

Marche dans le Río Chillar à Nerja

AVENTURE EN PLEINE NATURE

Cette marche dans le Río Chillar se fait à pas lents et réguliers avec de l’eau jusqu’aux chevilles, au milieu de formations rocheuses spectaculaires. Vous découvrirez la flore locale et la libellule noire, endémique de la région. Si vous allez jusqu’à Vado de los Patos, il faudra marcher 8 km à l’aller et 8 km pour revenir (comptez 6 à 7 heures). Si vous n’allez que jusqu’au premier bassin (Los Cahorros), comptez 5 km.

À Los Cahorros, la rivière traverse trois trouées dans les montagnes – un site splendide ! Vous pourrez toucher du doigt les parois en franchissant ces passages, et plus loin se multiplient les bassins où s’immerger entièrement dans l’eau fraîche.

Partez tôt le matin pour éviter la foule et revenir avant la nuit. Les périodes idéales pour cette aventure sont de mars à mai et de septembre à octobre. Prévoyez des baskets confortables protégeant les chevilles et adaptées à l’eau – la marche s’effectue sur des pierres mouillées et glissantes.

Garez-vous au parking public de Calle Mirto. Il faut ensuite marcher un peu pour rejoindre la rivière.

À la saison haute, préférez une marche dans le Río Higueron voisin, tout aussi agréable mais moins fréquenté.

Les fermes de La Axarquía

TRADITIONS CULINAIRES ET VITICOLES

La région agricole et viticole de La Axarquía, entre Nerja et Málaga, produit 80% des mangues d’Espagne.

Des compagnies de guides comme **Oletrips** et **Plan A Málaga** peuvent organiser des visites chez deux ou trois producteurs, permettant de découvrir les méthodes de culture traditionnelles. Les viticulteurs de la région laissent sécher le raisin au soleil avant de le presser, et produisent des raisins secs en les laissant vingt jours au soleil. Les olives sont récoltées, puis apportées au pressoir pour en extraire l’huile.

VENEZ EXPLORER LA AXARQUÍA !

Estefanía Díez a cofondé l’Agualivar Spanish School. *@agualivar*

Dans ma région natale, La Axarquía, Cómpeta est la ville du moscatel. Faites une dégustation chez Bodegas Almijara (le moscatel blanc sec est mon préféré).

Les villages d’Árchez, Canillas de Albaida et Canillas de Aceituno offrent des panoramas sur les montagnes et d’excellentes possibilités de randonnée. Côté gastronomie, essayez le restaurant La Sociedad. Pour voir la plus ancienne *venta* (auberge) d’Andalousie, cap sur La Venta de Alfarnate.

Contemplez la vue au barrage du lac de La Viñuela, entouré de nombreux restaurants et de ravissants hôtels. Mangez un morceau ou prenez un verre dans un *chiringuito* comme El Hornillero ou La Flaca.

COMMENT CIRCULER

La voiture est le meilleur moyen d’explorer les villages de La Axarquía. Faites au moins une partie de la route côtière entre Nerja et Málaga, jalonnée d’innombrables *chiringuitos*.

Carnet d'adresses

MÁLAGA

Alcazaba
Voir p. 182 (630 93 29 87 ; alcazabaygibralfaro.malaga.eu ; Calle Alcazabilla 2 ; tarif plein/réduit 3,50/1,50 €, avec le Castillo de Gibralfaro 5,50/2,50 € ; 9h-20h avr-oct, 9h-18h nov-mars)

Casa Natal de Picasso
Voir p. 181 (museocasanatalpicasso.malaga.eu ; Plaza de la Merced 15 ; 3 €, avec la Sala de Exposiciones 4 € ; 9h30-20h)

Castillo de Gibralfaro
Voir p. 182 (952 22 72 30 ; alcazabaygibralfaro.malaga.eu ; Camino de Gibralfaro 11 ; tarif plein/réduit 3,50/1,50 € ; 9h-20h avr-oct, 9h-18h nov-mars)

Catedral de Málaga
Voir p. 180 (952 22 03 45 ; www.malagacatedral.com ; Calle Molina Lario ; cathédrale 8 €, accès au toit inclus 12 € ; 10h-19h30 lun-ven, 10h-18h sam, dim 14h-18h)

Centre Pompidou Málaga
Voir p. 181 (951 92 62 00 ; www.centrepompidou.es ; Pasaje Doctor Carrillo Casaux, Muelle Uno ; 7 €, avec exposition temporaire 9 € ; 9h30-20h mer-lun)

Centro de Arte Contemporáneo
Voir p. 182 (951 92 62 00 ; 952 20 85 00 ; cacmalaga.eu ; Calle Alemania ; 9h-21h30 mar-dim)

Mercado Atarazanas
Voir p. 182 (951 92 60 10 ; visita.malaga.eu ; Calle Atarazanas 10 ; 8h-15h lun-sam)

Museo Automovilístico Málaga
Voir p. 181 (951 13 70 01 ; www.museoautomovilmalaga.com ; Avenida Sor Teresa Prat 15 ; 10 € ; 10h-14h30 et 16h-19h)

Museo Carmen Thyssen
Voir p. 181 (952 21 75 11 ; carmenthyssenmalaga.org ; Calle Compañía 10, Málaga ; tarif plein/réduit 10/6 €, entrée libre à partir de 16h dim, visite guidée minimum 12 pers 15 €/pers ; 10h-20h mar-dim)

Museo de Arte Flamenco
Voir p. 181 (952 22 13 80 ; Calle Franquelo 4 ; 2 € ; 10h-14h lun-sam)

Museo de Málaga
Voir p. 181 (951 91 19 04 ; www.museosdeandalucia.es/museodemalaga ; Plaza de la Aduana ; ressortissants de l'UE/autres nationalités gratuit/1,50 € ; 9h-21h mar-sam, 9h-15h dim)

Museo Jorge Rando
Voir p. 181 (952 21 09 91 ; www.museojorgerando.org ; Calle Cruz del Molnillo 12 ; entrée libre ; 10h-14h et 16h-20h lun-ven, 10h-14h sam oct-mai, 10h-14h et 17h-21h lun-ven, 10h-14h sam juin-sept)

Museo Picasso Málaga
Voir p. 178 (952 12 76 00 ; www.museopicassomalaga.org ; Calle San Agustín 8 ; tarif plein/réduit 9,50-7,50 € ; 10h-20h juil-août, 10h-19h sept-oct et mars-juin, 10h-18h nov-fév)

Museo Ruso de Málaga
Voir p. 181 (951 92 61 50 ; www.coleccionmuseoruso.es ; Avenida de Sor Teresa Plat 15 ; 6 €, avec expositions temporaires 8 €, 16h-20h dim gratuit ; 9h30-20h mar-dim)

Muelle Uno, Málaga (p. 183)

Hammam Al-Andalus
Voir p. 184 (952 21 50 18 ; malaga.hammamalandalus.com ; Plaza de los Mártires 5 ; à partir de 35 € ; 9h30-23h30 dim-jeu, 9h30-1h30 ven-sam)

Gran Hotel Miramar
Voir p. 181 (952 60 30 00 ; www.granhotelmiramarmalaga.com ; Paseo de Reding 22-24)

Hotel la Chancla
Voir p. 181 (952 20 69 00 ; www.lachanclahotel.com ; Calle Cenacheros 54)

Hotel AC Málaga Palacio
Voir p. 182 (952 21 51 85 ; Cortina del Muelle 1)

Las Acacias Hostal Restaurante
Voir p. 181 (952 20 01 67 ; www.lasacaciashr.com ; Paseo Acacias 5)

Parador Málaga Gibralfaro
Voir p. 183 (952 22 19 02 ; paradores.es ; Castillo de Gibralfaro)

Bar Atarazanas
Voir p. 183 (657 44 54 87 ; mercadomalaga.es ; Mercado Atarazanas, Calle Atarazanas ; tapas 1,50-2 €, plats 5-13 € ; 8h-16h lun-sam)

Casa Aranda
Voir p. 183 (www.casa-aranda.net ; Calle Herrería del Rey 2 ; churro 0,60 €, chocolat 1,95 € ; 8h-13h et 17h-20h30)

El Colmenero
Voir p. 183 (952 21 81 10 ; elcolmenero.com ; Calle Atarazanas 1 ; 8h30-21h lun-sam, 9h-20h dim)

El Pimpi
Voir p. 180 (952 22 54 03 ; elpimpi.com ; Calle Granada 62 ; plats 11-28 € ; 12h-tard)

La Recova
Voir p. 180 (744 61 76 58 ; Pje Nuestra Senhora de los Dolores de San Juan 3 ; tapas 1-3 €, plats 6,50-12,50 € ; 8h30-16h lun-ven, 8h30-12h30 sam)

Lola
Voir p. 182 (951 35 00 57 ; www.onlyyouhotels.com ; Alameda Principal 1 ; plats 13-29 € ; 13h-16h et 20h-minuit mer-dim, 7h-11h lun-mar)

Mercado del Carmen
Voir p. 186 (951 92 60 10 ; visita.malaga.eu ; Calle la Serna 3, Málaga ; plats 7-12 € ; 8h-16h lun-sam)

Mesón Mariano
Voir p. 180 (952 21 18 99 ; Calle Granados 2 ; plats 9-22 € ; 13h-16h30 lun, 13h-16h30 et 20h-minuit mar-sam)

Antigua Casa de Guardia Banderillas
Voir p. 182 (952 21 46 80 ; antiguacasadeguardia.com ; Alameda Principal 18 ; 10h-22h lun-jeu, 10h-22h45 ven-sam, 11h-15h dim)

El Pimpi Florida
Voir p. 186 (952 29 26 25 ; Calle Almería 13 ; 20h30-2h mer-dim, fermé nov)

La Terraza de Valeria
Voir p. 183 (952 06 04 01 ; room-matehotels.com ; Plaza Poeta Alfonso Canales 5 ; 11h-minuit dim-jeu, 11h-2h ven-sam)

Terraza Chinitas
Voir p. 183 (@terrazachinitas ; Chinitas Urban Hostel, Pasaje Chinitas 3 ; 16h-3h mar-dim)

The Top
Voir p. 182 (www3.galleryhoteles.com/molina-lario-the-top/ ; Hotel Molina Lario, C. Molina Lario 20 ; 16h-minuit lun-ven, 13h30-minuit sam-dim)

ENVIRONS DE MÁLAGA

Mariposario de Benalmádena
Voir p. 186 (951 21 11 96 ; www.mariposariodebenalmadena.com ; Calle Muerdago, Benalmádena ; tarif plein/réduit 10/8,50 € ; 10h-18h30 lun-ven)

Castillo Monumento Colomares
Voir p. 186 (678 03 40 11 ; www.castillomonumentocolomares.com ; Finca la Carraca, Carretera Costa del Sol, Benalmádena ; tarif plein/réduit 3/2 € ; 10h-20h mar-dim mars-oct, 10h-18h mar-dim nov-fév)

Centro de Arte Contemporaneo de Mijas
Voir p. 186 (952 59 04 42 ; cacmijas.info ; Calle Málaga 28, Mijas ; adulte/enfant 3 €/gratuit ; 10h-14h lun-sam)

Benalmádena Stupa
Voir p. 186 (662 90 70 04 ; www.stupabenalmadena.org ; Calle Rododendro 3, Benalmádena ; entrée libre ; 10h-14h et 16h-18h30 mar-dim)

Fabrique de chocolat Mayan Monkey Mijas
Voir p. 186 (600 08 85 42 ; www.mayanmonkey.es ; ateliers 15/30/60 min 19,95/29,95/39,95 € ; Plaza Virgen de la Peña 15, Mijas ; 10h30-19h30)

Museo Ralli
Voir p. 187 (952 85 79 23 ; museoralli.es ; Urbanización Coral Beach, Rio Verde, N340, km 176, Marbella ; entrée libre ; 10h-15h)

Sea Life Benalmádena
Voir p. 186 (952 56 01 50 ; www.visitsealife.com ; Avenida del Puerto Deportivo, Benalmádena ; adulte/enfant 17,50-14,50 € ; 11h-19h)

Téléphérique de Benalmádena
Voir p. 186 (www.telefericobenalmadena.com ; Avenida del Tivoli 2, Benalmádena ; tarif aller-retour plein/réduit 17,90-13,90 € ; 10h-23 juin-sept, 11h-18h oct-mai)

Potter's Lodge
Voir p. 186 (675 23 41 95 ; www.facebook.com/potterslodgebenalmadena ; Avenida de los Abedules 6, Benalmádena ; 12h-minuit lun-ven)

RONDA

Baños Árabes
Voir p. 188 (951 15 42 97 ; Calle Molino de Alarcón ; 3,50 €, gratuit lun ; 10h-14h et 15h-18h lun et sam, 10h-19h mar-ven, 10h-15h dim)

Bodega García Hidalgo
Voir p. 190 (600 48 72 84 ; bodegasgarciahidalgo.es ; au nord de Ronda, sur la A6300)

Bodega-Schatz
Voir p. 190 (678 66 41 05 ; f-schatz.com ; Partida Sanguijuela 48)

Casa del Rey Moro
Voir p. 190 (617 61 08 08 ; casadelreymoro.org ; Calle Cuesta de Santo Domingo 9 ; tarif plein/réduit 8/3,50 € ; 10h-21h30 mai-sept, 10h-20h oct-avr)

Casa Museo Don Bosco
Voir p. 191 (672 46 80 82 ; casamuseodonbosco.com ; Calle Tenorio 20 ; tarif plein/réduit 2,50/2 € ; 10h-18h)

Museo de Ronda
Voir p. 191 (Palacio Mondragón, Plaza Mondragón ; 3,50 € ; 10h-19h lun-ven, 10h-15h sam-dim avr-sept, horaires réduits oct-mars)

Museo Joaquín Peinado
Voir p. 191 (952 87 15 85 ; www.museojoaquinpeinado.com ; Plaza del Gigante ; tarif plein/réduit 4/2 € ; 10h-17h lun-ven, 10h-15h sam)

Museo Lara
Voir p. 191 (952 87 12 63 ; www.museolara.org ; Calle de Armiñán 29 ; adulte/enfant 4/2 € ; 11h-20h juin-oct, 11h-19h nov-mai)

Plaza de Toros
Voir p. 189 (952 87 41 32 ; www.rmcr.org ; Calle Virgen de la Paz 15 ; 9 €, avec audioguide 10,50 €; 10h-19h mars-oct, 10h-18h nov-fév et avr-sept)

Puente Nuevo
Voir p. 188 (649 96 53 38 ; Plaza de España ; centre d'interprétation tarif plein/réduit 2,50/2 € ; centre d'interprétation 9h30-18h30 mar-ven, 10h-14h et 15h-18h lun et sam, 10h-15h dim)

Bodega Doña Felisa
Voir p. 190 (951 16 60 33 ; bodegadonafelisa.com ; Cordel del Puerto al Quejigal ; 10h-14h)

Aire de Ronda
Voir p. 190 (952 87 59 82 ; www.airederonda.com ; Calle Real 25)

Hotel Montelirio
Voir p. 190 (952 87 38 55 ; www.hotelmontelirio.com ; Calle Tenorio 8)

Hotel Soho Boutique Palacio San Gabriel
Voir p. 190 (952 19 03 92 ; www.sohohoteles.com ; Calle Marqués de Moctezuma 19)

Casino del Socorro
Voir p. 191 (Plaza del Socorro 12 ; plats 8-15 € ; 11h-22h)

Catalonia Ronda
Voir p. 189 (952 87 03 00 ; www.cataloniahotels.com ; Calle Virgen de la Paz 16 ; plats 16-23 € ; 13h-15h30 et 20h-22h30)

Las Maravillas
Voir p. 189 (666 21 94 62 ; www.lasmaravillasronda.com ; Carrera Espinel 12 ; tapas 1,90-3,20 €, plats 8,50-18,50 € ; 11h30-23h30)

Restaurant Albacara
Voir p. 189 (952 16 11 84 ; www.hotelmontelirio.com ; hotel Moneleiro, Calle Tenorio 8 ; plats 20-26 € ; 12h30-16h et 19h-22h30 mars-déc)

Bodeguita El Coto
Voir p. 191 (606 66 15 38 ; Calle Virgen de los Remedios 20 ; 12h-16h30 et 20h-23h30 mer-lun)

Entre Vinos
Voir p. 191 (Calle Pozo 2 ; 12h30-16h30 et 20h-0h30 mar-sam)

Tabanco Los Arcos
Voir p. 191 (Calle Armiñán 6 ; 13h-23h mar-sam, 13h-16h dim)

ENVIRONS DE RONDA

Acinipo
Voir p. 197 (951 04 14 52; www.facebook.com/acinipoenclavearqueologico ; Serranía de Ronda ; entrée libre ; horaires variables)

Badman Wines
Voir p. 196 (696 63 39 60 ; www.badmanwines.com ; Fuente de la Higuera 11, Ronda ; 9h30-14h lun-ven)

Bodega Gonzalo Beltrán
Voir p. 196 (629 45 55 58 ; bodegagonzalobeltran.com ; Partida los Molinos 482, Ronda ; visite guidée et dégustation 30 € ; 11h-14h lun-ven)

Bodega Vetas
Voir p. 196 (647 17 76 20 ; www.bodegavetas.com ; Camino Nador, Arriate ; visite guidée et dégustation 22 € ; 10h-14h)

Castillo del Águila
Voir p. 196 (952 15 10 00 ; castillodelaguila.es ; Camino del Castillo, Gaucín ; entrée libre ; 10h30-13h30 et 16h-20h mai-sept, 10h30-13h30 et 16h-18h oct-avr)

Cortijo Los Aguilares
Voir p. 196 (952 87 44 57 ; cortijolosaguilares.com ; Carretera Ronda Campillos,

km 35, Ronda ; visite guidée et dégustation 25 € ; 10h-14h et 15h-17h lun-ven, 10h-15h sam)

Cueva de la Pileta
Voir p. 195 (677 61 05 00 ; www.cuevadelapileta.es ; Benaoján ; adulte/enfant 10/6 € ; visites 10h-13h et 16h-18h mai-sept, jusqu'à 17h oct-avr)

Hn@s Guerrero bakery
Voir p. 195 (952 15 25 00 ; www.pandebenalauria.com ; Calle Moraleda 13, Benalauría)

Quesos Sierra Crestellina
Voir p. 195 (952 89 51 67 ; quesossierracrestellina.es ; Carretera Manilva-Gaucín, km 13,5, Casares ; 10h-14h et 15h-19h dim-ven, 10h-14h sam)

Bar Restaurante la Solana
Voir p. 195 (627 82 53 77 ; Benalauría ; plats 10-20 € ; 7h-20h mar-jeu, 7h-23h ven-dim)

Bar Paco Pepe
Voir p. 196 (677 70 00 69 ; Calle los Bancos 3, Gaucín ; tapas 3 €, plats 8,50-15 € ; 9h-11h30, 13h-15h30 et 19h30-23 mai-sept)

Bodega 28 metros cuadrados
Voir p. 195 (626 47 18 39 ; Calle Estacion, Benalauría ; 12h-18h sam-dim)

Forge
Voir p. 195 (952 89 51 20 ; Carretera de Casares, km 9,8, Casares ; plats 15-26 € ; 12h30-15h30 mer-dim)

La Esquinita
Voir p. 196 (687 13 00 26 ; Calle Santo Niño 30, Gaucín ; plats tapas 4 €, plats 7-14 € ; 13h30-15h30 et 20h-22h30 mar-sam, 13h30-15h30 dim)

Lla fructuosa
Voir p. 196 (659 47 60 15 ; www.lafructuosa.com ; Calle Luís de Armiñán 67, Gaucín ; plats 14-29 € ; dîner mer, déj et dîner jeu-sam, déj dim)

NICOLAS DUMEIGE/STOCK.ADOBE.COM ©

Peña de los Enamorados (p. 204)

Restaurante Sarmiento
Voir p. 195 (952 89 50 35 ; www.restaurantesarmiento.com ; Carretera de Casares, km 12,5, Casares ; plats 13-30 € ; 13h30-16h mer-jeu et dim, 13h30-16h et 19h-22h ven-sam)

ANTEQUERA

Alcazaba
Voir p. 199 (951 70 07 37 ; Plaza de los Escribanos ; adulte/enfant avec Colegiata de Santa María la Mayor 6/3 € ; 10h-18h)

Convento de Belén
Voir p. 198 (952 84 21 64 ; Calle Belén 6 ; 8h-17h30 lun, 9h30-13h30 et 16h-18h30 mar-dim)

Convento de los Remedios
Voir p. 200 (turismo.antequera.es ; Calle Infante Don Fernando 72 ; 11h-13h lun-ven)

Iglesia del Carmen
Voir p. 200 (952 73 96 62 ; turismo.antequera.es ; Plaza del Carmen ; 11h-13h30 et 16h30-18h mar-ven, 11h-14h sam-dim)

Iglesia de San Juan de Dios
Voir p. 200 (Calle Infante Don Fernando 65 ; 10h-14h et 16h-18h mar-sam, 9h30-14h30 dim)

Museo de la Ciudad de Antequera
Voir p. 198 (952 70 83 00 ; Plaza del Coso Viejo ; tarif plein/réduit 3/1,50 € ; 9h-14h et 16h-18h mar-sam, 10h-14h dim)

Real Colegiata de Santa María la Mayor
Voir p. 200 (952 70 81 42 ; turismo.antequera.es ; Calle San Salvador 2 ; adulte/enfant 3/1,50 €, avec Alcazaba 6/3 € ; 10h-18h)

Entre Torres
Voir p. 199 (619 65 51 69 ; Calle Infante Don Fernando 11 ; 7h-14h et 16h30-20h lun-ven, 8h-13h dim)

Bar Chicón
Voir p. 199 (952 84 32 41 ; Calle Infante Don Fernando 1 ; tapas 5,5-7 €, plats 8-14 € ; 7h-18h30 lun-jeu, 7h-minuit ven-sam)

ENVIRONS D'ANTEQUERA

Bobastro
Voir p. 206 (952 45 80 46 ; www.malaga.es ; El Chorro ; 3 € ; 10h-15h lun-ven, 10h-18h sam-dim avr-oct, 10h-15h mar-ven, 10h-18h sam, 10h-16h dim nov-mars)

Bodegas Málaga Virgen
Voir p. 204 (952 31 94 54 ; www.bodegasmalagavirgen.com ; Finca Vistahermosa Autovía A92, km 132, Fuente de Piedra ; 8h-15h)

El Caminito del Rey
Voir p. 205 (www.caminitodelrey.info ; centre des visiteurs, Ardales ; visites autonomes/guidées 10/18 € ; centre des visiteurs 8h-17h)

El Torcal de Antequera
Voir p. 204 (952 24 33 24 ; www.torcaldeantequera.com ; centre des visiteurs, Carretera de Acceso Al Torcal, km 3,5, Antequera ; visites guidées à partir de 12 € ; centre des visiteurs 10h-19h avr-oct, 10h-17h nov-mars)

Parque Natural de Fuente de Piedra
Voir p. 204 (675 64 59 57 ; www.visitasfuentepiedra.es ; Avenida Andalucia, Fuente de Piedra ; visites guidées à partir de 9 € ; centre d'information 10h-19h)

Site de dolmens d'Antequera
Voir p. 202 (952 71 22 06 ; www.museosdeandalucia.es ; Carretera de Málaga 5, Antequera ; 1,50 € ; 9h-15h et 20h-22h mar-sam, 9h-15h dim juil à mi-sept, horaires variables le reste de l'année)

Hotel Coso Viejo
Voir p. 205 (952 70 50 45 ; www.hotelcosoviejo.es ; Calle Encarnación 9, Antequera)

Hotel Infante Antequera
Voir p. 205 (952 84 49 82 ; www.hotelinfanteantequera.com ; Calle Nájera 22, Antequera)

La Fuente del Sol Hotel & Spa
Voir p. 205 (670 46 72 10 ; hotelfuentedelsol.com ; Paraje Rosas Bajas, La Joya, Antequera)

Arte de Tapas
Voir p. 203 (952 84 00 14 ; artedecozina.com ; Calle Calzada 25, Antequera ; tapas 3,50-6 € ; 13h-16h30 dim-mar, 13h-16h30 et 20h-23h jeu-sam)

Bar Cristóbal
Voir p. 204 (952 49 74 85 ; Avenida Pablo Ruiz Picasso 23, Álora ; tapas 1,70 €, plats 6-8 € ; 7h30-19h dim-lun et mer-jeu, 8h-2h ven-sam)

Bar la Socorrilla
Voir p. 202 (952 84 13 62 ; Plaza Portichuelo 3, Antequera ; plats 7-14 € ; 8h-minuit lun-sam, 10h-17h dim)

El Kiosko
Voir p. 206 (952 11 23 82 ; www.restauranteelkiosko.com ; Parque Ardales, Pantano El Chorro, Ardales ; plats 9,50-21 € ; 8h30-22h)

Meson Adarve
Voir p. 203 (Calle Merecillas 12, Antequera ; plats 12-24 € ; 13h-15h30 et 19h30-22h30 mar-ven, 13h-15h30 sam-dim)

Meson Carrion
Voir p. 204 (952 49 51 34 ; mesoncarrion.com ; Travesía El Chorro 1, Álora ; plats 10-18 € ; 6h30-12h lun, 6h30-17h mar-ven, 6h30-20h ven-sam)

Recuerdos Tapas Bodega
Voir p. 202 (951 35 63 65 ; Calle Laguna 5, Antequera ; tapas 2,50-4 €, plats 7-14 € ; 13h-16h30 et 20h15-23h30 jeu-dim)

Restaurante la Garganta
Voir p. 204 (952 49 50 00 ; lagarganta.com ; Barriada El Chorro, El Chorro ; plats 7-15 € ; 12h-22h30)

Sal y Pimienta
Voir p. 203 (635 32 21 92 ; Calle Nájera 22, Antequera ; tapas 1-10 €)

FRIGILIANA

Iglesia San Antonio de Padua
Voir p. 208 (952 53 30 80 ; frigiliana.diocesismalaga.es ; Calle Real 100)

El Torreón 109
Voir p. 210 (696 72 72 71 ; www.hotelcasatorreon109.com ; Calle Real 109, Frigiliana)

Hotel Villa Frigiliana
Voir p. 210 (951 55 21 19 ; www.hotelvillafrigiliana.com ; Paseo de las tres culturas, Frigiliana)

Millers Boutique Casa Rural
Voir p. 210 (664 58 70 93 ; www.millershotels.com ; Calle Real 74, Frigiliana)

La Taberna del Sacristán
Voir p. 208 (952 53 30 09 ; Plaza de la Iglesia 3 ; plats 8,50-18,50 € ; 10h-minuit)

Restaurante El Mirador
Voir p. 208 (952 53 32 91 ; Calle Santo Cristo 29 ; tapas 7-16 €, plats 16-32 € ; 12h-22h jeu-mar)

Fábrica de Miel de Caña
Voir p. 208 (952 53 30 10 ; mieldelatorre.com ; Plaza del Ingenio 4)

ENVIRONS DE FRIGILIANA

Bodegas Almijara
Voir p. 213 (952 55 32 85 ; www.bodegasalmijara.com ; Calle Canillas de Albaida, Cómpeta ;

9h-14h et 16h30-18h30 lun-sam)

Cueva de Nerja
Voir p. 210 (952 52 95 20 ; www.cuevadenerja.es ; Carretera de Maro, Nerja ; adulte/enfant 16/14 € ; 9h30-19h juil-août, 9h30-16h30 sept-juin)

Museo de Nerja
Voir p. 210 (952 52 72 24 ; www.cuevadenerja.es/museum ; Plaza de España, Nerja ; adulte/enfant 3/2 €, gratuit avec le billet de la Cueva de Nerja ; 10h-16h30)

Oletrips
Voir p. 213 (616 59 85 15 ; oletrips.es ; Calle la Cruz 52, Nerja ; visite guidée 55 € ; 9h30-13h30 lun-ven)

Educare Aventura
Voir p. 210 (952 03 90 26 ; educare-aventura.com ; Camino de Burriana, Nerja ; excursion en bateau 40 € ; 9h30-19h)

Plan A Málaga
Voir p. 213 (699 49 81 94 ; planamalaga.com ; visite guidée 50 € ; 9h30-17h30 lun-ven)

Hostal Boutique Aurora
Voir p. 211 (669 55 58 72 ; Calle Pintada 126, Nerja)

Hotel Riu Monica
Voir p. 211 (952 52 11 00 ; www.riu.com ; Playa de la Torrecilla, Nerja)

Welcome Inn Nerja
Voir p. 211 (952 52 44 88 ; welcomeinnnerja.com ; Calle Balcon de Punta Lara 27, Nerja)

Anahi
Voir p. 210 (952 52 14 57 ; Calle Porta del Mar 6, Nerja ; plats 3,90-15,90 € ; 8h-20h dim-ven)

Bakus
Voir p. 211 (952 52 71 79 ; Calle Carabeo 2, Nerja ; plats 20-26 € ; 12h30-15h30 et 19h-22h mar-dim)

Bar el Calderón
Voir p. 212 (659 47 61 87 ; port de Caleta de Vélez ; 12h30-20h mer-lun)

Chinchin Puerto
Voir p. 212 (952 03 04 43 ; www.facebook.com/ChinchinPuerto ; local 3A et 4A, Caleta de Vélez ; 13h30-16h30 mar-jeu et dim, 13h30-16h30 et 20h30-23h ven-sam)

El Acebuchal
Voir p. 212 (951 48 08 08 ; www.elacebuchal.net ; Frigiliana ; plats 11-16 € ; 10h-18h)

La Piqueta
Voir p. 211 (www.facebook.com/LaPiquetaTaperia ; Calle Pintada 8, Nerja ; tapas 2,50 €, raciones 5-12,50 € ; 10h-minuit lun-sam)

La Sociedad
Voir p. 213 (952 51 82 92 ; Calle de la Iglesia 12, Canillas de Aceituno ; plats 10-17 € ; 13h-16h mar-jeu et dim, 13h-16h et 19h30-22h ven-sam)

La Venta de Alfarnate
Voir p. 213 (952 75 91 16 ; A4152, Carretera de Málaga, km 513 ; plats 9-39 € ; 11h-19h jeu-dim)

Marisquería Mani
Voir p. 212 (952 55 04 00 ; Puerto Caleta 177, Caleta de Vélez ; plats 9-22 € ; 12h-16h mar et jeu-dim)

Pápalo
Voir p. 211 (951 50 52 39 ; papalonerja.com ; Calle Almirante Ferrándiz 53, Nerja ; plats 17-24 € ; 13h-15h30 et 19h-22h30)

El Hornillero
Voir p. 213 (633 09 28 09 ; www.elhornillero.com ; Playa del Embajador, Almayate)

La Flaca
Voir p. 213 (952 55 15 66 ; Algarrobo ; 15h-2h mar-jeu et dim, 15h-3h ven-sam)

Frigiliana (p. 207)

Mezquita (p. 228)

PROVINCES DE CORDOUE ET JAÉN

HISTOIRE, CULTURE ET PARCS NATIONAUX

Découvrez de grands espaces sauvages, des sites historiques assaillis par les éléments et une gastronomie d'exception dans ces provinces enclavées du nord de l'Andalousie

Frontalières au nord des plaines et montagnes écrasées de chaleur de Castille-La Manche et d'Estrémadure, les provinces voisines de Cordoue et de Jaén sont les plus septentrionales et les plus sauvages d'Andalousie. Plus longue chaîne montagneuse d'Espagne (450 km d'ouest en est), la Sierra Morena constituait jadis la frontière entre le califat maure au sud et le territoire des Rois Catholiques au nord – seul l'impressionnant défilé de Despeñaperros donnait accès à l'Andalousie. Chevauchant les deux provinces plus celle de Séville, ses vastes étendues sauvages, où rôdaient jadis des bandits légendaires, sont peuplées de loups et de lynx ibériques, aussi rares que discrets.

Rares sont les touristes à s'y aventurer – ils se concentrent plutôt sur la Mezquita de Cordoue. Chaque ville, village ou hameau, chaque virage, chaque colline au loin recèle pourtant des merveilles. S'attarder un peu dans ces deux provinces, c'est s'imprégner de la passion des habitants pour la terre et savourer des produits locaux d'exception, à commencer par de fantastiques huiles d'olive.

Des deux capitales provinciales, Cordoue est bien plus connue que sa petite sœur Jaén. À défaut de Mezquita, Jaén possède d'autres richesses : les plus grands bains arabes d'Espagne – les mieux préservés d'Europe – et l'un des plus beaux paradors historiques du pays.

SITES PRINCIPAUX

CORDOUE
Architecture, culture, chevaux et flamenco. p. 226

SIERRAS SUBBÉTICAS
Montagnes escarpées et *pueblos blancos* uniques. p. 238

JAÉN, ÚBEDA ET BAEZA
Architecture Renaissance et cuisine inspirée. p. 248

PARQUE NATURAL SIERRAS DE CAZORLA, SEGURA Y LAS VILLAS
Paysages naturels splendides et animaux à foison. p. 259

S'orienter

Les massifs montagneux, larges plaines, vallons d'oliviers et parcs nationaux de ces deux provinces enclavées couvrent un quart de l'Andalousie. Toutes deux recèlent des trésors d'histoire, de culture et de beauté naturelle.

Cordoue, p. 226

Outre sa fameuse Mezquita et ses deux autres sites classés au Patrimoine mondial, Cordoue est une terre de traditions uniques et de gastronomie fabuleuse.

Sierras Subbéticas, p. 238

Les étendues silencieuses de la cordillère sont ponctuées d'intéressants petits villages, aux emplacements souvent spectaculaires. À explorer !

VOITURE

La voiture est idéale pour explorer ces provinces. Pour un maximum de flexibilité, louez un véhicule à l'aéroport de Séville, Málaga ou Grenade. Les tarifs sont généralement plus bas à Málaga, mais il est toujours conseillé de réserver bien à l'avance. Agences de location à Jaén et Úbeda également.

BUS

Des lignes bon marché desservent la plupart des villes, mais la fréquence est moindre dans les régions reculées. Les principales compagnies sont Alsa (alsa.com) et Autocarres Carrera (autocarrescarrera.es).

TRAIN

Des trains à grande vitesse AVE relient Cordoue à Cadix, via Séville, et à Málaga. Plus lents, les trains Renfe mènent de Cordoue à Grenade en changeant à Antequera, ainsi qu'à Jaén. La carte des gares ferroviaires est disponible sur www.renfe.com.

Jaén, Úbeda et Baeza, p. 248

Moins visitées que Cordoue, ces villes Renaissance sont aussi gourmandes : cuisine à l'huile d'olive vierge extra des oliveraies alentour et tapas en prime.

Parque Natural Sierras de Cazorla, Segura y las Villas, p. 259

Alpages verdoyants, vallées encaissées, torrents tempétueux et lointains panoramas à couper le souffle.

Planifier son séjour

À tort, l'extrême-nord de l'Andalousie est souvent ignoré des touristes. Entre villes intemporelles, villages de montagne assoupis, traditions ancestrales, cuisine inspirée et tapas gratuites, dessinez votre parcours gagnant !

E55EVU/STOCK.ADOBE.COM ©

Judería de Cordoue (p. 230)

Si vous avez peu de temps

- Allez profiter de la nature sauvage dans toute sa splendeur au **Parque Natural Sierras de Cazorla, Segura y las Villas** (p. 259), dans la province de Jaén. Le parc ne fait pas moins de 2 143 km^2, dans une province riche de 66 millions d'oliviers. Outre une gastronomie locale savoureuse, vous apprécierez son histoire, ses traditions culturelles et sa richesse naturelle. Loin de la foule, on y respire paisiblement au rythme des adorables bourgs et villages protégés par d'antiques châteaux et tours de guet. Ici la vie s'écoule selon les traditions ancestrales.

Au fil des saisons

Vu la chaleur torride en été, mieux vaut repérer où se baigner en pleine nature avant de se lancer. Les hivers peuvent être froids mais ensoleillés, et il n'y a de la neige qu'en haute altitude.

JANVIER

Il fait assez froid. L'Épiphanie, le 6 janvier, est synonyme de fête. La récolte des olives bat son plein.

MARS

Voici le printemps et le moment où l'on peut acheter du "jus" d'olive frais. Le moment est aussi idéal pour randonner.

AVRIL

Le plus souvent le mois de la Semaine sainte, avec des processions dans une majorité de villes et villages.

MIQUELITO/SHUTTERSTOCK ©, ANA DEL CASTILLO/SHUTTERSTOCK ©, MURATTELLIOGLU/SHUTTERSTOCK ©

Les capitales en trois jours

- Passez la journée à **Cordoue**, visitez la **Mezquita** (p. 228), déjeunez dans une taverne, explorez l'**Alcázar de los Reyes Cristianos** (p. 231) et dînez devant un spectacle de flamenco.

- Le matin suivant, arpentez le quartier juif (p. 230). Faites un saut au **Palacio de Viana** (p. 231) pour un aperçu des patios de Cordoue. Ensuite, cap au nord pour voir les porcs noirs de **Los Pedroches** (p. 237) avant de passer la nuit à **Úbeda** (p. 251) ou à **Baeza** (p. 253), toutes deux classées au Patrimoine mondial de l'Unesco.

- Filez à travers les oliveraies jusqu'à la colline de Santa Catalina à **Jaén** (p. 250), allez voir le château, puis offrez-vous une nuit au parador.

Cinq jours de nature et villages blancs

- Si vous avez cinq jours (soit quatre nuits sur place), filez tout droit vers le **Parque Natural Sierras Subbéticas** (p. 238). Le lieu est magique entre *pueblos blancos* (villages blancs) et randonnées sublimes. Sans compter l'emplacement stratégique pour d'éventuelles virées en ville. Dans le parc, ne manquez pas **Priego de Córdoba** (p. 239) et **Zuheros** (p. 238).

- Une visite de la ville-forteresse d'Alcalá la Real, puis d'une villa romaine dans l'agréable **Almedinilla** (p. 241) précéderont une promenade paisible le long de l'ancienne voie ferrée de l'huile d'olive, la **Vía Verde de Aceite** (p. 245). Ici, l'air est pur, la cuisine délicieuse, les gens accueillants et l'atmosphère paisible.

MAI

Le mercure grimpe, les fleurs parent de leurs couleurs les patios de Cordoue comme les campagnes. Il fait bon visiter.

AOÛT

En ville, la chaleur est écrasante. Levez-vous tôt, faites la sieste et couchez-vous tard.

SEPTEMBRE

Journées douces et soirées fraîches. La période est idéale pour marcher en ville ou en pleine nature.

OCTOBRE

On ne peut rêver mieux pour randonner, la nature reverdit et les températures sont très agréables.

PAOLO GALLO/SHUTTERSTOCK ©, ALEKSANDAR TODOROVIC/SHUTTERSTOCK ©, TMP - AN INSTANT OF TIME/SHUTTERSTOCK ©, JOSERPIZARRO/SHUTTERSTOCK ©

CORDOUE

L'histoire millénaire de Córdoba s'est jouée en plusieurs actes à la distribution prestigieuse : les Romains, les Wisigoths, les Maures et les conquistadors chrétiens. Fondée par les Phéniciens, puis conquise en 152 av. J.-C. par Rome et vite promue capitale de la Bétique romaine grâce au commerce développé le long du Río Guadalquivir (à l'époque navigable depuis l'océan Atlantique), Cordoue est alors la plus grande ville du sud de l'Ibérie. L'Empire romain déclinant, les Wisigoths s'en emparèrent avant d'en être délogés par les Maures en 711. C'est ainsi qu'en 756 le calife Abd al-Rahman Ier en fit la capitale d'Al-Andalus (l'Espagne maure) et la plus grande ville d'Europe occidentale.

S'étirant sur la plaine fluviale, Cordoue s'explore sans difficulté, le cœur médiéval jouxtant la ville moderne. Ici, juifs, musulmans et chrétiens ont cohabité en paix pendant des siècles. Un âge d'or que commémore l'inscription de quatre de ses sites au Patrimoine mondial de l'Unesco.

Pour les infos pratiques, voir le Carnet d'adresses p. 264

À SAVOIR

Prenez un plan papier dans un office du tourisme (l'étroitesse des rues ne rend pas fiable le GPS) et vérifiez les horaires des monuments, qui changent selon la saison. Il y a un Centro de Recepción de Visitantes juste à droite après le Puente Romano et la Puerta del Puente.

CALLES BELLAS

Des rues à ne pas rater.

Calle de la Hoguera Arrivez de Calle Céspedes pour voir le petit minaret de la Mezquita de los Andaluces.

Calleja de Pañuelo L'une des ruelles les plus exiguës du Vieux Continent, où se croiser relève du défi.

Calleja de los Arquillos Antique impasse étroite jalonnée de sept arches.

Calleja de las Flores La plus photogénique des rues de Cordoue.

La Mezquita

MOSQUÉE-CATHÉDRALE

C'est non loin du Guadalquivir que se trouve l'un des plus beaux exemples de l'architecture islamique. Depuis le début du XVIe siècle et Charles Quint, c'est une cathédrale néanmoins. Édifié à la fin du VIIIe siècle sur le site d'une église wisigothe, puis plusieurs fois agrandi au cours des siècles qui suivirent, ce chef-d'œuvre qu'on appelle Mezquita-Catedral (voir plan p. 228) constitue le plus beau témoignage de l'âge d'or de Cordoue. Pour mesurer son immensité et sa sophistication, commencez par faire le tour de ses remparts. Plusieurs entrées mènent au **Patio de los Naranjos**, l'ancienne cour des ablutions, la plus impressionnante étant la Puerta del Perdón, à la base du minaret-clocher, sur la Calle Cardenal Herrero. Entrez et imprégnez-vous des lieux. La gigantesque cour se divise en trois sections qui ont chacune leur fontaine, et tient son nom des 90 orangers qui y poussent. Passé les ablutions, on entre dans la Mezquita. Une hypnotisante forêt de colonnes de marbre, soutenant une infinité d'arches, s'offre à votre regard. Il s'agit de l'ancienne salle de prière, maintes fois agrandie puis modifiée par les ajouts chrétiens. Au centre se dresse la cathédrale baroque édifiée sous Charles Quint. L'harmonieuse fusion entre mosquée et cathédrale est stupéfiante. Dirigez-vous ensuite vers le mur sud pour contempler le sublime **mihrab** (niche de prière) du Xe siècle

INCONTOURNABLE
1 Mezquita -Catedral

VOIR
2 Alcázar de los Reyes Cristianos
3 Caballerizas Reales
4 Casa de Sefarad
5 Cristo de los Faroles
6 Iglesia del Juramento de San Rafael
7 Museo Arqueológico
8 Museo Julio Romero de Torres
9 Palacio de Viana
10 Plaza de la Corredera
11 Plaza de las Tendillas
12 Plaza de los Capuchinos
13 Plaza del Potro
14 Real Parroquia de San Lorenzo Mártir de Córdoba
15 Templo Romano

SE RESTAURER
16 Taberna Sociedad de Plateros

et le dôme doré de la **maqsura** (enceinte royale), les parties les plus somptueusement décorées de la mosquée.

L'accès au Patio de los Naranjos est libre, mais il faut en revanche acheter un billet pour pénétrer dans la Mezquita et/ou grimper au sommet du clocher. Perché à 54 m de hauteur, on y voit toute la ville. Cependant, gardez à l'esprit que la tour est difficile d'accès : ce sont 12 étages qu'il faudra gravir, via des escaliers étroits aux marches hautes.

OÙ SE RESTAURER À CORDOUE

Bar Santos
Participez à la dégustation d'une énorme tortilla – 5 kg de pommes de terre et 30 œufs ! **€**

Restaurante Regadera
De délicieux plats locaux dans un décor moderne et lumineux. **€€**

Bodegas Campos
L'ancienne cave pleine de charme est devenue un superbe restaurant traditionnel. **€€€**

Mezquita-Catedral

CHRONOLOGIE

600 Fondation de la basilique chrétienne wisigothe de Saint-Vincent, à l'emplacement de l'actuelle Mezquita.

785-786 L'émir Abd al-Rahman Ier incorpore les ruines wisigothes et romaines à la *mezquita* (mosquée) qu'il fait construire.

833-848 Agrandissement de la mosquée sous le règne d'Abd al-Rahman II.

951-952 Ajout d'un minaret par Abd al-Rahman III.

962-966 Extension de la mosquée par Al-Hakam II. Le splendide ❶ **mihrab** date de cette époque.

991-994 Dernier agrandissement de la mosquée par Al-Mansour Ibn Abi Aamir. Avec l'ajout du ❷ **Patio de los Naranjos**, l'édifice atteint ses dimensions actuelles.

1146 Première consécration de la cathédrale

1236 La mosquée devient une église catholique après la reconquête de Cordoue par Ferdinand III de Castille.

1371 Plutôt que de détruire la mosquée, les chrétiens la modifient, créant la ❸ **Capilla de Villaviciosa** et la ❹ **Capilla Real**.

1523 Ajout d'une nef de cathédrale de style Renaissance par Charles Quint. Selon la légende, l'empereur aurait déploré avoir "détruit une œuvre unique au monde" une fois les travaux achevés.

1593-1664 Le minaret du Xe siècle est renforcé et transformé en ❺ **clocher** de facture baroque.

2004 Les musulmans d'Espagne lancent une pétition pour avoir à nouveau le droit de prier dans la Mezquita. Le Vatican s'y oppose.

BON À SAVOIR

- → L'entrée au Patio de los Naranjos est libre à toute heure.
- → À l'exception du dimanche, l'entrée de la Mezquita est gratuite entre 8h30 et 9h30.
- → Les groupes n'étant pas admis avant 10h, la visite est plus tranquille et pittoresque en début de matinée.

INU/SHUTTERSTOCK ©

Mihrab
Tout conduit au plus beau trésor de la mosquée-cathédrale. Cette niche en forme d'arc de cercle orientée vers La Mecque date du Xe siècle. Prêtez attention aux tesselles d'or sculptées par des mosaïstes byzantins.

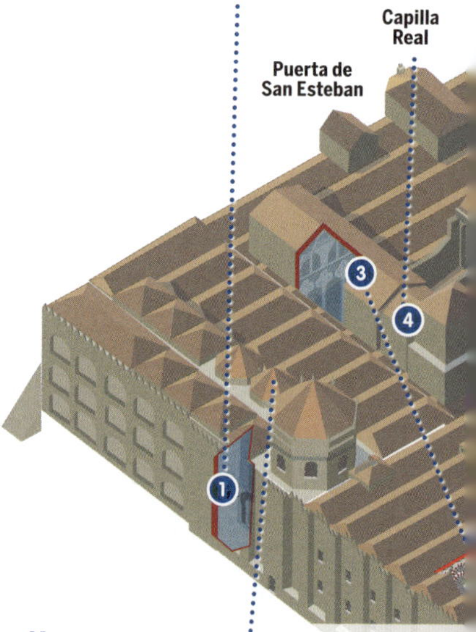

Maqsura
Conduisant au mihrab, la *maqsura* était une salle réservée à la prière des califes et de leur suite. Ses magnifiques arcades sophistiquées avaient été conçues pour attirer l'œil des fidèles vers le mihrab et La Mecque.

RENATA SEDMAKOVA/SHUTTERSTOCK ©

Capilla Mayor
Une superbe chapelle chrétienne au cœur d'une mosquée peut sembler étrange. Au XVIe siècle, Charles Quint a accepté (à regret) la construction d'un sanctuaire gothique au cœur de la deuxième plus grande mosquée du royaume islamique.

Clocher
Rouvert à la visite en 2014 après 24 années de restauration, ce clocher baroque haut de 54 m offre les plus beaux panoramas de toute la ville. Il a été construit au XVIIe siècle en enveloppant le minaret de la mosquée érigé au Xe siècle.

BILL PERRY/SHUTTERSTOCK ©

Arches de la Mezquita
Trait le plus caractéristique de la Mezquita, ces arches bicolores en brique rouge et pierre blanche soutiennent 856 colonnes provenant d'édifices romains et wisigoths. La lumière tamisée leur confère une allure à la fois inquiétante et saisissante.

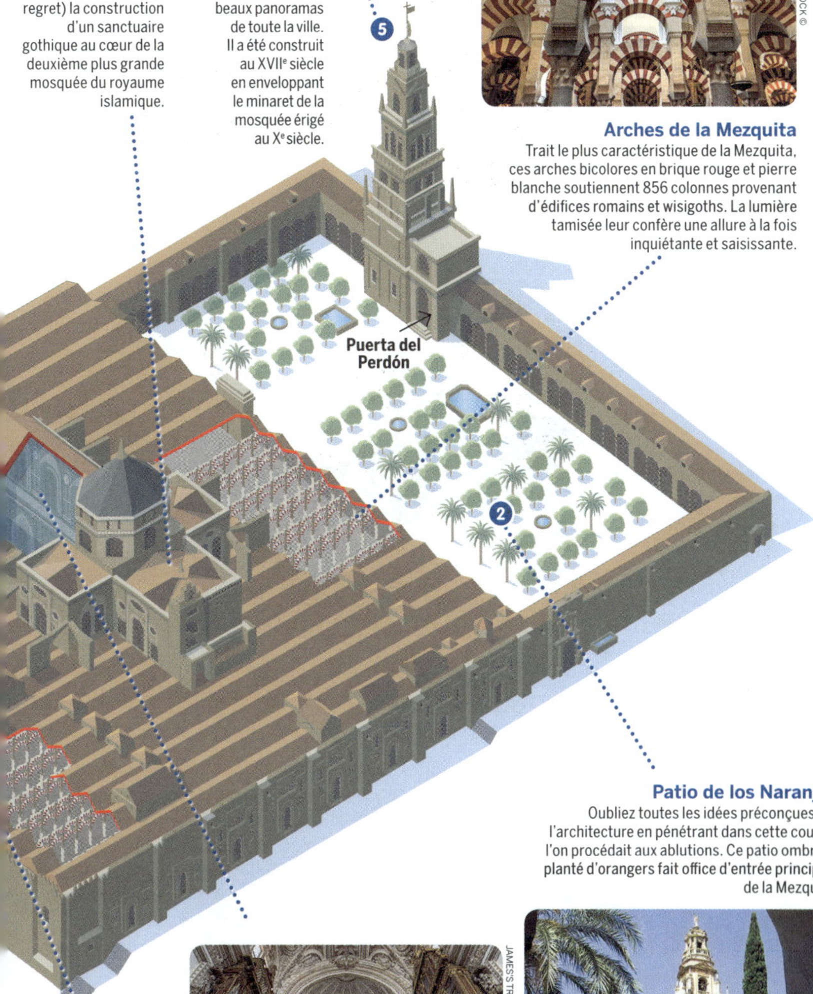

Patio de los Naranjos
Oubliez toutes les idées préconçues sur l'architecture en pénétrant dans cette cour où l'on procédait aux ablutions. Ce patio ombragé planté d'orangers fait office d'entrée principale de la Mezquita.

MATT TROMMER/SHUTTERSTOCK ©

Capilla de Villaviciosa
Passez en revue les nombreuses chapelles jusqu'à ce petit bijou d'architecture maure et d'arcades et colonnes gothiques ajoutées par les chrétiens. Elle servit de Capilla Mayor jusqu'en 1607.

JAMES'S TRAVEL AND PHOTOS/SHUTTERSTOCK ©

Chœur de la cathédrale
Comment ne pas être ébahi par l'époustouflant *coro* (chœur) ajouté par les chrétiens aux XVIe et XVIIe siècles ? Après avoir admiré les stalles en acajou aux scènes bibliques finement sculptées, levez les yeux vers l'imposant plafond baroque.

GASTRONOMIE LOCALE

Salmorejo
Soupe froide à la tomate, au pain et à l'ail, garnie de *jamón* et d'un œuf dur.

Mazamorra
Soupe froide aux amandes et au pain, voire à la farine de maïs.

Berenjenas con Miel de Caña
Aubergines grillées nappées de mélasse noire.

Flamenquin
Rouleaux panés de jambon et d'échine de porc avec fromage et croûtons.

Rabo de Toro
Queue de taureau, cuisinée de manières variées.

CKTRAVELS.COM/SHUTTERSTOCK ©

Palacio de Viana

La Judería

ANCIEN QUARTIER JUIF

Le plus vieux quartier de Cordoue est un labyrinthe de rues étroites et de petites places, de maisons chaulées et de portails en fer forgé derrière lesquels vous apercevrez des patios fleuris.

En descendant la Calle Judíos, ne manquez pas la superbe synagogue carrée de 1315, l'un des plus anciens témoins de la présence juive en Andalousie. Une rue plus loin, la **Casa de Sefarad** est un musée consacré à l'histoire et aux traditions séfarades (juifs de la péninsule Ibérique). À l'angle de la Calle Judíos se dresse un splendide édifice mudéjar à deux niveaux avec un superbe patio où l'on trouve le **Zoco** (souk) avec ses boutiques et objets artisanaux traditionnels.

OÙ VOIR DE PETITS MUSÉES DE GRAND INTÉRÊT À CORDOUE

Museo de la Alquimia
Fascinante porte ouverte sur les mystères de l'alchimie, Calle los Judios.

Casa Andalusi
Une demeure juive du XIIe siècle avec sa cour pour découvrir la vie domestique des habitants de la Cordoue médiévale.

La Casa del Agua
Comprendre le cycle de l'eau à Cordoue et le mode d'approvisionnement de ses habitants à travers les âges.

San Basilio et l'Alcázar de los Reyes Cristianos

CHÂTEAU DES ROIS CATHOLIQUES, JARDINS ET ÉCURIES

Le *barrio* **San Basilio** fut construit pour loger le personnel de l'**Alcázar de los Reyes Cristianos** et de ses écuries royales, les **Caballerizas Reales**. Promenez-vous et jetez un œil à travers portes entrouvertes et portails pour apercevoir les patios intérieurs, principaux lieux de vie du quartier. Nombre d'entre eux sont en lice lors du concours de patios de mai, et certains sont accessibles toute l'année. Une liste est disponible à l'office du tourisme, mais si un patio est ouvert, n'hésitez pas à entrer.

L'Alcázar, fort-palais, est la résidence des Rois Catholiques. Là se prépara la campagne de reconquête des dernières régions occupées d'Andalousie, tout comme la conquête de l'Amérique en 1486. La forteresse réunit un château, reconstruit par Alphonse XI en 1327, et de somptueux jardins, entièrement remodelés au XIXe siècle. Un ingénieux système d'irrigation alimente en eau le château et le domaine par des aqueducs provenant de la Sierra Morena et grâce à la Noria de la Albolafia qui prélève l'eau du **Río Guadalquivir** tout près de l'élégant Puente Romano – sur ce pont piétonnier veille une figure protectrice de Cordoue, l'archange saint Raphaël censé avoir épargné de la peste les Cordouans au XVIIe siècle. Admirez la vue depuis les remparts, puis penchez-vous sur les mosaïques romaines (IIe et IIIe siècles) mises au jour en 1959 sous la **Plaza de la Corredera** et exposées dans l'Alcázar. Voisines et en partie ruinées par un incendie au XVIIIe siècle, les écuries royales construites en 1570 sur ordre de Philippe II hébergent toujours ces élégants chevaux andalous de "pure race espagnole" voulus par le souverain. N'oubliez pas l'arène dans votre visite, surtout au moment d'un spectacle équestre ou de flamenco.

DIVERS MODES DE VISITE

En calèche
Départs près de l'Alcázar de los Reyes et à côté de la Mezquita.

En bus à impériale
On monte et on descend librement de ces bus touristiques à impériale. Achat en ligne via City Sightseeing (city-sightseeing-spain.com/en/20/cordoba).

À Segway, trottinette ou vélo électrique
Laissez-vous guider à Segway avec une visite commentée, sinon louez une trottinette ou un vélo électrique auprès d'Elektrik (rentabikecordoba.com).

À pied avec un guide
Plusieurs opérateurs proposent des visites guidées pédestres gratuites : owaytours.com ; cordobapie.es ; guruwalk.com.

San Andrés et le Palacio de Viana

UN PALAIS-MUSÉE CAPTIVANT

Au cœur du *barrio* de San Andrés se dresse l'église du même nom, construite sur le site d'une ancienne église wisigothe et flanquée d'une belle fontaine octogonale baroque. En retrait du sanctuaire, l'oasis urbaine des Jardines de Orive est idéale pour une pause entre la **Plaza de la Corredera** et certainement l'une des grandes demeures les mieux conservées d'Espagne, le Palacio de Viana.

Si le **Palacio de Viana** se visite toute l'année, le printemps est la période idéale pour admirer, abondamment fleuris, les douze patios et le jardin qui entourent le palais-musée.

OÙ VOIR FLEURS ET PATIOS À CORDOUE

Cruces de Mayo
Le 1er mai, d'immenses croix ornées de fleurs et de châles sont dressées sur quelque 50 places et rues de Cordoue.

"Gardiens" des patios
Sculptures en bronze et plantes en pots à la Puerta del Rincón, dans l'Alcázar Viejo et à Plaza del Poeta Juan Bernier.

Palacio de Viana
Un palais-musée pour amateurs de botanique : il y a plus de 80 variétés de plantes dans ses 12 patios.

LE CUIR DE CORDOUE : UN ART

L'Espagne est depuis longtemps réputée pour son cuir et son artisanat maroquinier. Dès le XIVe siècle, palais et manoirs aux quatre coins de l'Europe sont habillés de cuir estampé : sièges, meubles, paravents et revêtements muraux sont gainés ou tapissés de cuir gaufré à motifs botaniques ou géométriques, le fameux cuir de Cordoue. Le développement de cet art du cuir appelé *guadamecí* ou *omeya* remonte au califat musulman du Xe siècle, mais sa pratique a petit à petit disparu. Le *guadamecí* connaît aujourd'hui une renaissance à Cordoue grâce à José Carlos Villarejo García, qui a tout appris de son oncle après que celui-ci a redécouvert cet art disparu en fouinant dans des archives. C'est sans doute aujourd'hui l'un des seuls au monde à créer ces magnifiques œuvres décoratives, que l'on peut découvrir à la **Casa-Museo del Guadamecí Omeya**.

L'accès est d'ailleurs gratuit à l'occasion de la mondialement célèbre **Fiesta de los Patios de Còrdoba** (mai). Héritage des traditions romaine et arabe, le patio cordouan est ici représenté dans ses multiples évolutions, chacun des douze étant unique. Resté dans la même famille aristocratique des Viana de 1425 à 1980, le somptueux palais Renaissance d'origine décline cinq siècles d'architecture et d'aménagement. Une fenêtre ouverte sur le quotidien de l'âge d'or de Cordoue.

Medina Azahara

SITE ARCHÉOLOGIQUE DU Xe SIÈCLE

Cité-palais du calife en partie mise au jour à 8 km à l'ouest de Cordoue, Medina Azahara, la "Cité lumineuse" fondée en 936 par Abd al-Rahman III, a été ravagée un siècle plus tard. Cette immense ville-palais fortifiée s'étend au pied de la Sierra Morena, à seulement quelques minutes de voiture. Sur place, le musée dévoile toute l'histoire d'un califat qui dépensait sans compter dans l'extravagance architecturale. Un bus fait la navette entre le parking du musée et le site au-dessus. Commencez par le musée afin de vous faire une idée de l'étendue de l'ancienne capitale, qui faisait 1,5 km d'est en ouest et 700 m du nord au sud. Les fouilles continuent sur le site archéologique, l'un des plus importants d'Espagne et classé au Patrimoine mondial de l'Unesco. Les zones accessibles au public en disent long sur la vie opulente sous le califat. À savoir : les transports en commun ne desservent pas la Medina Azahara, seul un bus touristique assure la liaison depuis la Glorieta Cruz Roja à Cordoue jusqu'au centre d'accueil (comptez 10 € l'aller-retour, avec 2 heures 30 de visite sur place).

De plaza en plaza

RUES ANCIENNES, AVENUES MODERNES

On passe presque sans s'en apercevoir du vieux quartier juif à la Cordoue moderne, par tout un réseau de rues pavées ponctuées de places d'abord minuscules, jusqu'aux vastes centres commerciaux des quartiers les plus récents. Seule place andalouse à l'allure de Plaza Mayor, la **Plaza de la Corredera** (XVIIe siècle) accueillait jadis corridas, annonces officielles, exécutions et autodafés de l'Inquisition. C'est aujourd'hui un bon endroit pour prendre un verre, découvrir l'art du tressage de l'alfa ou explorer le marché alimentaire couvert.

Cervantès, qui vécut près de la **Plaza del Potro**, n'a pas manqué de faire figurer dans *Don Quichotte* cette place qu'il qualifie de "repaire de brigands". Elle doit son nom de *potro*

OÙ SE LOGER À CORDOUE

Las Casas de la Judería
Cinq anciennes grandes demeures transformées en un ravissant hôtel. **€€€**

Balcon de Córdoba
Superbe mélange d'ancien et de moderne pour ce boutique-hôtel avec vue sur la Mezquita du toit-terrasse. **€€€**

Hotel Hacienda Posada de Vallina
Hébergement d'un bon rapport qualité/prix, juste à côté de la Mezquita. **€€**

Plaza de las Tendillas

(poulain, tel celui qui orne la fontaine du XVIe siècle) au marché de bétail qui s'y tenait, entouré aux XVIe et XVIIe siècles d'auberges, dont il ne reste que la superbe Posada del Potro. Fin XVIIe, la construction de l'Hospital de la Caridad en réduisit la superficie. Ce bâtiment abrite aujourd'hui le **museo Julio Romero de Torres** ; ce beau petit musée est consacré à ce maître local du symbolisme, qui a peint avec brio l'essence de Cordoue et la beauté des femmes andalouses.

Faites un détour par la plaza de Jerónimo Páez pour visiter l'excellent **Museo Arqueológico** qui repose sur les vestiges du plus grand théâtre romain de l'Hispanie.

Le cœur commercial de Cordoue est aujourd'hui la **Plaza de las Tendillas**, vaste place piétonnière avec bars et fontaines. Écoutez l'horloge sonner de la guitare flamenco ou venez fêter la nouvelle année en mangeant douze grains de raisin au son des douze coups de minuit. Tout près de là, dans la calle Claudio Marcelo, se dressent les colonnes de marbre du **Templo Romano** (Ier siècle). La **Plaza de los Capuchinos** faisait jadis partie du Convento del Santo Ángel, aujourd'hui détruit, et on l'appelle depuis plus communément **Cristo de los Faroles**, comme le christ qui s'y dresse, entouré de huit lampadaires symbolisant les huit provinces d'Andalousie.

TABERNAS TYPIQUES

Taberna Sociedad Plateros María Auxiliadora
Patio style Mezquita. **€**

Taberna Casa Bravo
Décor traditionnel ; créé en 1919. **€€**

El Burlaero
Décor dédié à la corrida. **€€**

Casa El Pisto
Taverne du XIXe siècle avec photos anciennes. **€**

La Cazuela de la Esparteria
Taverne aux airs de boutique. **€**

Bodega Guzman
Vin local au tonneau. **€**

FLAMENCO GRATUIT

En juillet et août, l'hôtel de ville donne du flamenco dans ses murs (cordobaturismo.es). C'est gratuit mais couru. Voir p. 368 pour plus d'infos sur l'histoire du flamenco.

Patios de Orfebre
Pour dormir dans les murs d'une belle demeure du XVIe siècle avec patios intérieurs typiques. **€€**

Mayflowers
Un lumineux hostal, fort accueillant et à l'emplacement particulièrement bien situé. **€**

Hôtel Maestre
À quelque pas du fameux Patio del Potro, un établissement propre et d'un bon rapport qualité/prix. **€**

ARTISANS CORDOUANS

Rejoignez l'atelier Cerámica, dans Calle Puerta de Almodóvar, pour observer un **potier** créer des figurines de flamenco. Les amateurs de guitare préféreront voir le **luthier** José Rodríguez à l'œuvre, dans la Calle San Pablo.

Toujours Calle San Pablo, le **cordonnier** d'El Reparador travaille le cuir, fabrique des ceintures et répare des chaussures.

Joaquín Espaliú, représentant la quatrième génération d'une famille d'**orfèvres**, travaille dans la Calle Almanzor, près de Cerámica.

Pour observer le **tressage de l'alfa** et faire quelques achats, cap sur l'immense Plaza de la Corredera.

Église San Lorenzo

San Lorenzo et ses patios

PLANTES, PATIOS ET TABERNAS TYPIQUES

Le *barrio* de San Lorenzo est né au XIIIe siècle du redécoupage de Cordoue suite à la Reconquista (reconquête chrétienne). Ce quartier populaire fut le théâtre du *motín del pan* (émeute de la faim) de 1650. Jetez un œil à l'**église San Lorenzo**, construite sur une mosquée reposant elle-même sur une précédente église wisigothe, dont il reste une impressionnante rosace gothico-mudéjare. Dans l'**Iglesia del Juramento de San Rafael**, à la façade néoclassique, l'archange Raphaël serait apparu au père Roelas au XVIe siècle qui le priait de protéger la ville contre la peste. Proche de la muraille, le **Jardín de los Poetas** est la parfaite oasis pour souffler à l'ombre et manger un morceau. Fondée en 1868, la Taberna Sociedad de Plateros-María Auxiliadora (Taverne de la société des orfèvres-María Auxiliadora) y sert une bonne cuisine traditionnelle sous des arches de style *mezquita* et dans un patio typique. Comme partout dans la ville, certains patios privés ouvrent leurs portes pendant deux semaines lors de la **Fiesta de los Patios** (patios.cordoba.es). Les offices du tourisme proposent des plans pour les découvrir. Tous sont splendides, mais mieux vaut choisir un quartier qui en concentre un grand nombre pour limiter vos efforts (il fait souvent très chaud en mai).

COMMENT S'Y RENDRE ET CIRCULER

Cordoue est assez bien desservie par le bus et le train depuis les localités des alentours. La gare ferroviaire (1,2 km au nord-ouest de la Plaza de las Tendillas) se trouve à 15 minutes de marche du centre-ville. La gare routière (www.estacionautobusescordoba.es) se trouve derrière la gare ferroviaire.

En voiture, se garer peut être difficile, à moins que votre hébergement ne dispose d'un parking. Il y a des places gratuites Avenida Campo de la Verdad, après la sortie de l'E-4.

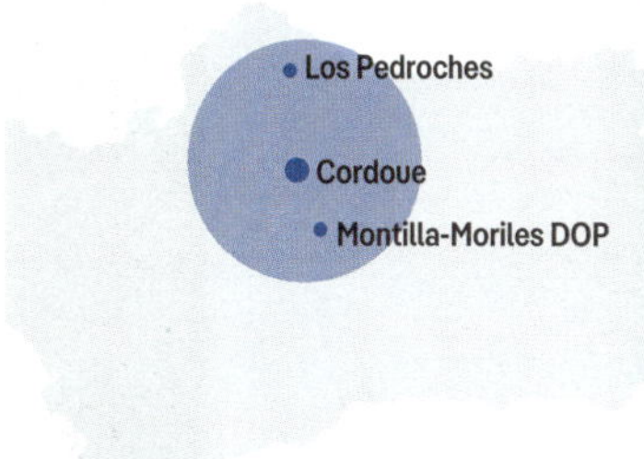

Environs de Cordoue

Au nord de Cordoue vous attendent les pâturages de Los Pedroches, et au sud les vignobles de Montilla-Moriles à dénomination d'origine.

La région septentrionale de Los Pedroches se distingue par ses vallées verdoyantes et ses collines tapissées de chênes verts. Les porcs noirs ibériques s'y nourrissent de glands (*bellotas*) dans des pâturages entourés de murets de pierres. C'est la terre du *jamón*. Un arrière-pays qu'illuminent 17 *pueblos blancos* et la nature préservée du Parque Natural Sierra de Cardeña y Montoro.

Au sud de Cordoue se déroule une campagne plus douce, ponctuée de-ci de-là de ravissants villages blancs protégés par des châteaux. Vous êtes dans les plaines viticoles du montilla-moriles Denominación de Origen (DO) : des vignobles à perte de vue et une cinquantaine de domaines. Allez-y fin août pour assister aux vendanges, après lesquelles le raisin est séché au soleil avant d'être transformé en de délicieux vins doux.

Pour les infos pratiques, voir le Carnet d'adresses p. 265

À SAVOIR

Vers la fin des vendanges, certains vignobles organisent des festivités telles que des concerts de jazz pour accompagner les dégustations.

Montilla-Moriles (p. 236)

JOSERPIZARRO/SHUTTERSTOCK ©

Camino Mozárabe de Santiago

À VOIR AUSSI DANS LA RÉGION

Villa Romana de Fuente Álamo
Villa romaine et site architectural, avec de superbes mosaïques romaines, à Puente Genil.

Museo de Ceramica
Intéressant musée de la Céramique à La Rambla.

Museo Arqueológico de Ulía
À Montemayor. Ne manquez pas le belvédère voisin.

Lagar los Raigones
Producteurs d'huile d'olive et de vin.

Vins de Montilla-Moriles

VIGNOBLES, CÉPAGES ET TONNEAUX

La région productrice des vins montilla-moriles Denominación de Origen (DO) s'étend dans les plaines riveraines du Río Genil et du Río Guadajoz, autour de la ville de Montilla, à 40 minutes de route au sud de Cordoue. La voiture est le meilleur moyen d'explorer la région et ses 17 localités, où l'on produit du vin depuis l'époque romaine. C'est la plus septentrionale des régions d'appellation d'origine (DO) en Andalousie. En chemin, vous remarquerez que les paysages s'adoucissent et que la terre passe du rouge au blanchâtre caractéristique de l'*albarizo*, le même sol que dans le triangle du xérès de Cadix, favorable à la culture du cépage pedro ximénez. La gamme produite dans la région va de vins jeunes à d'excellents vins fortifiés (*fino*, *amontillado*, *oloroso* et *palo cortado*), ainsi que des vins doux (moscatel et pedro ximénez) qui font sa réputation. Autant d'accompagnements rêvés pour les tapas,

OÙ VISITER DES CAVES ET DÉGUSTER AUTOUR DE MONTILLA

Bodegas Alvear
Au cœur de Montilla, la plus vieille cave d'Andalousie et la deuxième plus vieille d'Espagne, fondée en 1729.

Bodegas Robles
Vignerons depuis trois générations, produisant désormais aussi des vins bio et du vermouth.

Bodegas Toro Albalá
Cave lauréate de nombreux prix, dans la même famille depuis 1922.

les desserts, les viandes et les poissons fumés ou les fruits de mer. Visitez une cave ou deux, découvrez la technique d'élevage ancestrale qu'on appelle *solera* (un vieillissement du vin en mode de réserve perpétuelle) et imprégnez-vous de l'histoire et des arômes des nombreux vignobles de la région. Qui dit vin dit aussi tonneaux. Les tonneliers les fabriquent encore à la main dans toute la région, notamment dans la ville de Montilla. Un art indispensable pour laisser vieillir le vin.

Pâturages de Los Pedroches

VASTES PLAINES, PETITS BOURGS

Cette fois à une heure de route au nord de Cordoue, la région de Los Pedroches ("vallée des glands" en maure) couvre plus de 3 000 km² de rocaille et de plaines ponctuées de chênes verts et de chênes-lièges. C'est l'extrême nord de l'Andalousie, à la frontière avec l'Estrémadure, une étendue difficile à explorer en transports en commun. Ses villages entrecoupés de vallées et de collines boisées sont la patrie du *jamón ibérico de bellota*, un jambon de très grande qualité issu du porc noir ibérique qui arpente de vastes *dehesas* (pâturages dans des forêts) et se nourrit de *bellotas* (glands). Salé et séché pendant 6 à 12 mois, ce jambon rose foncé est servi en tranches très fines, avec du pain et du vin montilla.

Entrez dans cet arrière-pays sauvage par **Alcaracejos**, paisible village qui abrite l'office du tourisme du district, en passant par le Puerto Calatraveño, un col à 750 m d'altitude. À 20 km au nord-ouest se trouve **Hinojosa del Duque**. Sa Catedral de la Sierra présente une façade Renaissance et un clocher qui aurait servi de modèle à la Mezquita de Cordoue. En continuant 9 km au nord, vous atteindrez **Belalcázar**. Un panorama d'exception vous attend depuis la forteresse médiévale du Castillo de Sotomayor. Pour une autre vue à couper le souffle, empruntez la CO-9402 sur 27 km jusqu'à **Santa Eufemia** et montez voir les ruines du Castillo de Miramontes, place forte musulmane.

Pour les amoureux de la nature, le **Parque Natural Sierra de Cardeña y Montoro**, avec ses 384 km² de collines, pâturages et forêts, est propice aux belles randonnées. Des sentiers partent notamment d'Aldea del Cerezo, à 6 km à l'est du village de Cardeña. Renseignements et cartes sont disponibles au Centreo de Visitantes Venta Nueva. Le **Camino Mozárabe de Santiago**, chemin de pèlerinage pour Compostelle peu fréquenté qui traverse l'Andalousie depuis Almería, est également une bonne option.

TAPIS DE FLEURS POUR LA FÊTE-DIEU

À travers toute la province, villes et villages ornent leurs rues d'*alfombras de flores* (tapis de fleurs) et de sciure de bois colorée pour célébrer *Corpus Christi* (la Fête-Dieu) le 8e dimanche après Pâques. Voici les villes de la province de Cordoue où se déroule cette tradition ancestrale :

- Ademuz
- Belmez
- Bujalance
- Carcabuey
- Pozoblanco
- Priego de Córdoba
- Valenzuela
- Villanueva del Duque

MOSAÏQUES ROMAINES

L'art des mosaïstes en Ibérie romaine s'apprécie à l'Alcázar de los Reyes (p. 231) de Cordoue, dans la villa romaine (p. 241) d'Almedinilla et à Cástulo (p. 258), dans la province de Jaén.

COMMENT CIRCULER

Il y a tant de paysages naturels et de villages à voir à Los Pedroches qu'une voiture est indispensable pour apprécier pleinement la région, quoique les Autocares San Sebastián (www.autocaressansebastian.es) desservent la région. Pour celle des vins montilla-moriles, il y a des liaisons routières avec Cordoue (45 minutes), Málaga (1 heure 45-2 heures) et Priego de Córdoba (1 heure 30). Des bus peu fréquents relient entre eux les villages.

SIERRAS SUBBÉTICAS

Les 320 km² du Parque Natural Sierras Subbéticas – à ne pas confondre avec la région de La Subbética – s'étendent en plein centre de l'Andalousie. Semés de tours de guet maures, de pics calcaires et de profonds ravins, ces grands espaces sauvages et montagneux forment un parc naturel depuis 1988, et depuis 2006 un Géoparc mondial de l'Unesco. Les 17 *pueblos blancos* dispersés dans le parc ont chacun leur charme particulier.

La randonnée à pied ou à cheval, le VTT et l'escalade sont les meilleurs moyens de découvrir ces merveilleux paysages. Un itinéraire pédestre et cycliste facile, la Vía Verde de Aceite, serpente le long d'une ancienne voie ferrée à travers les oliveraies et les montagnes de l'arrière-pays de Cordoue. Que vous cherchiez à observer oiseaux ou faune, que vous soyez gourmands de plats typiques ou férus d'architecture, difficile de ne pas trouver la félicité dans les Sierras Subbéticas.

Pour les infos pratiques, voir le Carnet d'adresses p. 266

À SAVOIR

Consultez le calendrier des fêtes locales (notamment villageoises) pendant votre séjour et organisez votre itinéraire en fonction. Soit vous déciderez de profiter des festivités, soit vous programmerez votre séjour plus tôt ou plus tard car tout est fermé pendant ces fêtes.

QUELQUES FÊTES IMPORTANTES

Foires, spectacles, défilés, courses de taureaux... peuvent être au programme.

Feria Chica, Iznájar
3ᵉ sem de juin.

Feria de Zuheros
2ᵉ sem d'août.

Festum - Journées ibéro-romaines d'Almedinilla
2ᵉ sem d'août.

Feria de Cabra
1ʳᵉ sem de sept.

Feria Real, Priego de Córdoba
1ʳᵉ sem de sept.

Fête du fromage de Zuheros
Vers le 22 sept.

Feria Real de Almedinilla
2ᵉ sem de sept.

Zuheros et sa grotte des Chauves-Souris

VILLAGE CLASSÉ ET PARCOURS RUPESTRE

Classé parmi les *pueblos más bonitos de España* (plus beaux villages d'Espagne), Zuheros ravit tant par son architecture de petites maisons blanches à toit de tuiles rouges que par la nature puissante qui l'entoure. Du haut de son escarpement à l'extrémité du village, la **forteresse maure** du IXᵉ siècle, agrandie au XVIᵉ siècle veille sur Zuheros et ses ruelles bordées de cascades de fleurs aux fenêtres. Grimpez sur les hauteurs alentour, belvédères blottis entre les éperons et escarpements autour desquels patrouillent les oiseaux de proie.

À 4 km au-dessus de Zuheros, dans le parc naturel, la **Cueva de los Murciélagos** (grotte des Chauves-Souris) est la plus vaste cavité connue à ce jour dans la province de Cordoue. La fraîcheur souterraine invite à se couvrir même en pleine touffeur extérieure. Chaussez-vous bien pour affronter les 700 marches escarpées qui vous emmèneront à 65 m sous terre pour une boucle de 415 m à travers une série de couloirs remplis d'incroyables formations rocheuses et de traces de peintures rupestres de chèvres datant du néolithique. La visite de 1 heure 30 (réservation obligatoire auprès de l'office du tourisme de Zuheros) débute dans la vaste salle à l'entrée, où il est conseillé d'arriver 15 minutes avant le départ.

La route qui grimpe jusqu'à la grotte à travers les montagnes est jalonnée de points de vue vertigineux sur la nature tout autour. Si vous n'avez pas le temps de visiter la grotte ou si

VOIR
1 Barrio de la Villa
2 Castillo de Iznájar
3 Castillo de Zuheros
4 Fuente del Rey
5 Iglesia de la Aurora
6 Iglesia de San Francisco
7 Museo Histórico de Almedinilla
8 Parroquia de la Asunción
9 Patio de las Comedias
10 Roman Villa El Ruedo
11 Torre de San Rafael

ACTIVITÉS
12 Cueva de los Murciélagos
13 Finca Las Encinas

PRENDRE UN VERRE ET FAIRE LA FÊTE
14 Bar Yampe

vous redoutez chauves-souris et obscurité, le centre d'accueil des visiteurs est très intéressant.

Zuheros est réputé pour sa fête du fromage, qui attire mi-septembre des amateurs de toute la région et au-delà venus goûter des fromages primés. Zuheros est aussi une base idéale pour parcourir à pied ou à vélo une partie de la **Vía Verde de Aceite**, voie verte qui, dans son intégralité (p. 245), traverse les deux provinces. Ici l'ancienne voie ferrée court sur 58 km à travers les parties ouest et nord du parc naturel. En guise d'échauffement, faites le tour du bas du village qui traverse le **Parque Periurbano**, passant par d'intéressants points de vue et un pont suspendu.

Priego de Córdoba

ARCHITECTURE BAROQUE ET BALCON PANORAMIQUE

En arrivant par l'A-333, vous apercevrez bien avant de l'atteindre le *pueblo blanco* de Priego de Córdoba. Ignorez la périphérie moderne pour gagner le cœur historique. Perché sur son rocher et entouré du balcon naturel de l'Adarve, il s'est construit autour du Barrio de La Villa aux étroites ruelles d'une blancheur immaculée qui serpentent jusqu'au Paseo del Adarve, une promenade panoramique qui surplombe

OÙ VOIR D'AUTRES GROTTES DANS LES SUBBÉTICAS

Cueva de los Mármoles
Proche du village de La Concepción et aisée à trouver, cette cavité a servi de refuge pendant la guerre d'Espagne.

La Cueva del Macho
Une grotte calcaire facile d'accès dans la Sierra Alcaide, près de Carcabuey.

Sima de Cabra
Mentionnée dans *Don Quichotte*, une grotte explorée en 1841 avec une descente de 116 m. Au nord-ouest du parc.

L'HUILE D'OLIVE DE PRIEGO

La prospérité de Priego tient aussi à son huile d'olive vierge extra (*aceite de oliva virgen extra*), réputée à travers toute l'Espagne, et ce depuis l'époque romaine. Les huiles d'olive des petits producteurs de la région comme La Venta del Barón, de l'entreprise Mueloliva, et la Rincón de la Subbética d'Almazaras de la Subbética sont connues dans le monde entier et régulièrement récompensées par des prix. La garantie d'une production locale est attestée par le label *Denominación de Origen Priego de Córdoba.*

JOSERPIZARRO/SHUTTERSTOCK ©

Fuente del Rey

le Valle Salado. Flanqué de tours carrées et de remparts à l'allure sévère, l'initiale **forteresse maure** (totalement remodelée par les nouveaux seigneurs chrétiens entre le XIIIe et le XVe siècle) se dresse fièrement à côté de la Plaza Abad Palomin. Du haut du donjon (Torre del Homenaje), vous aurez une vue d'ensemble sur la ville blanche.

Portiques, ferronneries, sculptures et colonnes de pierre ornent les vastes demeures du XIXe siècle qui ponctuent le labyrinthe de ruelles. Mais l'attrait principal de Priego consiste sans doute en ses huit églises baroques éclatantes, construites au début du XVIIIe siècle grâce aux revenus du travail de la soie et du velours. Certaines sont plus extravagantes que d'autres, mais visitez-en au moins une ou deux. Sommet du baroque andalou, la **Parroquia de la Asunción** est la plus saisissante sur le plan visuel. Initialement de style gothique mudéjar,

OÙ SE LOGER DANS LES SUBBÉTICAS

Casa Olea
Charmante retraite champêtre servant une excellente cuisine près de Priego de Córdoba. **€€**

Finca Las Encinas
B&B près de la ville et du lac d'Iznájar. **€€**

Hotel Patria Chica
Au centre de Priego de Córdoba, hôtel-musée avec patio intérieur et jardin privé. **€€**

elle subit deux siècles plus tard d'importants travaux qui la transformèrent en ce chef-d'œuvre baroque qui culmine avec les stucs rococo grimpant crescendo autour de la coupole à larges fenêtres du Sagrario (sacristie). Ces envolées décoratives sont tout aussi étonnantes à l'**Iglesia de la Aurora** ou à l'**Iglesia de San Francisco**, toutes deux reconstruites dans le style baroque au XVIIIe siècle. Les horaires d'ouverture des églises et autres sites de Priego étant soumis à variations, consultez la mise à jour hebdomadaire sur le site Internet de l'Oficina de Turismo (www.turismodepriego.com).

Classée monument historique, la **Fuente del Rey** (fontaine du Roi), aussi connue sous le nom de fontaine de Neptune, date de 1803. Avec ses 139 tuyaux, ses trois bassins et ses statues, cette superbe fontaine baroque est encore plus belle illuminée la nuit. Du tout proche **Bar Yampe**, on se délecte volontiers d'un plat ou d'un verre face au spectacle de l'eau qui gargouille à plaisir.

Almedinilla

CHARME ET HISTOIRE

À la frontière des provinces de Cordoue, de Jaén et de Grenade, le joli bourg d'Almedinilla entre Priego de Córdoba et Alcalá la Real attire nombre de visiteurs en raison de son riche patrimoine ibère et romain. Almedinilla est au carrefour de plusieurs itinéraires : la route romaine de la Bétique, le Réseau des Villas romaines d'Hispanie et le parcours des Trésors romains du sud de la province de Cordoue. Lovée dans un écrin de montagnes escarpées, Almedinilla est surnommée *tierra de sueños* (terre de rêves) depuis qu'une statue d'Hypnos, dieu des rêves, y a été découverte.

Début août, le bourg s'anime pour une semaine de festivités ibéro-romaines, le Festum, avec des marchés, des banquets, du théâtre et des concerts. Une période à éviter si vous souhaitez visiter tranquillement le **Museo histórico-arqueólogico** (qui abrite la statue du dieu Hypnos notamment) et la **villa romaine El Ruedo** (Ier-VIIe siècle) en ville, ainsi que le village ibère de **Cerro de la Cruz**, sur les hauteurs.

Randonnée dans les Subbéticas

ITINÉRAIRES À FOISON

À mi-chemin entre Cordoue et Grenade, les Sierras Subbéticas sont une destination de choix pour la randonnée à pied ou à vélo. Les parcours vont de balades courtes et faciles, le long de la Vía Verde (p. 245) par exemple, à de longues boucles plus ardues traversant des paysages spectaculaires ponctués de tours de guet maures, d'oliveraies ancestrales, de crêtes calcaires et de vallées

BONNES TABLES DES SUBBÉTICAS

Vaquena
Sur la route grimpant à l'Ermita Virgen de la Sierra. Viande d'animaux élevés en pâturage et vue splendide.

Casa Frasco
À Luque, une adresse attachée aux produits de la mer, mais il y a de tout.

Zyrah
À Priego de Córdoba, un bar gastronomique à la carte inventive. Bonnes tapas.

Tres Culturas Restaurante
Table de Lucena au croisement des traditions culinaires juive, musulmane et chrétienne.

BEAUX VILLAGES

Aux onze villages distingués en Andalousie, l'association *Los Pueblos Más Bonitos de España* en ajoute chaque année de nouveaux. Outre Zuheros, voyez Baños de la Encina (p. 256) et Segura de la Sierra (p. 260).

Casa Rosa
B&B douillet et accueillant près d'Almedinilla. €

Casa las Tinajas
Maison de ville joliment restaurée au centre d'Iznájar. €

Hotel Zuhayra
Emplacement de choix à Zuheros et bonne cuisine. €

POURQUOI VISITER IZNÁJAR

Maki Ridout, cofondatrice de la Finca las Encinas, à Iznájar, nous raconte pourquoi elle aime sa ville.

Iznájar est l'un des plus beaux villages blancs d'Andalousie, voire d'Espagne. Juché sur une imposante colline rocheuse, le bourg est entouré des eaux azur du réservoir d'Iznájar, le plus grand lac artificiel d'Andalousie. On ne peut qu'être séduit par la beauté naturelle des campagnes environnantes et tomber sous le charme de ses habitants, chaleureux et généreux.

Terre d'aventures, de bonne chère, de loisirs, de bien-être, de culture, et de préservation de l'environnement, Iznájar développe sagement son offre touristique. N'hésitez pas à partir à la recherche de ses trésors cachés dans le bourg et alentour.

verdoyantes. L'ombre y fait cruellement défaut ! Prévoyez toujours un chapeau et beaucoup d'eau, même à l'automne, en hiver ou au printemps. L'été, veillez à partir tôt, voire très tôt, le matin, pour toute randonnée un peu longue. Les innombrables sentiers des oliveraies et les chemins de transhumance déploient une variété infinie d'itinéraires, mais rares sont ceux qui sont fléchés. Grands marcheurs, les propriétaires de Casa Olea, à Zamoranos, décrivent de nombreux itinéraires sur Wikiloc (www.wikiloc.com ; tapez "Casa Olea" dans la barre de recherche), qu'ils peuvent également vous indiquer dans leur ravissant hôtel, une base idéale pour randonner dans la région. Ils louent également des vélos (sur réservation) et indiquent divers itinéraires cyclables. Tous partent de Casa Olea ou des jolis villages voisins. Il y a aussi de bons parcours balisés au départ de Carcabuey, un ravissant petit *pueblo blanco*.

Iznájar et l'art de cuisiner

PANORAMAS INOUÏS ET COURS CULINAIRES D'EXCEPTION

Couronnée d'un **château** et sillonnée de rues en pente raide reliant petites places agréables et points de vue fantastiques, Iznájar est une bourgade spectaculaire. Près du château, à l'intérieur des remparts, le **Patio de las Comedias**, jadis le site de représentations théâtrales et spectacles comiques, hume bon les fleurs. De là un petit escalier mène à l'étroit belvédère qu'offre la **Torre de San Rafael**, une des tours de l'ancienne muraille urbaine. Du **château**, ouvert à la visite, on bénéficie aussi de superbes vues panoramiques. Envie de fraîcheur ? Le réservoir d'Iznájar, plus grand lac artificiel andalou, possède une rivée aménagée pour la baignade, que l'on peut rejoindre en voiture. On peut aussi se garer au parking du Camping ValdeArenas, qui donne sur le lac.

À seulement 10 minutes de route du réservoir et du bourg, la **Finca Las Encinas** est une ferme ravissante dotée de quatre chambres en B&B, mais où l'on apprend surtout la cuisine. Le chef gallois Clive Ridout et son épouse Maki Ridout, ancienne banquière d'affaires, ont préféré depuis 2004 "sacrifier" le confort londonien puis leur Devon pour s'installer à Iznájar et dispenser un savoir avec cœur. Clive vous apprendra l'histoire des spécialités locales ainsi que les techniques pour les réaliser. Si d'autres clients sont présents, vous les servirez et partagerez les plats avec eux avant de retourner en cuisine préparer la suite du repas. Un exemple de menu : asperges et sauce aux amandes, dorade aux tomates et olives noires, gâteau aux amandes et à l'huile d'olive vierge extra, le tout accompagné de vin *fino* montilla-moriles DO et d'eau-de-vie anisée de **Rute**, village au nord du réservoir d'Iznájar.

MUSÉES DE RUTE

Museo del Anís
La Destilerías Duende fonctionne depuis 1908. Excellentes visites guidées et dégustations.

Museo del Azúcar, la Flor de Rute
Intéressant musée du Sucre, avec d'insolites statues en sucre.

Museos del aguardiente anisado de Rute y España
Bouteilles, affiches et publicités anciennes de plus de 6 000 marques d'anisette.

Iznájar

Sur la route du Califat

DES VILLES ET VILLAGES ENCHANTEURS

Reliant Cordoue à Grenade, la Ruta del Califato était, au Moyen Âge, un axe de commerce majeur ainsi qu'une voie de diffusion du savoir et des arts. Cet itinéraire de quelque 200 km qui vous mène de châteaux perchés et villages fortifiés en forteresses maures dévoile toute la richesse historique de cette région longtemps disputée. Le site www.andalucia.org répertorie les villes et villages de cette route.

Dans la région des Subbéticas, **Priego de Cordoba** (p. 239) et **Zuheros** (p. 238) font partie de cet itinéraire. À l'ouest de la région, **Cabra** peut aussi être l'objet d'une halte pour ses nombreux sites archéologiques remontant jusqu'au paléolithique. En continuant vers le sud, vous arriverez à **Lucena**, la plus grande ville de la région. Au XIe siècle, une communauté juive y était installée ; Lucena était alors "la perle sérafade". En plein centre historique, le château abrite un musée archéologique et ethnologique, présentant notamment une salle sur l'histoire juive de la ville.

D'AUTRES VILLAGES SUR LA ROUTE DU CALIFAT

En dehors des Sierras Subbéticas, d'autres communes présentent également un beau patrimoine à visiter.

Alguilar de la Frontera
Ville frontière à la place polygonale insolite.

Castro del Río
Un bourg fondé avant les Romains. Ne manquez pas le Barrio de la Villa.

Baena
Bourg fortifié reconnu pour sa production d'excellente huile d'olive.

Espejo
Pour son château et ses spécialités gourmandes à goûter absolument, les *mostachones*.

Montemayor
Ville forte avec un panorama superbe depuis le mirador et un intéressant petit musée d'architecture.

Alcaudete
Une ville dominée par un château visible à des kilomètres à la ronde.

COMMENT S'Y RENDRE ET CIRCULER

Une voiture est essentielle pour découvrir la région. Néanmoins, certaines compagnies de bus desservent cette région. Autocares Carrera assure les liaisons entre Cordoue et Baena (1 heure), Montilla (45 minutes), Priego de Córdoba (2 heures) et Zuheros (1 heure 45). Alsa relie Priego de Córdoba à Grenade (1 heure 30-2 heures) via Alcalá la Real. La compagnie Monbus (www.monbus.com) relie Séville à Zuheros (3 heures 45-4 heures).

Plus localement, Monbus relie Baena à Zuheros ou à Doña Mencía.

Environs des Sierras Subbéticas

Cap sur des oliveraies à perte de vue, sillonnées d'itinéraires pédestres et cyclables relativement plats, et sur une fantastique ville fortifiée.

Pour les infos pratiques, voir le Carnet d'adresses p. 267

À SAVOIR

Mai, juin, septembre et octobre sont les meilleurs mois pour randonner. Le week-end et les jours fériés, les sentiers sont fort fréquentés.

Traversant une partie des Subbéticas pour rejoindre d'autres lignes de chemin de fer, les 600 km de Vías Verdes (voies vertes) andalouses donnent largement de quoi explorer un arrière-pays couvert d'oliveraies et préservé des hordes de touristes. Sur les 26 itinéraires existants, vous ne devriez avoir aucun mal à en inclure quelque portion dans votre aventure andalouse. À 20 minutes de route au nord-est d'Almedinilla vous attend la ville forte d'Alcalá la Real, appartenant jadis à la province de Grenade. Visitez l'imposante Fortaleza de la Mota pour une fantastique leçon d'histoire interactive. L'occasion aussi d'explorer la ville et de souffler un peu en goûtant quelque bière artisanale locale.

Vía Verde de Aceite

À pied ou à vélo sur la Vía Verde de Aceite

LA VOIE FERRÉE... DE L'HUILE D'OLIVE

Le réseau des Vías Verdes (voies vertes) suit le trajet d'anciennes voies ferrées converties (sans les rails !) en itinéraires pédestres et cyclables. Il traverse des paysages saisissants avec des dénivelés très abordables. La Vía Verde de Aceite, qui serpente dans les Subbéticas, suit la ligne de chemin de fer désaffectée qui servait jadis au transport de l'huile d'olive entre Jaén, Puente Genil et la côte. Vous pourrez la rejoindre en de nombreux endroits, mais si vous êtes en voiture ou en camping-car le mieux est de vous garer à l'ancienne gare de **Doña Mencia**. Vous pourrez y louer des vélos standards ou électriques (à l'heure, à la demi-journée ou à la journée), tout comme à Martos.

Ces 128 km de Vía Verde comptent treize impressionnants viaducs, véritables prouesses techniques du génie civil du XIXe siècle. Que l'on pédale ou que l'on marche, le tronçon le plus agréable en partant de Doña Mencia est la traversée des oliveraies à l'approche du superbe bourg de Zuheros (p. 238). L'itinéraire est adapté aux fauteuils roulants et aux poussettes. En allant jusqu'à **Alcaudete**, dans la province de Jaén, vous verrez deux lagunes salées peuplées d'une myriade d'oiseaux.

FLORALIES DE MAI DANS LES SUBBÉTICAS

Comme à Cordoue, le mois de mai est l'occasion de concours floraux dans les Subbéticas. Les prix sont remis dans trois catégories : Patios cordouans, Coins de rue typiques et Façades et balcons. Chaque année, une cinquantaine de sites postulent au titre dans une catégorie ou une autre. Ces floralies printanières embellissent un peu plus le parcours. L'occasion pour les voyageurs de la Vía Verde de faire halte en chemin dans des villages parés de leurs plus beaux atours.

Alcalá la Real

FABULEUSE VILLE FORTE

Alcalá la Real est à 1 heure 30 de voiture d'Iznájar, sinon à 4 heures de bus en incluant le temps de correspondance à Grenade. Haut perchée sur sa colline, la majestueuse **Fortaleza de la Mota** se repère bien avant l'arrivée à Alcalá la Real, son haut clocher et son vaillant donjon se dressant au milieu des remparts. Cette formidable muraille en fait l'une des plus imposantes d'Andalousie. Au Moyen Âge, la ville et sa population se confondaient avec la forteresse. Alcalá la Real était surtout la dernière place-forte avant Grenade, le dernier rempart face aux Maures de l'émirat nasride chassés de la ville en 1341 par Alphonse XI. À la frontière de plusieurs provinces pendant 150 ans, la ville qui avait connu de nombreuses batailles jusque-là fut élevée au rang de cité royale.

Dès lors, les habitants s'installèrent peu à peu à l'extérieur des remparts, laissant la forteresse à l'abandon. Puis les troupes napoléoniennes s'y installèrent et y prélevèrent des matériaux de construction. Son classement en 1931 à titre de *Monumento nacional* a initié une campagne de reconstruction toujours en cours, la forteresse révélant la structure urbaine du Moyen Âge. Ne manquez pas l'énorme cellier souterrain, véritable frigidaire médiéval. Si vous le pouvez, faites une visite guidée de la **Ciudad Oculta** (la cité cachée) où se trouvent dissimulées toutes les infrastructures de la forteresse, autant de tunnels creusés dans la roche et menant au puits. À l'intérieur de l'église, le sol retiré par les fouilles laisse voir des dizaines de tombes creusées dans la roche de la colline.

Fortaleza de la Mota

VIEILLES GARES OÙ MANGER ET AIRES OÙ PIQUE-NIQUER

Certaines anciennes gares le long de la Vía Verde de Aceite se sont reconverties en escales agréables pour marcheurs et cyclistes.

Nicol's Restaurante
Boutique et bar-restaurant dans l'Estación de Luque. **€**

El Pato Restaurante
Restaurant, aire de pique-nique et de jeux, et parking pour camping-cars à l'ancienne gare de Doña Mencia. **€**

Aire de pique-nique d'Alcaudete
Bancs et supports vélos équipent l'ancienne gare d'Alcaudete. C'est la dernière avant les lagunes salées de la province de Jaén.

Aire de pique-nique de Las Casillas
À l'écart de la route principale, l'ancienne gare de Las Casillas, dans la province de Jaén, est idéale pour les familles.

Visitez aussi le **Palacete de Hilandera**, magnifique demeure du XIXe siècle abritant un musée privé ; il est conseillé d'appeler pour organiser une visite guidée et découvrir l'important travail de restauration effectué à l'intérieur. Pour les amoureux des animaux, le **Centro de Rescate de Anfibios y Reptiles**, petit refuge pour amphibiens et reptiles, peut faire l'objet d'une visite instructive. En lisière de la ville, à environ un kilomètre du centre historique (10 minutes en voiture et 20 à pied avec un dénivelé de 70 m), se dresse le **Mirador de San Marcos**, qui offre une vue splendide sur la Fortaleza de la Mota au coucher du soleil. Enfin la ville constitue une bonne base pour explorer les villages alentour.

COMMENT CIRCULER

Une voiture est indispensable pour profiter à fond des Sierras Subbéticas. Des bus relient les villes (voir p. 243) mais ne s'aventurent pas dans les campagnes.

XBRCHX/STOCK.ADOBE.COM ©

Alcalá la Real

JAÉN, ÚBEDA ET BAEZA

Découvrez le merveilleux patrimoine Renaissance des trois villes de **Jaén**, **Úbeda** et **Baeza**. Jaén, la capitale provinciale, est entourée d'oliveraies et dominée par la colline Santa Catalina, elle-même coiffée d'un château, d'un parador et d'une monumentale croix blanche. Úbeda, qui possède les plus beaux monuments, et Baeza, plus petite et pleine de charme, sont toutes deux classées Ensembles monumentaux Renaissance par l'Unesco. Très anciennes, elles connurent au XVIe siècle un âge d'or, dont témoignent les nombreuses demeures, églises et places ornementées que l'on peut voir aujourd'hui. Séparées de 8 km seulement, Úbeda et Baeza sont à 48 km de Jaén. Par temps clair, on peut apercevoir Baeza au loin, trônant sur sa colline à 800 m d'altitude, depuis le sommet de l'immense cathédrale Renaissance de Jaén.

Pour les infos pratiques, voir le Carnet d'adresses p. 268

À SAVOIR

Úbeda et Baeza ont beau être si proches, évitez l'erreur de ne leur consacrer qu'une seule journée à elles deux. Passer une nuit dans l'une et une nuit dans l'autre permet de mesurer le charme bien différent de chacune. Jaén, à 50 km de là, mérite également qu'on s'y attarde pour découvrir cette capitale provinciale injustement méconnue.

LE *LAGARTO*, UN SYMBOLE DE JAÉN

Dans les rues de la ville, il n'est pas rare de croiser ce fameux lézard de la Malena (référence au quartier de la Magdalena où il serait apparu). Selon la légende, bien plus grand qu'un crocodile, le *Lagarto* terrorisait la population, en dévorant troupeaux et passants. Il aurait explosé en mangeant un agneau qui dissimulait un feu (ou un sac de poudre selon les versions).

Ancré dans la culture populaire, il a aujourd'hui sa journée officielle, le 2 juillet.

Centre-ville de Jaén

UNE VIEILLE VILLE MAURE

Surmontée d'un château (p. 250), la colline boisée du Cerro de Santa Catalina délimite la frontière ouest de Jaén ; les rues de la vieille ville maure sont blotties autour de sa base.

Donnant sur la Plaza de Santa María, l'immense **Catedral de la Asunción** s'impose immédiatemment à la vue. Elle fut construite entre 1540 et 1724 sur le site d'un précédent édifice gothique, lui-même érigé sur les ruines d'une mosquée. Ses architectes, Andrés de Vandelvira (qui a œuvré aux cathédrales d'Úbeda et de Baeza ; voir p. 252) et son père Pedro, ont élaboré une œuvre si aboutie que maintes grandes églises d'Amérique latine l'ont prise pour modèle ensuite. Achevée au XVIIIe siècle, la façade doit plus au baroque tardif qu'au style Renaissance du fait de son abondante statuaire, œuvre du Sévillan Pedro Roldán. L'esthétique Renaissance prévaut toutefois dans les immenses voûtes arrondies et les groupes de colonnes corinthiennes qui confèrent à l'ensemble une formidable puissance visuelle.

Dans la ville basse se concentrent également d'autres sites d'intérêt : le quartier juif et ses bars à tapas typiques (sur la Plaza del Dr Blanco Nájera, une menora géante marque l'entrée de l'ancienne *Judería*), le **Palacio de Villardompardo**. Ce palais Renaissance a été aménagé sur plusieurs niveaux pour accueillir le **Museo Internacional d'Arte Naïf** qui s'appuie sur le travail de son fondateur Manuel Moral et le **Museo de Artes y Costumbres Populares** dont la collection illustre la vie paysanne dans la province avant l'industrialisation.

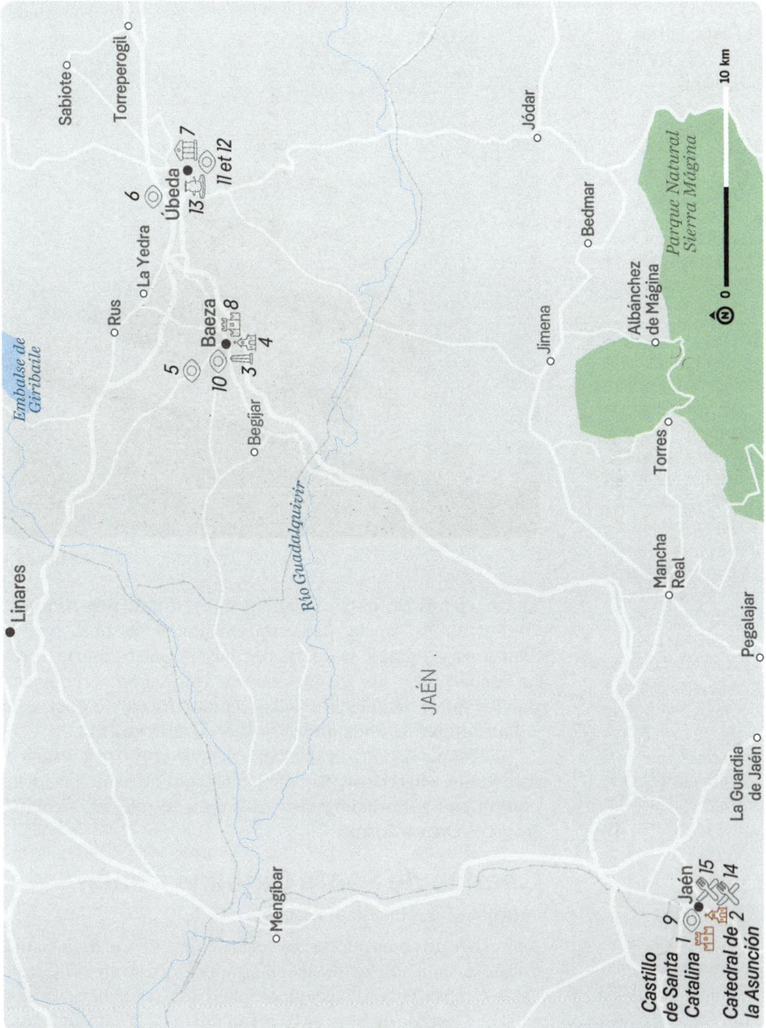

INCONTOURNABLES
1 Castillo de Santa Catalina
2 Catedral de la Asunción

VOIR
3 Antigua Carnicería
4 Catedral de Baeza
5 Capilla de Benavides
6 Hospital de Santiago
7 Museo de Alfarería Paco Tito Memoria de lo Cotidiano
8 Palacio de Jabalquinto
9 Palacio de Villardompardo
10 Plaza del Pópulo
11 Plaza Vázquez de Molina
12 Sinagoga del Agua

ACTIVITÉS
13 Ubedíes Artesanía

SE RESTAURER
14 Bagá
15 Dama Juana

Plaza del Pópulo, Baeza (p. 254)

LE MEILLEUR DE LA PROVINCE DE JAÉN

David Marmol, natif de Jaén, travaille dans les relations publiques et le tourisme.

Visitez les villages aux ruelles pavées comme Baños de la Encina ou les *pueblos blancos* des montagnes, qui ont conservé leurs traditions ancestrales.

Ses quatre parcs naturels font aussi de la province de Jaén une parfaite destination d'écotourisme, notamment pour observer la faune locale, en particulier le lynx ibérique ou le gypaète barbu.

Notre cuisine est excellente, notamment grâce à notre huile d'olive vierge extra, dont nous sommes les premiers producteurs au monde en quantité comme en qualité. Profitez de nos tapas et de nos restaurants étoilés.

Enfin, ne manquez pas nos châteaux, qui accueillent toute une programmation d'événements.

Úbeda

Les sous-sols du palais abritent enfin les **Baños Árabes**. Datant du XIe siècle, ils comptent parmi les plus grands conservés en place. Devenus des bassins de tannerie après la Reconquista, ils furent ensuite totalement recouverts par les murs de l'élégant palais construit par le comte de Villardompardo. Mais on les a redécouverts en 1913.

Dans le quartier de San Idelfonso, à environ 400 m à l'est de la cathédrale, vous risquez fort de tomber sur une tentation : deux restaurants gastronomiques dotés d'une étoile au Michelin, **Bagá** et **Dama Juana**.

Castillo de Santa Catalina à Jaén

PANORAMA DEPUIS LES HAUTEURS

Accrochée aux contreforts couverts de pins du Cerro de Santa Catalina, Jaén affiche d'office son importance stratégique avec cette forteresse quasi inexpugnable dressée sur des falaises. C'est ce **Castillo de Santa Catalina** qui fit de la Yayyan maure une cité musulmane influente et justifia l'importance de sa conquête par le royaume de Castille en 1246. Deux siècles et demi durant, la ville chrétienne, devenue Jaén, conserva son importance du fait de son emplacement stratégique près de la frontière avec la Grenade nasride. La forteresse maure fut

OÙ SE LOGER À JAÉN, ÚBEDA ET BAEZA

Hostal Estación
L'"hôtel de la gare" (ferroviaire) de Jaén est un hébergement sans prétention mais de qualité, avec parking. €

Hotel Europa
Une adresse centrale à Jaén, près de la gare routière et de la Plaza de la Constitución. €€

Parador Castillo de Santa Catalina
Quatre-étoiles au sommet de la colline dominant Jaén (4 km, à pied ou en taxi). €€€

transformée après la conquête chrétienne. Aujourd'hui, ne demeure qu'un tiers de l'édifice, le reste ayant été démoli dans les années 1960 pour y aménager l'un des hôtels de prestige voulus alors par l'État espagnol. Visitez donc le château, grimpez aux tours et contemplez la vue sur les montagnes au loin et la ville en contrebas, avec sa gigantesque cathédrale et les vastes oliveraies tout autour.

À l'extrémité de la crête se dresse une imposante croix, érigée à l'endroit où Ferdinand III en avait fait installer une en 1246, sitôt la ville de Jaén soumise à son autorité. La vue y est magnifique. On y accède par le chemin reliant le parador au château. Même si vous ne dormez pas dans cet hôtel historique d'exception, passez y prendre un café ou une bière pour admirer ses superbes voûtes de 20 m de hauteur.

Depuis le centre-ville, l'ascension d'environ 4 km vers le sommet de la colline peut se faire en voiture (petit parking gratuit en haut) ou à pied (environ 45 minutes).

Úbeda et la Plaza Vázquez de Molina

CŒUR MONUMENTAL DE LA VIEILLE VILLE

Le *casco antiguo* (vieille ville) d'Úbeda est orné à chaque coin de rue et de place de superbes bâtiments Renaissance. Ses hôtels de charme, aménagés dans des demeures historiques, ses restaurants et ses bars à tapas haut de gamme font du séjour dans cette ville classée au Patrimoine mondial de l'Unesco un véritable plaisir.

Bastion maure repris par Ferdinand III en 1234, Úbeda devint le "berceau de Renaissance espagnole" au XVIe siècle, lorsque les familles aristocratiques de la ville manœuvrèrent pour asseoir leur influence auprès des Habsbourg. Francisco de los Cobos y Molina devint ainsi le secrétaire privé de l'empereur Charles Quint, poste qu'il transmit à son neveu Juan Vázquez de Molina, que ce dernier conserva sous le règne de Philippe II. Du fait de leur haute position sociale, ces hommes furent sensibilisés à l'esthétique de la Renaissance, qui commençait tout juste à atteindre l'Espagne depuis l'Italie. La plupart des richesses apportées à la ville par ces aristocrates et par l'agriculture florissante furent investies dans des édifices comptant parmi les plus beaux exemples d'architecture Renaissance en Espagne. C'est pourquoi Úbeda (tout comme Baeza) est l'une des rares villes d'Andalousie dont la somptueuse architecture n'est pas d'origine maure. Les dizaines de monuments en grès et la somptueuse **Plaza Vázquez de Molina** (où se dressent les plus beaux édifices Renaissance) ont tout naturellement valu à Úbeda son inscription au Patrimoine mondial de l'Unesco, en compagnie de Baeza, en 2003.

TRADITION DES BARS À JAÉN

Peña Flamenca de Jaén
Bar à tapas typique avec vieux tonneaux de xérès et céramiques classiques au bas des murs.

La Manchega
L'un des plus vieux établissements de Jaén. Traversez le bar pour descendre dans la salle à manger.

El Gorrión
Vieux bar emblématique où l'on peut voir un *jamón* momifié centenaire.

La Espadaña
Installez-vous en terrasse ou dans le patio, ancien cloître monastique avec sa galerie supérieure en bois.

Bar del Pósito
Un lieu charmant sur une place pavée. Belle ambiance le soir, avec vue sur la cathédrale illuminée.

Parador de Úbeda
Parador historique en plein sur la monumentale place principale. **€€**

Hotel Palacio de los Salcedo
Palais du XVIe siècle au cœur de la vieille ville de Baeza, avec un superbe patio intérieur. **€**

Hotel Rural Molino del Albaicín
Panorama sur la campagne et le château de Sabiote. **€**

LE MAÎTRE ARCHITECTE DE LA RENAISSANCE

La plupart des édifices que l'on peut admirer à Úbeda, à Baeza et à Jaén sont l'œuvre d'un seul homme : Andrés de Vandelvira (1509-1575). Son travail s'articule autour des trois grandes phases de l'architecture Renaissance espagnole : les débuts très ornementaux, dits style "plateresque", sont illustrés par la Sacra Capilla del Salvador à Úbeda ; la ligne plus pure et les proportions classiques se voient sur le Palacio de Vázquez de Molina à Úbeda ; et enfin, l'austérité de la Renaissance tardive, ou style "herreresque", apparaît sur son dernier ouvrage, l'Hospital de Santiago à l'ouest d'Úbeda. On sait peu de chose de la vie de Vandelvira, mais son héritage est inestimable pour la culture espagnole.

Baeza

C'est autour de cette place, premier exemple de rénovation urbaine en Andalousie, que s'organise l'essentiel de la vie. Commandée par Francisco de los Cobos y Molina pour servir de chapelle funéraire à sa famille, la **Sacra Capilla del Salvador** (1536-1559) est emblématique de l'architecture Renaissance d'Úbeda. Ce fut la première commande architecturale obtenue par Vandelvira. Il travailla en tandem avec le sculpteur français Étienne Jamet (alias Esteban Jamete), à qui l'on doit la profusion de sculptures classiques représentant des dieux grecs sur la face intérieure de l'arcade et les nombreux crânes intégrés à la façade, rappel de la vocation funéraire de l'édifice.

Devenu l'*ayuntamiento* (hôtel de ville) d'Úbeda, le **Palacio de Vázquez de Molina** (vers 1562) est sans conteste l'un des plus beaux d'Espagne. Il fut construit par Vandelvira pour servir de résidence à Juan Vázquez de Molina, dont les armoiries surmontent la porte d'entrée. Enfin l'imposante église paroissiale d'Úbeda, la **Basílica de Santa María de los Reales Alcázares**, présente un mélange de styles gothique, mudéjar, Renaissance, baroque et néoclassique. Son grand portail face à la Plaza Vázquez de Molina est une belle composition de style Renaissance tardive (1604-1612) agrémentée d'une sculpture figurant l'Adoration des bergers.

OÙ SE RESTAURER À ÚBEDA

Cantina la Estación
Cuisine haut de gamme dans une salle aux airs de wagon-restaurant. **€€**

Taberna La Tintorera
Moderne et stylé, avec un vaste choix de tapas. Succulent *salmorejo*. **€**

Misa de 12
De délicieuses assiettes comme la *presa ibérica* (fines tranches de porc ibérique). **€€**

Aux alentours de la vieille ville d'Úbeda

ENTRE PATRIMOINE ET ARTISANAT LOCAL

En vous éloignant de la Plaza de Vázquez de Molina, d'autres découvertes vous attendent. Au nord de cette place a été mis au jour en 2006 la **Sinagoga del Agua**. Cette remarquable synagogue du XIIIe siècle, qui se visite uniquement avec un guide, atteste de la présence à Úbeda d'une importante communauté juive. On notera dans le grand espace de culte ses arches en pierres et ses reliques historiques, tout comme le *mikveh* voûté alimenté par une source souterraine au sous-sol.

À 500 m à l'ouest de la Plaza de Andalucía, vous arriverez à l'**Hospital de Santiago**, le dernier ouvrage de Vandelvira, achevé en 1575. Aujourd'hui devenu centre culturel, ce bâtiment compte un large patio à colonnades sur deux niveaux et un grand escalier orné de fresques d'origine.

Outre son architecture d'exception, Úbeda possède une riche tradition d'artisanat, notamment la poterie et le tressage de l'alfa, une plante graminée qui pousse sur les terres arides. La création de superbes céramiques émaillées vertes remonte à l'époque maure, dont il subsiste l'un des rares fours fonctionnant toujours dans l'atelier de Paco Tito. Admirez ces poteries au **Museo de Alfarería Paco Tito Memoria de lo Cotidiano** et à **Ubedies Artesanía**, qui expose également de merveilleuses créations en alfa.

Baeza

RAVISSANTES RUELLES, MERVEILLEUX MONUMENTS

Avec son centre historique classé au Patrimoine mondial de l'Unesco, Baeza se visite aisément en une journée depuis Úbeda, mais ses restaurants et hébergements de qualité invitent à rester un peu plus longtemps. Ici, de puissants clans rivaux, enrichis par la production de céréales, de tissu et de cuir ont laissé un florilège d'églises Renaissance et d'édifices publics parfaitement conservés.

Sous l'Empire romain, Baeza, alors appelée Vivatia ou Biatia, prospérait à la croisée des chemins sur l'axe Cástulo-Málaga par lequel transitait l'argent extrait des mines autour de Linares. Les Wisigoths, puis les Maures régnèrent sur la ville, mais en 1227 Baeza fut l'une des premières villes d'Andalousie à tomber aux mains des chrétiens, devenant alors le centre laïc et religieux de la région.

Ravissante et compacte, la ville s'explore aisément à pied. Cœur de Baeza, la *plaza mayor* consiste en fait en deux

HÉRITAGE JUIF D'ÚBEDA

Présents dans la ville depuis la fin du Moyen Âge, les juifs ont largement contribué à la vie de la cité, comme tanneurs, orfèvres, percepteurs, cordonniers... dans une cohabitation bien souvent pacifique avec les musulmans. Ce n'est pas une *judería*, mais trois que l'on voit à Úbeda. Ces trois quartiers peuplés en priorité de juifs jusqu'en 1492 conservent de très beaux édifices. L'agence Vandelvira Turismo (www.vandelviraturismo.com) organise des visites guidées sur les traces de cet héritage juif, incluant notamment la visite de trois demeures historiques riches en trésors esthétiques : la Casa Museo Andalusí, la Casa Sinagoga de Salomón et la Casa Solar de los Granadas Venegas.

OÙ SE RESTAURER À BAEZA

Bar Pacos
Bar et cave intimiste de l'Hotel Puerta de la Luna qui propose des plats originaux. **€**

El Arcediano
Bar à tapas cher à la clientèle locale, avec de bons et copieux *montaditos* (tranches de pain grillé garni). **€**

Taberna El Pájaro
Grande carte de spécialités ibériques à déguster dans un cadre chic le long du Paseo de la Constitucíon. **€€**

places : la Plaza de España et le Paseo de la Constitución (jadis place du marché et arènes de Baeza). Au sud de cette grande place, la **Plaza del Pópulo** est entourée d'élégants édifices du XVIe siècle dont l'**Antigua Carnicería** (1547) sur le côté est de la place, l'une des plus belles anciennes boucheries au monde sur laquelle figure le blason de Charles Quint, et la **Casa del Pópulo**, sur le côté sud, de style plateresque. Au centre, la **Fuente de los Leones** est ornée de sculptures du village ibéro-romain de Cástulo (p. 258).

Édifiée à l'emplacement de la mosquée détruite après la Reconquête, sur la Plaza de Santa María, la **Catedral de Baeza** affiche certes une façade Renaissance mais réunit aussi nombre d'éléments antérieurs, telle la base de l'ancien minaret incorporée dans sa tour (vue magnifique du sommet). On doit à Vandelvira son aménagement intérieur à trois nefs où les travées Renaissance tranchent sur les arcs brisés et chapiteaux des travées gothiques. 100 m plus loin, sur la Plaza de Santa Cruz, ne manquez pas le **Palacio de Jabalquinto**, somptueuse demeure à façade de style gothique isabélin avec une cour à arcs Renaissance et un très bel escalier baroque. Enfin faites un saut tout au nord de la ville pour voir un des chefs-d'œuvre de Vandelvira, la **Capilla de Benavides** (chapelle funéraire construite dans les années 1540) dans le Convento de San Francisco. Des poutres incurvées, érigées lors d'une restauration partielle dans les années 1980, suivent les contours de ce qui fut naguère le dôme de cette chapelle désormais en ruine.

Au sud-ouest de la Plaza del Pópulo, on peut grimper et suivre l'escarpement au sud de la ville en empruntant le Paseo de las Murallas, d'où la vue sur les oliveraies avec en arrière-plan les montagnes de la Sierra Mágina (au sud) et de la Sierra de Cazorla (à l'est) est absolument fantastique.

LA "MER D'OLIVES"

La *Mar de Olivos* recouvre le centre de l'Andalousie sur plus de 15 000 km^2 à travers les quatre provinces de Cordoue, Jaén, Málaga et Grenade. Son importance est telle que l'Espagne souhaite faire classer la région par l'Unesco. À elle seule, la province de Jaén compte 66 millions d'oliviers, plus de 300 moulins à huile et produit en moyenne 40% de l'huile d'olive espagnole, environ 500 000 tonnes.

COMMENT S'Y RENDRE ET CIRCULER

À Jaén, la gare routière est en plein centre, en contrebas de la vieille ville. De là partent les bus Alsa pour Baeza (1 heure), Cazorla (2 heures-2 heures 30), Úbeda (1 heure-1 heure 45), Grenade (1 heure-1 heure 15) ou Málaga (2 heures 45-4 heurs 45), de même que les liaisons routières Cambus pour Cordoue ou les Autocares Samar pour Madrid.

La gare ferroviaire est plus loin du centre historique, mais il y a une station de taxi en sortant. Des trains assurent la desserte de Cadix (5 heures) via Cordoue (1 heure 45) et Séville (3 heures), ainsi que celle de Madrid (3 heures 45). Pour rallier Málaga (3 heures), il faut changer à Cordoue.

Úbeda et Baeza sont à 15 minutes l'une de l'autre en empruntant un bus de la compagnie Alsa. Cette compagnie assure également la desserte de Cazorla, Cordoue et Grenade depuis leur gare routière respective. Il y a une gare ferroviaire à 13 km au nord-ouest de Baeza, Linares-Baeza, avec quelques trains pour Almeria (3 heures 45), Cordoue (1 heure 30), Jaén (45 minutes), Madrid (3-4 heures) et Séville (3 heures 45). Quelques bus Alsa la relient à Baeza (1 heure) et à Úbeda (30-50 minutes).

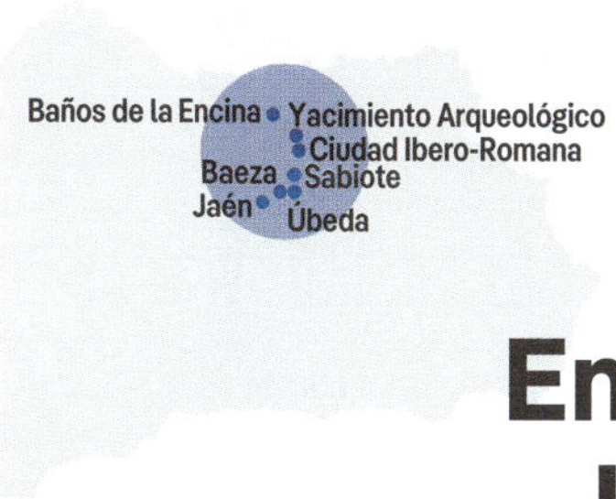

Environs de Jaén, Úbeda et Baeza

Demeures Renaissance, châteaux gigantesques, panoramas saisissants et mosaïques romaines.

Pour les infos pratiques, voir le Carnet d'adresses p. 269

À SAVOIR

De mars à juin et de septembre à novembre, le temps est clément et l'affluence moindre. En mai et juin, les oliviers sont en fleur.

Dans la lignée de ses voisines Úbeda et Baeza, Sabiote est plus modeste mais tout aussi riche en architecture. Au nord-ouest d'Úbeda et Baeza, le Yacimiento Arqueológico et la Ciudad Ibero-Romana de Cástulo sont d'importants sites de l'époque ibéro-romaine. Un peu plus loin, le château ovoïdal de Baños de la Encina est le plus ancien d'Espagne. À l'horizon s'étire la Sierra Morena, chaîne de montagnes boisées constituant la frontière septentrionale de l'Andalousie. Comme partout dans la province de Jaén, des rangées d'oliviers vert pâle tapissent l'essentiel du paysage.

Baños de la Encina (p. 256)

ROUTE PANORAMIQUE DE JAÉN À ÚBEDA

Pour un trajet pittoresque, allez de Jaén à Úbeda en passant par Albánchez de Mágina. Vous traverserez le superbe et montagneux Parque Natural Sierra Mágina : parmi les châteaux perchés de la province de Jaén, celui d'Albánchez bénéfice sans doute de l'emplacement le plus spectaculaire.

Quittez l'A316 pour entrer dans Mancha Real et continuez jusqu'au joli village de Torres. C'est là que commence la portion la plus mémorable : l'étroite JA3107 serpente jusqu'au Puerto de Albánchez, col à 1 250 m d'altitude, et redescend vers Albánchez de Mágina. Au bord d'une falaise abrupte juste au-dessus du village, le Castillo d'Albánchez offre une vue magnifique (comptez 20 min de marche depuis la Plaza de la Constitución). Continuez ensuite vers Úbeda via Jimena, Bedmar et Jódar.

Sabiote

CHÂTEAU FABULEUX, RUES ANCIENNES

Toute proche d'Úbeda et de Baeza, la ville médiévale et Renaissance de Sabiote est un petit bijou, avec des portes de ville toujours intactes, dont celles du Chirigote, du Pelotero, de San Bartolomé et de Granada. L'enceinte prodigieuse est répertoriée depuis 1972. Ensemble historique et artistique, le **château** lui-même est l'une des constructions militaires les plus importantes de la province, remodelé au XVIe siècle par la famille Cobo d'Úbeda en un château-palais Renaissance classé *Monumento Nacional* en 1931. Son emplacement est spectaculaire, en surplomb d'une vaste plaine d'oliveraies avec en toile de fond la Sierra Morena et la Sierra Mágina. La ville est très similaire à Úbeda et Baeza en termes de travail de la pierre et d'architecture. Explorez ses rues anciennes et grimpez à la tour du château pour mesurer le panorama et comment l'on pouvait surveiller l'arrivée de l'ennemi. Pour vous restaurer ou passer une nuit sur place, la meilleure option est le **Palacio las Manillas**, un palais Renaissance du XVIe siècle.

Baños de la Encina

SOMPTUEUSES DEMEURES EN GRÈS ET GIGANTESQUE CHÂTEAU

À 40 minutes de route au nord de Jaén – sur la route du Desfiladero de Depeñaperros –, Baños de la Encina fait partie des plus beaux villages d'Espagne. Son extraordinaire château est visible à des kilomètres à la ronde. Construit en 967 sur ordre du calife de Cordoue Al-Hakam II, le **Castillo de Burgalimar** (ou Castillo de Baños de la Encina) superbement préservé est l'un des plus vieux exemples d'architecture militaire maure, le plus ancien et un des mieux conservés d'Espagne. Intacts, ses remparts ovales sont protégés par 14 tours, le donjon ayant été ajouté en 1466 par les Castillans, qui la baptisèrent *Torre del Homenaje* (tour de l'Hommage). Habité par plusieurs monarques à différentes époques, l'édifice, également connu sous le nom de “forteresse des Sept Rois”, est classé *Monumento Nacional* depuis 1931.

La ville de Baños de la Encina est ravissante tant par la qualité de son architecture que par les panoramas spectaculaires qu'elle offre. C'est également la seule ville d'Andalousie où un moulin fait face au château à l'autre bout de la ville, comme dans *Don Quichotte*. Explorez les rues flanquées de demeures en grès avant de traverser l'arche menant à l'extraordinaire château ovale, et contemplez le panorama à 360 degrés depuis le gigantesque belvédère à l'entrée.

OÙ SE LOGER À BAÑOS DE LA ENCINA

Hotel Palacio Guzmanes
Hôtel historique en plein centre avec une vue fabuleuse. **€**

Palacete María Rosa
Demeure du XVIe siècle convertie en insolite hôtel rustique. **€**

Hotel Restaurante Baños
Hôtel moderne et propre avec une vue époustouflante sur le château de Baños de la Encina. **€**

MIGUELLM/SHUTTERSTOCK ©

Iberian lynx cub, Sierra Morena

Parque Natural Sierra de Andújar

FAUNE DE LA SIERRA MORENA

Ce vaste parc naturel (748 km^2), situé au nord de la ville d'Andújar, forme la plus grande étendue de végétation de la Sierra Morena et abrite de nombreux élevages de taureaux. Le personnel du **Centro de Visitantes Viñas de Peñallana**, situé à 13 km au nord d'Andújar, pourra vous indiquer les secteurs où voir des animaux, même si vos chances resteront minces dans l'absolu.

Moulins à huile

DÉGUSTATIONS D'HUILES D'OLIVE DE JAÉN

Les huileries d'olive sont omniprésentes dans la province, et vous n'aurez aucun mal à en trouver une où faire une dégustation. Par exemple, le moulin d'Oro Bailén n'est qu'à 35 minutes de route de Jaén avant de poursuivre vers Baños de la Encina (25 minutes de plus). De Baeza, il ne vous faudra que 25 minutes pour atteindre le Museo de la Cultura del Olivo avant de rejoindre ensuite Jaén en 30 minutes. En revanche, cela s'avère beaucoup plus compliqué par le bus.

L'*olivo* (olivier) règne en maître dans la province de Jaén, et vous aurez maintes occasions de déguster différentes variétés d'olives ainsi que des tapas à base d'huile d'olive vierge extra de la région, à laquelle l'Union européenne a accordé en 2019 le statut d'IGP. Avec plus de 66 millions d'oliviers et plus de 300 moulins, Jaén est la principale région de production d'olives en Espagne. Ne partez pas sans découvrir une fabrique d'huile d'olive.

LES LYNX DE LA SIERRA MORENA

On estime qu'il ne restait qu'une centaine de lynx ibériques à la fin du XXe siècle. Depuis, des initiatives de sauvegarde de l'espèce comprenant l'interdiction de l'utilisation de poison, la construction de tunnels sous les routes fréquentées et la répression du braconnage, ont permis d'accroître leur population à plus d'un millier d'individus.

Au nord-est de la province de Jaén, la forêt méditerranéenne du Parque Natural Sierra de Andújar est un site de repeuplement important, et le meilleur endroit pour observer le majestueux félin en liberté. Une raison du succès de ce repeuplement est l'augmentation de la population de lapins, sa proie principale. Pour apercevoir un lynx, il faudra faire preuve d'une patience absolue et d'une discrétion totale, mais sans garantie de succès. Les meilleurs mois pour l'observation des lynx sont décembre et janvier lors de la saison des amours.

L'OR EN BOUTEILLE DE JAÉN

L'huile d'olive vierge extra est au centre de tout dans la province de Jaén. Chaque année, huit huiles d'olives sont sélectionnées parmi les innombrables moulins et localités de la province pour intégrer la Jaén Selección. Depuis sa création en 2003, le label est extrêmement convoité, et des centaines d'huiles d'olive sont en compétition. En achetant de l'huile d'olive Jaén Selección, vous êtes donc sûr de ne pas vous tromper.

Les techniques de production d'autrefois sont expliquées au **Museo de la Cultura del Olivo**, à Hacienda La Laguna, près de Baeza. On y voit le matériel d'époque (avec les mules) et la façon dont les olives étaient récoltées (branches secouées à la main avec des perches), transportées, nettoyées, broyées (entre de grandes meules coniques en pierre), pressées (en écrasant la pulpe entre deux tapis de spart) et décantées quatre à cinq fois. Des procédés bien plus fastidieux que les techniques modernes. Le musée possède une jolie petite boutique, et propose visites guidées et dégustations dans la fabrique moderne. L'huilerie primée **Oro Bailén**, près de Bailén, propose également des visites quotidiennes où l'on découvre l'immense variété de saveurs des différents types d'huiles d'olive.

Les olives sont récoltées d'octobre à février. Aujourd'hui, des machines vibrantes font tomber les olives qui sont broyées mécaniquement puis passées dans une centrifugeuse qui sépare liquides et solides et réduit énormément le temps de décantation. L'huile jugée assez bonne pour être consommée tout de suite est vendue sous l'appellation *aceite de oliva virgen* (huile d'olive vierge), la meilleure étant la *virgen extra*. L'*aceite de oliva* – surnommée *lampante* (huile pour lampe) dans le milieu – doit être raffinée avant d'être consommée. Avant d'apposer la désignation "vierge" ou "vierge extra", la composition chimique et le goût des huiles sont testés par les laboratoires du Conseil oléicole international.

Cástulo

SITES HISTORIQUES ET MOSAÏQUES

Le village ibéro-romain de Cástulo possède une histoire remontant aux Grecs et aux Phéniciens. Siège épiscopal puis centre de commerce important grâce aux mines de la région de Linares et des montagnes de la Sierra Morena, la ville couvrait 400 000 m² à son apogée. Puis suivit un lent déclin, et Cástulo fut finalement abandonné à l'arrivée des Maures, qui s'y servirent en matériaux de construction pour agrandir les villes en plein essor de Baeza et Linares. Aujourd'hui, on peut y voir une collection impressionnante d'artefacts, de mosaïques et d'édifices. Les trois principaux sites sont le **Yacimiento Arqueológico de Cástulo**, la **Ciudad Ibero-Romana de Cástulo**, qui se situent à 6 km au sud de Linares, et le **Museo Arqueológico de Linares** qui se trouve en ville.

Cástulo

COMMENT CIRCULER

Une voiture est essentielle pour profiter au mieux de la région. Jaén n'est desservie en train que par Cordoue et Madrid. Les bus sont plus nombreux, mais pas suffisants pour explorer la région en profondeur.

PARQUE NATURAL SIERRAS DE CAZORLA, SEGURA Y LAS VILLAS

Ce parc naturel escarpé et sauvage de la province de Jaén, l'une des moins visitées d'Andalousie, est le plus grand d'Espagne. Réserve de biosphère de l'Unesco, c'est un paradis pour la faune comme pour la flore, avec plus de 2 000 espèces végétales. Le Río Guadalquivir, plus long fleuve d'Andalousie, et le Río Segura y prennent leur source. Ses 2 099 km² de massifs escarpés, de profondes vallées, de montagnes couvertes de pins et d'alpages tapissés de neige en hiver, sans oublier toutes ses sources, en font une aire naturelle protégée d'importance capitale. *Pueblos blancos* historiques, châteaux haut perchés, routes en lacets, sentiers innombrables et panoramas d'exception sollicitent sans cesse l'attention. En voiture, à vélo ou à pied, accordez-vous le temps d'humer l'air pur de la montagne, de vous imprégner des paysages naturels, d'observer la faune, d'écouter le chant des oiseaux et le murmure des cascades.

Pour les infos pratiques, voir le Carnet d'adresses p. 270

À SAVOIR

Il n'y a qu'une route principale entre le parc et la ville de Cazorla, très fréquentée le week-end (encore plus lors des ponts), la semaine sainte et les deux dernières semaines d'août. À ces périodes, même les plus petits offices du tourisme sont ouverts, mais il y a foule sur les sentiers de randonnée les plus courts.

Remonter à la source du Río Borosa

RANDONNÉE ET BAIGNADE NATURE

La randonnée la plus fréquentée (11 km, 6-7 heures aller-retour) dans le parc naturel de Cazorla remonte les eaux cristallines du Río Borosa jusqu'à sa source à travers des paysages allant du bucolique au majestueux. Elle passe par une gorge, deux tunnels (une lampe torche peut être utile) et un lac de montagne. Que vous restiez tout du long sur le sentier ou que vous descendiez crapahuter dans les rochers et faire trempette dans le río, l'endroit est incontournable pour qui visite le parc naturel. Dans les bassins d'eau limpide et les cascades miniatures dévalant des gorges étroites, l'eau est glacée, et même en été il faut du courage pour y pénétrer. Si vous préférez ne pas vous mouiller, le sentier longeant la rivière comprend des portions en planches suspendues qui offrent une perspective différente sur les eaux tumultueuses en contrebas. La première partie du parcours zigzague d'une rive à l'autre par une poignée de ponts. L'itinéraire est très fréquenté le week-end et pendant les vacances. Prévoyez un chapeau et suffisamment d'eau ; même en hiver le soleil peut s'avérer implacable. L'eau des sources bordant le parcours est potable, mais la dernière source est à la Central Eléctrica, une petite station hydroélectrique qui borde l'itinéraire.

BASSINS NATURELS OÙ FAIRE TREMPETTE

Mogón
Bassin naturel sur le Río Aguascebas, au nord-ouest du parc.

Río Borosa
Accessible sur l'essentiel de son cours, mais pas toujours facilement.

Piscina de Almurjo
À Orcera, le plus grand bassin naturel d'Espagne, alimenté par le Río Orcera.

Merendero de Peralta (Paraje Natural de Peralta)
Aire de pique-nique sur la rive du Río Guadalentín.

Le GR247, patron des sentiers !

ITINÉRAIRE EN BOUCLE SPECTACULAIRE

Créé en 1986 et praticable à pied ou à VTT, le GR247, ou **Bosques del Sur**, est le sentier le plus long d'Espagne. Serpentant à travers les paysages calcaires escarpés du Parque

INCONTOURNABLE
1 Randonnée du Río Borosa

VOIR
2 Bóveda del Río Cerezuelo
3 Castillo de la Iruela
4 Castillo de la Yedra
5 Fuente de las Cadenas
6 Parque Cinegético

SE RESTAURER
7 Chiringuito Alguacil

LE TOP DES HÉBERGEMENTS À CAZORLA

Hotel Rural la Calerilla
Une situation idéale, à la sortie de La Iruela, pour explorer le parc naturel. Et une superbe vue plongeante. **€**

Hotel Sierra de Cazorla & Spa
Dans le ravissant village de La Iruela, à l'entrée du parc naturel. **€€**

Parador de Cazorla
En pleine nature. Idéal pour se relaxer et randonner. **€€**

Natural Sierras de Cazorla, Segura y las Villas, cette boucle de 309 km (478 km en comptant les 11 extensions) se décompose en 21 étapes de 10 à 20 km et de difficultés variées. Les détours sur ce GR bien balisé permettent de découvrir divers sites, villages historiques et paysages inoubliables. On peut ainsi, en suivant ces chemins ancestraux, atteindre, si l'on a le temps, la source du Guadalquivir. Vous trouverez au départ et à l'arrivée de la plupart des étapes des services, des hébergements ou des campings. Cependant certaines étapes en haute montagne n'ont que des refuges basiques, qui pourront vous sauver la vie si la météo se retourne contre vous, ce qui peut arriver soudainement en hiver. Le printemps et l'automne sont les meilleures périodes pour apprécier les paysages.

Segura de la Sierra

VILLAGE PERCHÉ COURONNÉ D'UN CHÂTEAU

Le petit village de Segura de la Sierra, avec son emplacement à couper le souffle et son château mudéjar restauré il y a quelques années, mérite amplement sa présence parmi les *pueblos más bonitos de España* (plus beaux villages d'Espagne). Perché à 1 140 m d'altitude, il a été fortement marqué par cinq siècles d'histoire musulmane, jusqu'à sa reprise par les chevaliers de l'ordre de Santiago en 1214. Le village devint alors l'un

À VOIR DANS LE PARC NATUREL

Jardin Botánico Torre del Vinagre
Jardin botanique avec espèces endémiques importantes.

Centro de Interpretación de la Cultura de la Madera (ciCUM)
Exposition intéressante sur la culture forestière dans le parc.

Museo de Artes y Costumbres Populares del Alto Guadalquivir
Musée intéressant dans le Castillo de la Yedra, à Cazorla.

Río Cerezuelo

PETITE RANDONNÉE

Río Cerezuelo
Jolie boucle de 5,5 km balisée depuis Cazorla et remontant le cours du Río Cerezuelo.

Pico Gilillo
Au sud, le point culminant du parc (1 848 m, 21 km aller-retour, 8-9 heures). Montée abrupte et départ de Cazorla.

La Cerrada del Utrero
Boucle de 2 km au pied de falaises menant à la Cascada de Linarejos. Départ depuis le point d'information de Vadillo Castril.

des fronts de défense chrétiens contre les Almohades puis l'émirat de Grenade.

La Puerta Nueva, l'une des 4 portes de la Saqura musulmane, marque l'entrée du quartier historique. Des panneaux indiquent le Castillo au nord du village. Une fois rendu au niveau des petites arènes, prenez à gauche pour rejoindre le **Castillo de Segura** (il y a un parking à mi-chemin mais il faut grimper un peu à pied pour profiter de la vue). L'imposant édifice date de l'époque maure mais a été reconstruit au XIIIe siècle après la Reconquista. Abandonné au XVIIe siècle, il a été restauré dans les années 1960 et converti en centre d'interprétation des "territoires frontaliers". Vous pourrez découvrir le hammam d'origine, visiter la chapelle du XIIIe siècle de style mudéjar, grimper en haut de la tour et marcher le long des créneaux pour une vue panoramique sur El Yelmo (p. 263) et le paysage alentour. Si vous êtes là pendant le Festival international de l'air, il n'est pas meilleur endroit que le sommet de la tour pour admirer les acrobaties aériennes des parapentes et deltaplanes.

À l'ombre du château, l'imposante **Iglesia de Nuestra Señora del Collado** (XVIe siècle) se tient juste en contrebas de la grand-place. De là, on descend jusqu'aux **Baños Árabes** du XIIe siècle, au pied du village.

La Casa de Bicicletas

Ruinas de la Iglesia de Santa María
À Cazorla, une belle église Renaissance en ruines avec éléments d'époque intacts.

La Casa de Bicicletas
Pension-musée insolite, couverte de vélos multicolores à l'extérieur et remplie d'antiquités à l'intérieur.

Bóveda del Río Cerezuelo
Passage souterrain créé pour construire la place principale au-dessus. Réservez une visite à l'office du tourisme.

POURQUOI J'AIME LE PARQUE NATURAL SIERRAS DE CAZORLA, SEGURA Y LAS VILLAS

Rachel Webb, autrice Lonely Planet. *@rachelspaniola*

Venir ici me procure chaque fois des sensations différentes. Petit coin de paradis de ma province, il faut depuis Jaén tout de même 1 heure 30 de route pour atteindre le sud du parc, et 2 heures 30 pour le nord. C'est mon oasis de paix, où je peux m'évader dans une nature intacte à laquelle s'ajoutent culture, histoire, villages et châteaux. L'extraordinaire beauté des paysages sauvages et le calme qui règne ici me font revenir encore et encore – sans parler de la flore et de la faune endémiques, de la gastronomie locale et des panoramas fabuleux.

MARCELINO POZO RUIZ/SHUTTERSTOCK ©

Parque Cinegetico

Cazorla et La Iruela

ENTRE BOURGS HISTORIQUES ET NATURE

Bourgade blanche située au pied de rochers vertigineux, à l'endroit même où la Sierra de Cazorla s'élève depuis une mer d'oliviers, Cazorla est la porte d'entrée du parc naturel. Quelques kilomètres plus loin, la modeste mais superbe Iruela offre déjà un aperçu des charmes du parc. Passez au moins une nuit dans l'une ou l'autre.

Cazorla fait une base idéale pour explorer le magnifique Parque Natural Sierras de Cazorla, Segura y Las Villas, lequel débute avec les spectaculaires falaises de la Peña de los Halcones (rocher des Faucons), juste au-dessus de la ville. Le cœur de la ville est la Plaza de la Corredera, avec ses bars animés et l'élégant *ayuntamiento*, installé dans un ancien monastère (XVIe-XVIIe siècle). Des rues serpentent vers le sud jusqu'au Balcón de Zabaleta, petit belvédère à la vue imprenable. Puis on descend vers la place la plus pittoresque de Cazorla, la Plaza de Santa María et les ruines Renaissance de l'Iglesia de Santa María (XVIe siècle, actuel office du tourisme).

Montez ensuite au spectaculaire **Castillo de la Yedra** (château du Lierre), édifice d'origine maure entièrement

OÙ TROUVER LES BELVÉDÈRES DE RÊVE

Mirador Merenderos de Cazorla
Idéal pour un pique-nique avec vue sur Cazorla.

Mirador del Chorro
Panorama époustouflant, vautours fauves et gypaètes barbus.

Mirador de Las Navillas
Pas facile d'accès, mais le panorama vaut le détour.

reconstruit au XIVe siècle suite à la Reconquista, et admirez le panorama. Il abrite aujourd'hui l'intéressant musée des Arts et Costumes populaires du Haut Guadalquivir aux collections éclectiques. Ne manquez pas la Fuente de las Cadenas, place Renaissance bordée de bars qui ne paie pas de mine en surface, mais dont la construction a nécessité des prouesses d'ingénierie. Le Río Cerezuelo coule en effet juste en dessous de la place, ce que l'on peut voir en traversant la Bóveda del Río Cerezuelo, passage souterrain longeant le *río* d'un côté à l'autre de la place.

Les ruines du **Castillo de la Iruela** sont perchées à 954 m d'altitude au sommet d'une paroi vertigineuse surplombant la route. Impossible à manquer lorsque vous roulez de Cazorla vers le parc, la forteresse maure, puis templière, date du XIe siècle. Si vous avez le temps, grimpez au sommet, contemplez la vue du haut de la falaise et admirez l'architecture complexe de la forteresse. En contrebas se dressent les vestiges de l'Iglesia de Santo Domingo (XVIe siècle) incendiée par les troupes napoléoniennes il y a deux siècles. Garez-vous au village La Iruela ou au bord de la route en contrebas.

Observer la faune andalouse

VARIÉTÉ ET RARETÉ

En parcourant le parc à pied ou à vélo, vous verrez probablement différentes espèces d'aigles, de vautours et de rapaces en tous genres, ainsi que des cerfs et des sangliers. Concernant le gypaète barbu – jadis répandu en Andalousie, puis chassé et empoisonné jusqu'à son extinction en 1986 –, la Fundación Gypaetus, créée en 1996, a initié un programme de réintroduction basé au Centro de Cría del Quebrantahuesos, installé en pleine forêt. D'en bas, on peut les distinguer des autres vautours grâce à leurs ailes toutes noires, leur corps pâle et leur queue noire plus longue, en forme de losange.

Couvrant une centaine d'hectares à l'extrémité sud du réservoir d'El Tranco, le **Parque Cinegético** est un sanctuaire pour la faune, où différents observatoires permettent de voir évoluer les animaux en semi-liberté. Venez à l'aube ou au crépuscule, lorsque les animaux sortent pour se désaltérer. Mieux encore, profitez des connaissances sur le parc et son histoire des guides de l'agence **Turisnat** et augmentez vos chances de voir des animaux lors des visites à pied ou en 4x4 proposées.

LE MONT YELMO

Culminant à 1 808 m d'altitude, El Yelmo, "Le Casque", est visible de très loin. Fabuleux site pour randonner, c'est aussi le grand rendez-vous du vol libre début juin, lors du FIA El Yelmo, festival international de l'air. C'est en allant vers Hornos qu'El Yemo impressionne le plus avec son à-pic d'où se lancent parapentistes et pilotes de deltaplane. Les grimpeurs apprécient aussi beaucoup le site.

La route menant à son sommet n'est pas pour les petites natures, avec par endroit des à-pics vertigineux de part et d'autre de la voiture, mais au sommet vous attend un panorama incroyable. Et un vent soutenu.

COMMENT S'Y RENDRE ET CIRCULER

Cazorla est le seul tremplin vers le parc bien desservi par le bus. La compagnie Alsa relie ainsi Cazorla à Úbeda (1 heure), Baeza (1 heure 15), Jaén (2 heures-2 heures 30) et Grenade (3 heures 30-4 heures). Dans certains villages du secteur, il n'y a qu'un bus par jour depuis/vers les bourgs principaux.

La taille du parc nécessite un moyen de locomotion pour en explorer la diversité.

Carnet d'adresses

CORDOUE

Alcázar de los Reyes Cristianos
Voir p. 231 (957 42 01 51 ; cultura.cordoba.es ; Calle Caballerizas Reales ; tarif plein/réduit 5/2,70 € ; 8h15-14h45 mar-dim mi-juin à mi-sept, 8h15-20h mar-ven, 9h30-18h sam, 8h15-14h45 dim mi-sept à mi-juin)

Caballerizas Reales
Voir p. 231 (957 49 78 43 ; cordobaecuestre.com ; Calle Caballerizas Reales 1 ; spectacle adulte/enfant 16,50/11,50 € ; 10h-13h30 et 17h-19h30 mar, 10h-13h30 et 17h-23h mer-sam)

Casa Andalusi
Voir p. 230 (957 29 06 42 ; lacasaandalusi.com ; Calle Judíos 12 ; 4 € ; 10h-19h)

Casa de Sefarad
Voir p. 230 (957 42 14 04 ; www.turismodecordoba.org ; Calle de los Judíos et Calle Averroes ; tarif plein/réduit 4,50/3,50 € ; 11h-18h mar-dim)

Casa-Museo del Guadamecí Omeya
Voir p. 232 (957 05 01 31 ; guadameciomeya.com ; Plaza Agrupación de Cofradías 2 ; 10h30-14h et 16h30-20h lun-sam)

Iglesia del Juramento de San Rafael
Voir p. 234 (www.diocesisdecordoba.es ; Plaza de San Rafael 8 ; 10h-13h30 lun, 10h-13h30 et 18h30-21h mar-dim)

La Casa del Agua
Voir p. 230 (647 53 56 35 ; casadelaguaportillo.es ; Calle Portillo 6-8 ; tarif plein/réduit 5/3 € ; 10h15-14h15 mer-lun)

Medina Azahara
Voir p. 232 (957 10 49 33 ; www.medinaazahara.org ; Carretera Palma del Río, km 5,5 ; ressortissants non UE/UE 1,50 €/gratuit, visite guidée 2h 22 €, navette adulte/enfant 3/1,50 € ; 9h-15h mar-dim juil-sept, 9h-21h mar-sam, 9h-15h dim avr-juin, 9h-18h mar-sam, 9h-15h dim oct-mars)

Mezquita
Voir p. 228 (957 47 05 12 ; mezquita-catedraldecordoba.es ; Calle Cardenal Herrero 1 ; tarif plein/réduit/enfant 13/10/7 €, tour-clocher 3 €, entrée libre 8h30-9h30 lun-sam ; 10h-19h lun-sam, 8h30-11h30 et 15h-19h dim mars-oct, 10h-18h lun-sam, 8h30-11h30 et 15h-18h dim nov-fév)

Museo Arqueológico
Voir p. 233 (957 35 55 17 ; www.museosdeandalucia.es ; Plaza de Jerónimo Páez 7 ; 1,50 €, ressortissants UE gratuit 9h-21h mar-sam, 9h-15h dim)

Museo de la Alquimia
Voir p. 230 (957 89 05 98 ; museodelaalquimia.com ; Calle Judíos 14 ; 11h-15h et 16h30-19h)

Museo Julio Romero de Torres
Voir p. 233 (957 89 05 98 ; museojulioromero.cordoba.es ; Plaza del Potro 1 ; adulte/enfant 4 €/gratuit 8h45-15h15 mar-dim mi-juin à mi-sept, 8h15-20h mar-ven, 9h30-18h sam, 8h15-14h45 dim mi-sept à mi-juin)

Palacio de Viana
Voir p. 231 (957 49 19 09 ; www.palaciodeviana.com ; Plaza de Don Gome 2 ; visite complète/patios 11/7 €, gratuit mer 14h-17h ; 10h-19h mar-sam, 10h-15h dim sept-juin, 9h-15h mar-dim juil-août)

Real Parroquia de San Lorenzo Mártir de Córdoba
Voir p. 234 (957 47 62 49 ; Plaza de San Lorenzo 5 ; 10h-13h et 18h-20h30)

Córdoba a Pie
Voir p. 231 (601 16 83 32 ; cordobapie.es ; Plaza de los Carrillos 5 ; visite guidée 4h 43 € ; 9h-22h)

Elektrik
Voir p. 231 (671 41 78 14 ; rentabikecordoba.com ; Calle María Cristina 5 ; location vélo 3h/0,5j/1j à partir de 8/12/16 € ; 10h-14h et 17h-20h lun-ven, 10h-13h30 et 17h-19h30 sam, 10h-13h30 dim)

GuruWalk
Voir p. 231 (www.guruwalk.com)

Oway Tours
Voir p. 231 (688 37 65 81 ; owaytours.com ; Plaza del Triunfo ; 9h-20h30)

Balcon de Córdoba
Voir p. 232 (957 49 84 78 ; balcondecordoba.com ; Calle Encarnación 8)

Hotel Hacienda Posada de Vallina
Voir p. 232 (957 49 87 50 ; www.hhposadadevallina.es ; Calle Corregidor Luis de la Cerda 83)

Hotel Maestre
Voir p. 233 (957 47 24 10 ; www.hotelmaestre.com ; Calle Romero Barros 4)

Las Casas de la Judería
Voir p. 232 (957 20 20 95 ; www.lascasasdelajuderiadecordoba.com ; Calle Tomás Conde 10)

Mayflowers
Voir p. 233 (www.hotelesibericos.com/mayflowers ; Calle Enmedio 16)

Patios de Orfebre
Voir p. 233 (957 39 29 75 ; patiosdelorfebre.es ; Calle Tejón y Marín)

Bar Santos
Voir p. 227 (957 89 32 20 ; Calle Magistral González Francés 3 ; tapas 2,50-8 € ; 10h-minuit lun-ven, 11h-minuit sam-dim)

Bodegas Campos
Voir p. 227 (957 49 75 00 ; bodegascampos.com ; Calle de Lineros 32 ; plats 16-29 € ; 13h30-16h et 20h-23h)

Bodega Guzman
Voir p. 233 (Calle de los Judíos 7 ; tapas 1-3 €, plats 4,25-6 € ; 12h-16h et 20h30-23h30 ven-mer)

Casa El Pisto
Voir p. 233 (957 47 01 66 ; www.casaelpisto.com ; Plaza de San Miguel 1 ; tapas 3-5 €, plats 8-17 € ; 13h-16h et 20h-23h30 mar-sam)

El Burlaero
Voir p. 233 (957 47 27 19 ; restauranteelburlaero.com ; Calleja de la Hoguera 5 ; plats 8-21 € ; 11h30-16h et 19h30-23h)

La Cazuela de la Esparteria
Voir p. 233 (957 48 89 52 ; lacazueladelaesparteria.es ; Calle Rodríguez Marín 16 ; tapas 3,50 €, plats 8-21 € ; 12h30-16h15 et 20h-minuit lun-sam, 13h-16h30 dim)

Plateros María Auxiliadora
Voir p. 233 (957 47 03 04 ; www.sociedadplateros.com ; Calle María Auxiliadora 25 ; plats 5-17 € ; 11h-16h et 19h30-23h30 dim-mer, 11h-23h30 jeu, 11h-16h et 19h30-minuit ven-sam)

CHAOLIK/STOCK.ADOBE.COM ©

Alcázar de los Reyes Cristianos, Cordoue (p. 231)

Restaurante Regadera
Voir p. 227 (676 02 56 95 ; www.regadera.es ; Calle Ronda de Isasa 10 ; plats 10-24 € ; 13h-16h et 20h-23h30)

Taberna Casa Bravo
Voir p. 233 (615 18 14 15 ; Calle Puerta de Almodóvar 1 ; plats 9-16 €, menu dégustation 35 € ; 12h-16h30 et 20h-23h45 lun et mer-sam, 12h-16h30 dim)

Taberna Sociedad de Plateros
Voir p. 233 (957 47 00 42 ; www.tabernaplateros.com ; Calle San Francisco 6 ; tapas 2,50-4 €, plats 5-13 € ; 13h-15h45 et 20h-23h30 lun-sam)

Cerámica
Voir p. 234 (607 44 19 10 ; Calle Puerta de Almodóvar, 2 ; 10h30-20h lun-sam, 10h30-15h dim)

El Reparador
Voir p. 234 (617 79 52 96 ; Calle San Pablo 10 ; 9h-13h30 et 17h-20h lun-ven, 10h-13h30 sam)

Guitarrería José Rodríguez
Voir p. 234 (957 01 76 98 ; guitarrasjoserodriguez.es ; Calle San Pablo 10 ; 9h-14h et 16h-18h30 lun-ven)

Joaquín Espaliú
Voir p. 234 (610 61 31 44 ; joaquinespaliu.com ; Calle Almanzor 5 ; 10h30-14h et 18h-20h30 lun-sam)

Zoco
Voir p. 234 (957 20 40 33 ; artesaniadecordoba.com ; Calle Judíos ; 10h-20h)

ENVIRONS DE CORDOUE

Bodegas Alvear
Voir p. 236 (957 65 29 39; www.alvear.es ; Avenida de María Auxiliadora 1, Montilla ; visite guidée et dégustation adulte/enfant 18/6 € ; visites guidées sans réservation 12h lun-sam, avec réservation dim)

Bodegas Robles
Voir p. 236 (957 65 00 63 ; www.bodegasrobles.es ; Carretera Córdoba-Málaga 5, N331, km 47, Montilla ; visite guidée et dégustation 20 € ; 8h30-18h lun-ven)

Bodegas Toro Albalá
Voir p. 236 (957 66 00 46 ; www.toroalbala.com ; Avenida Antonio Sanchez 1, Aguilar de la Frontera ; visite guidée et dégustation adulte/enfant à partir de 20/10 €, -14 ans gratuit ; 8h-15h lun-ven)

Lagar los Raigones
Voir p. 236 (957 33 50 13 ; losraigones.com ; Carretera Montilla, Llano del Espinar, km 5, Montilla ; visite guidée avec dégustation vin/tapas/déjeuner 10/22/38 € ; 9h-14h lun-ven, 10h30-14h sam-dim)

Museo Arqueológico de Ulía
Voir p. 236 (957 38 45 82 ; museovlia.es ; Calle Juan Pedro Carmona 6, Montemayor ; 9h-14h et 18h-20h mar-jeu, 9h-14h et 17h-20h ven, 9h-15h sam)

Museo de Ceramica
Voir p. 236 (957 68 27 12 ; www.turismodelarambla.es ; Calle Arco de la Villa 2, La Rambla ; 9h-14h lun-ven, 10h-13h sam)

Parque Natural Sierra de Cardeña y Montoro
Voir p. 237 (Centro de Visitantes Venta Nueva 677 98 27 86 ; www.juntadeandalucia.es ; carrefour N420 et A420, Cardeña ; 9h-14h mer-dim, 17h30-19h30 sam-dim mai et sept, 9h-14h mer-dim, 16h-18h sam-dim jan-avr et oct-déc, 9h-14h ven-dim, 17h30-19h30 sam-dim juin, 9h-14h sam-dim juil, fermé en août)

Villa Romana de Fuente Álamo
Voir p. 236 (957 60 50 34 ; fuentealamovillaromana.es ; CV-297, km 3, Puente Genil ; tarif plein/réduit 3,50/2 € ; 9h-14h lun-ven, 20h30-23h sam-dim juin-sept, 9h-14h lun-ven, 10h-14h sam-dim oct-mai)

SIERRAS SUBBÉTICAS

Castillo de Iznájar
Voir p. 242 (641 56 80 20 ; iznajar.es ; Calle Villa 29, Iznájar ; 10h-14h mar-ven et dim, 10h-14h et 16h-19h sam)

Castillo de Priego de Córdoba
Voir p. 240 (957 70 06 25 ; www.turismodepriego.com ; Calle Marqués de Priego, Priego de Córdoba ; 1,50 € ; 11h-14h lun, 11h-14h et 16h30-18h30 ven, 11h-14h et 16h-19h sam-dim)

Castillo de Zuheros
Voir p. 238 (957 69 45 45 ; turismozuheros.es ; Plaza de la Paz, Zuheros ; tarif adulte/enfant 3,50/2,50 € ; 10h-14h et 17h-19h mar-dim avr-sept, 10h-14h et 16h-18h mar-dim oct-mars)

Cerro de la Cruz
Voir p. 241 (957 70 33 17 ; www.almedinillaturismo.es ; A-339, km 37, Almedinilla ; visite 11h mar-dim, plus 20h sam juin-août, 12h mar-dim, plus 18h30 sam mai-sept, 12h mar-dim, plus 16h30 sam oct-avr)

Iglesia de la Aurora
Voir p. 241 (turismodepriego.com ; Carrera de Álvarez, Priego de Córdoba ; 1,50 € ; 10h30-13h30 mar-dim)

Iglesia de San Francisco
Voir p. 241 (turismodepriego.com ; Calle Buen Suceso, Priego de Córdoba ; gratuit ; 10h-13h et 18h-20h lun-ven, 10h-13h sam-dim)

Museos del aguardiente anisado de Rute y España
Voir p. 242 (609 71 39 78 ; Calle Málaga 28, Rute ; 3 € ; 10h-14h et 16h-19h)

Museo del Anís
Voir p. 242 (957 53 81 43 ; www.museodelanis.com ; Calle Paseo del Fresno 2, Rute ; 10h-14h)

Museo del Azúcar, la Flor de Rute
Voir p. 242 (957 53 86 61 ; www.laflorderute.es ; Calle Málaga 21, Rute ; 10h-14h et 16h-19h30 mi-oct à déc)

Museo Histórico de Almedinilla
Voir p. 241 (957 70 33 17 ; www.almedinillaturismo.es ; Almedinilla ; 10h-13h30 mar-dim, plus 19h-20h sam juin-août, 10h-13h30 mar-dim, plus 17h30-18h30 sam mai-sept, 10h-13h30 mar-dim, plus 18h-19h sam oct-avr)

Parroquia de la Asunción
Voir p. 240 (957 70 18 17 ; turismodepriego.com ; Calle Santa Ana, Priego de Córdoba ; 2 € ; 11h-13h30 mar-sam, 11h-12h dim)

Villa romaine El Ruedo
Voir p. 241 (957 70 33 17 ; www.almedinillaturismo.es ; A-339, km 37, Almedinilla ; 10h-14h mar-dim, plus 19h-22h sam juin-août, 10h-14h mar-dim, plus 17h30-20h30 sam mai-sept, 10h-14h mar-dim, plus 16h30-19h30 sam oct-avr)

Cueva de los Murciélagos
Voir p. 238 (957 69 45 45 ; turismozuheros.es ; Carretera Local Cueva de los Murciélagos, km 4, Zuheros ; adulte/enfant 7,50/6 € ; visites 12h30 et 17h30 mer-ven, 11h, 12h30 et 17h30 sam-dim avr-sept, 12h30 et 16h30 mer-ven, 11h, 12h30 et 16h30 sam-dim oct-mars)

Finca Las Encinas
Voir p. 240 (629 61 07 83 ; finca-las-encinas.com ; Calle Partido de Los Juncares 31, Los Juncares ; cours de cuisine 3 nuits et 2 jours à partir de 390 € ; cours sept-juil)

Casa las Tinajas
Voir p. 241 (680 81 78 45 ; Calle 9 de Junio de 1910 6, Iznájar)

Casa Olea
Voir p. 240 (696 74 82 09 ; www.casaolea.com ; CO-7204, km 2, Zamoranos ; location VTT 20 €/jour)

Casa Rosa
Voir p. 241 (646 24 47 86 ; Los Rios)

Hotel Patria Chica
Voir p. 240 (957 05 83 85 ; hotelpatriachica.com ; Calle Carrera de las Monjas 47, Priego de Córdoba)

Hotel Zuhayra
Voir p. 241 (957 69 46 93 ; zercahoteles.com ; Calle Mirador 10, Zuheros)

Casa Frasco
Voir p. 241 (957 66 77 31 ; Calle Padron 6, Luque ; plats 12-20 ; 12h-18h mar-jeu, 12h-18h et 19h-1h ven, 12h-1h sam, 12h-19h dim)

Tres Culturas Restaurante
Voir p. 241 (957 51 04 51 ; tresculturasrestaurante.com ; Calle Herrería 2, Lucena ; tapas 2-8,90 €, plats 10-23 € ; 12h-17h mar, 12h-minuit mer-dim)

Vaquena
Voir p. 241 (662 39 12 78 ; www.vaquena.com ; CO-6212, km 5,5, Cabra ; plats 9-24 € ; 20h-tard juil-sept, 12h30-18h mer-dim oct-juin)

Zyrah
Voir p. 241 (957 54 70 23 ; www.facebook.com/zyrahpriego ; Calle del Río 8, Priego de Córdoba ; tapas 3-8,50 €, plats 6-16 € ; 12h-17h et 20h-1h mar-dim)

Bar Yampe
Voir p. 241 (957 70 20 20 ; Priego de Córdoba ; 9h-23h lun-sam, 9h30-minuit dim)

ENVIRONS DES SIERRAS SUBBÉTICAS

Centro de Rescate de Anfibios y Reptiles
Voir p. 246 (666 35 07 96 ; www.facebook.com/CRAnfibiosyreptiles ; Placeta Carmen Juan Lovera, Alcalá la Real ; tarif plein/réduit 3/1,50 € ; 10h-14h30 ven-dim avr à mi-oct, 10h30-18h ven-dim mi-oct à mars)

Fortaleza de la Mota
Voir p. 246 (953 10 27 17 ; ciudadesmedias.org ; Alcalá la Real ; adulte/enfant 6/3 € ; 10h30-19h30 avr à mi-oct, 10h-18h mi-oct à mars)

Palacete de Hilandera
Voir p. 246 (611 03 12 01 ; Calle Real 8, Alcalá la Real ; 3 € ; 18h-20h ven, 11h-13h et 18h-20h sam-dim, sur rdv lun-ven)

El Pato Restaurante
Voir p. 246 (957 67 63 38 ; Avenida Dr Fleming, Doña Mencía ; plats 5-14 € ; 7h-19h mer-ven, 8h-minuit sam, 8h-18h dim)

Nicol's Restaurante
Voir p. 246 (957 67 40 81 ; estaciondeluque.es ; Calle de la Estación, Luque ; plats 8-20 € ; 7h-23h dim-ven, tte la journée sam)

Zuheros (p. 238)

PACOPARRA/STOCK.ADOBE.COM ©

Vue sur Jaén depuis le Castillo de Santa Catalina (p. 250)

JAÉN, ÚBEDA ET BAEZA

Basílica de Santa María de los Reales Alcázares
Voir p. 252 (www.santamariadeubeda.es ; Plaza Vázquez de Molina, Úbeda ; adulte/enfant 4/1,50 € ; 10h30-13h15 et 17h30-20h45 mar-sam, 10h45-13h dim mai-août, 10h30-13h15 et 16h30-18h45 mar-sam, 10h45-13h dim sept-avril)

Castillo de Santa Catalina
Voir p. 250 (953 12 07 33 ; castillosantacatalina.es ; tarif plein/réduit 3,50/1,50 €, entrée libre 15h-18h mer été, 17h-21h mer hiver ; Carretera al Castillo y el Neveral, Jaén ; 10h-14h et 17h-21h lun-sam, 10h-15h dim mi-juin à mi-sept, 10h-18h lun-sam, 10h-15h dim mi-sept à mi-juin)

Catedral de Baeza
Voir p. 254 (953 74 41 57 ; catedraldebaeza.es ; Plaza de Santa María, Baeza ; tarif plein/senior/réduit 6/5/4 € ; 10h-14h30 et 16h-19h lun-ven, 10h-19h sam, 10h-14h30 et 16h-17h30 dim)

Catedral de la Asunción
Voir p. 248 (953 23 42 33 ; catedraldejaen.org ; tarif plein/senior/réduit 7/6/5 € ; Plaza de Santa María, Jaén ; 10h-14h30 et 16h30-19h30 lun-sam, 10h-11h30 et 16h-19h30 dim)

Capilla de Benavides
Voir p. 254 (Covento de San Francisco ; Calle de San Francisco, Baeza ; 10h30-13h45 et 16h-19h mar-sam, 10h30-13h45 dim)

Hospital de Santiago
Voir p. 253 (953 75 08 42 ; Avenida Cristo Rey 2, Úbeda ; entrée libre ; expositions 11h-14h et 17h30-21h mar-sam)

Museo de Alfarería Paco Tito Memoria de lo Cotidiano
Voir p. 253 (953 75 14 96 ; pablotito.es ; Calle de Valencia 22, Úbeda ; entrée libre ; 8h-14h et 16h-20h lun-sam, 10h-14h dim)

Palacio de Jabalquinto
Voir p. 254 (953 74 27 75 ; Plaza de Santa Cruz, Baeza ; entrée libre ; 10h30-13h et 16h-18h)

Palacio de Vázquez de Molina
Voir p. 252 (Plaza Vázquez de Molina, Úbeda ; entrée libre ; 8h-20h lun-ven, 10h-14h et 17h-19h30 sam-dim)

Palacio de Villardompardo
Voir p. 248 (953 24 80 68 ; www.bañosarabesjaen.es ; Centro Cultural Baños Árabes, Plaza de Sante Luisa de Marillac, Jaén ; entrée libre ; 9h-21h mar-sam, 9h-15h dim)

Sacra Capilla del Salvador
Voir p. 252 (609 27 99 05 ; www.fundacionmedinaceli.org ; Plaza Vázquez de Molina, Úbeda ; adulte/enfant 5/2,50 € ; 10h-14h30 et 16h-19h lun-jeu, 10h-19h ven-sam, 11h30-14h30 et 16h-19h dim)

Sinagoga del Agua
Voir p. 253 (953 75 81 50 ; sinagogadelagua.com ; Calle Roque Rojas 2, Úbeda ; visite guidée adulte/enfant 5/4 € ; visites guidées toutes les 45 min 10h30-13h30 et 17h-19h15)

Ubedies Artesanía
Voir p. 253 (639 56 37 88 ; www.artesaniaconesparto.com ; Calle Real 47, Úbeda ; 10h-13h45 et 17h-20h30 mar-sam, 10h-14h dim)

Hostal Estación
Voir p. 250 (953 27 46 14 ; hostalestacionjaen.com ; Plaza Jaén Por la Paz, Jaén)

Hotel Europa
Voir p. 250 (953 22 27 00 ; www.hoteleuropajaen.es ; Plaza de Belén 1, Jaén)

Hotel Palacio de los Salcedo
Voir p. 251 (953 74 72 00 ; Calle San Pablo 18, Baeza)

Hotel Rural Molino del Albaicín
Voir p. 251 (953 07 34 61 ; www.hotelmolinodelalbaicin.com ; Calle Castillo 4, Sabiote)

Parador Castillo de Santa Catalina
Voir p. 250 (953 23 00 00 ; paradores.es ; Castillo de Santa Catalina, Jaén)

Parador de Úbeda
Voir p. 251 (953 75 03 45 ; paradores.es ; Plaza Vázquez de Molina 1, Úbeda)

Bagá
Voir p. 250 (953 04 74 50 ; bagagastronomico.com ; Calle Reja de la Capilla 3, Jaén ; menu dégustation 95 € ; 14h-16h et 20h30-23h mar-sam, 14h-16h dim)

Bar del Pósito
Voir p. 251 (953 32 98 66 ; Plaza el Pósito 10, Jaén ; plats 8-13 € ; 12h-1h)

Dama Juana
Voir p. 250 (953 00 64 54 ; damajuanajaen.com ; Calle Melchor Cobo Medina 7, Jaén ; menu dégustation sans/avec vin 65/95 € ; 13h30-15h et 20h30-22h mar-sam)

El Gorrión
Voir p. 251 (953 23 20 00 ; Calle Arco del Consuelo 5, Jaén ; plats 7-16 €)

La Espadaña
Voir p. 251 (953 46 31 89 ; Calle Francisco Martí Mora 1, Jaén ; plats 9-18 € ; 12h-16h30 et 20h-minuit mar-jeu, 12h-17h et 20h-minuit ven-sam, 12h30-17h dim)

La Manchega
Voir p. 251 (953 23 21 92 ; Calle Bernardo López 8, Jaén ; bocadillos 2-4 €, plats 10-14 € ; 12h-16h lun, 10h-16h et 20h-minuit mer-dim)

Misa de 12
Voir p. 252 (953 82 81 97 ; www.misade12.com ; Plaza 1º de Mayo, Úbeda ; plats 16-25 € ; 13h-16h et 20h-1h mar-jeu, 13h-1h ven-sam, 13h-16h dim)

Peña Flamenca de Jaén
Voir p. 251 (664 53 88 53 ; peniaflamenca.blogspot.com ; Calle Maestra 11, Jaén ; plats 8-24 € ; 9h-17h et 20h-23h lun-mar et jeu-sam, 9h-17h dim)

Restaurante la Cantina la Estación
Voir p. 252 (687 77 72 30 ; cantinalaestacion.com ; Cuesta Rodadera 1, Úbeda ; plats 15-24 € ; 13h-16h lun, 13h-17h mar, 13h-17h et 20h-minuit jeu-dim)

Taberna La Tintorera
Voir p. 252 (www.latintorera.es ; Calle Real, 27, Úbeda ; tapas 5-16,60 € ; 13h15-16h et 20h-23h30 lun-sam)

ENVIRONS DE JAÉN, ÚBEDA ET BAEZA

Castillo de Burgalimar
Voir p. 256 (953 61 33 38 ; www.bdelaencinaturismo.com ; Calle Santa María 1, Baños de la Encina ; tarif plein/réduit 4,50/2 € ; 10h30-13h30 et 16h30-18h45 lun, 11h15-13h30 mar, 11h15-13h30 et 16h30-18h mer, 11h15-13h30 et 17h15-18h jeu-ven, 10h30-13h30 et 16h30-18h sam-dim)

Castillo de Sabiote
Voir p. 256 (953 77 30 02 ; sabiote.com ; Sabiote ; entrée libre ; 10h30-14h lun-mer, 10h30-14h et 16h-19h jeu-sam, 10h30-14h et 16h-18h30 dim)

Ciudad Ibero-Romana de Cástulo
Voir p. 258 (953 10 60 74 ; www.museosdeandalucia.es ; Carretera JV-3003, Linares ; 1,50 €, ressortissants UE gratuit ; 9h-15h mar-dim juil-sept, 9h-18h mar-sam, 9h-15h dim oct-mars, 9h-21h mar-sam, 9h-15h dim avr-juin)

Museo Arqueológico de Linares
Voir p. 258 (953 10 60 74 ; www.museosdeandalucia.es ; Calle General Echague 2, Linares ; 1,50 €, ressortissants UE gratuit ; 9h-15h mar-dim juil-sept, 9h-18h mar-sam, 9h-15h dim oct-mars, 9h-21h mar-sam, 9h-15h dim avr-juin)

Museo de la Cultura del Olivo
Voir p. 258 (953 76 51 42 ; www.museodelaculturadelolivo.com ; Hacienda La Laguna ; adulte/enfant 4,50/2 € ; 10h30-13h30 et 17h30-20h juil-sept, jusqu'à 18h30 reste de l'année)

Oro Bailén
Voir p. 258 (953 54 80 38 ; www.orobailen.com ; Carretera Plomeros Casa del Agua Salida 310, Villanueva de la Reina ; visite guidée adulte/enfant 11/5 € ; 9h-14h et 16h-19h lun-ven, 10h-13h sam)

Yacimiento Arqueológico de Cástulo
Voir p. 258 (953 10 60 74 ; www.museosdeandalucia.es ; Carretera JV-3003, Linares ; 1,50 €, ressortissants UE gratuit ; 9h-15h mar-dim juil-sept, 9h-18h mar-sam, 9h-15h dim oct-mars, 9h-21h mar-sam, 9h-15h dim avr-juin)

Centro de Visitantes Viñas de Peñallana
Voir p. 257 (630 02 20 45 ; cvvinaspenallana.amaya@juntadeandalucia.es ; Ctra. Andújar-Santuario Virgen de la Cabeza, Km 13, Andújar ; 10h-14h ven-dim)

Hotel Palacio Guzmanes
Voir p. 256 (953 61 30 75 ; www.palacioguzmanes.com ; Calle de la Trinidad 4, Baños de la Encina)

Hotel Restaurante Baños
Voir p. 256 (953 61 40 68 ; www.hotelbanos.com ; Calle Cerro de la Llana, Baños de la Encina)

Palacete María Rosa
Voir p. 256 (953 61 34 65 ; www.

palacetemariarosa.es ; Calle de la Trinidad 25, Baños de la Encina)

Palacio las Manillas
Voir p. 256 (953 77 43 46 ; www.palaciolasmanillas.com ; Calle Castillo 1, Sabiote ; plats 12-20 €)

PARQUE NATURAL SIERRAS DE CAZORLA, SEGURA Y LAS VILLAS

Bóveda del Río Cerezuelo
Voir p. 261 (953 71 01 02 ; www.turismoencazorla.com ; Cazorla ; 2 € ; 10h-13h et 16h-20h mar-dim)

Castillo de la Iruela
Voir p. 263 (626 81 15 83 ; Cuesta Santo Domingo, La Iruela ; 2 € ; 10h-14h et 16h-20h mer-lun juin-oct, 10h-14h et 16h-19h mer-dim nov-mai)

Castillo de la Yedra
Voir p. 262 (Museo de Artes y Costumbres Populares del Alto Guadalquivir ; 953 10 14 02 ; cazorla.es/turismo ; Cazorla ; 1,50 €, ressortissants UE gratuit ; 9h-13h15 mar-sam, 9h-13h15 dim juil-août, 10h-13h15 et 16h-19h15 mar-sam, 10h-13h15 dim sept-juin)

Castillo de Segura
Voir p. 261 (682 83 42 93 ; www.castilloseguradelasierra.com ; Calle Castillo, Segura de la Sierra ; adulte/enfant 4,50/3,50 € ; 10h30-14h et 17h30-21h mar-dim mi-juin à sept, 10h-14h et 16h-18h30 oct-mars, 10h30-14h et 17h-20h30 avr à mi-juin)

Centro de Interpretación de la Cultura de la Madera (ciCUM)
Voir p. 260 (667 60 99 25 ; Nava de San Pedro, Cazorla ; visites 5 €/pers ; visites guidées 17h jeu, 12h et 17h ven-dim, mi-mai à sept)

Jardin Botánico Torre del Vinagre
Voir p. 260 (www.juntadeandalucia.es ; Carretera A-319, mm 48 ; 9h-14h mar-dim, plus 17h-20h sam)

La Casa de Bicicletas
Voir p. 261 (660 13 46 90 ; Calle Negrillo 3, Cazorla ; entrée libre)

Parque Cinegético
Voir p. 263 (953 82 52 67 ; www.parquecinegeticocolladodel almendral.com ; Carretera del Tranco, A-319, km 60, Hornos ; visite guidée à pied adulte/enfant 9,68/6,05 €, avec train touristique 10/8 € ; 10h-18h30 mar-dim)

Ruinas de la Iglesia de Santa María
Voir p. 261 (953 71 01 02 ; Plaza de Santa María, Cazorla ; entrée libre dans l'église, visite guidée 2 € ; 10h-13h30 et 16h-19 mar-dim)

Piscina de Almurjo
Voir p. 259 (953 62 61 42 ; amurjo.com ; Orcera ; 4 € ; 12h-21h)

Turisnat
Voir p. 263 (953 72 13 51 ; turisnat.es ; Avenida del Parque Natural 2, Cazorla ; circuits 33-56 €/pers ; bureau 10h-14h et 17h-20h lun-sam, 10h-14h dim)

Hotel Rural la Calerilla
Voir p. 260 (953 72 73 26 ; calerillahotel.com ; Carretera de la Sierra 23A, A-319, km 24,5, Cazorla)

Hotel Sierra de Cazorla & Spa
Voir p. 260 (953 72 00 15 ; www.hotelspasierradecazorla.com ; Carretera de la Sierra, La Iruela)

Parador de Cazorla
Voir p. 260 (953 72 70 75 ; paradores.es ; Sierra de Cazorla, Cazorla)

Cascade sur le Río Borosa (p. 259)

Albaicín, Grenade (p. 281)

PROVINCES DE GRENADE ET ALMERÍA

ARRIÈRE-PAYS, ARCHITECTURE MAURESQUE ET NATURE

Les plus hauts sommets de l'Andalousie, des plages vierges et isolées, des cités dynamiques, des habitats troglodytiques et une architecture mauresque incomparable vous attendent.

Peu de régions andalouses sont aussi diverses que les provinces de Grenade et d'Almería. Grenade, l'une des plus belles villes du pays, abrite l'Alhambra, un des édifices mauresques les plus somptueux. L'influence de la période maure est présente aussi bien dans les ruelles sinueuses et les *cármenes* (maisons avec jardin clos) chaulées du quartier historique de l'Albaicín que dans les arches gracieuses des anciens palais nasrides et des demeures ancestrales. Les bars à tapas de Grenade sont exceptionnels et le flamenco retentit toujours à Sacromonte, le quartier des Gitans.

JOSE M. PERAL PHOTOGRAPHY/SHUTTERSTOCK ©

Les pics enneigés de la Sierra Nevada constituent une pittoresque toile de fond. Les amoureux de la montagne pourront gravir le plus haut sommet d'Espagne, skier jusqu'en avril sur les formidables pentes de la station la plus méridionale d'Europe et sillonner à cheval les sentiers muletiers.

Au nord-est de Grenade, sur les terres arides de l'Altiplano, on trouve des domaines viticoles uniques, les fossiles humains les plus anciens et l'ensorcelante ville troglodytique de Guadix. Juste à côté, la province la plus ensoleillée du pays, Almería, recèle le seul désert d'Europe. Outre le ravissant port d'Almería, une forteresse mauresque et d'excellents restaurants, elle possède des plages de sable blanc préservées, idéales pour des randonnées en solitaire, le long de la côte, dans le Parque Natural Cabo de Gata-Nijar. Plus à l'ouest, découvrez les trésors souterrains des grottes de Sorbas et Pulpí et les pics boisés de Los Vélez.

PRINCIPAUX SITES

GRENADE
Architecture incomparable et tapas gratuites. p. 278

PARQUE NACIONAL SIERRA NEVADA
Formidables randonnées et villages chaulés. p. 296

ALMERÍA
Forteresse mauresque et restaurants animés. p. 309

PARQUE NATURAL CABO DE GATA-NÍJAR
Plages de sable blanc et sentiers côtiers. p. 318

S'orienter

Les provinces de Grenade et d'Almería occupent le sud-ouest de l'Andalousie. Leurs sites d'intérêt sont nombreux, variés et éparpillés. Nous avons choisi ceux qui reflètent le mieux l'héritage culturel et culinaire unique de la région, ainsi que la diversité de ses paysages.

Parque Nacional Sierra Nevada, p. 296

De ravissants *pueblos blancos* (villages blancs) accrochés aux pentes, des canyons vertigineux, de superbes sentiers et la plus haute station de ski d'Espagne vous attendent.

Grenade, p. 278

Très bien située, cette ville chargée d'histoire est réputée pour son Alhambra, somptueux ensemble palatial fortifié, le lacis de ruelles escarpées de l'Albaicín et du Sacromonte, et ses bars animés où les tapas sont gratuites.

AVION

L'Aeropuerto Federico García Lorca Granada-Jaén (www.aena.es) est à 17 km à l'ouest de Grenade, bordant l'A92 au sud. Il dessert toute l'Espagne (notamment Madrid, Barcelone, Tenerife et Majorque), ainsi que d'autres villes européennes, dont Bordeaux.

BUS ET VOITURE

Avoir une voiture permet plus de souplesse. La plupart des lieux sont accessibles en bus (alsa.es), mais la Sierra Nevada et le Cabo de Gata sont moins desservis. Grenade dispose d'un bon réseau de bus (movilidadgranada.com).

TRAIN ET TRAMWAY

Les trains à grande vitesse de la Renfe (renfe.com) relient Grenade à Antequera, desservie par la ligne à grande vitesse AVE, Madrid-Cordoue-Málaga. Des trains plus lents circulent entre Grenade et Almería. Une ligne de tramway pratique traverse Grenade.

Parque Natural Cabo de Gata-Níjar, p. 318

Ce parc prisé d'Almería compte de splendides plages de sable blanc léchées par une eau turquoise, de points de vue sur les falaises, de superbes sentiers et des villages paisibles.

Almería, p. 309

Cette cité portuaire torride à l'ambiance nord-africaine et aux bars à tapas animés s'étire au pied de la forteresse de l'Alcazaba, cousine de l'Alhambra. C'est un tremplin pour explorer le "Far West" des environs.

MARCHE

La plupart des villes se visitent facilement à pied. Des sentiers de randonnée pittoresques relient les villages de Las Alpujarras et du Parque Natural Cabo de Gata-Nijar.

Planifier son séjour

Les provinces de Grenade et d'Almería conjuguent villes historiques, culture unique, plages de sable blanc peu fréquentées, gastronomie de la mer, vins primés et sentiers de randonnée côtiers.

SERGEY DZYUBA/SHUTTERSTOCK ©

Alcazaba (p. 282)

Si vous avez peu de temps

- Passez la journée à explorer Grenade et ses sites incontournables. Prenez votre petit-déjeuner au **I Need Coffee** (p. 286). Consacrez une demi-journée aux merveilles de l'**Alhambra** (p. 282), parmi lesquelles l'incomparable **Palacios Nazaríes** (p. 282).

- Revenez dans le centre par le quartier avant-gardiste du **Realejo** (p. 286) pour voir les peintures murales d'El Niño (le cousin grenadin de Banksy), puis déjeunez sur le pouce au **El Trillo** (p. 289).

- L'après-midi, visitez la **cathédrale** (p. 278) et arpentez le dédale de rues raides de l'Albaicín. Contemplez le coucher de soleil au **Mirador San Nicolás** (p. 281), puis en fin de journée, dégustez des tapas au **Bar Poë** (p. 289) ou au **Más Que Vinos** (p. 286).

Au fil des saisons

Ces provinces sont le théâtre de nombreuses fêtes toute l'année. La *Semana Santa* est célébrée avec faste à Grenade. La plus grande fête d'Almería a lieu dans la chaleur d'août.

JANVIER

La saison de ski est bien entamée dans la Sierra Nevada. L'Épiphanie, le 6 janvier, donne lieu à des processions.

AVRIL

Les *Nazarenos* (pénitents) transportent des *pasos* (chars) dans les rues de Grenade durant la *Semana Santa*.

MAI

Des croix fleuries décorent les places de Grenade lors des *Cruces de Mayo*. Mois idéal pour randonner dans les Alpujarras.

ADIANY MONTELO/SHUTTERSTOCK ©, AKTURER/SHUTTERSTOCK ©, LUIS OVERLANDER/SHUTTERSTOCK ©

Si vous avez une semaine

- Quittez Grenade et consacrez une journée à la ville troglodytique de **Guadix** (p. 292) et au géoparc des environs. Séjournez dans le village de **Trevélez** (p. 296) pour deux jours de randonnée intensive dans le **Parque Nacional Sierra Nevada** (p. 296).

- Ralliez la côte pour vous reposer à Almería. Passez une journée à comparer l'**Alcazaba** (p. 292) et l'Alhambra, puis allez dans les bars à tapas, notamment au **Jovellanos 16** (p. 312).

- Pour finir, passez deux jours au **Parque Natural Cabo de Gata-Níjar** (p. 318). Faites une balade de **Las Negras** à **Agua Amarga** (p. 322) pour voir la plus belle partie de la côte

Si vous avez plus de temps

- N'hésitez pas à vous octroyer deux semaines pour visiter Grenade et Almería.

- Almería permet d'excellentes excursions d'une journée dans les parcs à thème kitsch du **Desierto de Tabernas** (p. 316), sous terre à la **Geoda de Pulpí** (p. 327) ou dans les **Cuevas de Sorbas** (p. 327), ainsi que sur les sentiers du **Parque Natural Sierra María-Los Vélez** (p. 317).

- Dans la province de Grenade, un road trip de deux jours dans les **Alpujarras** (p. 302) vous permettra de voir les plus belles vallées et les plus beaux villages blancs. Faites un détour jusqu'au fort de **Montefrío** (p. 294) sur une falaise et profitez durant quelques jours des sports nautiques, et des produits de la mer sur la **Costa Tropical** (p. 307).

JUIN

La *noche de San Juan* est fêtée sur les plages, surtout à Mojácar, avec des danses, des feux de joie et des barbecues.

JUILLET

Durant trois semaines le Festival de Grenade met à l'honneur la musique et la danse dans l'Alhambra et ailleurs en ville.

AOÛT

Ambiance garantie pendant la feria d'Almería, qui célèbre la Vierge de la mer, la sainte patronne locale.

NOVEMBRE

La saison de ski débute dans la Sierra Nevada et les sentiers du Cabo de Gata sont moins fréquentés.

GRENADE

Se détachant de façon spectaculaire sur les sommets souvent enneigés de la Sierra Nevada, Grenade fut le dernier bastion des Maures, qui y laissèrent leur empreinte. En témoignent les arches en fer à cheval, les *teterías* (salons de thé), les *cármenes* (maisons avec jardin clos) isolées de l'Albaicín (quartier musulman historique) et, bien sûr, l'Alhambra, le palais-forteresse des souverains nasrides dont les palais ornés de calligraphies, véritables poèmes en pierre, sont sans égaux en Europe.

Mais Grenade ne se limite pas à l'Alhambra. La ville qui inspira le grand poète espagnol Federico García Lorca est aussi réputée pour les maisons troglodytiques et les *peñas* (clubs de flamenco) du quartier gitan de Sacromonte, le dédale des ruelles en pente du *barrio* (quartier) de l'Albaicín classé au Patrimoine mondial de l'Unesco, le *street art* audacieux du Realejo et la myriade de bars à tapas et restaurants des rues autour de la cathédrale et de la Plaza de la Trinidad centrale.

Pour les infos pratiques, voir le Carnet d'adresses p. 328

À SAVOIR

Pour visiter l'Alhambra – le site emblématique de Grenade –, il faut réserver jusqu'à trois mois à l'avance sur le site officiel (tickets.alhambra-patronato.es) ou par téléphone (34 958 02 79 71). Hors saison, quelques rares "billets non réclamés" sont disponibles le jour même à la billetterie.

LA DERNIÈRE DYNASTIE D'ÉMIRS

La dynastie nasride fut la dernière des dynasties musulmanes à dominer Grenade. Sa chute en 1492 signifia la fin d'Al-Andalus. Elle fut fondée par Mohammed Ier, "Hijo del Rojo" (fils du rouge) qui fit de cette couleur son emblème. Il donna le nom d'Alhambra (Al-Ḥamrā, "la rouge") à l'Alcazaba qu'il choisit comme résidence.

Boabdil fut le dernier émir de Grenade qui, après 8 mois de siège, livra la ville aux Rois Catholiques le 2 janvier 1492.

Le centre de Grenade

UN CONDENSÉ DE MONUMENTS HISTORIQUES

Séparées du lacis de ruelles de l'Albaicín par la Gran Vía, principale artère, les rues au plan plus régulier du centre de Grenade abritent un condensé d'édifices historiques.

Contemplez l'imposante façade baroque de la **Cathédrale de Grenade** depuis la terrasse d'un café de la Plaza de las Pasiegas. Bâti à l'emplacement d'une ancienne mosquée entre 1521 et 1704, le vaste intérieur Renaissance de l'architecte Diego de Siloé est d'une merveilleuse luminosité. Le *granadino* Alonso Cano, à qui l'on doit la magnifique façade baroque du XVIIe siècle, sculpta les bustes en bois d'Adam et Ève de la Capilla Mayor (chapelle principale). À l'intérieur de la cathédrale, une vingtaine de piliers blancs s'élèvent du carrelage noir et blanc vers le plafond surmonté d'un dôme qui culmine à 30 m de hauteur.

Attenante à la cathédrale, la **Capilla Real** (Chapelle royale) de style gothique flamboyant est le lieu de sépulture des Reyes Católicos (Rois Catholiques), Isabelle Ire de Castille (1451-1504) et Ferdinand II d'Aragón (1452-1516). Ces derniers commandèrent ce mausolée avec ces tombes en marbre monumentales qui se trouvent dans le chœur derrière une grille dorée en fer forgé réalisée en 1520 par Bartolomé de Jaén. Pillées par les troupes napoléoniennes en 1812, les tombes ne contiennent pas les dépouilles des rois, qui reposeraient dans la crypte, dans de simples cercueils en plomb surmontés par un monument de style Renaissance (Isabelle et Ferdinand

INCONTOURNABLE
1 Alhambra

VOIR
2 Capilla Real
3 Carmen de los Mártires
4 Casa Museo Manuel Falla
5 Cathédrale de Grenade
6 Centro de la Memoria Sefardí
7 Centro Federico García Lorca
8 Centro José Guerrero
9 Corral del Carbón
10 El Cuarto Real
11 Hotel Alhambra Palace
12 Huerta de San Vincente
13 Madraza Yusufia
14 Paseo de los Tristes

SE RESTAURER
15 Bar Poë
16 Bar Provincias
17 Casa Torcuato
18 Om Kalsum
19 Taberna la Tana

PRENDRE UN VERRE
20 Casa de Vinos la Brujidera

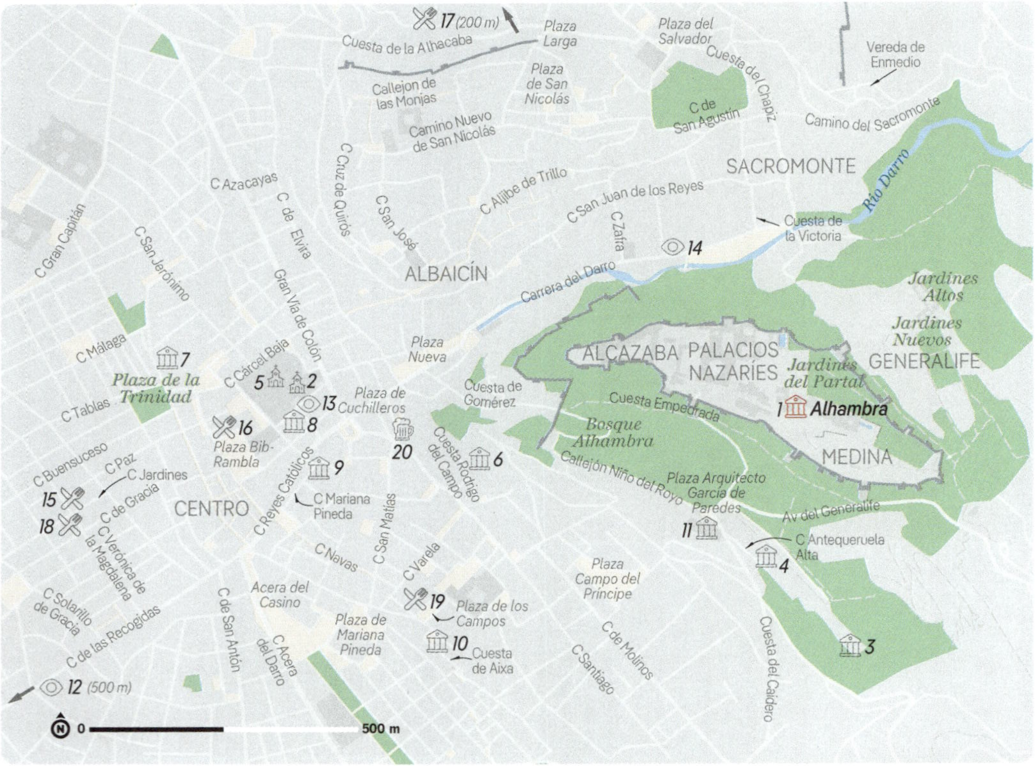

Cathédrale de Grenade

FARBREGAS HARELUYA/SHUTTERSTOCK ©

EFESENKO/STOCK.ADOBE.COM ©

Porte du Corral del Carbón

LES CÁRMENES DE GRENADE

Les *cármenes* (de l'arabe *karm*, jardin) de Grenade sont des maisons particulières, pour beaucoup des adaptations de maisons maures reprises lors de la Reconquista. Leurs hauts murs dissimulent de superbes jardins en terrasses garnis d'arbres fruitiers, de plantes grimpantes, de fontaines et de fleurs odorantes. C'est dans l'Albaicín, avec en toile de fond l'Alhambra, que l'on en trouve la plus grande concentration.

seraient sous les pattes d'un lion). La crypte renferme aussi les tombeaux de leur fille Juana la Loca (Jeanne la Folle), de son mari Philippe Ier le Beau, Felipe el Hermoso (un "F" figure sur le cercueil) et de Miguel, Prince des Asturies, emporté par une maladie infantile. La sacristie abrite un petit musée passionnant, qui contient l'épée de Ferdinand, le sceptre et la couronne d'argent d'Isabelle, ainsi que sa collection d'art personnelle ; celle-ci comprend surtout des maîtres flamands, mais aussi *La Prière au jardin des Oliviers* de Botticelli.

En face de la Capilla Real, la **Madraza Yusufia** (collège islamique) fondée en 1349 par le sultan Youssouf Ier fait toujours partie de l'université de Grenade. Elle est ornée d'un mihrab élaboré, d'un dôme baroque et de stucs colorés.

Juste au sud de la cathédrale, le **Centro José Guerrero** est dédié au peintre abstrait grenadin José Guerrero (1914-1991) qui fut influencé par Miró, le cubisme et l'expressionnisme américain. Le musée abrite des œuvres aux couleurs vives de ses principales périodes et accueille des expositions d'art contemporain. Des visites guidées gratuites ont lieu tous les mardis à 19 heures.

Au bout d'une ruelle, à l'est de la Calle Reyes Católicos, une belle arche en fer à cheval mène au **Corral del Carbón** du XIVe siècle. Cet ancien caravansérail (à l'étage duquel les négociants maures dormaient et entreposaient leurs articles)

OÙ SE LOGER DANS UN HÔTEL HISTORIQUE À GRENADE

Casa Morisca
Demeure rénovée de l'Albaicín datant du XVe siècle avec chambres donnant sur un patio aux carreaux turquoise. **€€€**

Parador de Granada
Séjourner dans cet ancien palais mauresque permet de se réveiller dans l'Alhambra. **€€€**

Casa 1800 Granada
Cet édifice du XVIe siècle allie plafonds à caissons, murs en pierre apparente et décor contemporain. **€€**

PROMENADE DANS L'ALBAICÍN

Les ruelles, venelles, *cármenes* (maisons avec jardin clos), demeures mauresques et places pittoresques du vieux quartier maure s'étendent sur une colline face à l'Alhambra. Accordez-vous une journée pour tout voir.

Près de la Carrera del Darro les **1 Baños Árabes el Bañuelo** sont un hammam mauresque bien conservé du XIe siècle. La lumière fuse sous les voûtes par des lucarnes en forme d'étoile, illuminant les colonnes aux chapiteaux romains et wisigothiques.

Non loin, dans la Casa de Castril du XVIe siècle, le **2 Museo Arqueológico** renferme de fascinantes trouvailles (du paléolithique jusqu'à la période maure) faites dans la région. Dominant la Plaza del Salvador, presque en haut de l'Albaicín, la **3 Colegiata del Salvador** du XVIe siècle occupe le site d'une ancienne mosquée. Son clocher était un minaret et sa cour abrite des *aljibes* (citernes) d'origine.

Une courte balade vers le sud-ouest conduit au **4 Mirador San Nicolás**, célèbre point de vue idéal pour photographier le coucher de soleil sur l'Alhambra avec en toile de fond les montagnes de la Sierra Nevada. Un peu plus haut, le **5 Palacio de Dar-al-Horra**, palais nasride du XVe siècle, fut la demeure de la reine Aïcha, mère de Boabdil, le dernier émir de Grenade. Les patios et les arches sont les seuls éléments d'époque, mais c'est une maison intimiste organisée autour d'une cour centrale et offrant une vue fabuleuse sur le quartier.

À l'ouest et au bas de la colline, la **6 Plaza de San Miguel Bajo**, bordée de bars, est l'une des places les plus jolies de l'Albaicín. Elle s'étire au pied de l'Iglesia de San Miguel, bâtie au XVIe siècle par l'architecte Diego de Siloé à la place d'une mosquée dont ne reste qu'un *aljibe*. Suivez la Calle Cruz de Quirós pour gagner la **7 Plaza Nueva** animée.

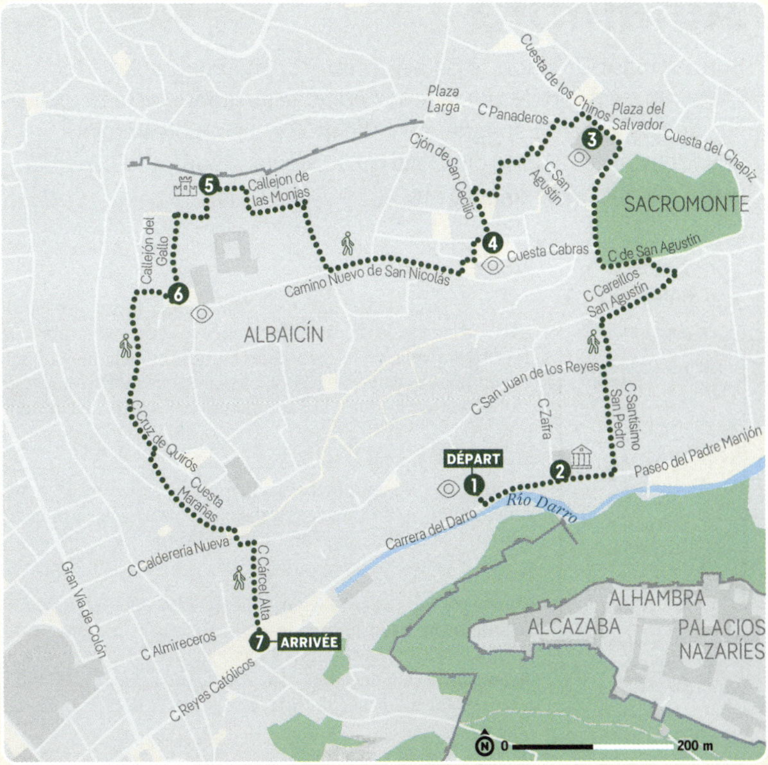

SINA ETTMER/STOCK.ADOBE.COM ©

INFOS PRATIQUES
Scannez ce QR-code pour connaître les tarifs et les horaires d'ouverture.

alhambra-patronato.es

INCONTOURNABLE

Alhambra

Surplombant Grenade, le palais-forteresse mauresque de l'Alhambra est l'un des plus beaux édifices au monde et le deuxième site le plus visité d'Espagne. Aux XIIIe et XIVe siècles, les émirs nasrides firent de cette citadelle du IXe siècle le somptueux palais qu'on peut admirer aujourd'hui.

À NE PAS MANQUER

- Palacios Nazaríes
- Patio de los Leones
- Sala de Dos Hermanas
- Patio del Cuarto Dorado
- Patio de los Arrayanes
- Palacio de Carlos V
- Museo de la Alhambra
- Alcazaba
- Generalife

Alcazaba

Située à l'extrémité ouest de l'ensemble, la forteresse du XIIIe siècle est la partie la plus ancienne de l'Alhambra. La Torre de la Vela, où la croix et les bannières de la Reconquête furent hissées en janvier 1492, offre une vue merveilleuse sur l'Albaicín, les collines du Sacromonte et les toits de Grenade.

Palacios Nazaríes

Ce superbe ensemble palatial aux murs sculptés ornés d'élégantes inscriptions en arabe comportait à l'origine trois sections : le Mexuar, le Serallo et le Harem.

Mexuar

L'entrée se fait par le Mexuar, salle du XIVe siècle où les émirs réglaient les litiges entre les citoyens et où le Conseil des ministres se réunissait. Puis vient le Patio del Cuarto Dorado, où les émirs donnaient audience. L'entrée du Palacio de Comares à la jolie façade ornée de carreaux, stucs et bois sculpté, fait face au Cuarto Dorado.

Sérail (Serallo)

Le Patio de los Arrayanes doit son nom aux haies de myrte bordant son bassin. Ceint d'arcades aux colonnes de marbre, il occupe le centre du Sérail, l'endroit où les émirs négociaient avec les émissaires chrétiens. Au nord, la Sala de la Barca présente un beau plafond en bois de cèdre (copie de l'original) et s'ouvre sur le Salón de los Embajadores, la salle la plus fascinante avec sa coupole en marqueterie symbolisant les sept cieux de l'Islam.

Harem

Continuez jusqu'au Patio de los Leones au centre duquel trône une fontaine du XIe siècle dont l'eau provient de douze lions de marbre. Au sud, la Sala de los Abencerrajes se distingue par son superbe plafond octogonal décoré de *muqarnas* (arcs formant des alvéoles). À l'extrémité est, la Sala de los Reyes possède trois alcôves au plafond tendu de cuir, peintes par des artistes chrétiens du XIVe siècle. Au nord, la Sala de Dos Hermanas est coiffée d'une vertigineuse coupole hérissée de *muqarnas*. En haut, des moucharabiehs en bois permettaient aux femmes d'observer la salle sans être vues. Admirez les jardins depuis le Mirador de Daraxa. Le Patio de la Lindaraja du XVIe siècle mène au Baño Real de Comares, un hammam éclairé par des lucarnes en forme d'étoile. Sortez sur les terrasses des Jardines del Partal aménagées autour d'un bassin.

Palacio de Carlos V

Offrant un contraste saisissant avec le reste, le palais de Charles Quint possède une façade Renaissance et une cour circulaire avec deux niveaux de galeries et 32 colonnes. Pedro Machuca, architecte de Tolède, entreprit de le bâtir en 1526.

Museo de la Alhambra

Ce musée renferme de superbes azulejos, la porte en bois finement sculptée de la Sala de Dos Hermanas, ainsi que des vestiges de l'Acequia Real (canal royal d'alimentation en eau). Son joyau est le Jarrón de las Gacelas du XVe siècle, une amphore en argile rouge de 1,5 m de haut émaillée de bleu et d'or et ornée de gazelles bondissantes en relief.

Museo de Bellas Artes

Parmi les plus belles pièces figurent les œuvres de l'artiste grenadin du XVIIe siècle, Alonso Cano, une sculpture de José de Mora et des peintures abstraites de José Guerrero, artiste grenadin du XXe siècle.

Generalife

Le nom du palais d'été des sultans nasrides vient de l'arabe *jinan al-'arif* ("Jardins de l'Architecte"). Le Patio de la Acequia aux jardins parfaitement entretenus permet de voir au loin les Palacios Nazaríes. Dans le patio de la Sultana, le tronc d'un cyprès planté il y a sept siècles indique l'endroit où, dit-on, la sultane Soraya rencontrait son amant. Non loin, l'Escalera del Agua est une merveille. L'eau ruisselle le long de la rampe en pierre.

RECOINS SECRETS DE L'ALHAMBRA

Chaque mois un espace habituellement fermé est ouvert au public. Il s'agit de l'Espacio del Mes (espace du mois) inclus dans le prix de l'entrée. Le Mirador del Generalife du XIXe siècle, la Sala de Camas de los Baños de Comares du XIVe siècle et le Camino de Ronda du XIIIe siècle ont ainsi pu être accessibles.

À SAVOIR

- L'accès aux Palacios Nazaríes est limité à 300 visiteurs toutes les demi-heures. Réservez à l'avance.
- Voir l'Alhambra la nuit est une expérience extraordinaire. Réservez une visite nocturne des Palacios Nazaríes (10 € ; toute l'année) et une visite nocturne des Jardins et du Generalife (7 € ; avr, mai, sept et oct).
- Le billet d'entrée général (18 €) permet de tout voir, tandis que le billet donnant accès aux jardins et au Generalife (10 €) n'inclut pas les Palacios Nazaríes.
- Prenez votre carte d'identité pour prouver que le nom sur le billet est le vôtre. Les autorités traquent les vendeurs à la sauvette qui revendent des billets achetés le jour même.

Alhambra

CHRONOLOGIE

900 Première référence à l'*al-qala'a al-hamra* (la citadelle rouge), sur la colline de la Sabika à Grenade.

1237 Le fondateur de la dynastie nasride Mohammed Ier installe sa cour à Grenade. Menacé par les belligérants chrétiens, il érige un nouveau fort défensif, l'① **Alcazaba**.

1302-1309 Palais d'été et domaine rural des dirigeants de Grenade, aux goûts raffinés, le bucolique ② **Generalife** est commandité par Mohammed III.

1333-1354 Yousouf Ier commande les ③ **Palacios Nazaríes**, toujours considérés aujourd'hui comme l'apothéose de la culture islamique en Europe.

1350-1360 Construction du ④ **Palacio de Comares**, qui incarne le summum du faste nasride.

1362-1391 Le retour de Mohammed V va de pair avec une splendeur architecturale plus brillante encore, illustrée par le ⑤ **Patio de los Leones**.

1527 Les chrétiens érigent le ⑥ **Palacio de Carlos V**. Palais Renaissance inspiré ou incongruité dans l'ensemble musulman ? À vous de trancher.

1829 À moitié oubliée, l'Alhambra est "redécouverte" par l'écrivain américain Washington Irving au cours d'un séjour prolongé.

1954 Les jardins du Generalife sont prolongés vers le sud pour accueillir un théâtre en plein air.

CHOI HYEKYUNG / SHUTTERSTOCK ©

Sala de la Barca (salle de la Barque)
Dans cette antichambre du palais de Comares, on lève les yeux pour admirer le plafond à caissons doré en forme de coque de bateau. Détruit par un incendie dans les années 1890, il a été soigneusement restauré.

Palacio de Carlos V (palais de Charles Quint)
On passe facilement à côté des mérites stylistiques de ce palais Renaissance ajouté en 1527. Au rez-de-chaussée, le Museo de la Alhambra renferme des objets directement liés à l'histoire du palais.

Alcazaba
Prenez le temps d'explorer les tours de la citadelle d'origine. La plus importante – la Torre de la Vela – possède un escalier en colimaçon menant au plus beau point de vue de l'Alhambra.

EMPERORCOSAR / SHUTTERSTOCK ©

TAKASHI IMAGES / SHUTTERSTOCK ©

Patio de los Arrayanes

On s'attarderait volontiers le long des haies d'*arrayanes* (myrtes) qui bordent ce relaxant bassin rectangulaire, avant de méditer sous les sept arcs gracieux des portiques ombragés.

Palacio de Comares

Gare aux torticolis dans la plus vaste salle du palais de Comares, célèbre pour son somptueux plafond aux motifs géométriques. Ancienne salle de négociation des émirs, le Salón de los Embajadores (salon des Ambassadeurs) est un chef-d'œuvre de l'art islamique.

JOSE IGNACIO SOTO / SHUTTERSTOCK ©

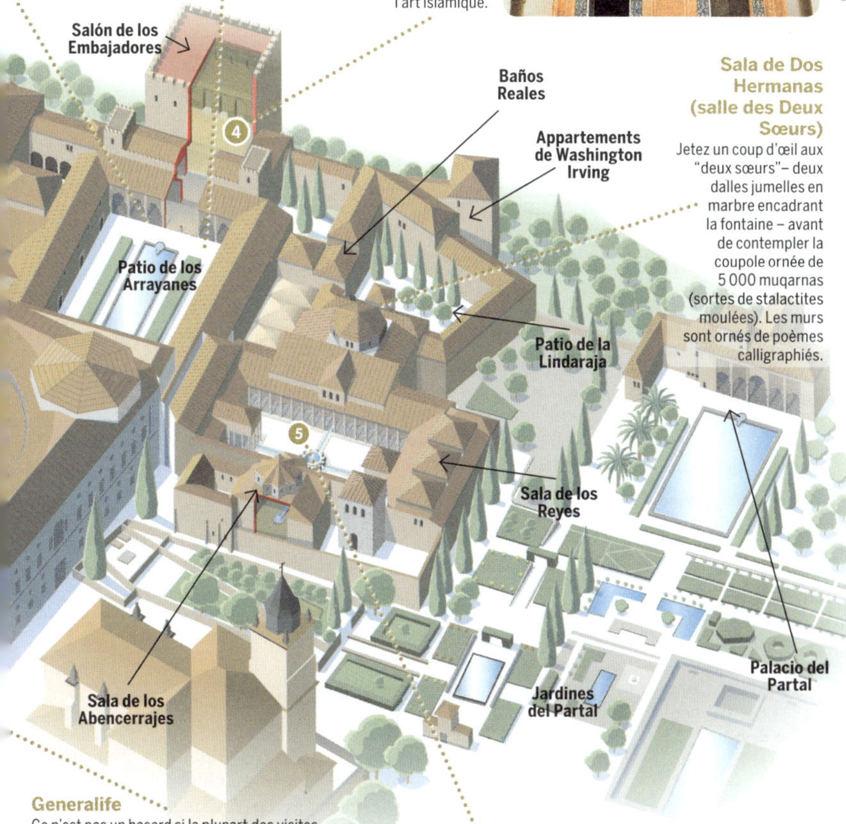

Sala de Dos Hermanas (salle des Deux Sœurs)

Jetez un coup d'œil aux "deux sœurs" – deux dalles jumelles en marbre encadrant la fontaine – avant de contempler la coupole ornée de 5 000 muqarnas (sortes de stalactites moulées). Les murs sont ornés de poèmes calligraphiés.

Generalife

Ce n'est pas un hasard si la plupart des visites s'achèvent par ce "jardin d'architecte". Si le palais est nasride, les jardins sont relativement récents : les bassins et arcades ne remontent qu'au début du XXe siècle.

SKANDARAMANA / SHUTTERSTOCK ©

Patio de los Leones (cour des Lions)

Douze lions en marbre soutiennent la fontaine ruisselante. L'architecture délicate des colonnes et des arcs qui l'encadrent symbolise le paradis islamique.

FOTOGRAFIECOR.NL / SHUTTERSTOCK ©

devint ensuite un théâtre au XVIe siècle (les galeries servaient de balcons) puis un entrepôt pour les marchands de charbon (de là son nom de cour du charbon).

Au sud-est du Corral del Carbón, **El Cuarto Real** est un palais nasride du XIIIe siècle très bien restauré. À côté de la tour fortifiée d'origine, admirez les remarquables motifs décoratifs sur les murs et le plafond de la *qoubba* (salle de réception) semblables et antérieurs à ceux du Serallo (Sérail ; p. 283) de l'Alhambra.

La colline de l'Alhambra et le Realejo

SITES INSOLITES DEPUIS L'ALHAMBRA

Située à une courte distance à pied de la Puerta de las Granadas de l'Alhambra, la **Casa Museo Manuel Falla** fut la maison du grand compositeur espagnol de musique classique, Manuel de Falla (1876-1946). Né à Cadix, cet ami du célèbre poète Federico García Lorca (p. 288) y passa les années clés de sa vie avant que la guerre civile ne l'oblige à l'exil en Argentine en 1939. La petite maison est restée en l'état, avec des livres, des cadeaux d'amis et des esquisses de Picasso aux murs. Sonnez pour entrer et faites la visite guidée en français ou en espagnol.

Non loin, le **Carmen de los Mártires** est une paisible oasis où l'on trouve des cyprès, des palmiers, des fontaines, des paons en liberté et un lac artificiel avec des cygnes noirs. Son joyau est un manoir restauré de la fin du XIXe siècle. L'édifice fut aussi une prison et un couvent. Aujourd'hui, on s'y rend avant tout pour échapper un moment à la foule et profiter de la vue superbe sur la ville et les montagnes environnantes.

Faites un saut à l'**Hotel Alhambra Palace** en descendant la rue. L'édifice néo-mauresque abrite le théâtre qui lança García Lorca dans le cadre d'une soirée de poésie et de chant en 1922.

En flânant dans la Calle Aire Alta, empruntez les ruelles menant à la Judería (ancien quartier juif) afin de visiter le **Centro de la Memoria Sefardí**, qui retrace l'histoire des juifs de Grenade au fil des siècles (avant leur expulsion en 1492). Les propriétaires organisent aussi des visites du Realejo sur demande préalable.

Paseo de los Tristes

PROMENADE AU PIED DE L'ALHAMBRA

Officiellement "Carrera del Darro" sur son premier tronçon, et Paseo del Padre Manjón à l'endroit où elle s'élargit, cette promenade au bord de l'eau et au pied de l'Alhambra est connue comme le "Paseo de los Tristes", car au XIXe siècle, c'est de là que partaient les cortèges funèbres allant au cimetière de

MES COUPS DE CŒUR

Roberto Rodríguez est guide et spécialiste gastronomique de Granada Tapas Tour.

Bars à tapas
Le Realejo est réputé pour ses bars à tapas, excellents dans la Calle Ángel Ganivet et très touristiques dans la Calle Navas. Il y en a de bons dans des ruelles proches de la Plaza Nueva.

Plat grenadin typique
Remojón : une salade de pommes de terre typique à l'orange et à la *bacalao* (morue).

Épicerie
La Casa Diego vend un bon *jamón iberico bellota* et des vins de la province de Grenade.

Bar à tapas du centre
Más Que Vinos propose un plat très inhabituel : le porc à la moutarde. Il dispose d'un bon choix de bières artisanales locales et de vins, bien sûr.

OÙ PRENDRE UN CAFÉ DANS LE CENTRE DE GRENADE

La Finca
Ce torréfacteur se fournit auprès de petits producteurs. Le café cosy propose aussi de délicieux gâteaux. **€**

Sur Coffee Corner
Cette petite gargote propose un excellent café d'origine unique provenant de la brûlerie Nomad de Barcelone. **€**

I Need Coffee
Et pour cause ! Café excellent, bons sandwichs (y compris des bagels) et des gâteaux frais. **€**

Carmen de los Mártires

San José. Serpentant entre les collines de l'Alhambra et de l'Albaicín, ce *paseo* est pittoresque et romantique à souhait. Elle fut l'un des thèmes favoris d'artistes arrivés à Grenade durant la période du romantisme, comme Gustave Doré (1832-1883), qui lui ont conféré un air dramatique en lui donnant l'apparence d'une falaise. D'allure médiévale, alors qu'elle date du XVIIe siècle, cette rue pavée varie avec la lumière au fil des saisons et il est conseillé de s'y promener de jour et de nuit.

EL NIÑO DE LAS PINTURAS

Dans les rues du Realejo vous tomberez sur des fresques invitant à la réflexion juxtaposant visages colorés en gros plan et courts poèmes. Les œuvres de l'artiste de *street art* El Niño de las Pinturas (Raúl Ruiz de son vrai nom) sont devenues célèbres au cours des vingt dernières années. Elles ne font pas l'unanimité, mais la plupart des habitants pensent qu'elles font revivre les vieux quartiers. Vous verrez des peintures d'El Niño dans le restaurant végan Hicuri et le bar Candela situé en face, dans son ancien domicile, au n°44 de la Calle de Molinos, et sur le mur à côté de l'Hotel Molinos.

Sacromonte

LE QUARTIER GITAN DE GRENADE

Au nord-est de l'Albaicín (p. 281), la ville s'interrompt brusquement. L'animation urbaine cède la place à des collines broussailleuses et des habitations troglodytiques, dont certaines datent du XIVe siècle. Le quartier, traversé par le Camino del Sacromonte, invite à flâner en profitant de la vue, en particulier depuis la Vereda de Enmedio et la chapelle San Miguel Alto, qui dominent l'Alhambra et l'Albaicín.

Quartier gitan historique et berceau du flamenco, le Sacromonte est à présent habité par quelques centaines de Gitans, d'immigrants et de hippies. Il abrite encore des

OÙ SE RESTAURER SUR LA COLLINE DE L'ALHAMBRA

Damasqueros
Des menus dégustation d'inspiration andalouse : morue, tempura de tripes et d'oignons, entre autres. **€€**

Restaurante Vegano Hicuri
Sur la carte, salades et curry de seitan côtoient des versions sans viande de plats andalous classiques. Vins bio. **€**

Faralá
Trois menus dégustation font découvrir les traditions culinaires de la région. **€€€**

GRENADE "INDÉ" ET ROCK

Grenade a été un terrain fertile pour le rock. Du pionnier Miguel Ríos dans les années 1960 à l'éclosion de la musique alternative des années 1990, avec 091 ou Los Planetas, une bonne partie de la musique indépendante espagnole a germé dans la Sierra Nevada, entraînant dans son sillage une multitude de magasins de disques et de salles de concerts.
Le leader du groupe britannique The Clash, Joe Strummer, est tombé amoureux de la ville et y a vécu ensuite par période. Une petite place du Realejo est recouverte de graffitis d'El Niño en son honneur.

CHRIS DE BUG/SHUTTERSTOCK ©

Sacromonte

peñas (clubs privés de flamenco). Cependant les spectacles y sont rarement improvisés. Les principales curiosités, outre les balades dans les ruelles calmes, sont le **Museo Cuevas del Sacromonte**, une maison troglodytique traditionnelle donnant une idée de la vie dans le barrio, mais aussi les catacombes et les chapelles souterraines de la colline **Abadía del Sacromonte**.

Lorca à Grenade

SUR LES TRACES DU CÉLÈBRE POÈTE

Le fantôme de Federico García Lorca (1898-1936) hante Grenade. Le grand poète andalou, célèbre dans le monde entier depuis la parution en 1928 d'*El romancero gitano* (*Romancero gitan*), fut exécuté en 1936 par des fascistes pour ses opinions de gauche et son homosexualité. Son corps reste introuvable.

Près de la cathédrale, le **Centro Federico García Lorca** accueille des événements culturels. C'est dans le Parque Federico García Lorca, à 1,5 km à l'ouest du centre, que se trouve la résidence d'été de la famille du poète, la **Huerta de San Vicente**, où il écrivit ses œuvres les plus importantes entre 1926 et 1936. Poussez jusqu'à Fuente Vaqueros, à 17 km au nord-ouest de Grenade, le **Museo Casa Natal Federico**

OÙ ÉCOUTER DE LA MUSIQUE À GRENADE

Planta Baja
Une des références de la nuit grenadine et du rock indépendant.

Ruido Rosa
Temple musical et berceaux de musiciens locaux ou d'ailleurs, ouvert par les frères Lapido du groupe réputé 091.

Lemon rock
Hôtel, restaurant et bar où assister à des concerts dans un édifice du XVIIe siècle.

García Lorca qui contient ses effets personnels. Sur sa façade, le street-artiste El Niño a réalisé l'une de ses fresques les plus célèbres.

Grenade et l'art des tapas

LA CITÉ DES TAPAS

On ne trouve presque dans aucune autre ville d'Andalousie de tapas comme à Grenade. Bien que les *andaluces* jugent les *granadinos* pingres, quand il est question de l'art du *tapear* (la tournée des bars à tapas), personne ne peut accuser les barmen grenadins de lésiner. La vieille tradition andalouse de servir une tapa gratuite avec chaque boisson est bien vivante. Croquettes, petites portions de *berenjenas con miel* (aubergines nappées de mélasse), tranches de *jamón serrano* (jambon cru) ou mini portions de plats de riz sont quelques-unes des tapas proposées. Les saveurs marocaines priment dans l'Albaicín, tandis que l'influence de la cuisine fusion est manifeste dans les bars à tapas des rues situées au sud et à l'ouest de la cathédrale, et dans ceux du Realejo.

Pour ce qui est des boissons, vous trouverez de tout : *fino* (xérès) prisé dans toute l'Andalousie, vermouth ("on the rocks" avec une rondelle d'orange), verres de rouges charpentés de toute la province de Grenade et *vino de la costa* au nom trompeur, car il s'agit d'un vin ambré des Alpujarras.

Initiez-vous aux tapas par vous-même ou dans le cadre d'une visite guidée. L'agence **Spain Food Sherpas** (spainfoodsherpas.com) présente les spécialités grenadines et les vins des Alpujarras et du reste de la région. Elle organise aussi des dégustations de mets locaux et des cours de cuisine. Existant depuis longtemps **Granada Tapas Tours** (granadatapastours.com) propose diverses visites gastronomiques en petits groupes consacrées aux bières artisanales, aux bars à tapas de l'Albaicín, ainsi qu'un circuit "hidden gems" vous entraînant loin des sentiers battus.

Situé dans le centre, le **Bar Poë** paraît modeste, mais se remplit vite de vieux *granadinos*, d'étudiants, d'expats et de touristes attirés par la cuisine éclectique d'Ana et Matt, les propriétaires bourlingueurs. Les foies de volaille épicés et le curry de pommes de terre sont les spécialités.

Non loin du Poë, l'**Om Kalsum**, autre pilier de Grenade, se distingue par ses photos en noir et blanc de danseurs de flamenco, son décor marocain et ses tapas du Moyen-Orient : petits tajines et délicieux falafels.

Proche de la cathédrale, le **Bar Provincias** très ancien (il existe depuis 1945) permet de se percher sur un tabouret

CUISINE FUSION À GRENADE

Picoteca 3 Maneras
Les saveurs sud-américaines et asiatiques se mêlent audacieusement dans des plats revisités, comme les gnocchis poire-pancetta et le thon à l'orange. **€€**

Ruta del Azafrán
Ce bistrot contemporain au bord du fleuve sert des hors-d'œuvre marocains, de copieux plats andalous et des plats au thon d'inspiration asiatique. **€€**

Restaurante Masae
Cette *izakaya* (taverne japonaise) accommode à la japonaise les produits de la mer andalous. Les sashimis aux crevettes sont exquis. **€€**

El Trillo
Plats méditerranéens revisités de manière ambitieuse, comme l'*arróz negro* à l'aïoli au gingembre, le couscous fumé et le *salmorejo* (soupe froide) à la betterave et à l'avocat. **€€**

OÙ ACHETER DES CRÉATIONS LOCALES À GRENADE

Taracea del Árbol
Un atelier familial qui fabrique des pièces de marqueterie grenadine, qui reproduisent les ornements de l'Alhambra.

Platónica
Une bijouterie artisanale grenadine qui vend des créations contemporaines aux influences diverses.

Ábside
Derrière la cathédrale, cette boutique propose des créations locales : bijoux, tableaux, céramiques, etc.

L'ALHAMBRA, SOURCE D'INSPIRATION

Au XIXe siècle, l'Alhambra commença à prendre une place importante dans l'imaginaire culturel européen.

Le diplomate américain Washington Irving (1783-1859) se passionna pour l'interprétation romantique de l'Alhambra via le prisme de l'orientalisme. Il se plongea dans les légendes et histoires populaires, jusqu'à tisser un formidable recueil de récits et contes : *Les Contes de l'Alhambra*. Parmi les autres voyageurs célèbres de l'époque, citons Théophile Gautier, Chateaubriand ou Victor Hugo, qui en 1829, sans avoir jamais visité l'Alhambra, écrivit le célèbre poème "Grenade" dans *Les Orientales*. Deux siècles plus tard, la tendance est à l'audiovisuel, avec par exemple la série sud-coréenne *Memories of the Alhambra*, qui depuis 2018 a entraîné un essor de visiteurs sud-coréens à Grenade.

Casa Torcuato

dehors et d'observer le ballet des passants en dégustant du poisson frit et des tapas de fruits de mer.

Près de la Plaza Nueva, le **Casa de Vinos de Brujidera** est un bar douillet fier de sa cave. La plupart des vins peuvent être servis au verre. Vous pouvez tout goûter, de l'*albariño* de Galice aux rouges bio de Grenade en passant par les xérès de Jerez.

En haut de l'Albaicín, la **Casa Torcuato** est tenue par la même famille depuis les années 1930. Le lieu est renommé pour ses plats andalous traditionnels, mais aussi localement pour sa tapa d'*arróz* (riz).

Bar prisé du Realejo, le **Taberna la Tana** sert plus de 500 vins espagnols pour accompagner ses assiettes de charcuterie et autres excellentes tapas.

COMMENT CIRCULER

Mieux vaut explorer à pied les quartiers de Grenade. Ils sont cependant desservis, ainsi que les gares ferroviaire et routière, par les transports en commun. Les bus suivants sont pratiques pour visiter la ville : C30 Plaza Isabel II-Alhambra (via Realejo), C31 Plaza Nueva-Albaicín, C34 Plaza Nueva-Sacromonte, 4 Gran Vía-Gare ferroviaire et le 33 Gran Vía-Gare routière.

Environs de Grenade

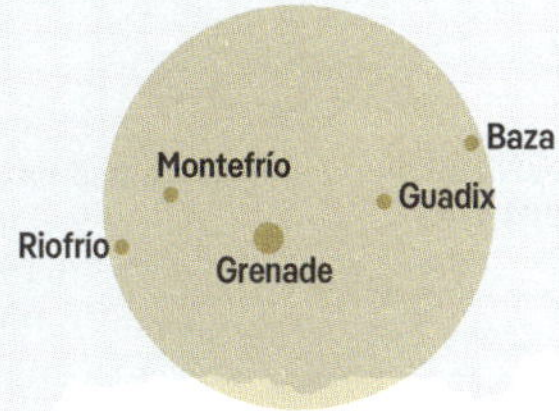

Explorez des terres ravinées et des villes troglodytiques, faites un road trip jusqu'à un château sur une falaise et goûtez des vins uniques et du caviar bio.

Grenade est entourée par la contrée fertile de La Vega, constituée de bois, de terres agricoles et de vignobles. À l'ouest dans la direction d'Antequera, l'élevage d'esturgeons du premier producteur de caviar bio se visite. Au nord-est, les cultures sont remplacées par un paysage de plus en plus montagneux et aride jusqu'aux hautes plaines de l'Altiplano, réputé pour ses trésors archéologiques et ses vins uniques de petits producteurs. La majeure partie de cette région est située dans le Géoparc mondial Unesco de Grenade de 4 722 km². Cette immense étendue semi-désertique est pittoresque et ensorcelante. Elle abrite Guadix, ville connue pour ses habitations troglodytiques.

Pour les infos pratiques, voir le Carnet d'adresses p. 330

À SAVOIR

Réservez pour visiter l'élevage d'esturgeons. Allez au Géoparc de Grenade en juin durant la Semaine européenne des géoparcs.

Guadix

Guadix, ville troglodytique

PAYSAGE LUNAIRE ET GROTTES HABITÉES

À première vue, Guadix ne semble guère se distinguer des autres villes de la province andalouse, avec son centre médiéval et sa **cathédrale**. Construite entre les XVIe et XVIIIe siècles, cette dernière mêle styles gothique, Renaissance et baroque. Grimpez au sommet de la tour pour admirer un panorama splendide, avec un théâtre romain du Ier siècle mis au jour non loin.

En suivant la Calle Ancha traversant le *casco antiguo* (vieille ville), puis la Calle Puerta Alta, vous passerez devant l'**Alcazaba** (forteresse mauresque du XIe siècle aux remparts rougeâtres crénelés et aux tours carrées) et en empruntant la Calle Cañada de los Perales, vous gagnerez à 1,2 km au sud du centre le remarquable **Barrio de las Cuevas**. Se détachant sur des falaises brunes pyramidales, le principal quartier troglodytique comprend près de 2 000 habitations où vivent environ 10 000 personnes, les grottes les plus anciennes auraient déjà été habitées à la période maure.

Installé dans une habitation troglodytique vieille de 300 ans, le merveilleux **Centro de Interpretación Cuevas de Guadix** fait découvrir les conditions de vie dans les grottes, la manière dont on a creusé ces habitations durables pour aménager des cuisines, des écuries et des chambres. Arrêtez-vous près de l'église blanche abritant une chapelle souterraine située en face, puis gagnez le point de vue le plus proche. Il est particulièrement intéressant de flâner dans le quartier pour noter le contraste entre les habitations classiques avec leurs minuscules fenêtres, leurs antennes et leur façade chaulée et les grottes abandonnées. Sachez qu'une grosse somme est souvent exigée pour les visiter.

CONSEILS D'INITIÉE

María Paz, guide au Centro de Interpretación Cuevas de Guadix, partage ses coins secrets.

Point de vue
Le Mirador Cerro de la Bala est le point d'observation le plus haut de Guadix et le meilleur, bien qu'il surplombe une partie sordide du Barrio de las Cuevas. Pour y aller, empruntez un sentier non balisé derrière l'école dans la rue Cuatro Veredas.

Lieux préférés
L'Iglesia de Santo Domingo présente le plus beau plafond en bois sculpté de style mudéjar. Non loin, le Mirador de la Magdalena offre une vue sensationnelle sur la vieille ville.

Restaurants troglodytiques
Dînez dans une grotte à La Tinaja ou aux Cuevas Pedro Antonio de Alarcón, près de la gare.

L'or noir de Riofrío

LE PREMIER ÉLEVAGE BIO D'ESTURGEONS AU MONDE

Un petit village des montagnes de Loja est devenu la destination des gourmands et des chefs étoilés au Michelin. L'élevage de truites fondé en 1963 par le Dr Luis Domezain, pionnier des fermes piscicoles, **Caviar de Riofrío** (caviarderiofrio.com) s'est diversifié. On y trouve des esturgeons depuis les années 1980. Son caviar est l'un des meilleurs et des plus recherchés.

Le caviar est surtout issu d'esturgeons d'élevage, car ces poissons sont menacés d'extinction en raison de la surpêche et de la destruction de leur habitat naturel. Comme l'esturgeon naît dans une rivière et passe sa vie dans l'océan avant de

SE LOGER DANS UN HÔTEL TROGLODYTIQUE

Cueva de Manuela
Deux maisons troglodytiques du Barrio de las Cuevas, avec chambres cosy, bains à remous et toits-terrasses. **€€**

Hotel Rural Cuevas de Rolando
Chambres et maisons troglodytiques à louer à la périphérie de Guadix. **€€**

Cuevas Pedro Antonio de Alarcón
Chambres et salons douillets dans une grotte. Piscine extérieure et restaurant. **€€**

Alcazaba

revenir frayer dans sa rivière natale, le caviar d'élevage résulte d'une insémination artificielle. Le caviar de Riofrío est le premier à avoir obtenu le label bio, grâce à la proximité de la source du fleuve Frío (permettant de garder les bassins à une température constante de 14-15° C), au respect du bien-être animal et à l'utilisation de plantes aquatiques pour filtrer les déchets.

La majeure partie du caviar de Riofrío provient de l'esturgeon de l'Adriatique et de l'osciètre, deux espèces qui commencent à produire des œufs à partir de 12 ans. Une partie provient du béluga, qui atteint sa maturité sexuelle à 25 ans. Tout – du frai à la mise en boîte – est fait sur place, faisant du caviar un aliment "zéro kilomètre".

Les visiteurs ont droit à des dégustations de caviar et de champagne.

CAVIAR 101

Carmen Arriaza, Caviar de Riofrío.

"Nous produisons trois types de caviar : bio, à la russe et traditionnel. Nous ajoutons du sel au caviar bio et le conservons dans un récipient en verre hermétique. Quand vous le dégustez, vous sentez les grains éclater contre votre palais. Le caviar à la russe, qui subit une maturation de deux mois dans un cylindre spécial, a plus de saveur. Ses grains éclatent aussi contre le palais. Il faut compter quatre à cinq mois pour la maturation du caviar traditionnel, qui est plus corsé, plus noir et a une texture crémeuse."

CAVIAR ET TAPAS

La Taberna la Tana (p. 290) de Grenade est réputée pour son caviar et sa cave exceptionnelle regorgeant de vins espagnols. Ne la ratez pas en faisant le tour des bars à tapas de la ville.

OÙ MANGER DU CAVIAR EN ANDALOUSIE

Restaurante los Patos, Grenade
Menu dégustation incluant du caviar servi sous un treillis fleuri. **€€**

Sollo, Benalmádena
Menus dégustation originaux préparés par le chef Diego Gallegos étoilé par le Michelin et spécialiste du caviar. **€€€**

La Medusa, Málaga
Les huîtres sont la spécialité, mais il y a aussi un délicieux caviar, ainsi que du cava et du champagne. **€€**

LAS PEÑAS DE LOS GITANOS

Habité à l'âge de la pierre vers 3 000 av. J.-C., le site néolithique de Las Peñas de los Gitanos (laspeñasdelosgitanos.es) mérite bien un détour. Actuellement, les peintures rupestres sont inaccessibles, mais vous verrez d'importants vestiges d'habitations en pierre et en argile de l'âge du cuivre, les éperons rocheux et les grottes où s'abritaient les premiers habitants et leur bétail (des restes de vaches et de chèvre furent retrouvés). Intéressez-vous aux gravures d'animaux sur les pierres tombales et ne ratez pas le dolmen n°23, le mieux conservé de ceux parsemant le site, avec une entrée creusée dans la roche. Le site se trouve sur un terrain privé balisé à 8 km à l'est de Montefrío, près de la GR3410. Il faut une autorisation pour le visiter.

ESSEVU/SHUTTERSTOCK ©

Montefrío

Montefrío

VILLAGE PERCHÉ AU PIED D'UN CHÂTEAU

Visitez Montefrío au gré d'une fantastique excursion d'une journée au départ de Grenade ou d'un détour sur la route entre Grenade et Cordoue ou Antequera. Son emplacement est si spectaculaire que le *National Geographic* l'a classé en 2015 parmi les "10 villages ayant la plus belle vue". Cerné de vallons et encadré de deux rochers escarpés surmontés d'une église, il est constitué d'une cascade de maisons chaulées aux toits de tuiles au pied d'un château.

Sur la Plaza de España se dresse l'imposante **Iglesia Mayor de la Encarnación**, église néoclassique du XVIIIe siècle dont la forme circulaire et le dôme s'inspirent du Panthéon de Rome. Puis, dans la Calle San Sebastián, après **l'hôtel de ville** (qui occupe un palais du XVIIIe siècle), une montée tonifiante de 10 minutes vous mène au **Castillo de Montefrío**, un palimpseste de ruines. De cette forteresse mauresque de 1382

OÙ SE RESTAURER À MONTEFRÍO

El Pregonero
Ce restaurant animé a pour spécialité le porc, comme le *cochinillo* (cochon de lait) et le *jamón asado* (jambon rôti). **€€**

Casa Blanca
Rgaoûts, *chuletas* (côtelettes), croquettes et autres plats de viandes sont au menu. **€**

Bar el Cruce
Cuisine simple : poulpe grillé, poisson pané et *huevos rotos* (œufs au jambon et pommes de terre). **€**

ne subsiste en effet qu'un rempart. Après la Reconquête, Montefrío passa aux mains des Rois Catholiques en 1486 et Diego de Siloé fut chargé en 1549 d'ériger, dans l'enceinte de la forteresse, l'impressionnante Iglesia de la Villa alliant les styles mudéjar, Renaissance et gothique. L'église abrite un musée interactif qui présente sous ses somptueuses voûtes la reconquête de cette partie de l'Andalousie.

Pour ce qui est de la vue, à vous de juger si la plus belle est celle qu'offre le **Mirador National Geographic**, à 800 m au sud de la ville sur l'A335, ou le **Mirador de las Peñas**, au bout de la rue éponyme.

Les vins des montagnes de la province de Grenade

DES CRUS UNIQUES

Les vignes poussant au-dessus de 1000 m, le soleil abondant, les forts contrastes quotidiens des températures toute l'année et le sol riche en minéraux expliquent le caractère unique des vins de la province de Grenade. Alors qu'au cours des siècles, le raisin était surtout destiné à la consommation personnelle, une Denominación de Origen Protegida (DOP ; dénomination d'origine protégée ; dopvinosdegranada.es) reconnaît à présent l'importance des grandes régions viticoles de Guadix et de l'Altiplano, où les vignes poussent jusqu'à 1 500 m d'altitude, donnant des garnacha, monastrell, romé, merlot, pinot noir et autres excellents rouges corsés, ainsi que celle de la région de Contraviesa-Alpujarras entre la Méditerranée et la Sierra Nevada, dont les cépages fournissent des rouges, des rosés et des blancs (ces derniers étant issus des cépages vijiriega, baladí verdejo, torrontés, et moscatel, entre autres). Il y a plus de soixante producteurs dans la région de Grenade et ils reçoivent souvent les visiteurs.

Dans l'Altiplano, à 23 km au nord-ouest de Guadix, la **Bodega Anchurón**, domaine familial, utilise pour sa production de l'énergie renouvelable. Elle est spécialisée dans des rouges d'origine issus de cépages poussant à 1 000 m. Affinez vos connaissances à l'**Alquería de Morayma**, au sud de Cádiar dans les Alpujarras (p. 304). L'excellent restaurant permet de déguster ses rouges et ses blancs bio. Également dans les Alpujarras, à l'est d'Ugíjar, **Dominio Buenavista** produit certains des meilleurs vins de la région : assemblages de nolados, tempranillo rosés et vijiriega et chardonnay. Des visites et des dégustations sont organisées.

DÉTOUR À BAZA

Si vous faites la tournée des bodegas de l'Altiplano, Baza mérite un détour. Cet ancien village ibère fut conquis par les Romains, puis devint un centre de production de tapis de prières en soie sous la domination musulmane. On y trouve un quartier troglodytique (près de l'arène) moins touristique que celui de Guadix.

Installé dans un entrepôt à vins du XVIe siècle, son charmant Museo Arqueológico est intéressant. Sa plus belle pièce est une copie (l'original est à Madrid) de la Dama de Baza, statue peinte en calcaire du IVe siècle av. J.-C. représentant une femme richement vêtue sur un trône. Elle fut découverte dans la nécropole voisine. Faites aussi un saut aux Baños Árabes, un des bains mauresques du Xe siècle les mieux conservés du pays, avec des voûtes illuminées par des lucarnes en étoile.

COMMENT CIRCULER

Grenade est reliée à Guadix (1 heure) et Baza (1 heure 40) par des bus quotidiens et fréquents. Des bus vont aussi de Baza à Vélez-Rubio (1 heure), et de Guadix à Almería (1 heure 30) et Málaga (3 heures). En outre, plusieurs trains circulent chaque jour entre Guadix, Almería et Grenade. Un bus relie chaque jour Grenade à Montefrío (1 heure 20). Le bus assurant le trajet Grenade-Antequera passe par Ríofrio (1 heure 55). Pour explorer les coins plus retirés de l'Altiplano, vous aurez besoin d'un véhicule.

PARQUE NACIONAL SIERRA NEVADA

La plupart du temps sous la neige, les pics déchiquetés de la Sierra Nevada composent l'extraordinaire toile de fond de Grenade. Le Parque Nacional Sierra Nevada de 862 km², le plus vaste parc national du pays, abrite jusqu'à 2 100 des 7 000 espèces végétales du pays, notamment des variétés uniques de crocus, narcisses, chardons, trèfles et coquelicots, et la plus grande population de bouquetins ibériques (près de 15 000). Le Mulhacén (3 482 m), le plus haut pic de l'Espagne continentale, et les sentiers propices à des circuits d'un ou plusieurs jours attirent les randonneurs et alpinistes expérimentés. La ville de montagne sans attrait de Pradollano permet d'accéder à la station de ski la plus méridionale d'Europe, qui vous laissera sans le souffle à son point culminant.

La Sierra Nevada s'étend sur environ 75 km d'ouest en est et comprend 15 pics de plus de 3 000 m. Au sud, Las Alpujarras et leurs vallées spectaculaires émaillées de *pueblos blancos* se prêtent à un road trip.

Pour les infos pratiques, voir le Carnet d'adresses p. 331

À SAVOIR

La meilleure saison pour randonner va de juillet à début septembre. En dehors de cette période, les conditions météo peuvent être mauvaises, la neige bloquant certains itinéraires. La saison de ski débute en novembre dans la Sierra Nevada et se termine en avril ou en mai.

CUISINE DE MONTAGNE

El Corral del Castaño, Capileira
Cuisine créative (des plats de viande à la pastilla de légumes à la marocaine). €€

Mesón la Fragua, Trevélez
Recettes traditionnelles des Alpujarras et vue sur la montagne. €

Alquería de Morayma, Cádiar
Plats saisonniers de la ferme. Vins bio et huile d'olive du domaine. €€

Las Chimeneas, Mairena
Excellents plats andalous faits avec les produits bio de cette *finca* (ferme). €€

Les Alpujarras à pied

RANDONNÉE SUR DE FORMIDABLES SENTIERS DE MONTAGNE

Il existe une myriade de façons d'explorer la Sierra Nevada depuis les Alpujarras. Mieux vaut emprunter les sentiers muletiers pour aller d'un village à l'autre ou faire des randonnées de plusieurs semaines d'avril à la mi-juin et de la mi-septembre à début novembre. Les trois jolis villages de la Barranco del Poqueira – **Pampaneira**, **Bubión** et **Capileira** – ainsi que **Trevélez** sont aussi les points de départ de nombreux itinéraires, des tronçons de 4 km de long aux circuits d'une journée de 29 km (2 à 11 heures). Tous permettent de faire l'ascension du Mulhacén (p. 300).

Le **GR142** de 144 km reliant plusieurs villages entre Lanjarón et Fiñana, le **GR7** plus pittoresque (il est possible de le parcourir en 5 jours de Lanjarón à Válor) et le **GR240** (ou "Sulayr"), de 300 km (comptez 15 à 19 jours pour le parcourir), assez bien balisé traversant la Sierra Nevada à une altitude plus élevée que le GR7 sont les trois chemins longue distance des Alpujarras.

Une des randonnées de difficulté moyenne au départ de Capileira permet de parcourir 12 km (aller-retour) en 5 heures dans la **vallée du Río Poqueira** jusqu'au Refugio Poqueira. Vous emprunterez une bonne route non bitumée jusqu'au hameau abandonné de La Cebadilla, près de la station hydroélectrique. Des lacets mènent en haut de la colline et un sentier légèrement sinueux longe le fleuve et traverse une vallée verdoyante. À peu près à mi-chemin, vous pourrez vous baigner dans le fleuve. Après les ruines du Cortijo Las Tomas, suivez le chemin raide

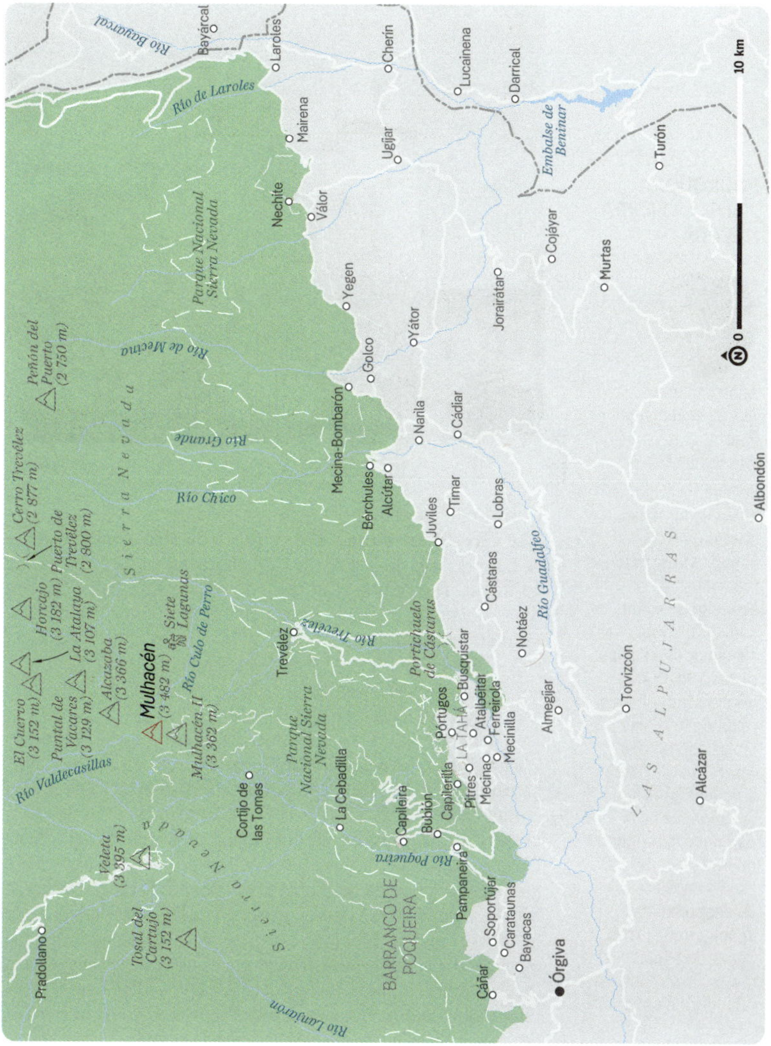

OÙ SE LOGER À TREVÉLEZ ET CAPILEIRA

Hotel Real de Poqueira, Capileira
Cette maison d'hôtes comprend d'élégantes chambres, une piscine et un restaurant avec jardin. **€€**

Hotel Fuente, Capileira
Vue sur la montagne et chambres au chic rustique dans cet hôtel hispano-belge offrant massages et randonnées guidées. **€€**

Hotel la Fragua II, Trevélez
Sorte de chalet dans le haut de Trevélez. Chambres spacieuses et ensoleillées avec balcons. Piscine chauffée. **€€**

POURQUOI J'AIME LA SIERRA NEVADA

Anna Kaminski,
Autrice de Lonely Planet.
@ackaminski

En hiver, je regarde chaque jour si des chutes de neige sont prévues sur la Sierra Nevada. Si l'enneigement est suffisant, le jour suivant je suis sur les pistes à 9h. Durant les mois plus chauds, j'explore les coins moins connus des Alpujarras. Je passe quelques jours à la montagne ou je parcours une section du GR7 ou du GR240. La vue familière de ces sommets enneigés que je n'ai pas encore tous gravis me remplit toujours d'émotion.

SOYAZUR/GETTY IMAGES ©

Pitres

mais direct escaladant la pente jusqu'au *refugio*.

Le **circuit en boucle d'Acequias de Río Toril** de 7 km (3 heures 30), qui part de La Cebadilla, monte beaucoup au début. Il passe devant des ruines, puis s'aplanit le long de l'aqueduc d'Acequia Nueva, offrant de belles vues sur le Mulhacén. Une fois au Cortijo de las Mergas au début de la vallée, franchissez le Barranco de las Carreras, puis crapahutez sur une arête sans sentier avant de redescendre le long de l'Acequia Castillejo vers La Cebadilla.

Au départ de Trevélez, une montée raide de 5 km (aller-retour 5 heures) mène au **Mirador de Trevélez**. De là un sentier moins pentu conduit au Mulhacén. Ce parcours peut faire partie du circuit en boucle de 20 km via **Siete Lagunas**. Dans ce cas, à la sortie de Trevélez, prenez la Calle Horno, tournez et longez l'Acequia Gorda en traversant une forêt de pins et une vallée aux versants mouchetés de neige coupée par le glacial Acequia Mingo. Franchissez celui-ci, puis suivez le sentier assez raide jusqu'à la Laguna Hondera alimentée par une cascade quand la neige fond. Là, l'ascension directe, en grande partie sans sentier, du Culo de Perro mène en haut de l'Alcazaba (3 369 m). C'est la plus ardue depuis Trevélez. Un trek moins éprouvant permet de rejoindre à l'ouest le sentier du Mulhacén qu'il faut suivre jusqu'au mirador avant une descente abrupte jusqu'à Trevélez.

Editorial Alpina (editorialalpina.com) et les Discovery Walking Guides britanniques (dwgwalking.co.uk) éditent les meilleures cartes de randonnée. Nevadensis (nevadensis.com) propose des randonnées guidées, à l'instar de nombreux hôtels et pensions.

OÙ SE LOGER À LA TAHÁ

Casa Ana, Ferreirola
Chambres rustiques dans cette maison bâtie il y a 400 ans et joliment restaurée. Séjours de randonnée organisés. **€€**

L'Atelier, Mecina Fondales
Deux chambres dans ce B&B intimiste tenu par des Français. Excellente cuisine végétarienne. **€**

Sierra y Mar, Ferreirola
Huit chambres réparties dans plusieurs maisons. Cuisine, bibliothèque et cheminée. **€**

PROMENADE À PIED À LA TAHÁ

Dans la superbe vallée située juste à l'est de Barranco del Poqueira, sept villages constituent l'ancien district administratif maure de La Tahá. Ce circuit pittoresque de trois heures permet d'en voir cinq. Partez de **1 Pitres**, qui abrite des maisons de style berbère au toit plat en mica gris typiques de la région, et empruntez le sentier étroit derrière le Restaurante La Carretera sur la grand-route, puis tournez à gauche en descendant. Les toits de **2 Mecina** en contrebas seront visibles. Au bout de quinze minutes, vous serez près de l'église, en haut du village. Descendez jusqu'à **3 Mecinilla**, le bas du village, en suivant la grand-route. Après le Bar el Aljibe, bifurquez à gauche à la fontaine, empruntez la rue principale, puis un raccourci à travers les vergers le long d'un ravin jusqu'au lacis de ruelles somnolentes constituant **4 Fondales**. Traversez un *tinao*, passage traditionnel couvert de poutres caractéristique des Alpujarras, pour gagner le lavoir d'El Fuente au sud-est du village. Marchez sur le sentier menant à la rivière en tournant toujours à gauche pour vous retrouver au-dessus d'une gorge avec le pont de Trevélez en face de vous. Tournez à gauche avant celui-ci, traversez le Río Bermejo et gravissez les escarpements rocheux en direction de **5 Ferreirola**. Rejoignez la place de l'église et le lavoir à côté, puis suivez le sentier raide menant à **6 Atalbéitar** jusqu'à l'église située au bas du village. Visitez ce paisible hameau sans touristes avant de reprendre la route de Pitres. À la bifurcation, prenez à droite pour suivre le sentier qui descend en pente raide jusqu'à la rivière, puis montez jusqu'à un *acequia* (canal à sec) et continuez après le Refugio los Albergues jusqu'à Pitres.

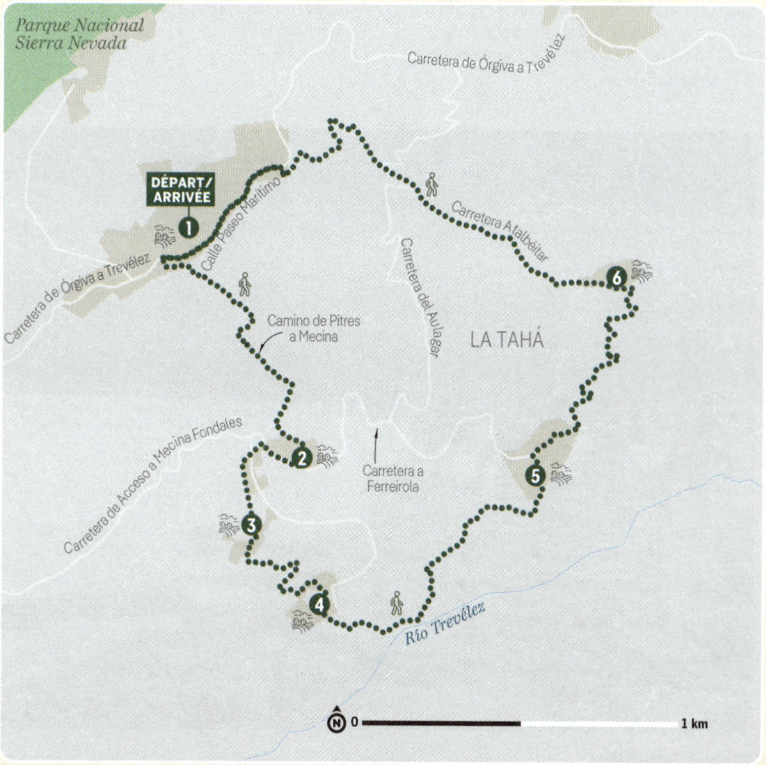

RANDONNÉE

À l'assaut du Mulhacén

Les collectionneurs de sommets sont incapables de résister à l'appel du Mulhacén, le toit de l'Espagne continentale culminant à 3 482 m (le Teide de 3 718 m se trouve sur l'île Tenerife dans les Canaries). L'ascension du Mulhacén peut faire l'objet d'une agréable excursion d'une journée entre juin et novembre. Partez de Paraje del Cascajar, accessible en minibus depuis Capileira.

1 Paraje del Cascajar

De loin, le Mulhacén ne semble guère imposant. C'est un mont arrondi. Il s'agit pourtant du plus haut pic et pour l'atteindre il faut affronter un dénivelé positif de 900 m.

Itinéraire : empruntez le chemin de terre. Sur la gauche, vous verrez l'aileron de requin du Veleta, le deuxième plus haut pic (3 396 m) de la Sierra Nevada. Tournez à droite au bout de 1,7 km, au panneau "Trevélez", pour gagner le Mirador de Trevélez.

2 Mirador de Trevélez

Le paysage spectaculaire de la vallée de Trevélez se dévoile devant vous, notamment le panorama du village éponyme et la descente abrupte, la voie la plus directe jusqu'à Trevélez.

Itinéraire : revenez sur la piste principale, au bout de 450 m, prenez à droite à l'intersection, puis au bout de 750 m, tournez à gauche, après une bifurcation.

FCG/SHUTTERSTOCK ©

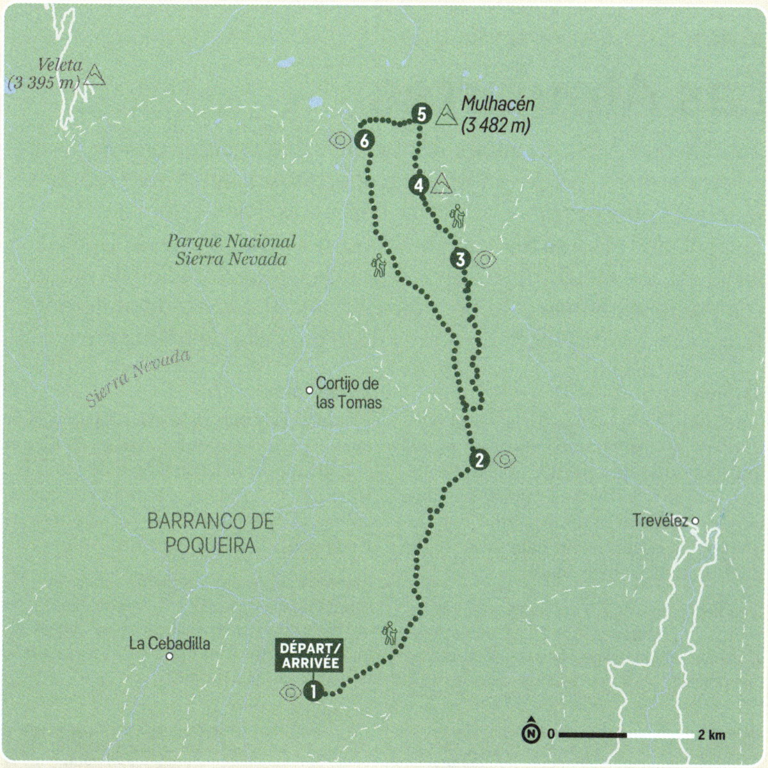

3 Loma de Mulhacén

En vous attaquant au sentier de plus en plus escarpé menant à Loma del Mulhacén (l'arête du Mulhacén), vous emprunterez un vieux chemin abandonné, ramification dans les années 1960 de la vieille route de la Sierra Nevada.

Itinéraire : après le panneau indiquant Siete Lagunas (autre itinéraire jusqu'à Trevélez), parcourez en grimpant 1,75 km pour atteindre le Mulhacén II.

4 Mulhacén II

Signalé par un pilier en béton à 3 362m, le mini-sommet du Mulhacén II marque la fin de la partie la plus raide de l'ascension. La végétation est clairsemée et vous voyez clairement le sommet.

Itinéraire : la pente est douce. Il faut gravir encore 1 km au milieu de roches nues (et parfois de bouquetins !) pour gagner le point culminant de la péninsule Ibérique.

5 Mulhacén

Au sommet, vous verrez des édifices en ruine (vestiges d'une expédition de géodésie du XIe siècle) et un pilier en pierre. Attention au précipice au-dessus de Hoya de Mulhacén, sur le flanc nord de la montagne, et profitez de la vue spectaculaire sur la Laguna de la Caldera et le Veleta.

Itinéraire : un étroit sentier sinueux descend de façon abrupte le long du versant ouest du Mulhacén. À mi-chemin, bifurquez à gauche vers la route de la Sierra Nevada ; la branche droite mène à la Laguna de la Caldera.

6 Route de la Sierra Nevada

Cette large piste était en 1935 la route la plus haute d'Europe. Reliant Grenade à Capileira, elle permettait d'accéder au Veleta en voiture. Elle a été fermée en 1999 pour des raisons environnementales. Désormais on la parcourt en descendant 5 km jusqu'à l'embranchement d'origine, puis encore 2 km jusqu'à l'arrêt de bus El Cascajar.

ITINÉRAIRE EN VOITURE

Las Alpujarras

Étendue de 70 km de vallées verdoyantes et de gorges profondes le long du versant sud de la Sierra Nevada, les Alpujarras sont réputées pour leurs *pueblos blancos* accrochés aux collines – derniers bastions des Maures fuyant Grenade après la Reconquista. Dans leur partie est, les Alpujarras de la province de Grenade cèdent la place à une terre vallonnée et aride près d'Almería. Prévoyez de préférence deux jours pour ce road trip qui révèle la diversité des Alpujarras.

1 Órgiva

Principale bourgade de l'ouest des Alpujarras, Órgiva ne compte pas moins de 68 nationalités parmi ses habitants, ainsi qu'une communauté hippie installée dans les forêts du nord de la ville, dont les membres viennent en ville pour vendre leurs produits au marché le jeudi.

Itinéraire : prenez l'A4132 qui monte vers l'est avant de gravir le Barranco de Poqueira. Traversez Pampaneira, tournez à gauche à la station-service et empruntez l'A4129 pour gagner Capileira.

2 Capileira

Destination la plus visitée des Alpujarras, le joli village de Capileira abrite les meilleurs restaurants et hébergements de la vallée. Hormis en été, c'est un point de chute calme, idéal pour des treks en montagne, y compris sur le Mulhacén (p. 300).

Itinéraire : retournez à la station-service et suivez la sinueuse A4132 jusqu'à Pitres. Faites une halte pour visiter à pied plusieurs villages (p. 299), puis allez à Pórtugos et Busquístar avant de grimper jusqu'à Trevélez.

 Capileira

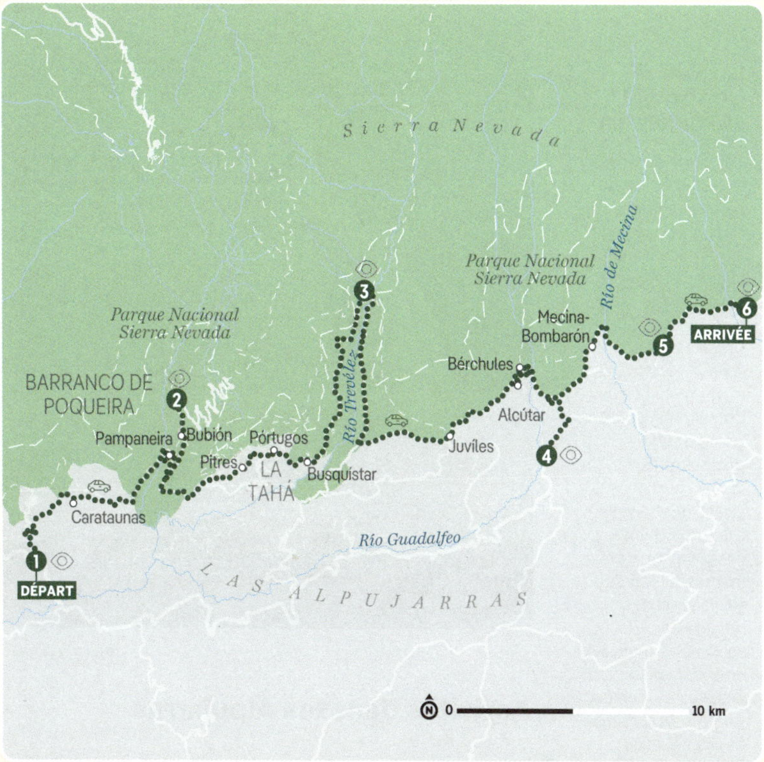

3 Trevélez

Les gourmets apprécient le deuxième plus haut village (1 476 m) d'Espagne pour son *jamón serrano*. Pour les randonneurs, Trevélez est le point de départ de sentiers de haute montagne. Perché sur le Barranco de Trevélez, le village est divisé en trois *barrios* : l'*alto* (haut) ancien et labyrinthique, le *medio* (moyen) et le *bajo* (bas) touristique.

Itinéraire : à l'est de Trevélez, l'A4132 devient l'A4130 qui traverse Juviles et Alcútar. À la bifurcation, faites un détour jusqu'aux plaines du Río Guadalfeo par l'A4127 et l'A348.

4 Cádiar

Mieux vaut aller à Cádiar un jour de marché (le 3 et le 18 de chaque mois) ou lors de sa feria, début octobre. Le village est connu pour ses céramiques et sa sparterie (objets en fibres végétales).

Itinéraire : revenez vers la première jonction et rejoignez l'A4130 quand elle monte vers Mecina Bombarón, puis descendez dans la vallée du Río Mecina et grimpez jusqu'à Yegen.

5 Yegen

Scindé en deux, l'*alto* (haut) et le *bajo* (bas), ce village chaulé est surtout connu parce que l'écrivain britannique Gerald Brenan, membre du Bloomsbury Group, y a vécu et dépeint son quotidien dans les années 1920 dans le roman *South from Granada*.

Itinéraire : parcourez 6 km dans la campagne sur la sinueuse A4130 jusqu'à Válor.

6 Válor

Encadré par deux profonds ravins et serré autour d'une église mudéjare, Válor est le lieu de naissance d'Abén Humeya, un morisque qui fut l'instigateur en 1568 d'une rébellion contre la politique répressive de Philippe II interdisant les noms, les vêtements et la langue arabes. La résistance des Maures est rejouée chaque automne dans le cadre du festival *Moros y Cristianos*.

LA FAUNE ET LA FLORE DE LA SIERRA NEVADA

L'emplacement reculé de la Sierra Nevada dans l'extrême sud de l'Europe, sa géologie et ses microclimats uniques expliquent sa formidable biodiversité.
Dans sa partie supérieure, vous verrez probablement d'agiles bouquetins souvent en groupes (près de 15 000 spécimens vivent là), et si vous avez de la chance, des blaireaux, des martres, des chats sauvages et des renards. Parmi la soixantaine d'oiseaux endémiques figurent des rapaces, comme l'aigle royal et l'aigle de Bonelli, et du gibier, comme les perdrix rouges. Il y a aussi des reptiles rares, notamment une grenouille, le discoglosse peint, et la vipère de Lataste. La région compte aussi plus de 2 100 espèces végétales. Cela va des arbres fruitiers subtropicaux aux pins sylvestres.

MARTIN PELANEK/SHUTTERSTOCK ©

Perdrix rouge

Activités dans les Alpujarras

AU-DELÀ DE LA RANDONNÉE

Beaucoup de touristes viennent randonner dans la Sierra Nevada, mais il est aussi possible d'y faire du ski, des promenades à cheval ou des activités pourvoyeuses d'adrénaline.

La première neige de l'année est généralement visible sur les sommets dès la fin de septembre. Cependant, la station la plus méridionale d'Europe (sierranevada.es), près du village de **Pradollano** à 2 100 m d'altitude, n'ouvre qu'en novembre. Elle n'a guère de charme, mais peu importe, car on y va pour skier. Des téléphériques, télésièges et tire-fesses relient les 110 km du domaine qui s'étire presque jusqu'au sommet du **Veleta** (3 395 m), le quatrième plus haut pic d'Espagne. Il y a 131 pistes, des vertes et des bleues, nombreuses, pour

OÙ SE LOGER DANS L'EST DES ALPUJARRAS

Alquería de Morayma, Cádiar
Ferme rustique au milieu de vignobles et de bois. Chambres avec poutres apparentes. Superbe restaurant. **€€**

Las Chimeneas, Mairena
Boiseries et antiquités ornent cette maison vieille de 800 ans fonctionnant à l'énergie solaire. Idéale pour les randonnées. **€€**

Hotel los Bérchules, Bérchules
Chambres rustiques avec balcons. Piscine et restaurant familial. **€**

les débutants et le niveau intermédiaire, des rouges et des noires assez difficiles pour les skieurs et les snowboardeurs expérimentés, ainsi qu'un *snowpark* pour les amateurs de freestyle. Durant la saison, mieux vaut skier en semaine, car il y a du monde le week-end – séjournez à Grenade plutôt que dans des chalets médiocres et hors de prix. La saison dure jusqu'en avril. Après une chute de neige, il est alors agréable après avoir skié de rouler jusqu'à la côte pour manger dans un *chiringuito* (snack-bar) de la plage.

Le cheval est depuis des siècles associé à la Sierra Nevada. Suivez les traces des cavaliers romains et maures, ainsi que des muletiers qui transportaient des charges de la côte jusqu'à Grenade sur le fin réseau de sentiers défoncés des Alpujarras. Nombre de sentiers muletiers de la période maure sont encore utilisés, et les centres d'équitation locaux organisent des balades tranquilles dans les oliveraies pour les débutants ou des excursions d'une demi-journée ou deux jours pour les cavaliers plus chevronnés. **Caballo Blanco** (caballoblancotrekking.com) près d'Órgiva, dans l'ouest des Alpujarras, est connu pour s'occuper aussi de sauver des chevaux maltraités (visites en anglais, espagnol et allemand). Situé à Laroles dans l'est des Alpujarras, **Equi'libre** (equi-libre.es) est à la fois une ferme et un centre de trekking tenu par des connaisseurs, Clara et Antonio, qui proposent aussi bien des randonnées d'une demi-journée sur une mule ou un cheval que des excursions de trois jours en montagne.

Les amateurs de sensations fortes pourront s'attaquer à une via ferrata et descendre en rappel des gorges pour plonger dans l'eau claire des rivières lors d'excursions de canyoning. Les guides professionnels de **Nevadensis** (nevadensis.com), agence compétente de Pampaneira, spécialisée dans toutes les activités de plein air, fournissent conseils avisés et cartes, et organisent sorties de via ferrata et de canyoning, randonnées guidées et cours d'alpinisme. À Bayárcal, **Be Natural** (bnaturalsport.com) permet de faire du canyoning et de parcourir à grande vitesse la plus longue tyrolienne d'Andalousie (600 m) au-dessus d'une gorge.

SPÉCIALITÉS DES ALPUJARRAS

Outre le délicieux *plato alpujarreño* – œufs au plat, pommes de terre, chorizo et *morcilla* (boudin) –, essayez ces mets locaux :

Patatas a lo pobre Patates aux poivrons verts, aux oignons et à l'ail.

Perdiz en escabeche Perdrix en escabèche : une recette mauresque.

Garbanzos y lentejas Ragoût roboratif de pois chiches et de lentilles.

Migas Autre plat mauresque métissé constitué de pain frit agrémenté de lard, d'oignons et parfois de fruits.

Soplillos Meringues friables aux amandes, littéralement de "petits soufflés".

Vino de costa Rosé local ambré, âpre et gouleyant, très rafraîchissant par une chaude journée.

COMMENT CIRCULER

Lanjarón est desservi par des bus Alsa en provenance de Grenade (1 heure-1 heure 30, 6-9/jour). La même compagnie dessert avec une fréquence comparable Órgiva (1 heure 30-1 heure 45). Comptez deux ou trois bus par jour pour les petits villages éloignés situés le long de l'A4132 et de l'A4130.

Conduire dans les Alpujarras est un réel plaisir qui vous amènera à négocier les virages en épingles à cheveux de l'A4132, l'étroite route pittoresque reliant les plaines de l'ouest des Alpujarras à la vallée de Poqueira et à Trevélez, ainsi qu'à rouler sur l'A-4130 vers l'est des Alpujarras. Les mois d'été il y a très peu de circulation hormis à Capileria et Trevélez.

Environs du Parque Nacional Sierra Nevada

Séjournez dans les stations balnéaires animées et goûtez aux sports nautiques.

Il est vraiment possible de passer directement des pistes de ski au bord de mer. La Costa Tropical, appelée ainsi pour son climat subtropical qui en fait un gros producteur de fruits tropicaux, s'étire au sud du Parque Nacional Sierra Nevada. Longue de 80 km, elle est ponctuée de falaises déchiquetées, de plages engageantes et de criques secrètes. Le front de mer planté de palmiers et les deux plages de galets d'Almuñécar, la principale station balnéaire, attirent surtout les vacanciers espagnols. Salobreña, un *pueblo blanco* aux maisons s'étageant sur les collines au pied d'un château est légèrement éloigné de la mer. Plus à l'ouest, la baie de La Herradura séduit véliplanchistes, plongeurs, kayakistes et autres amateurs de sports nautiques.

Pour les infos pratiques, voir le Carnet d'adresses p. 332

À SAVOIR

Pour que votre séjour soit paisible, évitez les mois (les plus chauds) de juillet et d'août quand les Espagnols sont en vacances.

Almuñécar

GARTLAND/SHUTTERSTOCK ©

Les atouts de la Costa Tropical

STATIONS, SPORTS NAUTIQUES ET PLAGES

À quelque 9 km à l'est de la ville industrielle de Motril, les amandiers et les corossoliers laissent entrevoir le joli village de **Salobreña** ou "Selambina" pour les Phéniciens. Ce *pueblo blanco* très ancien est entouré de champs de cannes à sucre, qui sont cultivées depuis l'époque nasride. Comme d'autres villages côtiers andalous, il possède un ravissant centre historique, en retrait par rapport à la mer, des maisons blanches cubiques à flanc de colline, une formidable forteresse maure (*alcázar*) qui servait de résidence d'été aux émirs de Grenade et une belle église du XVIe siècle occupant le site d'une ancienne mosquée. Le front de mer et les deux longues plages de sable gris, **Playa de la Guardia** et **Playa de la Charca**, accessibles par le bus n°1, se trouvent à deux kilomètres. Situé à environ 8 km à l'ouest de Motril et à 15 km à l'est d'Almuñécar, le village est assez calme, mais déborde de vie en août. À l'époque nasride, Salobreña fut un important centre de commerce et de production de canne à sucre.

La N340 serpente le long de la côte jusqu'à **Almuñécar**, à 15 km de là à l'ouest. La principale station balnéaire de la Costa Tropical accueille en été des flots de vacanciers espagnols et du nord de l'Europe séduits par son front de mer ourlé de palmiers et ses deux plages de galets. Elle attire les amateurs de soleil depuis le Ier siècle av. J.-C., date de sa fondation par les Phéniciens qui la baptisèrent Seks, latinisé en Sexi. Avec ses blocs d'immeubles sans charme, son bord de mer n'a pourtant rien de très olé olé. Cependant, elle devient plus attrayante après la promenade Paseo Puerta del Mar, dévoilant un pittoresque *casco antiguo* aux ruelles étroites, aux maisons chaulées et aux places encadrées de bars que domine l'éblouissant Castillo de San Miguel du XVIe siècle. Juste à côté, le **Parque Botánico el Majuelo** abrite des récipients bien conservés de *garum* (condiment à base de poisson macéré dans du sel et des aromates ; voir l'encadré p. 156) datant des Romains. Le **Museo Arqueológico** situé dans la Cueva de los Siete Palacios, un ancien réservoir d'eau, vaut le détour. Parmi les objets phéniciens, romains et maures exposés figure une urne égyptienne de 1700 av. J.-C. portant des inscriptions, le plus ancien document écrit d'Espagne.

À huit kilomètres à l'ouest d'Almuñécar le long de la pittoresque N340, **La Herradura** est un village de pêcheurs, une station balnéaire et un centre d'activités

RESTAURANTS DE LA COSTA TROPICAL

La Barraca, Playa Cantarriján
Chiringuito sur la plage. Poisson extra-frais et plats classiques de produits de la mer. €€

Los Geraneos, Almuñécar
Charme rustique et *menú del día* d'un excellent rapport qualité/prix. €

Mesón de la Villa, Salobreña
Restaurant rustique de spécialités régionales. €

Araís, Salobreña
Cuisine andalouse revisitée et créative. €€

AUTRES PLAGES SAUVAGES

Si vous aimez la Playa Cantarriján et la Playa Cañuelo, vous aimerez aussi les plages sauvages du **Parque Natural Cabo de Gata-Níjar** (p. 318) sur la côte d'Almería.

OÙ SE LOGER SUR LA COSTA TROPICAL

Hotel Miba, Salobreña
Huit chambres uniques. Toit-terrasse avec piscine et vue fabuleuse sur les champs de cannes à sucre. €€

Hotel Casablanca, Almuñécar
Hôtel familial néo-mauresque. Proche de la plage et du centre animé d'Almuñécar. €€

La Tartana, Herradura
Chambres modernes (certaines avec vue sur la mer) dans un manoir au luxuriant jardin. €€

PLAGES D'ACANTILADOS DE MARO

Le Paraje Natural Acantilados de Maro-Cerro Gordo (19 km) se compose de verdoyantes et vertigineuses falaises surplombant trois superbes plages entre La Herradura et Maro (dans la province de Málaga ; p. 211). La Playa Cantarriján, la plus belle plage naturiste, comprend des galets, une eau claire idéale pour la plongée dans sa partie sud et deux excellents *chiringuitos*. Le maillot de bain est facultatif sur sa partie principale disposant d'installations et parfaite pour les familles. La partie vraiment naturiste est accessible par une trouée dans la falaise. Un sentier sur les hauteurs mène à la Torre de Cerro Gordo, tour de guet du XVIe siècle offrant une vue sublime sur la côte. Entre la mi-juin et la mi-septembre, une navette mène à la Playa Cañuelo préservée et à ses deux restaurants plus au sud.

ALEXEMARCEL/SHUTTERSTOCK ©

La Herradura

nautiques. Avec sa baie chatoyante en forme de fer à cheval, sa subtile ambiance de bout du monde, sa longue plage de galets et moult appartements de vacances et *chiringuitos* au bord de l'eau, il constitue le pendant moins touristique et plus sportif d'Almuñécar. Entre Pâques et octobre, les kiosques animés de la plage de 2 km louent kayaks et paddles. Un des clubs réputés, **Windsurf La Herradura** (windsurflaherradura.com), propose sorties en kayak pour tous niveaux et séances de paddle yoga. Apportez votre masque (ou louez-en un) pour découvrir les fonds marins au pied des falaises de Cerro Gordo (voir aussi p. 210) au nord-ouest de la plage. Pour mieux les explorer, faites de la plongée (niveaux débutants ou avancés) avec l'agence bien connue de **Buceo La Herradura** (buceolaherradura.com) au port Marina del Este, qui abrite d'autres centres de plongée.

COMMENT CIRCULER

Des bus Alsa relient quotidiennement Almuñécar, La Herradura et Salobreña à Grenade, Almería, Málaga (comptez de 1 heure à 3 heures 30 selon la distance) et à d'autres villes. Pour s'y rendre depuis le Parque Nacional Sierra Nevada, il faut suivre la sinueuse et pittoresque A44 (après les montagnes et le réservoir), puis longer la côte sur la N340 (également pittoresque).

ALMERÍA

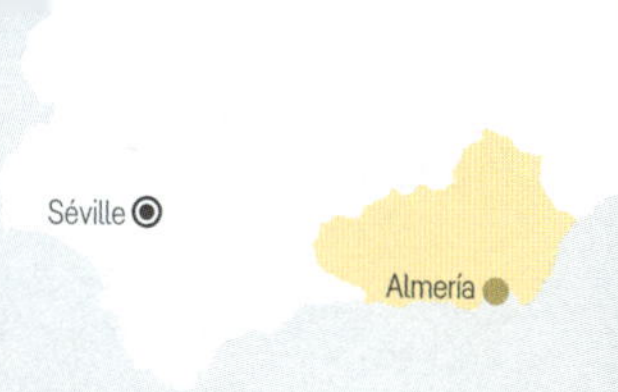

Fondée par les Phéniciens et dotée d'une imposante forteresse mauresque (moins ornée toutefois que l'Alhambra de Grenade) Almería est une cité portuaire au charme surprenant et au passé illustre. À l'apogée de la période maure, Al-Mariyat (le "miroir de la Mer" des Nasrides) était une métropole florissante et moderne, dotée d'un système élaboré d'eau courante et d'un ensemble palatial au sommet d'une falaise dans un écrin de verdure. Son déclin débuta sous les Rois Catholiques au XVe siècle, mais Almería connut un nouvel essor au début du XXe siècle grâce à l'exportation des richesses minières de la province et à ses liens avec l'Afrique du Nord.

Épargnée par le tourisme de masse à la différence d'autres grandes villes andalouses, Almería possède des places bordées de palmiers et des églises très anciennes. Elle comprend des sites éclectiques, des musées intéressants, un centre historique attrayant et des restaurants raffinés, ainsi qu'une pléthore de fantastiques bars à tapas, ce qui lui valut le titre de "Capitale gastronomique de l'Espagne" en 2019.

Pour les infos pratiques, voir le Carnet d'adresses p. 333

À SAVOIR

Évitez Almería au plus fort de l'été, quand il fait très chaud et qu'elle est prise d'assaut par les vacanciers. Réservez un hébergement bien à l'avance pour assister aux deux semaines de la feria en août. L'Alcazaba offre de remarquables vues sur le port au crépuscule. Ne ratez pas le *barrio* prometteur de La Chanca.

Alcazaba

LA CITADELLE VEILLANT SUR LA VILLE

Fondée au milieu du Xe siècle, cette impressionnante forteresse maure, dont les murailles dressées sur les falaises ont des allures de palissade, était l'une des plus puissantes en Espagne. Son ornementation est plus sobre que celle de l'Alhambra de Grenade, mais le monument n'en demeure pas moins imposant. Prévoyez environ 1 heure 30 pour tout explorer.

L'Alcazaba se divise en 3 *recintos* (enceintes) distincts. Dans la plus basse, le **Primer Recinto** (première enceinte), résidentiel, étaient concentrés des demeures, des bains, des puits et autres installations, aujourd'hui remplacés par des jardins luxuriants parcourus par des canaux. Depuis les remparts, on peut voir au-delà des toits de la ville la **Muralla de Jayrán**, une muraille du XIe siècle édifiée pour défendre des secteurs isolés au nord et à l'est de la ville.

Plus haut, dans le **Segundo Recinto**, vous découvrirez les vestiges du palais des souverains musulmans, bâti par Almotacín (roi de la *taïfa* de 1051 à 1091), sous le règne duquel la ville médiévale connut son apogée, ainsi qu'une chapelle, l'Ermita de San Juan, qui était à l'origine une mosquée. La partie la plus haute, le **Tercer Recinto** (troisième enceinte), est une citadelle ajoutée par les Rois Catholiques.

L'ALCAZABA ET LE CINÉMA

La forteresse maure est aujourd'hui une habituée du 7e art. Elle a notamment été aperçue dans *Indiana Jones et la Dernière Croisade* (1988) et *Conan le Barbare* (1982). En 2016, c'était au tour des équipes de tournage de *Game of Thrones* d'investir les lieux (voir l'encadré p. 316).

VOIR
1 Alcazaba
2 Aljibes Árabes de Jayrán
3 Cathédrale d'Almería
4 Centro Andaluz de la Fotografía
5 Centro de Interpretación Patrimonial
6 Iglesia de San Juan
7 Museo de Almería
8 Museo de la Guitarra
9 Refugios de la Guerra Civil

SE RESTAURER
10 Casa Puga
11 El Quinto Toro
12 Jovellanos 16
13 La Consentida
14 Restaurante Marrakech
15 Taberna Nuestra Tierra
16 Tetería Almedina
17 Tortillería la Mala

Catedral de la Encarnación

L'AUTRE FORTERESSE D'ALMERÍA

Extraordinairement imposante et pourvue de 6 tours, la cathédrale d'Almería, dont la construction débuta en 1525, fut conçue à la fois comme un lieu de culte et comme un refuge pour une population qui subissait de fréquentes attaques des pirates d'Afrique du Nord. Il s'agissait à l'origine d'un édifice gothique et Renaissance, mais des éléments baroques et néoclassiques furent ajoutés au XVIIIe siècle. Après avoir traversé le beau cloître néoclassique, vous découvrirez un splendide intérieur avec un plafond aux lignes sinueuses de style gothique, la monumentale Capilla Mayor (chœur) et des stalles en noyer sculpté du XVIe siècle.

À l'extérieur, repérez les ravissants lions en pierre autour de la tour nord-ouest et l'exubérant Sol de Portocarrero, un soleil gravé dans la pierre (aujourd'hui symbole de la ville), à l'extrémité est de la cathédrale.

SERGEY/STOCK.ADOBE.COM ©

Alcazaba (p. 309)

Refugios de la Guerra Civil

LIEU DE RÉSISTANCE

Durant la guerre civile, la province d'Almería abrita le dernier bastion des républicains d'Andalousie. Elle fut bombardée à plusieurs reprises. Ces attaques poussèrent un groupe d'ingénieurs à construire les Refugios, un réseau d'abris en béton de 4,5 km de long, situé sous la ville. Les visites guidées (1 heure 15, en espagnol) parcourent 1 km de tunnels, avec des réserves et un bloc opératoire reconstitués. Un film de 10 minutes (en espagnol sous-titré en anglais) présente des survivants contant leurs expériences personnelles.

Les musées d'Almería

DIFFÉRENTS HÉRITAGES MIS EN LUMIÈRE

Non loin de la cathédrale, les amateurs de musique prendront plaisir à visiter le **Museo de la Guitarra**. Ce musée interactif reprend en détail l'histoire de la guitare et rend hommage à la contribution d'Antonio de Torres, luthier natif d'Almería et père de la guitare accoustique moderne.

En continuant un peu plus au sud, ne manquez pas d'aller voir le **Centro Andaluz de la Fotografía** qui organise des expositions d'œuvres avant-gardistes d'excellente qualité de photographes espagnols et internationaux.

L'ANCIENNE MÉDINA D'ALMERÍA

S'étirant au pied de l'Alcazaba, le labyrinthique quartier d'Almedina est l'un des plus charmants de la ville. Il s'agit de l'emplacement originel d'Almería – une médina (ville) entourée de murs, délimitée par l'Alcazaba au nord, la mer au sud et les actuelles Calle de la Reina et Avenida del Mar à l'est et à l'ouest. Au centre se dressait la principale mosquée de la ville – son mihrab (niche indiquant l'orientation de La Mecque) est désormais conservé dans l'Iglesia de San Juan – entourée de marchés et d'entrepôts. La Calle de la Almedina, qui traverse la médina en diagonale, marque le tracé de l'ancienne rue principale.

OÙ SE LOGER DANS UN BOUTIQUE-HÔTEL À ALMERÍA

Murallas de Jayrán
Ce boutique-hôtel intimiste de six chambres allie arches mauresques, chic industriel et de grandes baignoires. **€€€**

AIRE Hotel & Ancient Baths
Chambres contemporaines, piscine sur le toit-terrasse avec vue sur l'Alcazaba et hammam souterrain avec 6 bassins. **€€€**

Hotel Catedral
Plafond *artesonado* et décor contemporain dans cet hôtel du XIXe siècle surplombant la cathédrale. **€€**

Les passionnés d'histoire auront deux options. Sur la Plaza de la Constitución, le **Centro de Interpretación Patrimonial** est très utile pour découvrir l'histoire de la région et des monuments de la ville. Et depuis son toit-terrasse, vous profiterez d'un beau panorama sur la ville. Plus excentré, le **Museo de Almería** se concentre principalement sur deux cultures préhistoriques d'Almería : Los Millares (environ 3200-2250 av. J.-C. ; probablement la première civilisation ayant travaillé le métal sur la péninsule Ibérique), et El Argar (environ 2250-1550 av. J.-C.), qui marquèrent le début de l'âge du bronze.

VINS D'ALMERÍA

Sur les seize zones géographiques d'Andalousie ayant obtenu le label Vinos de la Tierra (équivalent de notre appellation vin de pays), cinq se trouvent dans la province d'Almería. Cultivées entre 500 et 1200 m d'altitude, les vignes bénéficient d'un bon ensoleillement et de nuits fraîches. Les vins d'Almería étant peu exportés, les bars de la ville sont le meilleur endroit pour les déguster, notamment les vins de la vallée de l'Almanzora, les rouges vieillis de Los Velez, le Brut Blue des Bodegas Perfer, le Tetas de la Sacristiana et le Flor de Indalia de Padules.

Tapas, alcools et tajines

LES MEILLEURS RESTAURANTS D'ALMERÍA

Prenant la gastronomie au sérieux, Almería est à juste titre fière des produits frais et des vins uniques de sa région omniprésents sur les menus. Que vous souhaitiez faire la tournée des bars à tapas ou déguster un délicieux tajine, le choix ne manque pas. Principal port d'Al-Andalus lors de la période maure, Almería garde des liaisons maritimes avec l'Afrique du Nord, d'où sa cuisine métissée. Institution locale, la **Tetería Almedina**, dont la nouvelle adresse dans la Calle Almanzor possède un toit-terrasse offrant une vue fabuleuse sur l'Alcazaba, est réputée pour ses succulents tajines d'agneau, ses autres plats marocains et ses exquises limonades à la menthe. Malgré son décor sans prétention, le **Restaurante Marrakech** sur le front de mer sert un tajine de bœuf exceptionnel.

Mais Almería est plus connue pour ses bars à tapas mettant à l'honneur les ingrédients de la région : crevettes roses de Garrucha, poulpes et autres produits de la mer. Goûtez aussi les *gurullos* (pâtes) à la seiche et les joues de merlu frites. Plusieurs excellents bars à tapas jalonnent les Calles Jovellanos. La **Taberna Nuestra Tierra** est idéale pour commencer votre tournée. Installez-vous à sa terrasse et buvez un vin d'Almería en grignotant la tapa offerte, puis dégustez de l'agneau aux poivrons caramélisés, de l'*ajoblanco* (soupe froide à l'amande et à l'ail) et des fromages de la région. Tout près, et disposant d'un emplacement parfait pour observer le ballet des passants, le **Jovellanos 16** est prisé pour ses tapas créatives, comme ses petits "hamburgers" au thon rouge, son *secreto con ajo verde* (porc avec une sauce à l'ail), et sa carte de vins locaux.

Plus loin, la **Casa Puga** qui existe depuis les années 1870 est une institution avec ses murs couverts de vieilles cartes et d'azulejos, ses bouteilles de vin de plusieurs décennies sur les étagères et ses jambons suspendus au plafond. Elle

OÙ PRENDRE UN VERRE ET FAIRE LA FÊTE À ALMERÍA

La Cueva
Bières artisanales, musique live et concerts improvisés sont les clés du succès de ce pub.

Burana
Un lieu branché où il fait bon prendre un café l'après-midi ou des cocktails en soirée. DJ le week-end.

Clasijazz
Excellente programmation, du jazz au classique en passant par le flamenco et les jam-sessions.

LUIS DAFOS/ALAMY STOCK PHOTO ©

Casa Puga

a ses habitués. Allez-y tôt pour avoir une table ou jouez des coudes pour atteindre le bar et commander du *bacalao frito* (morue frite), des *pinchitos* (brochettes de porc), de petits sandwichs de *morcilla* (boudin) et les vins locaux de l'une des meilleures caves d'Andalousie. À deux pâtés de maisons au sud, dans la Calle Infanta, les tapas de viande grillée portant le nom de célébrités, comme les "Lola Flores" (boulettes de joues de bœuf) ou le "Miley Cyrus" (hot-dog gastronomique) de **La Consentida**, bar lumineux et contemporain, attirent les carnivores.

À une courte distance à pied, dans la Calle Lucano, la **Tortillería la Mala** est un autre excellent ambassadeur des bars modernes avec son ambiance jeune et décontractée et ses murs écarlates. Les tortillas, c'est-à-dire des omelettes agrémentées de toutes les garnitures possibles (oignons, ail, crevettes, piments, etc.), sont la spécialité. Si vous préférez un bar traditionnel à l'ancienne (orné de surcroît d'une tête de taureau), l'**El Quinto Toro** sert, dans la Calle Reyes Católicos, des tapas classiques. Goûtez ses *albóndigas* (boulettes de viande) et ses *callos* (tripes).

RESTAURANTS RECOMMANDÉS PAR LE MICHELIN

Tony García Espacio Gastronómico
Plats traditionnels revisités, comme le carpaccio de crevettes agrémenté d'œufs d'espadon et le tartare de thon. **€€€**

Salmantice
Mets de qualité et présentation impeccable, du steak vieilli d'Avileña-Negra Ibérica aux moules à l'asiatique. **€€€**

Taberna Joseba Añorga
Saveurs basques modernes, comme les pieds de porc glacés et le ceviche de bar en guise de tapas, et un menu dégustation. **€€€**

COMMENT CIRCULER

Chaque jour au départ de l'Estación Intermodal, à l'est du centre d'Almería, plusieurs trains de la Renfe relient Almería à Grenade (2 heures 30), Séville (5 heures 30) et Madrid (6 heures), et de nombreux bus desservent toutes les grandes destinations de l'Andalousie. La vieille ville d'Almería se visite aisément à pied. Laissez votre voiture dans un parking souterrain du centre.

PROMENADE DANS ALMERÍA

Comptez environ quatre heures pour effectuer cette balade dans le labyrinthique quartier mauresque d'Almedina et la vieille ville médiévale.

Semblable à une forteresse, la **1 Catedral de Almería** (1524) servait aussi de refuge, les attaques des pirates d'Afrique du Nord étant fréquentes. Admirez les nervures du plafond de son austère intérieur gothique et son chœur orné de *L'Immaculée Conception* peinte par Murillo. À deux pâtés de maisons au sud, le **2 Centro Andaluz de la Fotografía** présente de remarquables expositions de photos. Il y a eu notamment "Icônes de Holywood" et "Accident nucléaire de Palomares".

Dirigez-vous vers l'ouest via le parc du front de mer, puis vers le nord jusqu'à l'**3 Iglesia de San Juan** du XVIIe siècle bâtie sur les vestiges d'une mosquée du Xe siècle dont elle conserve le mihrab, des fragments de *yesería* (plâtre) et le mur de la *qibla* (indiquant la direction de La Mecque).

À plusieurs pâtés de maisons au nord-est, l'**4 Alcazaba**, imposante forteresse du Xe siècle, abrita jusqu'à 20 000 personnes. Ses remparts offrent une vue merveilleuse sur le port et la Muralla de Jayrán. Plus haut, vous verrez les ruines du palais des souverains musulmans et le château des Rois Catholiques.

À neuf pâtés de maisons au nord-est, le **5 Refugios de la Guerra Civil** est un réseau de 4,5 km d'abris souterrains en béton datant de la guerre civile, qui protégèrent 35 000 personnes des bombardements.

Juste à côté, les **6 Aljibes Árabes de Jayrán**, citernes arabes du XIe siècle, alimentaient en eau les 30 000 habitants de la cité. La nuit, un club de flamenco y organise des spectacles pour ses membres.

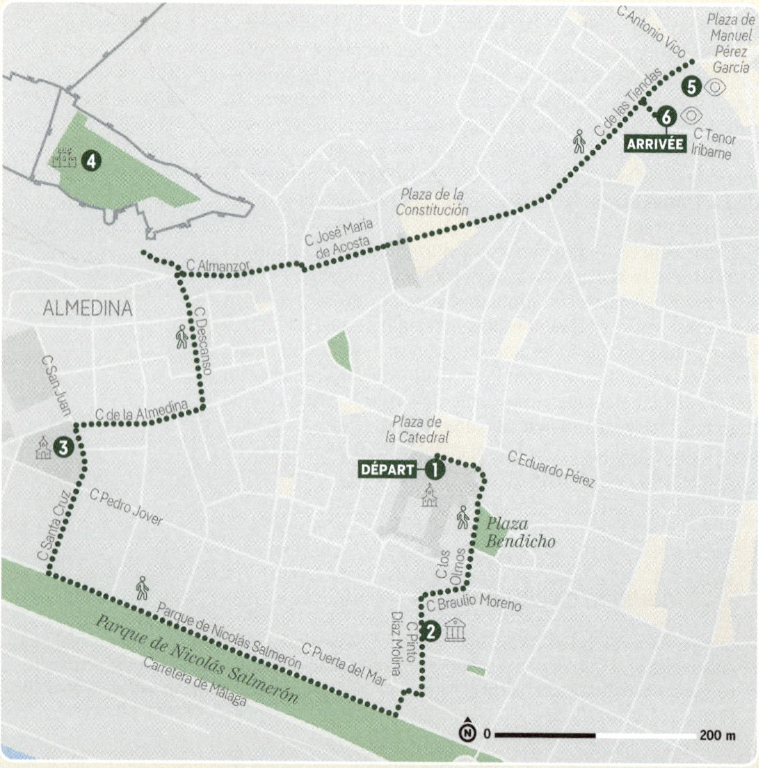

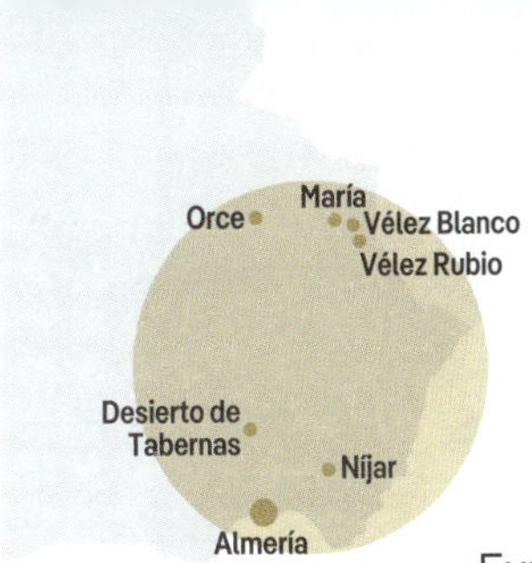

Environs d'Almería

Explorez les confins de la province d'Almería, des terres ravinées du seul désert d'Europe, décor des westerns-spaghettis, aux montagnes tapissées de forêts.

Peu peuplé – et parfois surnaturel –, l'arrière-pays à l'est et au nord-est d'Almería séduit par sa diversité. Non loin de la cité portuaire d'Almería, à l'intérieur des terres, le Desierto de Tabernas fait penser à une autre planète. Ce désert émaillé de cactus, où furent tournés de nombreux westerns, se détache sur la toile de fond austère de l'aride Sierra de Alhamilla. Bénéficiant du climat le plus ensoleillé de toute l'Espagne, la province lance un défi aux amateurs d'air frais à la recherche de nouveaux terrains à conquérir, le Parque Natural Sierra María-Los Vélez (plus au nord) leur donnant tout le loisir de se dégourdir les jambes.

Pour les infos pratiques, voir le Carnet d'adresses p. 334

À SAVOIR

Évitez les mois étouffants de juillet et août, et choisissez Los Vélez comme point de chute pour visiter l'Altiplano.

Desierto de Tabernas

LIEUX DE TOURNAGE

Si vous êtes féru de cinéma ou de télévision, voici les nombreux lieux des environs d'Almería qui ont eu les honneurs du grand (et du petit) écran :

Alcazaba (Almería)
Elle représente Lancehélion, le palais de Dorne, dans *Game of Thrones*. Elle apparaît aussi dans le James Bond *Jamais plus jamais*.

Playa de Mónsul
Sean Connery y abat un avion allemand en chassant avec son parapluie une volée d'oiseaux dans *Indiana Jones et la Dernière Croisade*.

Playa del Algarróbico
Une réplique de la cité jordanienne d'Aqaba y fut bâtie pour le film *Lawrence d'Arabie*.

Desierto de Tabernas
C'est l'Outback australien où Mikael Blomkvist et Harriet Vanger se rencontrent dans *Millenium : Les Hommes qui n'aimaient pas les femmes*.

Vélez Blanco

Le Far West de l'Andalousie

DÉCORS DE FILMS ET ARTISANAT VILLAGEOIS

Les réalisateurs du monde entier apprécient depuis des décennies les paysages désertiques et escarpés de la province d'Almería. Le plus célèbre est Sergio Leone qui, avec son acteur fétiche Clint Eastwood, tourna au milieu des années 1960 plusieurs westerns dans le **Desierto de Tabernas**, vaste étendue de terre brûlée par le soleil à seulement 30 km au nord d'Almería. Visitez les lieux de tournage et faites un saut dans les *pueblos blancos*. **Níjar** (à 35 km d'Almería) est réputé pour sa poterie et ses tapis tissés à la main appelés *jarapas*, et **Macael** (à 85 km d'Almería) pour son marbre.

Le parc **Oasys Mini Hollywood** est surtout le célèbre décor des films *Pour une poignée de dollars* et *Le Bon, la Brute et le Truand*, mais les fans de *Doctor Who* le reconnaîtront aussi. En été, on y organise deux fois par jour des simulacres de fusillade entre les hommes du shérif et Jesse James, tandis que les danseuses de saloon dansent le french cancan. Échappez à l'univers du Far West en visitant le jardin de cactus bien entretenu, abritant des plantes de cinq continents.

Les amateurs de *Il était une fois dans l'Ouest* ne rateront pas le décor de **Fort Bravo**, toujours utilisé, situé un peu plus loin

OÙ ACHETER DE L'ARTISANAT À NÍJAR ET MACAEL

La Tienda de los Milagros
On trouve des objets en grès et des tapis dans l'atelier du céramiste Matthew Weir et de la tisserande Isabel Hernández.

La Jarapa
Cette boutique accueillante vend des *jarapa* colorés et tissés avec des rouets par les habitants.

Artesanía Muro
Ce marbrier de Macael confectionne des mortiers et des pilons, des gobelets et des sculptures élaborées.

d'Almería qu'Oasys sur la N340A. Flânez dans un fort de la cavalerie américaine, dans une ville mexicaine frontalière ou au milieu de tipis avec, en arrière-plan, des terres ravinées et broussailleuses couleur ocre, ou étanchez votre soif au saloon en regardant un french cancan, des bandits armés et des bagarres entre cow-boys et hors-la-loi sur la place principale. Explorez le paysage surnaturel au cours d'une balade à cheval (2 heures) ou d'une promenade plus calme dans une carriole.

Le Parque Natural Sierra María-Los Vélez

DES MONTAGNES ET FORÊTS PRÈS D'ALMERÍA

Les paysages désertiques qui s'étendent à l'infini autour d'Almería cèdent la place aux forêts de pins et aux montagnes du district reculé de Los Vélez dans la partie la plus septentrionale de la province. Le Parque Natural Sierra María-Los Vélez est constitué de près de 226 km² de montagnes verdoyantes à la beauté sauvage. Des pics rocheux émaillent les forêts de pins et chênes verts que survolent des aigles royaux et des faucons pèlerins. Trois villes constituent ses portes d'entrée : la bourgade de **Vélez Rubio** (et son formidable restaurant Asador Espadín), **Vélez Blanco**, plus petite (avec son château du XVIe siècle), et **María**. Cette dernière, la plus haute de la province, permet une excursion d'un jour pour voir les trouvailles paléontologiques du minuscule village d'Orce. Près de Vélez Blanco, prévoyez une visite guidée de la **Cueva de los Letreros**, une grotte protégée par l'Unesco pour ses dessins réalisés avant 5500 av. J.-C. En parcourant 1,5 km sur un sentier, dans un décor aride, vous arriverez jusqu'à une paroi rocheuse ornée de peintures représentant des *indalos* (silhouettes stylisées aux bras tendus) censées éloigner les malheurs, des signes astronomiques et des animaux.

Il est préférable de ne pas sillonner les sentiers balisés en été, mais quand il fait plus frais. À María, empruntez le **Sendero Umbría de la Virgen** de 3 km pour une courte balade (1 heure 45 environ) décrivant une boucle autour des plus basses collines de la Sierra de María et permettant de se familiariser avec la flore locale. Le petit jardin botanique de María est son point de départ et d'arrivée. Plus longue, la boucle du **Sendero Solana de Maimón** de 13 km (3 heures) traverse les collines de la Sierra de Maimón au sud-ouest de la ville. Le point de départ se trouve à 1,3 km au sud de Vélez Blanco sur la route "Cueva de los Letreros" près de l'A317.

LES PLUS VIEUX OSSEMENTS HUMAINS D'EUROPE

En 1982, le paléontologue catalan Josep Gibert annonça avoir exhumé à Venta Micena un fragment de crâne humain ayant entre 900 000 et 1,6 million d'années, soit le plus vieux fragment humain jamais découvert en Europe. Aujourd'hui, la plupart des paléontologues pensent qu'il s'agit d'un fragment d'os de cheval ou d'âne. Gibert mourut en 2007 sans que le débat soit clos. On fit une autre découverte majeure en 2002 à Barranco León : une dent de lait d'un enfant de 10 ans datée de 1,4 million d'années, officiellement le plus vieux reste humain. Vous pourrez la voir, ainsi qu'une copie du fragment crânien au **musée d'Orce** – Centro de Interpretación Primeros Pobladores de Europa "Josep Gibert".

COMMENT CIRCULER

Un bus Alsa quotidien relie Almería à Tabernas (40 min), Vélez Rubio (3 heures 30), Vélez Blanco (3 heures 45) et María (4 heures), et des bus partent de Vélez Rubio en direction de Grenade (2-3 heures). Il est facile de s'y rendre en voiture via l'A92N en traversant un paysage désertique et via la pittoresque A317. Vous aurez besoin d'un véhicule pour gagner quelques sentiers, ainsi qu'Orce (depuis María) en suivant la GR9104, magnifique et désolée.

PARQUE NATURAL CABO DE GATA-NÍJAR

Situé au sud-est d'Almería, le Parque Natural Cabo de Gata-Níjar semi-aride de 340 km² est unique en son genre. S'étirant de Retamar, à l'ouest, jusqu'à Agua Amarga, à l'est, le parc comprend une côte spectaculaire parsemée de falaises vertigineuses et de phares battus par les vagues, des plages de sable blanc parfois ourlées de palmiers nains endémiques, figurant parmi les mieux préservées et les moins fréquentées d'Andalousie, de paisibles villages de pêcheurs et une station balnéaire assez discrète. L'arrière-pays abrite des mines désaffectées, des fermes isolées, des collines verdoyantes et d'étranges formations rocheuses. À l'ouest, la zone protégée est bordée par les Salinas de Cabo de Gata, un marais salant constituant un habitat vital pour les oiseaux migrateurs, y compris les flamants.

Le parc est propice aux randonnées courtes ou d'une journée grâce à ses nombreux sentiers, mais aussi à la plongée, au kayak, au cyclisme ou à d'autres activités. Vous l'aurez en grande partie pour vous, hormis durant la haute saison (juillet à septembre).

Pour les infos pratiques, voir le Carnet d'adresses p. 334

À SAVOIR

Principale station de la côte, San José compte de nombreux hébergements et clubs nautiques. Très calme, Las Negras permet d'accéder aux sentiers de randonnée, tandis que la paisible Agua Amarga se situe entre ces deux extrêmes, avec d'excellents hébergements, restaurants et une superbe plage.

SPOTS DE PLONGÉE

"La Chocolita" Plongée peu profonde (10 m) jusqu'à l'épave d'un bateau à vapeur.

Cueva del Francés Emportez une lampe torche pour voir les habitants de cette petite grotte.

Playa la Isleta Congres, murènes et hippocampes nagent près de La Punta. Plongée facile depuis le bord.

Piedra de los Meros Ce rocher à 26 m de profondeur abrite congres, murènes, aiglefins et bars. Pour les plongeurs chevronnés.

Cala los Amarillos Site pour les plus expérimentés à cause des forts courants.

Les plages et les sports nautiques de Cabo

PLAGES DE SABLE ET AVENTURES NAUTIQUES

Le Cabo de Gata abrite de formidables plages, comptant parmi les moins fréquentées et les plus belles d'Andalousie. Certaines sont accessibles en voiture ou en transports en commun, d'autres seront le but d'une belle randonnée.

Si vous arrivez à Cabo de l'est via l'AL5106, en longeant la côte, vous passerez devant un parking. Là, un sentier conduit à la spectaculaire **Playa de los Muertos**, longue bande de sable sauvage encadrée par des falaises. Plus à l'ouest, la petite station balnéaire d'**Agua Amarga** possède une plage de sable blanc très appréciée que surplombent des restaurants. Un sentier court mais abrupt de 2 km (p. 322) mène, au sud-ouest, à **Cala de Enmedio**, petite plage isolée avec des rochers plats parfaits pour un bain de soleil. Entourée de promontoires rocheux spectaculaires, la plage de sable blanc **Playa San Pedro** occupe une crique prisée par les hippies et n'est accessible qu'à pied depuis Las Negras (p. 322).

À 2,5 km de là, sur une route côtière non bitumée et balisée, à l'ouest de San José, s'étire la plage sans installations la plus populaire de Cabo : la **Playa de los Genoveses**, une bande de sable de 1 km où la marine génoise accosta en 1147 pour aider les Chrétiens à attaquer Almería. Deux kilomètres et demi plus loin, la **Playa de Mónsul** est une vaste plage sauvage dominée par un grand rocher qui lui a valu de figurer dans

Cala de Enmedio

UNAI HUIZI PHOTOGRAPHY/SHUTTERSTOCK ©

OÙ MANGER DES PRODUITS DE LA MER EN PROFITANT DE LA VUE

Costamarga, Agua Amarga
Paëlla de fruits de mer, anchois frits et calmars grillés sous les arbres, sur une jolie plage. **€**

4 Nudos, San José
Ceviche de crevettes, thon à l'asiatique et plats de la mer typiquement espagnols dans le Club Náutico de la marina. **€€**

El Manteca, Las Negras
Commandez sur la plage un *arróz negro*, la prise du jour ou des sardines et des anchois frits. **€€**

POINTS DE VUE DE CABO

Quelques lieux offrant la vue la plus fabuleuse sur la côte de Cabo del Gata :

Torre de Vela Blanca
Tout le panorama de la côte sud depuis une ancienne tour de guet surplombant la Punta Negra.

Mirador de la Playa de los Muertos
Superbe vue plongeante sur la longue plage isolée située au nord d'Agua Amarga.

Torre de Mesa Roldán
Cette fortification du XVᵉ siècle surplombe le littoral d'Agua Amarga.

Faro del Cabo de Gata
Vue splendide sur les reliefs volcaniques de l'Arrecife de las Sirenas (récif des Sirènes) à l'extrémité la plus méridionale de Cabo.

ALEX TIHONOVS/SHUTTERSTOCK ©

Faro del Cabo de Gata

OÙ PRENDRE UN BRUNCH SUR LA CÔTE D'ALMERÍA

Café Andrea, San José
Sur la principale artère, ce café accueillant sert *bocadillos* (sandwichs), *tostadas*, café et jus d'orange. **€**

Taka Tuka, Las Negras
Crêpes, *tostadas* (toasts), café fraîchement torréfié et glaces délicieuses à déguster sur une terrasse ensoleillée. **€**

La Ola, La Isleta del Moro
Savoureuses *tostadas* faites avec du bon pain, confitures locales et autres succulentes préparations. Vue sur la mer. **€€**

un film (voir l'encadré p. 316). La baignade est déconseillée en raison de forts courants. Les pistes derrière la grande dune, à l'extrémité est de Mónsul, mènent à la **Playa del Barronal,** plage naturiste abritée. Tournez à gauche juste avant Barronal pour rallier **El Lance del Perro**, une plage aux fascinants rochers basaltiques, la première des Calas del Barronal, quatre superbes criques isolées.

Les eaux froides et claires de Cabo recèlent quelques-uns des plus beaux sites de plongée et de snorkeling du sud de l'Espagne (voir l'encadré p. 318). Les prairies de posidonies (plantes sous-marines), grottes, rochers et canyons attirent raies aigles, môles, mérous, scalaires, barracudas, murènes et congres, etc. Parmi les excellents centres de plongée, citons le **Diving Center Isub** (isubsanjose.com), club certifié PADI de San José offrant des plongées pour plongeurs débutants et expérimentés, et des sorties de snorkeling. Autre club réputé, le **Buceo en Cabo de Gata** (buceoencabodegata.es) de La Isleta propose toute une gamme de cours PADI et des baptêmes de plongée. Si vous préférez être sur l'eau, explorez la côte en faisant une sortie guidée en kayak grâce à **Medialun Aventura** (medialunaventura.com), agence de San José louant aussi des VTT et des paddles, et organisant des balades en bateau. Il est possible de concilier kayak et snorkeling avec **Cabo de Gata Activo** (cabodegataactivo.com), club accueillant au sud de Las Negras.

De mi-juin à mi-septembre, les parkings des Playa de los Muertos, Playa de los Genoveses et Playa de Mónsul sont payants. Quand ils sont pleins, la circulation est interdite et les plages sont accessibles par une navette ou à pied.

Cabo à pied et à vélo

PITTORESQUES CHEMINS À ARPENTER À VÉLO ET À PIED

Mieux vaut explorer à pied ou à vélo cette partie de la côte d'Almería réputée pour ses falaises spectaculaires, ses plages de sable blanc désertes, ses étranges formations rocheuses, ses mines désaffectées et ses villages paisibles.

La randonnée entre le **Faro del Cabo de Gata** et **San José** (14 km) prend 4 à 5 heures. Depuis le phare, il faut effectuer une trotte difficile sur une route de 3 km ponctuée de nids-de-poule jusqu'à la Torre de Vela Blanca. Là, un large chemin descend en pente douce, offrant de belles vues sur les à-pics broussailleux surplombant l'eau bleu sarcelle. Il passe devant deux anses isolées avant la Playa de Mónsul battue par les vagues. Puis montez en suivant les balises bleu et blanche jusqu'à la plage naturiste Playa del Barronal. À marée basse,

BOUTIQUES-HÔTELS

La Almendra y el Gitano, Agua Amarga
Oasis dans la campagne : huit chambres de style marocain, Jacuzzi avec vue sur le désert et piscine joliment éclairée. **€€**

Hotel MC, San José
Hôtel chic et bohème aux lignes épurées, où le gris ardoise et le bois flotté prédominent. Cave à vins. **€€**

MiKasa, Agua Amarga
Superbe villa avec des chambres toutes différentes, deux piscines, un Jacuzzi, un spa et un bar bien approvisionné. **€€€**

Hotel Arrecife Calachica, Las Negras
Jacuzzis privés avec vue sur la plage, chambres avec carrelage et terrasse, grande piscine à ciel ouvert. **€€**

OÙ MANGER DE LA CUISINE FUSION SUR LA CÔTE D'ALMERÍA

La Gallineta, San José
Cuisine créative : thon aux épices du Cambodge et carpaccio de crevettes aux agrumes et à la mangue. **€€**

Asador la Chumbera, Agua Amarga
Vue depuis le sommet d'une colline, excellente carte de vins, plats délicieux et originaux. **€€**

Restaurante Oro y Luz, près de Rodaquilar
Pieds de cochon, crevettes, tartare de poulpe et autres plats fusion innovants. **€€**

RANDONNÉE

De Las Negras à Agua Amarga

La randonnée d'un jour la plus pittoresque du Cabo de Gata permet de parcourir en 4 à 5 heures les 13 km séparant les villages de Las Negras et d'Agua Amarga. Le sentier, la plupart du temps inaccessible en voiture et peu ombragé (emportez un chapeau et beaucoup d'eau), est idéal pour admirer le paysage volcanique austère et désertique, les falaises et les plages peu fréquentées léchées par les flots azur.

1 Playa Las Negras

Cette plage de pêcheurs mi-sable, mi-galets est agréablement peu fréquentée. Des maisons blanches s'empilent, tels des carrés de sucre, à son extrémité nord. Durant la balade, vous verrez durant 20 minutes la ravissante baie de Las Negras.

Itinéraire : rejoignez la piste qui grimpe doucement sur le promontoire. Elle se rétrécit, devenant un sinueux sentier côtier abrupt jusqu'à la Playa San Pedro.

2 Playa San Pedro

Cette crique de sable blanc baignée par une eau turquoise abrite un château en ruine du XVIe siècle occupé par une communauté au style de vie alternatif. Celle-ci habite dans de nouveaux logements en pierre, des tentes et une grotte étrange cachée dans la verdure. Vous y verrez des jardins, des panneaux solaires et même un bar de plage rustique orné d'un pavillon de pirates, dont les propriétaires vendent des boissons et des *bocadillos* (sandwichs) quand cela leur dit.

ROBALITO/SHUTTERSTOCK ©

 Randonnée jusqu'à la Playa San Pedro

Itinéraire : éloignez-vous de la côte jusqu'à une autre tour en ruine à 50 m de là. Un sentier sinueux quasi vertical conduit au sommet du versant opposé de la vallée.

3 Mirador

Une fois à ce point de vue, point culminant de l'ascension, tournez-vous pour profiter du panorama sublime sur la plage de San Pedro, la vallée et des traces de vie humaine dans les grottes au fin fond de celle-ci.

Itinéraire : Le sentier devient plus régulier, serpentant à l'intérieur des terres le long de collines broussailleuses. Au bout d'environ 3 km, il descend jusqu'à la Cala del Plomo.

4 Cala del Plomo

Accessible en voiture via une piste depuis Agua Amarga, le croissant de sable de 250 m de Cala del Plomo est propice à la baignade et, à l'occasion, naturiste.

Itinéraire : la piste rejoint un étroit sentier sablonneux qui longe le Cerro de la Higuera jusqu'à une fourche. Prenez à droite pour gagner la Cala de Enmedio.

5 Cala de Enmedio

Cette petite crique parsemée de bois flotté, où le port du maillot est facultatif, est bordée d'un côté par des rochers plats en granit parfaits pour lézarder au soleil. Les vagues, généralement peu fortes, permettent de se baigner.

Itinéraire : un vague sentier au milieu des broussailles rejoint le sentier principal sur la basse crête. Une fois au sommet du petit Cerro del Cuartel, vous apercevrez Agua Amarga. Une descente en pente douce mène à sa plage.

6 Playa Agua Amarga

Cette jolie plage de sable blanc de 500 m est la plus belle plage urbaine du Cabo de Gata. Plusieurs bars de plage donnent sur l'eau claire d'un bleu céruléen.

LE PARADIS DES OISEAUX

Cabo est l'une des plus importantes zones de reproduction et de migration des oiseaux en Espagne. Les Salinas, l'un des derniers marais salants espagnols, au sud-est de San Miguel de Cabo de Gata, abritent plus de 80 espèces d'oiseaux aquatiques et attirent des flamants roses du printemps à l'automne (fin août, il peut y en avoir un millier). Vous pouvez y repérer des avocettes, des aigrettes et des cigognes durant la migration. Pour les épier, des huttes d'observation ont été placées aux endroits stratégiques du côté est de la route principale (juste au nord d'Almadraba de Monteleva). En randonnant le long des falaises, regardez si vous voyez des aigles de Bonelli, des grands-ducs, ou le rare goéland d'Audouin.

longez le pied des falaises volcaniques et les quatre Calas de Barronal, puis grimpez sur le Morrón de los Genoveses et descendez vers la Playa de los Genoveses. À marée haute, suivez le sentier escarpé pour passer d'une anse à l'autre. Vous pouvez faire à VTT la première partie de la balade, mais entre la Playa de Mónsul et la Playa de los Genoveses, il faudra prendre la route non bitumée, plus directe.

Pour revenir, l'ascension (3 heures 30) du col entre les sommets jumeaux de Cerro de Limones (411 m) et Cerro de Garbanzal (411 m) depuis le village de **Pozo de los Frailes** dans les terres offre une vue merveilleuse sur la côte.

Parmi les sept pistes cyclables officielles, l'une des plus intéressantes relie **Los Albaricoques** à **Las Hortichuelas** (22 km, 6 heures 30 aller-retour). Assez difficile, elle part d'un petit village agricole à 15 km au nord de San José. Ensuite, vous suivrez l'itinéraire le plus direct à travers la campagne jusqu'au minuscule village de Las Hortichuelas, via le ravin Llano de Doña Francisca et des routes non bitumées accidentées, avant de rallier les vieilles fermes en ruine de Cortijo del Fraile et Cortijo Montano.

Un parcours assez plat à vélo de trois heures le long de routes en grande partie non bitumées décrit une boucle autour de Salinas de Cabo de Gata. Si vous le souhaitez arrêtez-vous dans la ville de **Cabo de Gata** et faites un détour (1 heure de plus) par la route goudronnée jusqu'au Faro de Cabo de Gata.

Il est aussi possible de faire une superbe promenade à vélo le long de la côte pour aller de San José à **Playa los Escullos** (18 km aller-retour, 4 heures) dans le cadre d'une excursion d'une journée. L'excellente piste passe devant la marina et la magnifique Cala Higuera (faites un détour pour vous baigner), puis elle monte doucement avant de redescendre, permettant toujours d'admirer la côte. Vous verrez en chemin des criques éloignées, le point de vue des Acantilados de los Escullos, les vestiges du Castillo de San Felipe du XVIIIe siècle, la bande de sable dorée de la Playa de Piedra Galera et la somptueuse Playa del Arco.

COMMENT CIRCULER

Des bus vont d'Almería à San José (1 heure 15) deux à quatre fois par jour ; Las Negras, Rodalquilar et Agua Amarga sont desservis au moins une fois par jour (plus souvent en juillet et août). Des sentiers de randonnée relient les villages. Une voiture permet plus de souplesse, mais vous pouvez alterner bus, taxis et marche.

Environs du Parque Natural Cabo de Gata-Níjar

Explorez la côte d'Almería, puis partez à la découverte de ses trésors souterrains.

Pour les infos pratiques, voir le Carnet d'adresses p. 335

À SAVOIR

N'allez pas à Mojácar durant les mois étouffants de juillet et d'août afin de profiter d'une période plus calme. Réservez la visite des grottes.

La côte d'Almería est l'une des merveilles naturelles d'Andalousie et la partie à l'est du Parque Natural Cabo de Gata ne fait pas exception à la règle. Après le port de pêche de Carboneras, vous passerez devant une kyrielle de criques de sable blanc tranchant sur le fond de collines broussailleuses. La route pittoresque Carboneras-Mojácar bifurque vers un point de vue, avant de mener jusqu'à la station balnéaire et de belles plages. Ne manquez pas les grottes éparpillées autour de la ville de Sorbas et des coins reculés à l'est de la province. Vous y verrez la deuxième plus grande géode du monde et un vaste réseau de galeries, attirant les spéléologues.

Carboneras

RESTAURANTS DE MOJÁCAR

Arlequino
Décor bohème et dépareillé, toit-terrasse et cuisine fusion du Moyen-Orient élégamment présentée. **€€**

Tito's
Dégustez une cuisine presque fusion et des cocktails tropicaux dans ce bar à l'ambiance merveilleusement décontractée, au milieu des palmiers du front de mer. **€€**

Neptuno
Ce *chiringuito* réputé de Mojácar Playa a pour spécialités les grillades de viande et de la pêche du jour, et des plats de riz. **€€**

ALEX TIHONOVS/SHUTTERSTOCK ©

Mojácar

Mojácar entre un château et la plage

PUEBLO HISTORIQUE ET PLAGES DE RÊVE

Station balnéaire populaire et charmant village de montagne, Mojácar comprend deux parties. **Mojácar Pueblo** (Murgis pour les Romains et Muxacra pour les Maures) constitue son ravissant centre historique. Ses maisons blanches carrées s'étagent sur une colline et son lacis de ruelles, ses places charmantes, ses bars et cafés sont organisés autour de l'Iglesia de Santa María aux allures de forteresse. Presque à l'abandon dans les années 1960, le village de Mojácar fut sauvé par son maire qui eut l'idée d'y attirer les artistes en leur offrant des terres. Depuis, les résidences secondaires et les appartements de vacances sont devenus majoritaires. N'hésitez pas à grimper jusqu'au **mirador**, où se trouvait à l'origine un château, afin d'admirer la mer et les terres agricoles parsemées d'habitations et de cônes volcaniques semblables à celui qu'occupe Mojácar. La **Fuente Mora**, fontaine en marbre historique située presque

OÙ SE LOGER À MOJÁCAR

Hostal Arco Plaza
Hostal avec toit-terrasse et chambres bleu ciel. Les balcons donnent sur la Plaza Nueva. **€**

Hostal el Olivar
Les propriétaires accueillants louent trois chambres avec balcons. Terrasse ensoleillée. **€€**

El Mirador del Castillo
Jolie villa en haut de la ville avec des chambres pleines de charme, un jardin et une piscine. **€€**

au pied du *pueblo*, signale l'endroit où le dernier maire maure de Mojácar, Alavez, rencontra l'envoyé des Rois Catholiques en 1488 pour négocier la reddition du village.

Des bus relient Mojácar Pueblo à **Mojácar Playa**, s'étendant 3 km plus loin. Cette station balnéaire moderne sans immeubles élevés possède une plage de 7 km de long et un front de mer jalonné de restaurants. Plus au sud, la **Playa de Bolmayor** est dominée par le Castillo de Macenas du XVIIIe siècle. Le naturisme est autorisé dans plusieurs criques, plus loin.

Les trésors souterrains d'Almería

CAVERNES ET CRISTAUX SCINTILLANTS

Le monde souterrain d'Almería se compose de grottes scintillantes remplies de cristaux géants et de rivières souterraines. En surface, certaines grottes abritent des peintures rupestres réalisées il y a des millénaires. En 2019, des géologues madrilènes découvrirent dans une ancienne mine d'argent de la Sierra de Aguilón, près de la province de Murcie, la deuxième plus vaste géode au monde (8 m de long et 2 m de haut) : la **Geoda de Pulpí**. Les visites guidées vous entraînent dans des tunnels recouverts de luisants dépôts de minéraux jusqu'à une grotte semblable à une cathédrale avec un escalier massif en colimaçon. La principale difficulté consiste à descendre à 50 m de profondeur pour atteindre cette grotte tapissée de cristaux de gypse translucides.

Accessible à l'est par la N340 depuis Tabernas, **Cuevas de Sorbas** est un spectaculaire réseau de grottes du Paraje Natural Karst en Yesos. Certaines sont hérissées de stalagmites, d'autres de stalactites se reflétant dans des bassins. La visite de 2 heures mène dans une grotte de gypse ; celle de 4 heures exige que vous rampiez en outre dans des boyaux étroits jusqu'à une seconde grotte aux impressionnantes formations calcaires.

Pour contempler des peintures rupestres, rendez-vous à la Cueva de los Letreros, près de Vélez Blanco (p. 317).

SPÉLÉOLOGIE EXTRÊME DANS LES CUEVAS DE SORBAS

Si vous êtes un bon spéléologue, sachez que la Cueva del Agua (grotte de l'Eau), qui fait partie du réseau de grottes karstiques de Sorbas, est le gage de sensations fortes. Réunissez trois amis (pour la visiter, il faut être au moins quatre avec le guide et réserver deux semaines à l'avance) et partez à la découverte de ses coins et recoins. Vous progresserez avec de l'eau glacée jusqu'à la poitrine et admirerez les cristaux de gypse à l'aide d'une lampe de poche. La partie la plus ardue consiste à se glisser dans la Cueva de Tesoro (grotte du Trésor) recelant les plus gros cristaux. Il faut descendre en rappel le long des parois abruptes du gouffre. Aucune expérience préalable n'est exigée, mais une bonne forme physique est nécessaire. Les guides parlent anglais ou allemand.

COMMENT CIRCULER

Dans la province d'Almería, Almería est bien reliée par les bus Alsa aux villes les plus grandes, comme Mojácar (1 heure 15-1 heure 45) et, plus rarement (voire pas du tout), avec les petits villages et les sites reculés. Il y a chaque jour un ou deux bus pour Vélez Blanco et Sorbas (1 heure), mais pour gagner les grottes, vous devez avoir votre propre véhicule.

Carnet d'adresses

GRENADE

Abadía del Sacromonte
Voir p. 288 (958 22 14 45 ; abadiasacromonte.com ; Camino del Sacromonte ; tarif plein/réduit/-12 ans 5/3,50 €/gratuit ; 10h-14h et 15h30-19h avr-oct, 10h-14h et 15h-18h15 nov-mars)

Alhambra
Voir p. 282 (958 02 79 71 ; www.alhambra-patronato.es ; Calle Real de la Alhambra ; tarif plein/-12 ans 18 €/gratuit ; 8h30-20h avr à mi-oct, 8h30-18h mi-oct à mars, visites nocturnes 22h-23h30 mar-sam avr à mi-oct, 20h-21h30 ven-sam mi-oct à mars)

Baños Árabes el Bañuelo
Voir p. 281 (958 02 79 71 ; www.alhambra-patronato.es ; Carrera del Darro 31 ; 5 € ; 9h-14h30 et 17h-20h30 mai à mi-sept, 10h-17h mi-sept à avr)

Capilla Real
Voir p. 278 (958 22 78 48 ; capillarealgranada.com ; Calle Oficios ; tarif plein/réduit/-12 ans 5/3,50 €/gratuit, entrée libre 15h mer sur réservation via archidiocesisgranada.es ; 10h-18h30 lun-sam, 11h-18h dim)

Carmen de los Mártires
Voir p. 286 (958 84 91 03 ; www.granada.org ; Paseo de los Mártires ; entrée libre ; 10h-14h et 18h-20h lun-ven, 10h-20h sam-dim avr à mi-oct, 10h-14h et 16h-18h lun-ven, 10h-18h sam-dim mi-oct à mars)

Casa Museo Manuel Falla
Voir p. 286 (958 22 21 88 ; www.museomanueldefalla.com ; Pasea de los Mártires ; Tarif plein/réduit 3/1 € ; 9h-14h30 mar-dim)

Catedral de Granada
Voir p. 278 (958 22 29 59 ; catedraldegranada.com ; Plaza de las Pasiegas ; tarif plein/réduit/-12 ans 5/3,50 €/gratuit ; 10h-18h15 lun-sam, 15h-18h15 dim)

Centro de la Memoria Sefardí
Voir p. 286 (958 22 05 78 ; Placeta Berrocal 5 ; 5 € ; 10h-14h et 17h-20h dim et mar-jeu, 10h-14h ven avr-oct, 10h-14h et 16h-20h dim et mar-jeu, 10h-14h ven nov-mars)

Centro Federico García Lorca
Voir p. 288 (958 27 40 62 ; www.centrofedericogarcialorca.es ; Plaza de la Romanilla ; entrée libre ; 11h-14h et 18h-21h mar-sam, 11h-14h dim)

Centro José Guerrero
Voir p. 280 (958 22 01 19 ; centroguerrero.es ; Calle Oficios 8 ; entrée libre ; 10h30-14h et 16h30-21h mar-sam, 10h30-14h dim)

Corral del Carbón
Voir p. 280 (958 22 11 44 ; www.alhambra-patronato.es ; Calle Mariana Pineda 21 ; entrée libre ; 9h-20h)

Colegiata del Salvador
Voir p. 281 (958 27 86 44 ; Plaza del Salvador ; entrée libre ; 18h30-19h30 lun, 9h-17h mar-dim)

El Cuarto Real
Voir p. 286 (958 84 91 11 ; www.albaicin-granada.com ; Plaza de los Campos ; adulte/enfant 2/1 €, entrée libre dim ; 9h30-13h30 et 17h30-21h mar-sam, 9h30-13h30 dim mi-mars à mi-oct, 10h-14h et 16h30-20h mar-sam, 10h-14h dim mi-oct à mi-mars)

Hotel Alhambra Palace
Voir p. 286 (958 22 14 68 ; www.h-alhambrapalace.es ; Plaza Arquitecto García de Paredes 1)

Huerta de San Vicente
Voir p. 288 (958 84 91 12 ; www.huertadesanvicente.com ; Calle Virgen Blanca ; adulte/enfant 3/1 € ; 9h-15h mar-dim juin à mi-sept, 9h30-17h mar-dim mi-sept à mai)

Madraza Yusufia
Voir p. 280 (676 38 56 00 ; lamadraza.ugr.es ; Calle Oficios 14 ; visite guidée 2 € ; 10h30-20h)

Museo Arqueológico
Voir p. 281 (958 03 46 66 ; www.museosdeandalucia.es ; Carrera del Darro 41-43 ; 1,50 €, entrée libre ressortissants UE ; 9h-15h mar-dim mi-juin à mi-sept, 9h-21h mar-sam, 9h-15h dim mi-sept à mi-juin)

Museo Cuevas del Sacromonte
Voir p. 288 (958 21 51 20 ; sacromontegranada.com ; Barranco de los Negros ; 5 € ; 10h-20h mi-mars à mi-oct, 10h-18h mi-oct à mi-mars)

Palacio de Dar-al-Horra
Voir p. 281 (671 56 35 53 ; www.alhambra-patronato.es ; Callejón de las Monjas Albaicín ; 5 €,

entrée libre dim ; 9h-14h30 et 17h-20h30 mai à mi-sept, 10h-17h mi-sept à avr)

Casa 1800 Granada
Voir p. 280 (958 21 07 00 ; www.hotelcasa1800granada.com ; Calle Benalúa 11)

Casa Morisca
Voir p. 280 (958 22 11 00 ; www.hotelcasamorisca.com ; Cuesta de la Victoria 9)

Parador de Granada
Voir p. 280 (958 22 14 40 ; paradores.es ; Calle Real de la Alhambra)

Bar Poë
Voir p. 289 (www.barpoe.com ; Calle Verónica de la Magdalena 40 ; tapas 1,50-5 € ; 20h-2h mer-jeu et dim, 20h-3h ven-sam)

Bar Provincias
Voir p. 289 (958 25 20 57 ; www.facebook.com/BarProvincias ; Calle Provincias 4 ; tapas 2-6 € ; 13h-23h30 mar-sam)

Casa Torcuato
Voir p. 290 (958 28 81 48 ; casatorcuato.com ; Calle Pagés 31 ; menus 30-42 € ; 12h-22h lun-jeu, 12h-minuit ven-sam, 11h-16h dim)

Damasqueros
Voir p. 287 (958 21 05 50 ; damasqueros.com ; Calle Damasqueros 3 ; menu dégustation 55 €; 13h-15h et 20h30-22h30 mar-sam, 13h-15h dim)

El Trillo
Voir p. 289 (958 22 51 82 ; www.restaurante-eltrillo.com ; Callejón del Aljibe de Trillo 3 ; plats 12-15 € ; 13h30-16h et 20h-23h)

Faralá
Voir p. 287 (664 08 53 13 ; restaurantefarala.com ; Calle de Gomérez 11 ; menus dégustations sans/avec vin à partir de 60/88 € ; 13h30-16h30 et 19h30-22h30 mer-dim)

JARMO V/STOCK.ADOBE.COM ©

Palacio de Carlos V à l'Alhambra, Grenade (p. 283)

Más Que Vinos
Voir p. 286 (958 56 09 86 ; www.restaurantemasquevinos.es ; Calle Tundidores 10 ; plats 10-21 € ; 12h-17h et 20h-minuit dim-jeu, 12h-17h et 20h-1h ven, 12h-1h sam)

Om Kalsum
Voir p. 289 (Calle Jardines 17 ; tapas 4-9 € ; 20h-0h30 lun, 13h-16h et 20h-0h30 mar-sam)

Picoteca 3 Maneras
Voir p. 289 (958 22 68 18 ; picoteca3maneras.com ; Calle Santa Escolástica 19 ; plats 10-20 € ; 13h-16h et 20h-minuit mar-sam, 13h-16h dim)

Restaurante los Patos
Voir p. 293 (958 53 57 90 ; www.hospes.com ; Calle Solarillo de Gracia 1, Grenade ; plats 16-28 € ; 13h30-15h30 et 20h-23h)

Restaurante Masae
Voir p. 289 (958 25 99 71 ; restaurantemasae.com ; Callejón Antonino 6 ; plats 5-21 € ; 13h30-17h et 20h30-minuit mar-sam)

Restaurante Vegano Hicuri
Voir p. 287 (858 98 74 73 ; www.restaurantehicuriartveg ; Plaza de los Girones 3 ; plats 10-12 €, menu 15 € ; 13h-23h lun-sam)

Ruta del Azafrán
Voir p. 289 (958 22 68 82 ; rutadelazafran.com ; Paseo del Padre Manjón 1 ; plats 13-24 €, menus dégustations 30-38 € ; 12h-16h et 20h-23h)

Taberna la Tana
Voir p. 290 (958 22 52 48 ; www.tabernalatana.com ; Placeta del Agua 3 ; tapas 5-10 € ; 12h30-16h et 20h30 minuit, fermé san-dim juil-août)

Candela
Voir p. 287 (958 22 70 10 ; www.facebook.com/barelcandela ; Calle Santa Escolástica 9 ; 13h-16h et 20h30-1h)

Casa de Vinos la Brujidera
Voir p. 290 (722 21 47 19 ; casadevinosgranada.es ; Calle Monjas del Carmen 2 ; 12h30-16h et 20h30-minuit lun-jeu, 12h30-minuit ven-dim)

I Need Coffee
Voir p. 286 (630 26 38 56 ; i-need-coffee-cafeteria.negocio.site ; Plaza del Realejo 5 ; 8h-14h)

La Finca
Voir p. 286 (658 85 25 73 ; lafincaroaster.com ; Calle Colegio Catalino 3 ; 8h30-20h lun-ven, 9h30-20h sam-dim)

Sur Coffee Corner
Voir p. 286 (@surcoffeecorner ; Calle San Jerónimo 8 ; 8h-18h mer-dim)

Lemon rock
Voir p. 288 (958 229 019 ; lemonrockgranada.com ; Calle Montalbán 6 ; bar : 16h30-1h lun-mer, 13h-2h jeu et dim, 13h-3h ven, cuisine : 13h30-16h30 et 20h-23h45)

Planta Baja
Voir p. 288 (691 29 82 26 ; plantabaja.club ; Calle Horno de Abad 11)

Ruido Rosa
Voir p. 288 (Calle Sol 18 ; 19h-tard jeu-sam)

Ábside
Voir p. 289 (671 734 353 ; absideshop.es ; Plaza de Villamena 5 ; 10h-15h et 15h30-21h30)

Casa Diego
Voir p. 286 (958 22 70 91 ; Calle Santa Escolástica 13 ; 9h-21h lun-ven, 9h-14h30 sam)

Platónica
Voir p. 289 (651 008 995 ; platonicajoyeria.com ; Carrera del Darro 8 ; 11h-20h)

Taracea del Árbol
Voir p. 289 (619 238 165 ; Plaza Arquitecto García de Paredes "Carmen de San José" ; 9h-20h30)

ENVIRONS DE GRENADE

Baños Árabes
Voir p. 295 (958 86 19 47 ; www.juntadeandalucia.es ; Calle Acequita 7-9-11, Baza ; entrée libre ; 11h-13h et 18h-20h mer-dim avr-oct, 11h-13h et 16h-18h mer-dim nov-mars)

Bodega Anchurón
Voir p. 295 (626 26 94 42 ; anchuron.es ; Darro ; visite guidée 12 € ; 9h-14h lun-ven, 11h30-13h30 sam, 12h-13h30 dim)

Castillo de Montefrío
Voir p. 294 (958 33 60 04 ; www.montefrio.org ; Calle San Sebastian 62, Montefrío ; 2 € ; 11h-14h dim-ven, 11h-14h et 16h-18h sam)

Catedral de Guadix
Voir p. 292 (692 57 46 71 ; catedraldeguadix.es ; Paseo de la Catedral, Guadix ; tarif plein/réduit/enfant 12/11/9 € ; 10h30-14h et 17h-19h30 juin-sept, horaires variables le reste de l'année)

Caviar de Riofrío
Voir p. 292 (958 32 26 21 ; www.caviarderiofrio.com ; visite guidée avec dégustation à partir de 25 € ; Avenida del Río 8, Riofrío ; 9h-14h et 15h-18h)

Centro de Interpretación Cuevas de Guadix
Voir p. 292 (958 66 55 69 ; mcicuevasdeguadix.blogspot.com ; Plaza del Padre Poveda, Guadix ; tarif plein/réduit/-14 ans 2,60/1,55 €/gratuit ; 10h-14h et 16h-18h lun-ven, 10h-14h sam)

Dominio Buenavista
Voir p. 295 (958 76 72 54 ; www.vinosveleta.com ; Ugíjar ; visite guidée 12 € ; 11h-14h et 17h-20h)

Las Peñas de los Gitanos
Voir p. 294 (628 30 53 37 ; www.laspeñasdelosgitanos.es ; GR-3410, km 5, Montefrío ; adulte/enfant 10/5 €)

Museo Arqueológico
Voir p. 295 (958 86 19 47 ; www.museoarqueologicobaza.es ; Calle Alhóndiga 1, Baza ; 3 € ; 10h30-14h et 18h-20h mar-sam, 10h30-14h dim avr-sept, 11h-14h et 18h-20 mar-sam, 11h-14h dim oct-mars)

Museo Casa Natal Federico García Lorca
Voir p. 288 (958 51 64 53 ; www.patronatogarcialorca.org ; Calle Poeta Federico García Lorca 4, Fuente Vaqueros ; adulte/enfant 3/1,50 €, gratuit mer ; visites guidées toutes les heures 10h-13h mar-sam tte l'année et 16h-17h oct-mars, 17h-18h avr-juin et sept)

Cueva de Manuela
Voir p. 292 (654 51 01 14 ; Calle Fuente Mejías 65, Guadix)

Hotel Rural Cuevas de Rolando
Voir p. 292 (670 79 91 38 ; alojados.top/cuevas-de-rolando ; Rambla de Baza, Guadix)

Alquería de Morayma
Voir p. 295 (605 05 18 41 ; www.alqueriamorayma.com ; Carretera A-348, km 50, Cádiar ; plats 11-16 € ; 9h-18h lun-jeu, 9h-23h ven-sam, 9h-18h dim)

Bar el Cruce
Voir p. 294 (958 33 64 75 ; Calle la Redonda 6A, Montefrío ; plats 8-14 €)

Casa Blanca
Voir p. 294 (630 45 97 47 ; Calle Pilillas 4, Montefrío ; plats 9-20 € ; 8h-18h mar et jeu-dim)

Cuevas Pedro Antonio de Alarcón
Voir p. 292 (958 66 49 86 ; cuevaspedroantonio.es ; Barriada San Torcuato, Guadix ; déj et dîner)

El Pregonero
Voir p. 294 (958 33 61 17 ; Plaza de España 3, Montefrío ; plats 9-18 ; 22h-17h30 lun et mer-jeu, 11h-17h30 et 19h30-minuit ven-dim)

La Medusa
Voir p. 293 (952 21 27 03 ; ostrerialamedusa.com ; Calle Santa María 25, Málaga ; plats 10-28 € ; 12h30-0h30 lun-sam)

La Tinaja
Voir p. 292 (958 66 28 77 ; latinaja.es ; Carretera de Baza 77, Guadix ; plats 10-18 € ; 12h-16h30 et 19h30-23h mer-lun)

Sollo
Voir p. 293 (951 38 56 22 ;

www.sollo.es ; Avenida del Higuerón 48, Fuengirola ; menus dégustation 75-150 € ; 19h30-minuit mar-sam)

PARQUE NACIONAL SIERRA NEVADA

Caballo Blanco
Voir p. 305 (627 79 48 91 ; caballoblancotrekking.com ; Órgiva ; randonnées 1/2/3/4 heures 40/50/70/90 €)

Be Natural
Voir p. 305 (660 55 99 50 ; bnaturalsport.com ; AL-5402, Bayárcal)

Equi-libre
Voir p. 305 (664 39 58 94 ; www.equi-libre.es ; Calle San Diego 11, Laroles ; randonnée à partir de 20 €)

Nevadensis
Voir p. 305 (958 76 31 27 ; nevadensis.com ; Plaza de la Libertad, Pampaneira ; canyoning 69 €/pers, balade à raquettes 45 €/pers, excursion en 4x4 50 €/pers, via ferrata 45 €/pers)

Sierra Nevada Ski
Voir p. 304 (958 70 80 90 ; sierranevada.es ; Pradollano ; forfait adulte 47-52 €, enfant 31-34 € ; nov-avr)

Alquería de Morayma
Voir p. 304 (605 05 18 41 ; www.alqueriamorayma.com ; Carretera A-348, km 50, Cádiar)

Casa Ana
Voir p. 298 (678 29 84 97 ; www.casa-ana.com ; Calle Artesa 7-9, Ferreirola ; mars-déc)

Hotel Fuente
Voir p. 297 (Calle Fuente Escarda 5, Capilerilla)

Hotel la Fragua II
Voir p. 297 (958 85 86 26 ; www.hotellafragua.com ; Calle Posadas 8, Trevélez ; mars-déc)

Hotel los Bérchules
Voir p. 304 (958 85 25 30 ; hotelberchules.com ; A-4130,

Parque Nacional Sierra Nevada (p. 296)

Carretera de Granada 20, Bérchules)

Hotel Real de Poqueira
Voir p. 297 (958 76 39 02 ; www.hotelespoqueira.es ; Calle Doctor Castilla 11, Capileira ; mi-fév à mi-jan)

L'Atelier
Voir p. 298 (958 85 75 01 ; www.facebook.com/lateliervegrestaurant ; Calle Alberca 21, Mecina Fondales ; plats 11-14 € ; restaurant 14h-16h et 20h-22h)

Sierra y Mar
Voir p. 298 (958 76 61 71 ; Calle Albaicín 3, Ferreirola ; fév-nov)

Alquería de Morayma
Voir p. 304 (605 05 18 41 ; www.alqueriamorayma.com ; Carretera A-348, km 50, Cádiar ; plats 11-16 € ; 9h-18h lun-jeu, 9h-23h ven-sam, 9h-18h dim)

El Corral del Castaño
Voir p. 296 (958 76 34 14 ; Plaza del Calvario 16, Capileira ; plats 9-21 € ; 13h-16h30 et 20h-23h jeu-mar)

Las Chimeneas
Voir p. 304 (958 76 00 89 ; www.laschimeneas.com ; Calle Amargura 6, Mairena ; dîner 3 plats 25 € ; 19h30-23h)

Mesón la Fragua
Voir p. 296 (958 85 85 73 ; www.hotellafragua.com ; Calle Posadas 9, Trevélez ; plats 9-14 € ; 12h30-15h30 et 20h-22h)

ENVIRONS DU PARQUE NACIONAL SIERRA NEVADA

Castillo Árabe de Salobreña
Voir p. 307 (958 61 03 14 ; www.ayto-salobrena.es ; Calle Andrés Segovia 6, Salobreña ; tarif plein/

réduit 4/2 € ; 10h-13h et 17h30-20h mi-juin à août, horaires réduits le reste de l'année)

Castillo de San Miguel
Voir p. 307 (650 02 75 84 ; www.visitalmunecar.es ; Explanada del Castillo, Almuñécar ; adulte/enfant 4/2,50 € ; 10h-13h30 et 18h30-21h mar-sam, 10h-13h dim juil à mi-sept, horaires réduits mi-sept à juin)

Museo Arqueológico
Voir p. 307 (958 61 61 31 ; www.visitalmunecar.es ; Calle San Joaquín, Almuñécar ; adulte/enfant 4/2,50 € ; 10h-13h30 et 18h30-21h mar-sam, 10h-13h dim juil à mi-sept, horaires réduits mi-sept à juin)

Buceo La Herradura
Voir p. 308 (958 82 70 83 ; www.buceolaherradura.com ; Puerto Deportivo Marina del Este, La Herradura ; plongée avec équipement 75 €, open water 390 € ; 8h30-20h)

Windsurf La Herradura
Voir p. 308 (958 64 01 43 ; windsurflaherradura.com ; Paseo Marítimo 34, La Herradura ; location planche à voile/paddle/kayak à partir de 20/10/7 €, cours à partir de 40 €, paddle yoga 15 €, excursions guidées à partir de 15 € ; stand plage 10h30-20h Pâques-oct, boutique 10h30-14h et 17h30-20h30 tte l'année)

Hotel Casablanca
Voir p. 307 (958 63 55 75 ; www.hotelcasablancaalmunecar.com ; Plaza San Cristóbal 4, Almuñécar)

Hotel Miba
Voir p. 307 (958 61 72 28 ; hotelmiba.com ; N-340, km 325, Salobreña)

La Tartana
Voir p. 307 (958 10 71 63 ; www.latartanahotel.com ; Calle la Tartana 1, La Herradura)

Araís
Voir p. 307 (958 61 17 38 ; www.facebook.com/restaurante.arais ; Calle Granada 11, Salobreña ; tapas 10-20 €, plats 14-28 € ; 12h-16h et 20h-minuit mar-ven, 12h-minuit sam-dim)

La Barraca
Voir p. 307 (958 34 92 87 ; labarracacantarrijan.com ; Playa de Cantarriján, Almuñécar ; plats 10-21 € ; 10h-minuit mai-sept, 10h30-19h oct-avr)

Los Geraneos
Voir p. 307 (958 63 40 20 ; www.facebook.com/losgeraneos ; Plaza de la Rosa 4, Almuñécar ; menu 15 € ; 12h-16h et 19h30-23h mar-sam, 12h-16h dim)

Mesón de la Villa
Voir p. 307 (858 81 45 61 ; Av Mediterráneo 28, Salobreña ; plats 9-20 € ; 12h-minuit jeu-mar)

Catedral de Almería (p. 310)

JULIO/STOCK.ADOBE.COM ©

ALMERÍA

Alcazaba
Voir p. 309 (950 80 10 08 ; www.museosdeandalucia.es ; Calle Almanzor ; 1,50 €, ressortissants UE gratuit ; 9h-15h et 20h-22h mar-sam, 9h-15h dim fin juin à fin sept, 9h-18h mar-sam, 9h-15h dim fin sept à fin mars, 9h-21h mar-sam, 9h-15h dim fin mars à fin juin)

Aljibes Árabes de Jayrán
Voir p. 314 (950 27 30 39 ; almeriaciudad.es ; Calle Tenor Iribarne 12 ; entrée libre ; 18h-21h ven, 10h30-13h30 et 18h-21h sam, 10h30-13h30 dim juin-sept, 17h-20h ven, 10h30-13h30 et 17h-20h sam, 10h30-13h30 dim oct-mai)

Catedral de Almería
Voir p. 310 (605 42 99 79 ; catedralalmeria.com ; Plaza de la Catedral 8, entrée Calle Velázquez ; tarif plein/réduit/enfant 6/4/3 € ; 10h-14h30 et 16h-19h mar-ven, 10h-19h sam, 15h-18h dim)

Centro Andaluz de la Fotografía
Voir p. 311 (950 18 63 60 ; www.centroandaluzdelafotografia.es ; Calle Pintor Díaz Molina 9 ; entrée libre ; 11h-14h et 17h30-21h30)

Centro de Interpretación Patrimonial
Voir p. 312 (671 099981 ; Plaza de la Constitución ; gratuit ; 10h30-13h30 et 17h-20h mar-sam, 10h30-13h30 dim)

Iglesia de San Juan
Voir p. 314 (Calle General Luque; entrée libre ; ouverte pour la messe 20h avr-sept, 19h oct-mars, fermé mar et ven)

Museo de Almería
Voir p. 312 (950 01 62 56 ; www.museosdeandalucia.es/museodealmeria ; Calle Hermanos Pinzón 91 ; 9h-21h mar-sam, 9h-15h dim)

Museo de la Guitarra
Voir p. 311 (950 27 43 58 ; Ronda del Beato Diego Ventaja ; tarif plein/réduit 3/2 € ; 10h30-13h30 mar-dim et 18h-21h mar-sam juin-sept, 17h-20h mar-sam oct-mai)

Refugios de la Guerra Civil
Voir p. 311 (950 26 86 96 ; almeriaculturaentradas.es ; Plaza de Manuel Pérez García 1 ; tarif plein/réduit 3/2 € ; visites 10h30 et 12h mar-dim tte l'année, plus 18h et 19h30 mar-sam juin-sept, 17h et 18h30 mar-sam oct-mai)

AIRE Hotel & Ancient Baths
Voir p. 311 (950 28 20 96 ; www.airehotelalmeria.com ; Plaza de la Constitución 4)

Hotel Catedral
Voir p. 311 (950 27 81 78 ; www.hotelcatedral.net ; Plaza de la Catedral 8)

Murallas de Jayrán
Voir p. 311 (624 40 61 69 ; hotelmurallasdejayran.com ; Calle Antonio Vico 21)

Casa Puga
Voir p. 312 (950 23 15 30 ; www.barcasapuga.es ; Calle Jovellanos 7 ; tapas à partir de 1,70 €, plats 7-18 € ; 12h-16h et 20h-minuit lun-sam)

El Quinto Toro
Voir p. 313 (950 23 91 35 ; Calle Juan Leal 6 ; tapas à partir de 2 €, plats 7-18 € ; 12h-16h et 20h30-minuit lun-ven, 12h-16h sam)

Jovellanos 16
Voir p. 312 (660 54 73 54 ; www.facebook.com/jovellanos16 ; Calle Jovellanos 16 ; tapas 1,80 €, plats 10-18 € ; 20h-23h30 lun, 13h-16h et 20h-23h30 mar-sam)

La Consentida
Voir p. 313 (950 92 32 78 ; Calle Antonio González Egea ; plats 11-29 € ; 7h-1h lun-ven, 12h30-1h sam-dim)

Restaurante Marrakech
Voir p. 312 (632 36 68 49 ; Parque Nicolás Salmerón 18 ; plats 9-18 € ; déj et dîner)

Salmantice
Voir p. 313 (950 62 55 00 ; rtesalmantice.wordpress.com ; Calle Costa Balear 16 ; plats 15-35 € ; 13h30-16h lun, 13h30-16h et 20h30-23h mar-sam)

Taberna Joseba Añorga
Voir p. 313 (950 26 86 23 ; tabernavascaenalmeria.com ; Calle la Union 9 ; tapas 3,50-7 €, plats 10-28 €, menu dégustation à partir de 42 € ; 13h-16h mar et dim, 13h-16h et 20h-minuit mer-sam)

Taberna Nuestra Tierra
Voir p. 312 (679 89 74 32 ; www.tabernanuestratierra.com ; angle Calle Jovellanos et Calle Marín ; tapas 3,90-7,50 €, plats 9-15 € ; 7h30-15h45 lun-mer, 7h30-15h45 et 20h-23h30 jeu, 7h30-23h45 ven, 13h-23h45 sam, 13h-15h45 dim)

Tetería Almedina
Voir p. 312 (697 93 29 11 ; Calle Paz 2 ; plats 10-20 € ; 12h-minuit mar-dim)

Tony García Espacio Gastronómico
Voir p. 313 (950 10 81 80 ; www.tonygarciaespaciogastronomico.com ; Avenida del Mediterráneo 281 ; tapas 6-8 €, plats 10-21 € ; 12h-1h)

Tortillería la Mala
Voir p. 313 (693 71 22 02 ; Calle Martínez Almagro 6 ; tapas 1,50-5 €, plats 9-18 € ; 20h-23h30 mar, 12h-16h30 et 20h-23h30 mer-dim)

Burana
Voir p. 312 (mollygroup.com ; Paseo de Almería 56 ; 15h30-3h)

Clasijazz
Voir p. 312 (640 581457 ; www.clasijazz.com ; Calle Maestro Serrano 9)

La Cueva
Voir p. 312 (950 08 25 21 ; Calle Canónigo Molina Alonso 23 ; 16h-4h)

CSH3D/SHUTTERSTOCK ©

Playa de los Muertos (p. 318)

ENVIRONS D'ALMERÍA

Centro de Interpretación Primeros Pobladores de Europa 'Josep Gibert'
Voir p. 317 (958 74 61 71 ; www.orce.es ; Camino San Simón, Orce ; 2 € ; 11h-14h et 18h-20h mar-dim mi-juin à juil et sept, 11h-17h et 18h-20h août, 11h-14h mar-jeu et dim, 11h-14h et 16h-18h ven-sam oct- à mi-juin)

Cueva de los Letreros
Voir p. 317 (694 46 71 36 ; www.andalucia.org ; Vélez-Blanco ; adulte/enfant 2/1 € ; visites guidées 19h mer et sam-dim juin-août, 16h30 mer et sam, 12h dim sept-mai)

Jardín Botánico Umbría de la Virgen
Voir p. 317 (www.juntadeandalucia.es ; María ; entrée libre ; 9h-15h mar-dim mai-sept, 10h-16h mar-dim oct-avr)

Fort Bravo
Voir p. 316 (902 07 08 14 ; www.fortbravo.org ; Carretera N-340A, km 468, Tabernas ; tarif plein/réduit/enfant 19,40/15,90/9,90 € ; 9h-19h30 avr-sept, 9h-18h oct-mars)

Oasys Mini Hollywood
Voir p. 316 (950 36 52 36 ; www.oasysparquetematico.com ; Carretera N-340A, km 464, Tabernas ; tarif plein/senior/enfant 23,50/19/14,50 € ; 10h-19h30 juin et sept, 10h-21h juil-août, horaires restreints reste de l'année)

Asador Espadín
Voir p. 317 (950 41 25 34 ; www.restauranteasadorespadin.com ; Calle Almez 2, Vélez Rubio ; plats 16-25 € ; 12h-16h jeu-mar)

Artesanía Muro
Voir p. 316 (950 12 62 67 ; www.morterosdemarmol.com ; Poligono Industrial Rubira Sola, parcelle V9, Macael ; 8h-14h et 15h-19h lun-ven)

La Jarapa
Voir p. 316 (699 70 30 16 ; Avenida Federico García Lorca 7, Níjar ; 10h-14h et 16h-21h30 lun-sam, 9h-14h30 dim)

La Tienda de los Milagros
Voir p. 316 (950 36 03 59 ; www.latiendadelosmilagros.com ; Callejón del Artesano 1, Níjar ; 11h-15h et 18h-22h)

PARQUE NATURAL CABO DE GATA-NIJAR

Buceo en Cabo de Gata
Voir p. 321 (664 53 42 00 ; buceoencabodegata.es ; Calle Cala Stay 1, La Isleta del Moro ; baptême de plongée 70 €, plongée à partir de 35 € ; 9h-14h et 17h-20h lun-sam, 9h-14h dim)

Cabo de Gata Activo
Voir p. 321 (633 41 83 83 ; cabodegataactivo.com ; Cala del Cuervo, Las Negras ; excursion kayak 3h adulte/enfant 39/29 € ; 8h-22h, sorties 9h, 10h, 12h30 et 16h30)

Diving Center Isub
Voir p. 321 (950 38 00 04 ; www.isubsanjose.com ; Calle Babor 8, San José ; baptême de plongée 75 €, plongée à partir de 32 €, snorkeling 30 € ; 8h30-14h et 16h-19h lun-sam, 8h30-14h dim)

Medialun Aventura
Voir p. 321 (667 22 48 61 ; medialunaventura.com ; Calle del Puerto 7, San José ; sortie kayak à partir de 28 €, excursions en bateau 34 €, location heure/journée kayak 12/40 €, paddle 12/45 €, vélo demi-journée/journée 15/20 € ; 9h-21h30)

La Almendra y el Gitano
Voir p. 321 (678 50 29 11 ; www.laalmendrayelgitano.com ; Camino de Cala Plomo, Agua Amarga)

Hotel Arrecife Calachica
Voir p. 321 (950 80 40 94 ; hotelesarrecife.es ; Calle Hélice 1, Las Negras)

Hotel MC
Voir p. 321 (950 61 11 11 ; www.confortysabor.com ; Calle Faro 2, San José)

MiKasa
Voir p. 321 (950 13 80 73 ; www.mikasasuites.com ; Carretera Carboneras 20, Agua Amarga)

4 Nudos
Voir p. 319 (620 93 81 60 ; 4-nudos.negocio.site ; Club Naútico San Jose, Calle del Puerto, San José ; plats 16-26 € ; 9h-18h mar-dim)

Asador la Chumbera
Voir p. 321 (634 67 62 98 ; asadorlachumbera.com ; AL-5106, Agua Amarga ; plats 13-35 € ; 13h30-17h et 20h-minuit jeu-mar)

Café Andrea
Voir p. 320 (Callejón de Istria 77, San José ; bocadillos 4 €, tostadas 2-4 € ; 8h30-15h mar-dim)

Costamarga
Voir p. 319 (950 13 80 35 ; Calle Aguada, Agua Amarga ; plats 8-26 € ; 9h-23h lun, 9h-17h mar, 10h-minuit jeu-ven, 9h-1h sam-dim)

El Manteca
Voir p. 319 (608 80 77 16 ; www.elmantecalasnegras.es ; Calle Mediterráneo 1, Las Negras ; plats 10-25 € ; 12h-17h30)

La Gallineta
Voir p. 321 (950 38 05 01 ; Carretera Níjar-San José, El Pozo de los Frailes ; plats 15-31 € ; 12h30-18h30 et 20h30-23h)

La Ola
Voir p. 320 (950 38 97 58 ; laolarestaurante.es ; Calle Rinconcillo 5, La Isleta del Moro ; tostadas 1,20-3,50 €, bocadillos 4,50-9 € ; 10h-16h30 et 20h-23h)

Restaurante Oro y Luz
Voir p. 321 (950 80 88 19 ; restauranteoroyluz.es ; Paraje de los Albacetes 1, Rodalquilar ; plats 16-30 € ; 13h30-16h et 20h30-23h mer-dim)

Taka Tuka
Voir p. 320 (625 28 07 37 ; Calle Bahía de las Negras 15D, Las Negras ; crêpes 4,50-8,50 € ; 8h-21h mer-lun)

ENVIRONS DU PARQUE NATURAL CABO DE GATA-NIJAR

Cuevas de Sorbas
Voir p. 327 (950 36 47 04 ; www.cuevasdesorbas.com ; Paraje Barranco del Infierno, A-1102, km 0,7, Sorbas ; visite adulte/enfant à partir de 18/13 € ; visites 11h, 13h et 16h oct-mai, 10h-20h juin-sept)

Geoda de Pulpí
Voir p. 327 (950 96 27 27 ; www.geodapulpi.es ; Calle Sierra de los Filabres, Los Jurados, Pulpí ; tarif plein/réduit/enfant 8-16 ans 22/15/10 €, non accessible aux moins de 8 ans ; 15h-20h lun, 8h30-13h30 et 15h-20h mar-dim)

El Mirador del Castillo
Voir p. 326 (694 45 47 68 ; Plaza del Mirador del Castillo, Mojácar Pueblo)

Hostal Arco Plaza
Voir p. 326 (950 47 27 77 ; www.hostalarcoplaza.es ; Calle Aire 1, Mojácar Pueblo)

Hostal el Olivar
Voir p. 326 (950 47 20 22 ; www.hostalelolivar.es ; Calle Estación Nueva 11, Mojácar Pueblo)

Arlequino
Voir p. 326 (950 47 80 37 ; www.arlequinomojacar.com ; Plaza de las Flores, Mojácar ; plats 12,50-24 € ; 19h-2h lun, 13h-16h30 et 20h-2h mar-dim)

Neptuno
Voir p. 326 (616 00 53 87 ; neptunomojacar.com ; Paseo del Mediterráneo 62E, Mojácar Playa ; plats 12-23 € ; 9h-23h)

Tito's
Voir p. 326 (950 61 50 30 ; www.titosbeachbar.com ; Paseo del Mediterráneo 2, Vista de los Ángeles-Rumina ; plats 9,50-21 € ; 10h-18h30 lun-ven, 10h-19h sam)

CARNET PRATIQUE

Ce chapitre présente toutes les informations pratiques essentielles dont vous aurez besoin pour voyager en Andalousie.

Mijas (p. 186)

Arriver en Andalousie

La majorité des voyageurs arrivent en Andalousie aux aéroports de Séville et de Málaga, bien équipés et reliés au centre-ville par les transports publics. Ceux d'Almería, Cordoue, Grenade et Jerez de la Frontera assurent aussi quelques vols. Louer une voiture s'avère relativement peu cher, en particulier à l'aéroport de Málaga.

Visas
Carte d'identité ou passeport valide pour les ressortissants de l'UE et de Suisse. Pas de visa requis pour les citoyens du Canada si le séjour n'excède pas 90 jours (sur une période de 6 mois).

Cartes SIM
La plupart des forfaits européens couvrent l'Espagne. Sinon, des cartes SIM espagnoles sont en vente dans les boutiques de téléphonie.

Wi-Fi
Le Wi-Fi est disponible gratuitement presque partout, mais il est de qualité variable. En dehors des grandes villes, mieux vaut acheter une carte SIM locale.

Argent
Il y a des DAB partout (frais de retrait très variables). Certains magasins, stands de marché et restaurants ne prennent que les espèces.

Transports publics de l'aéroport au centre-ville

	Séville	Málaga	Grenade
TRAIN	n/c	11 min 2.30 €	n/c
BUS	40 min 4 €	20 min 3 €	30 min 3 €
TAXI	20 min 25 €	15 min 22 €	20 min 30 €

QUEL AÉROPORT CHOISIR ?

L'aéroport de Málaga-Costal del Sol (www.aena.es/es/malaga-costa-del-sol.html) est le principal aéroport international d'Andalousie et le quatrième plus grand d'Espagne. L'aéroport de Séville (www.aena.es/es/sevilla.html) est pratique pour gagner Huelva et Cordoue, celui de Jerez (www.aena.es/es/jerez.html) bien placé pour rallier Cadix, la côte et les villages blancs, l'aéroport Federico García Lorca Granada-Jaén (www.aena.es/es/f.g.l.-granada-jaen.html) utile pour rejoindre Jaén au nord ou bien la Sierra Nevada et les Alpujarras au sud, et celui d'Almería (www.aena.es/es/almeria.html) parfait pour la côte préservée de Cabo de Gata.

Avion

Au départ de **Paris**, Air France propose des vols directs pour Málaga et Iberia des vols directs pour Séville. Les low cost Transavia et Ryanair assurent des vols directs pour Séville, tout comme Vueling, avec aussi des vols directs pour Málaga. Au départ de **Bruxelles**, Iberia dessert Málaga et Séville, tout comme SN Brussels Airlines, qui relie également Jerez de la Frontera. Vueling fait la liaison directe pour Málaga, tandis que Grenade, Almería et Séville sont desservies via Barcelone. Ryanair assure chaque jour des vols directs pour Málaga et Séville. Iberia propose des liaisons depuis **Genève** et **Zurich** via Madrid/Barcelone pour Almería, Grenade, Málaga et Séville. Swiss assure des vols directs Zurich-Málaga. Easyjet propose des vols directs Genève-Séville et Genève-Málaga. Air Canada assure des vols pour Málaga avec escale. Air Transat propose des vols directs depuis Montréal.

Train

Depuis la **France**, des TGV (SNCF) et des AVE (Renfe) assurent des liaisons Paris-Barcelone en 6 heures 40 ; de là, des trains AVE rallient Cordoue et Séville. OUIGO Espagne est en cours d'ouverture de nouvelles liaisons à destination de Cordoue, Séville et Málaga. Depuis la **Belgique**, il faut effectuer un changement en France. Depuis la **Suisse**, le train de Genève à Barcelone fait également une halte à Lyon.

Bateau

On peut rejoindre l'Andalousie en bateau depuis les ports marocains de Tanger, Nador et Al-Hoceima, ainsi que de Ceuta et Melilla (les enclaves espagnoles de la côte marocaine) et d'Oran et de Ghazaouet (Algérie). Si vous voulez voyager avec une voiture en juillet-août ou à Pâques, réservez bien à l'avance, et armez-vous de patience.

Bus

Choisir le bus pour se rendre en Andalousie n'est pas plus avantageux que de prendre l'avion, sauf si vous venez du Portugal ou du Maroc. Depuis les autres régions d'Espagne, le bus est souvent plus économique ou plus rapide que le train, mais pas toujours. Alsa (www.alsa.es) dessert plusieurs fois par semaine Casablanca, Marrakech et Fès, ainsi que les villes andalouses de Séville, Marbella, Málaga, Grenade, Jerez de la Frontera et Almería, via les ferries Algésiras-Tanger. Comptez environ 18 heures 30 pour aller de Málaga à Marrakech. D'autres bus circulent sur la côte méditerranéenne depuis Barcelone, Valence et Alicante, à destination d'Almería, Grenade, Jaén, Cordoue, Séville, Málaga et la Costa del Sol.

Voiture et moto

Depuis la France, le trajet Paris-Séville (1 750 km) en voiture dure environ 16 heures, 14 heures depuis Lyon et environ 10 heures 30 depuis Bordeaux. Les principales routes espagnoles sont en bon état.

La principale autoroute de Madrid à l'Andalousie est l'A4/AP4 (baptisée aussi Autovía del Sur), qui va à Cordoue, Séville et Cadix. Pour Jaén, Grenade, Almería et Málaga, prenez l'embranchement à Bailén. À l'est, l'AP7/ A7 descend toute la côte méditerranéenne espagnole, depuis La Jonquera, à la frontière française, jusqu'à Algésiras.

Comment circuler

Pour parcourir l'Andalousie en toute liberté, rien ne vaut une voiture, surtout si vous comptez explorer des villages et sites hors des sentiers battus, des zones rurales et montagneuses ou des plages isolées du littoral.

BUDGET

Location de voiture
À partir de 20 €/jour

Essence
Environ 1,75 €/litre

Recharge
14-15 €

Billet de train Séville-Málaga
À partir de 25 €

Location de voiture

Louer une voiture à l'aéroport est assez économique, surtout à Málaga. Les loueurs régionaux proposent souvent des tarifs plus intéressants que les loueurs internationaux. Le conducteur doit avoir plus de 21 ans et disposer d'une carte bancaire. Si un petit véhicule permet de se garer plus facilement, un moteur plus puissant aide à mieux négocier les pentes en montagne.

État des routes

Les principales *autopistas* (autoroutes), *autovías* (autoroutes sans péage) et routes secondaires sont en excellent état. Les petites routes peuvent en revanche être cahoteuses et criblées de nids-de-poule. Il existe en montagne et sur la côte des voies non asphaltées mais néanmoins carrossables.

Voyager avec sa propre voiture

Un véhicule personnel en Andalousie n'a d'intérêt que si vous prévoyez d'y passer 2 semaines au minimum. Les routes sont généralement en bon état, mais il est parfois difficile de circuler en ville et de stationner.

CONDUIRE EN ANDALOUSIE

À l'exception de quelques portions d'autoroute très fréquentées, les routes d'Andalousie connaissent généralement peu de circulation et sont plutôt agréables à emprunter au volant. Dans l'ensemble, les Andalous conduisent bien mais ils ont tendance à ne pas respecter les distances de sécurité et coupent parfois la priorité aux ronds-points. Sur les routes de montagne sinueuses, attention aux voitures qui arrivent en face de votre côté de la chaussée. Dans la campagne, il n'est pas rare de croiser des personnes à cheval ou des troupeaux de moutons.

Parking

Se garer dans les ruelles souvent à sens unique des centres médiévaux relève de la mission impossible. Cherchez plutôt un parking juste à l'extérieur du *casco antiguo* (vieille ville). Certains parkings souterrains ont des places très étroites. En ville, les zones de stationnement gratuit sont indiquées par des lignes blanches en pointillés, celles réservées aux riverains par des lignes bleues également en pointillés.

CODE DE LA ROUTE

50

Vitesse limitée à 120 km/h sur les autoroutes, 80 km/h hors agglomération et 50 km/h en ville.

.05

Le taux d'alcool au volant est limité à 0,05%.

Vélo

L'Andalousie se prête très bien au cyclisme. Même si certaines routes de montagne (dans la Sierra de Grazalema ou la Sierra Nevada) sont à réserver aux experts, la majeure partie de la région est accessible aux personnes en bonne condition physique.

Faire du vélo en Espagne ne présente pas plus de dangers que dans un autre pays européen, mais n'oubliez pas que certains adorent la vitesse au volant. Les excursions d'une journée et le cyclotourisme sont particulièrement appréciables au printemps et à l'automne, lorsque les conditions climatiques sont plus supportables. Notez aussi qu'il est obligatoire de porter un casque en dehors des agglomérations.

À SAVOIR

Le transport des vélos est gratuit sur les trains locaux (*cercanías*) et coûte 3 € pour les trajets supérieurs à 100 km. Sur les lignes à grande vitesse, ils doivent être placés dans une housse.

BON PLAN

Sachez que vous pouvez prendre le bus avec votre vélo. On vous demandera alors souvent de démonter la roue avant.

Autocar

Un vaste réseau de cars couvre presque toute la région. Même les villages reculés sont desservis une ou deux fois par jour depuis la ville ou le bourg le plus proche. Les grandes villes sont desservies tous les jours par des cars fréquents. Les services sont plus rares (voire inexistants) le samedi et le dimanche sur les routes moins fréquentées. Durant la Semaine sainte et en juillet et en août, il vaut mieux réserver ses billets un jours à l'avance. Parmi les principales compagnies figurent Alsa (alsa.es), Comes (tgcomes.es) et Autocares Carrera (autocarescarrera.es).

Taxi

Les taxis sont nombreux dans les grandes villes, et même la plupart des villages en comptent un ou deux. Les tarifs sont raisonnables – 3 à 3,50 € pour la prise en charge puis environ 1,05 €/km. Les courses depuis/vers un aéroport sont un peu plus chères. Il n'est pas obligatoire de laisser un pourboire au chauffeur, mais il/elle appréciera que vous arrondissiez le montant de la course.

Train

Des trains rapides, propres et fiables relient les principales villes andalouses à Madrid et entre elles. Réserver son billet à l'avance sur le site Internet de la Renfe (renfe.com) peut permettre de payer moins cher sur les lignes à grande vitesse AVE qui relient Cordoue à Málaga, Cordoue à Séville, et Séville à Málaga. Les trains *regionales* circulent entre les villes andalouses, avec de nombreux arrêts. Les *cercanías* sont quant à eux des trains de banlieue reliant Séville, Málaga et Cadix à leur agglomération et aux villes voisines.

Argent

MONNAIE : **EURO (€)**

Espèces

Il est utile d'avoir de l'argent liquide dans les localités isolées, pour les petits achats, sur les marchés et dans les transports publics.

Cartes bancaires

Les cartes Visa et Mastercard sont largement acceptées dans la plupart des hôtels, restaurants et commerces. Certains péages d'autoroute peuvent être payés par carte ou en espèces.

TVA

Les visiteurs extra-européens peuvent se faire rembourser les 21% d'IVA (la TVA espagnole) sur les achats supérieurs à 90,15 €. Demandez à la boutique un formulaire officiel, que vous ferez valider au kiosque DIVA de l'aéroport de départ pour vous faire rembourser.

Pourboires

Restaurants et cafés Le service est généralement inclus dans l'addition, mais la plupart des clients laissent environ 5% de la note lorsqu'ils sont satisfaits.

Hôtels Vous pouvez laisser 1 € aux porteurs de bagages.

Taxis Le pourboire n'est pas obligatoire, mais arrondir le prix de la course est toujours apprécié.

COMBIEN COÛTE…

La carte de réduction Málaga Pass pour 24 heures
28 €

Entrée de musée
3,50-5 €

Billet de bus Grenade-Almería
9 €

Billet de train Séville-Málaga
25 €

BON PLAN

Les détenteurs d'une carte d'étudiant et de l'International Youth Travel Card bénéficient de tarifs réduits dans les musées. Les plus de 60/65 ans munis d'une pièce d'identité ont également droit à des réductions dans divers musées et sites (parfois réservées aux ressortissants de l'UE). Enfin, pensez aux billets combinés, plus avantageux.

À SAVOIR

S'il existe des DAB presque partout, les frais de retrait varient beaucoup d'une banque à l'autre. La Caixa Rural prélève la commission la plus basse, la Santander Bank l'une des plus élevées.

L'ÉCONOMIE ESPAGNOLE AUJOURD'HUI

L'Espagne fait face à d'importantes difficultés économiques : faible productivité, taux de chômage élevé, population vieillissante, inégalités des revenus et problèmes liés au changement climatique, particulièrement aigus en Andalousie, où des vagues de chaleur sans précédent et des périodes de sécheresse encore plus fréquentes affectent l'agriculture. S'y ajoutent l'incertitude causée par la pandémie de Covid-19, l'engorgement mondial de la chaîne d'approvisionnement et la hausse du coût de l'énergie. Grâce à des aides du gouvernement (plafonnement du prix du carburant et trajets en train gratuits pour ceux travaillant loin de leur lieu de résidence), l'économie nationale devrait retrouver son niveau d'avant la pandémie d'ici la fin 2023.

Hébergement

Petits budgets

Les *hostales* (petits hôtels familiaux) louent des chambres simples, doubles ou triples assez basiques, dont le prix inclut presque toujours le petit-déjeuner. Présentes essentiellement dans les grandes villes, les auberges de jeunesse proposent des dortoirs avec salle de bains partagée, des espaces communs pour socialiser et des petits plus gratuits tels que petit-déjeuner, tournée des bars à tapas et location de vélos.

Refuges

Les sentiers de grande randonnée qui sillonnent les parcs nationaux, dont celui de la Sierra Nevada, sont jalonnés de *refugios*, une option formidable pour découvrir les espaces naturels les plus reculés d'Andalousie. Ils assurent le plus souvent un hébergement sommaire en dortoir mixte et disposent d'un coin salle à manger où l'on sert le petit-déjeuner et le dîner. Réservation vivement conseillée.

Camping

Si le camping sauvage est interdit dans les parcs nationaux, les parcs naturels et les plages d'Andalousie, la région compte plus de 150 terrains de camping. Même les plus rudimentaires ont des douches chaudes, des branchements électriques et un café, tandis que les plus haut de gamme comportent souvent une piscine et une supérette. Certains sont naturistes. Les campings en bord de mer affichent complets les mois d'été.

COMBIEN COÛTE UNE NUIT DANS...

un *parador*
à partir de 150 €

une bodega
à partir de 120 €

un B&B
à partir de 50 €

LOGER À LA CAMPAGNE

Installées dans des fermes et maisons villageoises rénovées, les *casas rurales* offrent un hébergement en chambre d'hôtes ou en gîte plein de cachet. La formule comprend le petit-déjeuner, souvent à base de produits du cru provenant de l'exploitation des propriétaires, et d'autres repas peuvent être servis à la demande. Certaines adresses ont un restaurant, d'autres sont des locations de vacances indépendantes.

Hôtellerie de luxe

Les *paradores* sont de prestigieux trois ou quatre-étoiles, gérés par l'État, qui occupent des bâtiments historiques (palais, châteaux, monastères...) superbement restaurés, souvent dans des lieux d'exception. Les grandes villes et les *pueblos blancos* abritent des hôtels de luxe avec piscine, spa et restaurant, ainsi que des boutiques-hôtels alliant éléments anciens et design contemporain.

DOMAINES VITICOLES

Certaines bodegas d'Andalousie possèdent des chambres et parfois un excellent restaurant. Y loger offre l'occasion unique de parfaire ses connaissances œnologiques en goûtant des vins de qualité et de communier avec le paysage en s'éveillant au milieu des vignes. Ce type de séjour contribue notamment à financer l'entretien de domaines historiques ou, mieux encore, l'activité de vignerons innovants, qui réintroduisent des cépages endémiques et expérimentent en matière de vins bio et naturels.

Avec des enfants

Le climat ensoleillé, les plages bien aménagées et l'attitude bienveillante de la population envers les enfants font de l'Andalousie une destination propice aux vacances en famille. Une foule de sites et d'attractions intéresseront les plus jeunes, des châteaux forts aux activités nautiques en passant par les musées interactifs, les fiestas hautes en couleur et les parcs à thème.

Visites

Les enfants bénéficient généralement de réduction pour la plupart des sites qui sont le plus souvent gratuits pour les moins de 4 ans. Certains musées proposent en outre des visites destinées aux familles et des ateliers pour les petits. De nombreux musées de Málaga sont gratuits le dimanche, de même que la majorité des musées d'Andalousie à l'occasion du Día de Andalucía (28 février).

Pratique

- Certains restaurants et musées disposent de tables à langer.
- Les rues pavées compliquent les déplacements en poussette et landau. Prévoyez un porte-bébé.
- Les produits pour bébé s'achètent en pharmacie et dans les supermarchés.
- La plupart des hôtels proposent des lits bébés.
- L'allaitement en public est une pratique courante.

NOTRE SÉLECTION

Isla Mágica, Séville (p. 77)
Spectacles de pirates, montagnes russes, etc.

Oasys Mini Hollywood, Desierto de Tabernas (p. 316)
Spectacles de cow-boys, diligences et zoo.

Muelle de las Carabelas, La Rábida (p. 98)
Répliques des caravelles de Christophe Colomb.

Excursions en bateau, Tarifa (p. 152)
Baleines et dauphins.

La Geoda de Pulpí, province d'Almería (p. 327)
Grotte remplie de cristaux étincelants.

Châteaux de Jaén et de Baños de la Encina (p. 250 et 256)
Remparts médiévaux.

Se déplacer

40% de réduction pour les mineurs (gratuit pour les moins de 4 ans) sur les trains à grande vitesse AVE. Tarifs réduits sur les ferries. Plein tarif dans les bus, sauf pour les enfants en bas âge voyageant sur les genoux de leurs parents. Si vous louez une voiture, réservez les sièges enfants.

Au restaurant

En règle générale, les enfants bénéficient d'un bon accueil dans les restaurants, parfois dotés de chaises hautes. Nombre d'établissements ont un menu enfant ou servent des demi-portions. Prévoyez un goûter ou des en-cas l'après-midi, car le service du dîner ne débute pas avant 20h.

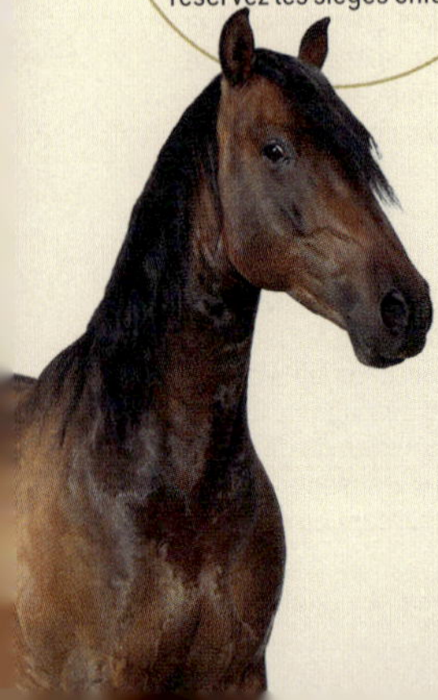

LOGER EN FAMILLE DANS DES CASAS RURALES

Très nombreuses en Andalousie, les *casas rurales* permettent d'allier séjour à petit prix et immersion dans la campagne. Certaines sont dotées d'une piscine et d'une petite aire de jeu, voire d'un service de baby-sitting, et/ou proposent des activités comme l'équitation. D'autres se trouvent sur des exploitations agricoles, où les enfants ont la possibilité de voir des animaux et de participer à la cueillette des fruits ou au ramassage des œufs. Outre la tranquillité et de grands espaces pour s'ébattre, elles offrent une cuisine "de la ferme à l'assiette", dont une grande partie des ingrédients vient des terres alentours.

Santé et sécurité

ASSURANCE

Pour les citoyens européens et suisses, la carte européenne d'assurance maladie assure la gratuité des soins médicaux dans les hôpitaux publics. Si les ressortissants des autres pays ne bénéficient pas d'une telle couverture en Espagne, il peut s'avérer utile de souscrire une assurance voyage couvrant les frais médicaux, mais aussi les annulations de vol et la perte des bagages.

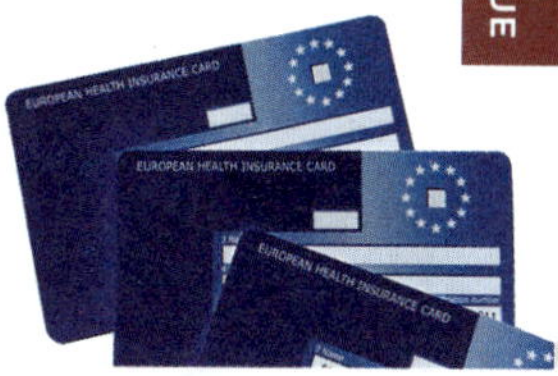

Insolation

En été, une chaleur extrême règne en Andalousie. Prévoyez beaucoup d'eau, un couvre-chef et une crème solaire à très haut indice de protection, surtout si vous randonnez. En juillet-août, imitez les locaux, qui restent à l'abri aux heures les plus torrides. Attention : les risques de coup de chaleur ou d'insolation ne se limitent pas au plein été. Ne sous-estimez pas la force du soleil, en particulier à haute altitude.

Méduses

En été, les bancs de méduse peuvent constituer un problème sur les plages de la Costa del Sol après des semaines de levant (vent d'est). Les piqûres des petites sont plus douloureuses que celles des grandes mais sans danger. Appliquer du vinaigre soulage.

FEMMES SEULES

L'Andalousie est une destination sûre pour les voyageuses en solo, à condition de prendre les mêmes précautions que partout ailleurs. Il peut arriver d'être importunée par un homme, mais cela reste très rare.

SE BAIGNER SANS RISQUE

Drapeau vert
Aucun danger

Drapeau jaune
Baignade autorisée mais restez vigilant

Drapeau rouge
Danger : baignade interdite

Drapeau blanc avec deux méduses
Présence de méduses

Drapeau noir
Plage fermée au public

Cannabis

La législation espagnole autorise la détention d'une quantité de cannabis allant jusqu'à 100 g pour un usage strictement personnel. La consommation en public, la vente ou l'achat de toute drogue illégale, y compris celle-ci, restent toutefois interdite. Il est très fortement déconseillé de fumer du cannabis dans une chambre d'hôtel ou autre lieu d'hébergement.

ATTENTION AUX VOLS

Surveillez vos sacs dans les lieux publics fréquentés, surtout les parcs, les places et les gares routières et/ou ferroviaires. Sur la Costa del Sol, des individus usent parfois d'un subterfuge pour voler les vacanciers : ils vaporisent le dos de leur victime avec un liquide non identifié et la détroussent en faisant mine de l'aider à nettoyer cette “crotte d'oiseau”.

Manger, boire et sortir

Les repas

Desayuno : le petit-déjeuner (café, jus d'orange et *tostada*, une tartine de pain grillé recouverte d'une garniture sucrée ou salée) se prend entre 8h et 11h.

Almuerzo : principal repas de la journée, le déjeuner est consommé entre 14h et 16h, et celui du dimanche peut durer des heures. De nombreux restaurants servent des menus de trois plats.

Cena : le soir, les restaurants ouvrent vers 20h, mais les Andalous ne dînent pas avant 21h et peuvent rester à table jusqu'à 23h ou minuit.

Où se restaurer

Bar : petits-déjeuners le matin, bière, vin et tapas le reste de la journée.

Cafetería : à mi-chemin entre le café et le bar, pour prendre le petit-déjeuner, un en-cas ou un verre l'après-midi.

Asador : restaurant de grillades.

Taberna : bar à l'ancienne spécialisé dans le vermouth ou le vin, accompagné de tapas.

Restaurante : n'importe quel restaurant.

Chiringuito : cabanons de plage servant des produits de la mer.

Marisquería : table de fruits de mer haut de gamme.

Bar de copas : bar à cocktails ouvert tard (pas de nourriture).

COMPRENDRE LA CARTE

Menú del día : menu entrée-plat-dessert, habituellement servi à midi, qui peut être parfois d'un excellent rapport qualité/prix.

Menú degustación : menu dégustation, composé d'au moins 5 plats.

Tapa : petite assiette.

Ración : portion standard.

Media ración : demi-portion, généralement suffisante pour une personne.

Entrantes : entrées à partager, parfois sous l'intitulé *para picar* ("à grignoter").

Primeros : premiers plats du *menú del día* (soupe, plat de légumes, paella).

Segundos : deuxièmes plats du *menú del día* (viande ou poisson avec des pommes de terre).

Carnes : plats de viande rouge

Ensaladas : salades

Pescados : poissons

Mariscos : fruits de mer

Postres : desserts

Caña (de cerveza) : demi de bière

Vino de la casa : vin de la maison

L'ART DE...

TAPEAR

Selon la légende, le mot *tapa* (littéralement "couvercle") serait apparu au XIIIe siècle. Tandis que le roi Alphonse X se restaurait dans une taverne en bord de mer de la province de Cadix, une rafale de vent souffla dans sa direction. Un serveur se serait alors précipité pour couvrir son verre de xérès d'une tranche de jambon cru afin que le sable n'y entre pas. Une vieille coutume andalouse consisterait à faire la même chose avec une tranche de pain pour dissuader les mouches.

Les tapas sont aujourd'hui indissociables de la scène culinaire de l'Andalousie. Si l'habitude d'en servir gratuitement avec chaque boisson n'est plus aussi répandue, elle subsiste dans les bars sélects de Séville et dans une majorité d'établissements à Grenade. Pour *tapear* (manger des tapas), vous avez le choix entre faire la tournée des bars ou vous installer dans l'un d'eux et commander plusieurs petites assiettes en guise de repas.

GRESEI/SHUTTERSTOCK ©, GARY JOHN NORMAN/GETTY IMAGES ©

COMBIEN COÛTE...

un expresso
1,20 €

une *tostada*
3-4 €

une glace)
2,50 €

une tapa
2-4 €

une *media ración*
5-8 €

un verre de vin
2-4,50 €

un déjeuner dans un *chiringuito*
20 €

un dîner dans un restaurant étoilé au Michelin
100-150 €

L'ART DE...

COMMANDER UN CAFÉ

Si les Andalous ne sont pas les plus gros buveurs de café en Europe, ils ont pour ce breuvage la même passion que tous les Méditerranéens, auquel s'ajoute une part de rituel social. Au petit-déjeuner, beaucoup optent pour un café au lait, souvent pris dans un bar, parfois avec une pâtisserie ou une *tostada*. Il est suivi l'après-midi d'un café plus corsé. Les amis et collègues ont tendance à se retrouver au café plutôt que chez eux.

L'expresso serré, servi dans de petits verres ou tasses, est la base de la plupart des autres boissons caféinées. La prolifération des enseignes spécialisées a rallongé la liste des types de café proposés, mais voici les plus courants :

Café espagnol

La majeure partie du café espagnol est *torrefacto* , c'est-à-dire torréfié avec du sucre, qui, en brûlant, donne aux grains un goût plus fort et plus amer. Cette pratique remonte à la guerre civile, quand les soldats procédaient ainsi pour garantir une meilleure conservation.

Espresso : expresso.

Café solo : synonyme d'*espresso*.

Café largo : grand café noir corsé.

Americano : expresso allongé de 2/3 d'eau chaude.

Cappuccino : rare en dehors des enseignes Starbucks.

Cortado : café noisette, un expresso avec une goutte de lait.

Café con leche : café au lait. Uniquement consommé au petit-déjeuner.

Carajillo : café arrosé d'eau-de-vie, de Baileys ou autre alcool.

Café con hielo : n'importe quel café frappé avec des glaçons.

Bombón : composé d'une moitié de lait concentré au fond et d'une moitié d'expresso sur le dessus.

UNE SOIRÉE EN VILLE

Les Andalous débutent souvent la soirée par une rencontre entre amis dans un bar pour boire une bière ou l'apéritif. Le climat de la région se prête particulièrement aux libations en plein air : le soleil brille abondamment, même en hiver et la plupart des établissements possèdent une terrasse. Vers 20h, les cuisines ouvrent. Certains se contentent de quelques *raciones* à picorer – des croquettes ou une assiette de charcuterie, par exemple –, tandis que d'autres optent pour un vrai repas au restaurant.

D'autres encore rentrent dîner chez eux avant de ressortir, car la vie nocturne ne commence à s'animer qu'à une heure tardive. Dans les grandes villes, surtout en été, les fêtards investissent les rues et font la tournée des bars à tapas du Barrio Santa Cruz à Séville, du Realejo à Grenade ou du centre historique à Málaga. Autour de 23h, les bars se remplissent pour de bon et il faut parfois jouer des coudes jusqu'au comptoir pour commander et siroter ensuite son verre debout dehors.

Quant aux clubs, inutile d'y aller avant 1h, sous peine de les trouver plutôt vides. Les DJ mixent souvent jusqu'à 6h. Une ambiance assez décontractée règne dans beaucoup de ces établissements qui n'appliquent pas de *dress code*. Vérifiez quand même sur les réseaux sociaux pour adapter votre tenue au besoin. L'entrée est parfois gratuite pour les femmes.

Voyage responsable

Voyage et changement climatique

L'impact des voyages sur l'environnement est aujourd'hui bien connu, et impose de faire ce qui est en notre pouvoir pour le limiter. Lonely Planet recommande ainsi aux voyageurs de se renseigner sur l'empreinte carbone de leurs déplacements. Divers outils en ligne permettent de calculer les émissions de CO_2 générées par chaque trajet, notamment celui de l'Ademe. De nombreuses plateformes de réservation et compagnies aériennes proposent de compenser leurs émissions de gaz à effet de serre par une contribution financière à des projets respectueux de l'environnement, partout dans le monde. Chez Lonely Planet, nous continuons à compenser l'empreinte carbone de tous nos auteurs, tout en étant conscients que ce n'est qu'une solution partielle.

Scannez pour accéder au calculateur d'émissions de carbone de l'Ademe

Observation des étoiles

L'observatoire astronomique d'El Torcal de Antequera (astrotorcal.es) offre l'occasion de s'émerveiller devant le ciel nocturne. Situé à haute altitude, l'observatoire d'astrophysique de la Sierra Nevada (osn.iaa.csic.es/en) propose des visites diurnes de ses installations en juillet-août.

Forêts de chênes-lièges

En évitant d'acheter des bouteilles de vin à bouchon plastique, vous contribuerez à la sauvegarde de l'industrie du liège, une activité séculaire, et à la préservation des forêts du Parque Natural Los Alcornocales.

Manger local

Privilégiez les restaurants des petites localités, qui servent des produits frais de qualité, le plus souvent cultivés sur place.

Artisanat traditionnel

Des activités artisanales (tissage, poterie, sculpture sur marbre ou travail du cuir) perdurent dans les villages andalous. Acheter des objets faits main auprès de ceux qui les fabriquent aide à maintenir ces savoir-faire.

Bois durable

On vend en Andalousie beaucoup de souvenirs en bois. Ceux dont la matière première provient de forêts durables portent le label FSC ou PERF.

La **Taberna del Chef del Mar** (p. 138), à Puerto de Santa María, met à l'honneur les produits de la mer issus de la pêche durable.

Régalez-vous de verdure au **Vegan Rock** (p. 72), le meilleur bar à tapas végan de Séville, ou mangez les légumes cultivés par le patron du **Chilimosa** (p. 153), à Tarifa.

Les vignerons réputés de Ronda (www.andalucia.org/fr/routes-ruta-vinos-y-bodegas-serrania-de-ronda) produisent des crus primés en employant exclusivement des techniques durables, bio et biodynamiques.

L'Andalousie est la région la plus aride d'Espagne, avec des espaces désertiques par endroits, d'où l'importance d'économiser l'eau autant que possible. Apportez une gourde à remplir au robinet plutôt que d'acheter des bouteilles d'eau et ne traînez pas sous la douche.

Protection de la vie marine

Nombre de touristes viennent à Tarifa pour voir des baleines et des dauphins dans le détroit de Gibraltar. La FIRMM (firmm.org) fait un travail exceptionnel de recherche et de protection des mammifères marins. Elle organise des excursions (en anglais) qui respectent les cétacés.

Bénévolat

Le Corps européen de solidarité (youth.europa.eu/solidarity_fr) propose des emplois bénévoles aux jeunes de 18 à 30 ans désireux de séjourner plus longtemps en Andalousie. Le bénévolat est une excellente façon d'améliorer ses connaissances en espagnol tout en apportant une aide aux communautés locales.

L'Espagne compte des centaines de **Vías Verdes** ("voies vertes"), aménagées pour les marcheurs et les cyclistes sur le tracé de lignes de chemin de fer désaffectées. (p. 45).

Málaga intègre actuellement de nouveaux véhicules électriques à sa flotte de bus pour atteindre l'objectif "zéro carbone" d'ici à 2030.

L'Indice de Performance Environnementale classe l'Espagne au 12e rang mondial. Le pays a mis en place une feuille de route pour atteindre la neutralité carbone d'ici à 2050 et vise à utiliser 74% d'électricité produite à partir d'énergies renouvelables avant 2030.

Voitures électriques

Si vous décidez de louer une voiture, choisissez un véhicule hybride ou électrique, plus écoénergétique. Il existe des places de stationnement gratuites destinées à ces derniers, ainsi que de nombreuses bornes de recharge dans les villes et villages.

Marche et vélo

On peut explorer les montagnes et les zones rurales d'Andalousie à pied ou à vélo en empruntant les Vías Verdes (viasverdes.com), un réseau d'anciennes voies ferrées reconverties. Des sentiers pédestres et cyclables relient aussi, entre autres, les villages de la Sierra Nevada.

SITES UTILES

worldpackers.com Bénévolat auprès de diverses entreprises sociales, dont des organismes de secours animal.

andalucia.org Infos sur les zones protégées d'Andalousie.

iucn.org Enjeux environnementaux liés au changement climatique en Espagne et ailleurs.

Contribuez aux programmes de reforestation de l'Andalousie en participant à un circuit du tour-opérateur Andalucia360Travel (andalucia360travel.com).

Voyageurs LGBTIQ+

L'Espagne est l'un des pays les plus progressistes à l'égard des personnes LGBTIQ+. Dans l'armée, l'homosexualité a cessé d'être un délit en 1979, des lois antidiscriminatoires ont été introduites dans les années 1990 et le mariage entre personnes du même sexe a été légalisé en 2005. Torremolinos, Málaga, Séville et Grenade comptent des communautés gay bien établies mais les voyageurs homosexuels rencontreront peu de problèmes quel que soit l'endroit.

Événements

Séville accueille fin juin la plus grande Marche des fiertés d'Andalousie, Orgullo de Andalucía (www.facebook.com/OrgulloAndalucia). Pendant une semaine, concerts, expositions et fêtes culminent avec un défilé costumé jusqu'à l'Alameda de Hércules. Grenade, Cordoue, Málaga, Almería, Huelva et El Puerto de Santa María ont aussi leur Gay Pride la dernière semaine de juin. L'événement est très animé à Málaga et Huelva. Almería met en avant la question trans à travers l'exposition "*indentidades diversas*", tandis que Grenade et Huelva rivalisent avec des concours de vitrines sur le thème LGBTIQ+.

SITES UTILES

Les sites www.travelgay.com et www.patroc.com listent les hébergements, bars, boîtes, plages, lieux de drague, clubs de sport et associations gay-friendly. Tous deux comportent des sections consacrées à Séville et Torremolinos. Citons également www.gayseville4u.com et www.gaytorremolinos4u.com.

QUARTIERS GAY

En Andalousie, la scène homosexuelle est particulièrement dynamique à Torremolinos, suivie de près par Málaga, Séville et Grenade, mais on trouve des bars et des clubs gay et lesbiens dans toutes les grandes villes. Certaines éditent même des brochures, des guides et des cartes spéciales qui indiquent les lieux s'adressant à ce public, comme *Municipios Orgullosos de la Provincia de Sevilla* (turismosevilla.org).

Tourisme et réseaux sûrs

Out of Office (www.outofoffice.com) organise des circuits à caractère gay et constitue une bonne source d'information générale. Le guide MisterBandB (www.misterbandb.com) répertorie les hébergements accueillant envers la clientèle LGBTIQ+, de même que Further Afield (www.furtherafield.com). La Federación Andaluza Arco Iris (www.federacionarcoiris.blogspot.com), basée à Málaga, milite pour l'égalité des chances.

Drag-queens en folie

Pendant le carnaval gay de Torremolinos, les drag-queens locales s'exhibent dans leurs flamboyants atours à l'occasion du Gala Drag Queen, le grand événement annuel du genre en Andalousie. Vient ensuite le Drag Queen Gala à Benalmádena.

MENTALITÉ D'AUTREFOIS

D'une manière générale, tout le monde est le bienvenu en Andalousie, y compris les voyageurs LGBTIQ+. Il arrive cependant, surtout à la campagne, que certaines personnes plus âgées et conservatrices fassent des remarques désobligeantes. Pour autant, les mentalités évoluent partout vers davantage d'acceptation.

Voyage et handicap

L'Andalousie pose encore quelques problèmes d'accessibilité, mais déploie beaucoup d'efforts pour répondre aux besoins des personnes handicapées.

Plages accessibles

Nombre de plages comportent des rampes d'accès pour fauteuils roulants, des équipements adaptés, notamment en matière de sports nautiques, et des dispositifs destinés aux visiteurs atteints de déficiences sensorielles.

Aéroports

Les aéroports andalous fournissent une assistance aux PMR, malvoyants et malentendants. Prévenez la compagnie aérienne 48 heures avant. Les terminaux de Málaga et de Séville possèdent des places de parking réservées aux handicapés, des toilettes aménagées et des ascenseurs dotés de boutons en Braille.

Hébergement

Les hôtels récents de catégorie moyenne et supérieure sont accessibles aux personnes en fauteuil roulant et disposent de salles de bains adaptées. Par contre, nombre de B&B et de maisons d'hôtes n'ont pas d'ascenseur.

SITES UTILES

Accessible Spain Travel (accessiblespaintravel.com). Circuits, transports et hébergements à Cordoue, Grenade, Málaga et Séville pour voyageurs à mobilité réduite.

APF France Handicap (www.apf-francehandicap.org). Informations utiles sur les voyages accessibles.

Yoola (www.yoola-voyage.com). Agence de voyages spécialisée proposant plus de 50 destinations.

Rues pavées

Même dans les villes où l'on peut prendre les transports publics en fauteuil roulant, les rues étroites et pavées, parfois en pente raide, l'absence de rampes au niveau des trottoirs et les obstacles divers ne facilitent pas les déplacements.

Transports publics

Les nouveaux bus et tramways de Málaga, Séville et Grenade peuvent accueillir les fauteuils roulants. Les gares ferroviaires sont accessibles à Séville et Cordoue, seulement en partie à Málaga, Cadix et autres grands centres urbains.

APPLICATIONS GRATUITES

TUR4all renseigne sur l'accessibilité de quelque 1 300 établissements touristiques en Espagne.
GoogleMaps possède une option "Lieux accessibles" qui signale les places de stationnement, les endroits où s'asseoir, les toilettes, etc.

FESTIVALS

En juillet, des événements se déroulent à travers toute l'Andalousie dans le cadre du Mes del Orgullo de la Discapacidad (mois de la fierté du handicap), destiné à sensibiliser l'opinion sur les difficultés rencontrées par les personnes handicapées physiques tout en montrant les opportunités qui s'offrent à elles aujourd'hui.

Málaga se veut la ville des "musées sans barrières". Le Museo Picasso (p. 178) accueille des visites interactives et des ateliers pour les porteurs de handicap, tandis que le Museo de Málaga et le Museo Automovilístico y de la Moda (museoautomovilmalaga.com) présentent des expositions tactiles avec inscriptions en Braille.

MARCELINA1982/GETTY IMAGES ©

GR7, Parque Natural Sierra de Grazalema (p. 146)

L'ART DE... Randonner en Andalousie

Sentiers

Avec une trentaine de zones protégées au relief varié, l'Andalousie est une destination de marche enthousiasmante. Le territoire est sillonné d'innombrables itinéraires d'une journée et de sentiers de grande randonnée, dont le GR7 et le GR240.

Le GR7 fait partie du sentier européen E4. Le tronçon andalou (1 250 km) débute à Tarifa, traverse les parcs naturels des Alcornocales et de Grazalema, puis se divise à Villanueva de Cauche. La branche nord rejoint les Sierras Subbéticas et le Parque Natural Sierras de Cazorla, Segura y las Villas. La branche sud passe par les *pueblos blancos* de la Sierra de Almijara et les villages des Alpujarras dans la Sierra Nevada.

Le GR240 (Sulayr, "montagnes du soleil", 270 km) parcourt la Sierra Nevada à des altitudes plus élevées que le GR7. Comptez 15 à 19 jours pour le parcourir en entier.

Quand partir

Les périodes d'avril à juillet et de septembre à octobre sont les plus propices pour le GR240. En hiver, la moitié nord du sentier peut être dangereuse, voire impraticable par endroits à cause des chutes de neige. En août, la chaleur frappe fort, même sur les sommets de la Sierra Nevada. Le GR7 peut être emprunté l'hiver, mais mieux vaut éviter l'été, quand la température devient difficilement supportable et que les risques de feux entraînent parfois sa fermeture partielle.

Hébergement

Les deux sentiers sont jalonnés de localités où passer la nuit et divisés en sections pouvant être parcourues dans la journée. Les villages des Alpujarras disposent toutefois d'une capacité d'accueil limitée et les hébergements de certains lieux prisés (Capileira) affichent complet des semaines à l'avance. Le GR240 compte 19 étapes, mais on peut combiner des randonnées plus courtes pour loger dans les huit *refugios*.

Équipement

Quelle que soit la saison, prévoyez plusieurs couches de vêtements, dont certaines imperméables, de bonnes chaussures de marche, une lampe-torche et une trousse de premiers secours. Un sac de couchage et une couverture de survie peuvent être utiles sur le GR240. Si vous randonnez en hiver, apportez aussi des crampons. Les deux sentiers sont assez bien balisés, mais les cartes Editorial Alpina et l'application Gaia GPS seront utiles.

REFUGES

Les *refugios* aménagés le long des sentiers de randonnée d'Andalousie diffèrent beaucoup les uns des autres. Certains, de simples abris en pierre très sommaires, avec éventuellement une cheminée, une table et quelques lits superposés où poser son sac de couchage, fonctionnent en accès libre sur la base du premier arrivé premier servi. D'autres sont des *albergues* offrant des dortoirs mixtes avec literie, un coin cuisine, un bar, un service petit-déjeuner et dîner à la demande, voire des équipements à vendre. Il faut réserver pour le Refugio Postero Alto (refugioposteroalto.es), sur le GR240, surtout l'été.

Bon à savoir

HEURES D'OUVERTURE

Les horaires peuvent varier d'une saison à l'autre. Selon les endroits, ils sont réduits en hiver et/ou en plein été.

Banques 8h30-14h lun-ven

Bars et clubs 22h-6h

Cafés et bars 8h-23h

Magasins 10h-14h et 17h-20h lun-sam ; grands supermarchés 10h-22h lun-sam

Postes centrales 8h30-20h30 lun-ven, jusqu'à 14h sam

Restaurants 13h-16h et 20h-minuit

Cigarettes

Il est interdit de fumer, même des cigarettes électroniques, à l'intérieur des bars et restaurants d'Andalousie, mais beaucoup de gens continuent de fumer sur les terrasses extérieures. L'interdiction s'applique aussi aux chambres de la plupart des hôtels.

Toilettes

Les toilettes publiques sont rares. Vous pourrez toutefois utiliser celles des centres commerciaux ou des cafés/bars. Dans ce dernier cas, on s'attendra toutefois à ce que vous commandiez quelque chose.

Accès Internet

Le Wi-Fi est disponible gratuitement presque partout, y compris dans les espaces publics de nombreuses villes et localités.

EN BREF

Fuseau horaire
GMT +1 heure en hiver, GMT +2 heures en été

Indicatif du pays
34

Numéro d'urgence
112

Population
47,4 millions

Électricité 230 V/50 Hz

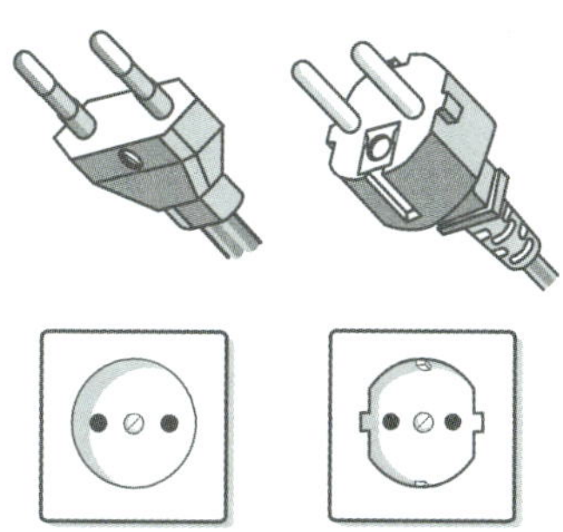

Type C
220V/50Hz

Type F
230V/50Hz

JOURS FÉRIÉS

L'Espagne compte neuf jours fériés nationaux. Les villes et régions ont aussi leur calendrier de jours chômés, notamment pour les fêtes votives et autres événements religieux ou culturels. À ces occasions, les commerces et services non essentiels sont généralement fermés.

Jour de l'An 1er janvier

Vendredi saint Mars/avril

Fête du Travail 1er mai

Assomption 15 août

Fête nationale 12 octobre

Toussaint 1er novembre

Jour de la Constitution 6 décembre

Immaculée-Conception 8 décembre

Noël 25 décembre

En Andalousie :

Jour des Rois (Épiphanie) 6 janvier

Fête de l'Andalousie 28 février

Jeudi saint Mars/avril

Langue

L'anglais est largement parlé dans les grandes villes et les zones touristiques, beaucoup moins à la campagne et par les personnes d'un certain âge. Quelques rudiments d'espagnol vous permettront d'apprécier encore mieux votre séjour en Andalousie.

Les essentiels

Bonjour. Hola. *o·là*
Au revoir. Adiós. *adyos*
Oui. Sí. *see*
Non. No. *no*
S'il vous/te plaît. Por favor. *por fa·vor*
Merci. Gracias. *gra·sias*
Pardon. Perdón. *pèr·don*
Désolé. Lo siento. *lo siènn·to*
Comment-vous appelez-vous ? ¿Cómo se llama Usted? *ko·mo sé lya·ma ou·ssté*
Je m'appelle... Me llamo ... *me lya·mo ...*
Parlez-vous français ? ¿Habla francés? *a·bla frann·thèss*
Je ne comprends pas. No entiendo. *no ènn·tiènn·do*

Panneaux

Abierto Ouvert
Cerrado Fermé
Entrada Entrée
Mujeres Femmes
Hombres Hommes
Prohibido Interdit
Salida Sortie
Servicios/Aseos Toilettes

Heures et dates

Quelle heure est-il ? ¿Qué hora es? *ké o·ra èss*
Il est (10) heures. Son (las diez). *son (las dièth)*
Il est (une) heure et demie. Es (la una) y media. *èss (la ou·na) i mé·dya*
hier ayer. *a·yèr*
aujourd'hui hoy. *oï*
demain mañana. *ma·nya·na*

Urgences

Au secours ! ¡Socorro! *so·ko·ro*
Va-t'en ! ¡Vete! *vé·té*
Appelez la police ! ¡Llame a la policía! *lya·mé a la po·li·si·a*
Appelez un médecin ! ¡Llame a un médico! *lya·mé a oun mé·di·ko*

Au restaurant

Que conseillez-vous ? ¿Qué recomienda? *ké ré·ko·myènn·da*
Santé ! ¡Salud! *sa·lou*
C'était délicieux. ¡Estaba buenísimo! *èss·ta·ba bouè·ni·ssi·mo*

Parler comme un(e) Espagnol(e)

Qu'est-ce qui se passe ? ¿Qué pasa? ké *pa*·sa
Génial ! ¡Genial! khé·*nyal*
C'est cool ! ¡Qué guay! ké gouaï
Super ! ¡Estupendo! èss·tou·*pen*·do
Vraiment ? ¿En serio? en *sé*·ryo
Sans blague ! ¡No me digas! no mé *di*·gass
D'accord. Vale. *va*·lé
Bien sûr ! Claro *kla·ro* / ¡Por supuesto! por sou·*pouès*·to
Peu importe. Lo que sea. lo ké *sé*·a
Hé ! *¡Eh, tú! é tou*
Écoute (ça) ! ¡Escucha (esto)! èss·*kou*·tcha *(èss·to)*
Regarde ! ¡Mira! *mi·ra*
Pas question ! ¡De ningún modo! dé *ninn*·goun mo·do

NOMBRES

1 **uno** *ou·no*
2 **dos** *doss*
3 **tres** *trèss*
4 **cuatro** *koua·tro*
5 **cinco** *sin·ko*
6 **seis** *seïs*
7 **siete** *sié·té*
8 **ocho** *o·tcho*
9 **nueve** *noué·vé*
10 **diez** *dièss*

EMPRUNTS À L'ESPAGNOL
Armada, aficionado, embargo, fiesta, macho, patio, corrida, torero, matador, pasionaria...

SONS

kh transcrit la jota, un "j" guttural (proche du ch de "achtung" en allemand), le *r* est roulé, *ly* transcrit le "ll" (proche du lli de "million") et *ny* le "ñ" (le "gn" français).

Vouvoiement

Pour s'adresser à quelqu'un en espagnol, on peut utiliser le tutoiement (*tú*) ou le vouvoiement (*usted*) selon le degré d'intimité.

Faux amis

Certains mots espagnols ressemblent à des mots français mais n'ont pas du tout le même sens. C'est le cas par exemple d'*equipaje*, qui veut dire bagages.

4 phrases à connaître

1 À quelle heure ouvrent/ferment-ils ?
¿A qué hora abren/cierran?
a ké *o*·ra *ab*·ren/*sié*·ran
Les Espagnols ont tendance à faire la sieste l'après-midi, d'où des horaires d'ouverture parfois surprenants.

2 Quand l'entrée est-elle gratuite ?
¿Cuándo es la entrada gratuita?
kouan·do es la en·*tra*·da gra·*toui*·ta
En Espagne, de nombreux musées appliquent la gratuité sur certaines plages horaires.

3 Où peut-on danser (la salsa) ?
¿Dónde podemos ir a bailar (salsa)?
don·dé po·*dé*·mos ir a baï·*lar* (*sal*·sa)
Si un spectacle de flamenco s'avère incontournable, vous aurez aussi envie de fouler les pistes d'autres danses.

4 Comment dit-on ... en (catalan/galicien/basque) ?
¿Cómo se dice ésto en (catalán/gallego/euskera)? *ko*·mo se *di*·sé *es*·to en (ka·ta·*lann*/ga·*lié*·go/é·ous·*ké*·ra)
Certaines communautés autonomes ont une deuxième langue officielle et leurs habitants apprécient quand les visiteurs en connaissent au moins quelques mots.

L'ESPAGNOL DANS LE MONDE

L'Espagne a pour langue officielle l'espagnol, aussi appelé *castillan* (*castellano*), du nom de sa région d'origine. Trois langues régionales – le catalan, le galicien et le basque – ont également ce statut dans les communautés autonomes où elles sont couramment parlées. En l'espace de 500 ans, l'espagnol d'Amérique latine a évolué différemment de celui pratiqué en Espagne. Il varie d'un pays à l'autre mais se distingue avant tout par le "c" et le "z" prononcés comme le "s" et non en glissant la pointe de la langue entre les dents.

300 millions de personnes ont l'espagnol pour langue maternelle

100 millions de personnes parlent l'espagnol comme deuxième langue

COMPRENDRE L'ANDALOUSIE

Nos auteurs proposent une découverte des multiples facettes de l'Andalousie.

Puente Nuevo, Ronda (p. 188)
EDUARDO FREDERIKSEN/SHUTTERSTOCK ©

UNE HISTOIRE DE L'ANDALOUSIE EN 15 LIEUX

Sa situation stratégique en Méditerranée, ses rivages propices à la navigation et son climat chaud ont fait de cette région du sud de l'Espagne l'un des plus anciens foyers de peuplement en Europe. Ce territoire convoité a vu ainsi fleurir de brillantes civilisations depuis la préhistoire.

PARMI LES PREMIERS ESPACES EUROPÉENS investis par l'homme de Néandertal et l'un de ses derniers bastions, l'Andalousie a joué un rôle majeur dans le développement de l'humanité. Sa position au carrefour de l'Europe et de l'Afrique, de la Méditerranée et de l'Atlantique a ensuite favorisé les échanges avec les cultures du Proche-Orient et du Maghreb, qui ont laissé une empreinte pérenne dans l'identité locale.

La révolution agricole du néolithique (le travail de la terre, le stockage des récoltes, l'élevage) arriva d'Égypte en Espagne vers 6000 av. J.-C., et avec elle la poterie, les textiles et les premiers villages. Les techniques de fonte et de martelage du cuivre commencèrent à être employées entre 3000 et 2000 av. J.-C. Puis les Phéniciens, les Carthaginois et enfin les Romains construisirent villes, routes et aqueducs. Au VIe siècle, les Wisigoths s'emparèrent de la péninsule Ibérique, avant d'être remplacés au VIIIe siècle par les Maures venus d'Afrique du Nord qui firent de l'Andalousie le grand centre de la culture islamique en Europe, jusqu'à la prise de Grenade par les Rois Catholiques en 1492. S'ensuivit une période marquée par la conquête des Amériques et l'intolérance religieuse, avec le renforcement de l'Inquisition et l'expulsion des juifs et des Morisques. La perte des colonies américaines au XIXe siècle entraîna l'Andalousie dans un profond déclin, qu'accentuèrent encore la guerre civile, la Seconde Guerre mondiale et la dictature franquiste. Depuis la mort de Franco, en 1975, la région a connu une amélioration considérable de ses infrastructures et de son économie, dans laquelle le tourisme occupe une place importante.

1. Orce

LA PLUS VIEILLE DENT HUMAINE D'EUROPE

En 1982, le paléontologue catalan Josep Gibert fit les gros titres en trouvant sur le site de Venta Micena, à Orce, un village perdu dans l'Altiplano de Grenade, un fragment de crâne ayant selon lui appartenu à un enfant du paléolithique dévoré par une hyène. Il estimait son âge entre 0,9 et 1,6 million d'années, ce qui l'aurait classé parmi les plus anciens fragments humains jamais découverts en Europe. Si des études ultérieures démentirent sa théorie, affirmant qu'il s'agissait plus probablement d'un os animal, le débat n'en continua pas moins de faire rage.

En 2002, des archéologues firent une autre découverte majeure sur le site de Barranco León, également à Orce : une dent de lait d'un enfant de 10 ans, datée de 1,4 million d'années. Il s'agit de l'un des plus anciens restes humains connus à ce jour en Europe.

Voir aussi p. 317

2. Dolmens d'Antequera

TOMBES MÉGALITHIQUES

Classés au Patrimoine mondial de l'Unesco depuis 2016, les dolmens de Menga et de Viera (province de Málaga) sont des sépultures collectives mégalithiques datant du néolithique et de l'âge du bronze, autour de 2500 av. J.-C. Sous leurs tumulus respectifs, ils révèlent les prouesses techniques dont firent preuve leurs bâtisseurs – la plus grosse pierre de Menga pèse 180 tonnes –, ainsi que leurs connaissances approfondies sur la course du soleil au fil des saisons – son entrée est orientée de façon à ce que, en été, le soleil qui se lève derrière la formation montagneuse de la Peña de los Enamorados illumine l'intérieur. Les parois internes des chambres funéraires portent des traces de gravures rupestres.

Voir aussi p. 202

3. Baelo Claudia

CITÉ ROMAINE EN BORD DE MER

Site romain le plus remarquable d'Andalousie, cette ville bâtie le long de la Costa de la Luz prit de l'importance sous le règne de l'empereur Claude (41-54) grâce à la production de garum (jus de poisson salé et fermenté) et au commerce avec l'Afrique du Nord. Si les raisons du déclin de cette ville prospère demeurent par certains aspects obscures, un grave tremblement de terre survenu au IIIe siècle aurait joué un rôle majeur. Des ruines significatives subsistent, dont la porte principale, un aqueduc, le forum, des temples, une basilique, des thermes et un théâtre.

Voir aussi p. 157

Cathédrale de Séville

4. Alhambra

LE FLEURON DE L'ARCHITECTURE MAURESQUE

Le palais fortifié de l'Alhambra fut l'opulente résidence des émirs nasrides de Grenade. Tandis que la Reconquista (ou Reconquête ; reconquête de l'Espagne par les chrétiens sur les musulmans) s'accélérait ailleurs en Andalousie, l'émirat fut, grâce à son rapport de vassalité avec les royaumes de Castille et d'Aragon, le dernier bastion du pouvoir musulman en Espagne. Dans les somptueux Palacios Nazaríes se tramèrent nombre d'intrigues meurtrières, dont une dégénéra en guerre civile entre les partisans du sultan Abou al-Hasan et ceux de son fils Boabdil, en 1482. Dix ans plus tard, une intrigue amoureuse menée par un rival de Boabdil à l'ombre dudit "cyprès de la Sultane", dans la cour homonyme des jardins paysagers du Generalife, aboutissait à la chute de la dynastie.

Voir aussi p. 282

5. Mezquita

LA MOSQUÉE-CATHÉDRALE

Transformée en lieu de culte chrétien après la reconquête de Cordoue par Ferdinand III de Castille en 1236, la Grande Mosquée de Cordoue (VIIIe siècle) fait partie des chefs-d'œuvre de l'architecture islamique en Espagne. À l'intérieur, une forêt de colonnes en marbre surmontée d'arches bicolores en brique rouge et pierre blanche, enserre une cathédrale Renaissance dont le chœur présente un plafond baroque et des stalles en acajou sculpté, ainsi que deux chapelles gothiques du XIIIe siècle.

Voir aussi p. 226

6. Cathédrale de Séville

UN CLOCHER EMBLÉMATIQUE

Après la prise de Séville aux Almohades en 1248, Ferdinand III convertit leur grande mosquée du XIIe siècle en église. En 1401, les autorités ecclésiastiques décidèrent de remplacer cette dernière, victime d'un séisme, par une cathédrale spectaculaire. L'édifice renferme notamment la Capilla Mayor, riche d'un immense retable sculpté des XVe-XVIe siècles, et le tombeau en marbre de Christophe Colomb. Son clocher, la fameuse Giralda, n'est autre que l'ancien minaret de la mosquée.

Voir aussi p. 56

7. Castillo de Santa Catalina

LE NID D'AIGLE DE JAÉN

Au-dessus de Jaén, le Cerro de Santa Catalina est couronné d'une forteresse presque inexpugnable, d'où la vue magnifique embrasse les montagnes alentour. Sous les Almohades et les Almoravides, ce bastion maure résista vaillamment à deux sièges menés par Alphonse VII au XIIe siècle, et à deux autres conduits par Ferdinand III. Ce dernier finit par s'emparer de Jaén en 1246.

Voir aussi p. 131

8. Patrimoine architectural juif d'Úbeda

UNE HISTOIRE CACHÉE

Jusqu'à l'expulsion des juifs d'Espagne en 1492, la communauté israélite d'Úbeda (province de Jaén) joua un rôle important dans la vie locale. Exerçant principalement les métiers de tanneurs, d'orfèvres, de collecteurs d'impôts ou de cordonniers, ses membres cohabitaient le plus souvent pacifiquement avec les Maures et les chrétiens. Par la suite, seuls demeurèrent les *conversos* (juifs convertis au christianisme), dont certains continuèrent à pratiquer leur foi en secret. Des édifices historiques comme la Sinagoga del Agua (XIIIe siècle), restaurée dans les règles de l'art, et la Casa Andalusí, une belle maison traditionnelle dotée d'un patio, avec une étoile de David gravée sur une colonne gothico-mudéjare du XIVe siècle et une cave qui servit peut-être de lieu de culte clandestin, offrent un aperçu de ce monde perdu.

Voir aussi p. 251

9. Muelle de las Carabelas

POINT DE DÉPART VERS LE "NOUVEAU MONDE"

Le 3 août 1492, le navigateur génois Christophe Colomb embarqua à Palos de la Frontera pour son premier voyage transatlantique ; il était chargé par les Rois Catholiques, Ferdinand et Isabelle, de découvrir une nouvelle route maritime vers les Indes, la Chine, le Japon et les îles aux épices (Moluques). Sa modeste flotte comprenait trois caravelles, la *Niña*, la *Pinta* et la *Santa María*, dont les répliques grandeur nature sont amarrées le long d'un quai du XVe siècle reconstitué sur le front de mer, en contrebas du monastère de la Rábida. Il est frappant d'observer la petite taille et la fragilité apparente des navires, en songeant aux périls qu'ils durent affronter.

Voir aussi p. 98

10. Centro Andaluz de Flamenco

TOUT SUR LE FLAMENCO À JEREZ

L'histoire du flamenco remonte à l'arrivée au XVe siècle des Gitans en Espagne, où ils découvrirent les traditions musicales juive et arabe. Jerez de la Frontera est l'un des berceaux de cette expression artistique qui résulte de la fusion de la danse et du chant, et qui est devenue indissociable de l'Espagne et de sa culture. Au cœur du quartier gitan de Santiago, le Centre andalou de documentation du flamenco, installé dans un superbe palais du XVIIIe siècle, constitue aujourd'hui le plus grand centre de documentation sur l'art du flamenco. Sur place, le personnel pourra vous indiquer les meilleures adresses pour assister à un spectacle de qualité.

Voir aussi p. 142

11. Real Maestranza

HAUT LIEU SÉVILLAN DE LA TAUROMACHIE

Immortalisées par des romans, des chansons, des films et surtout l'opéra *Carmen* de Bizet, les arènes de Séville (1761) sont les doyennes d'Espagne ; elles peuvent accueillir 14 000 spectateurs. De nombreux toréros de légende, comme Manolete, Curro

Castillo de Santa Catalina

Romero et Juan Belmonte, ont eu l'insigne honneur d'en fouler le sable dans leur habit de lumière. On peut les découvrir, ainsi que le Museo de Toros attenant, dans le cadre d'une visite guidée.

Voir aussi p. 190

12. Puente Nuevo

LE PONT ICONIQUE DE RONDA

Enjambant l'impressionnante gorge du Tajo creusée par le Río Guadalevín pour relier la vieille ville de Ronda au quartier du Mercadillo, le Puente Nuevo (pont Neuf) a été construit entre 1759 et 1793 après l'effondrement d'un ouvrage hâtivement bâti en 1741. Durant la guerre civile, les deux camps auraient utilisé comme geôle et lieu de torture la salle située au-dessus de l'arche centrale et exécuté des prisonniers en les précipitant dans le vide. Ernest Hemingway se serait inspiré de ces terribles épisodes dans son roman *Pour qui sonne le glas* (1940).

Voir aussi p. 188

13. Museo Picasso

L'HOMMAGE DE MÁLAGA À L'ENFANT DU PAYS

En 1881 naquit à Málaga celui qui allait révolutionner l'art du XXe siècle en inventant le cubisme avec Georges Braque. Complété par la maison de la famille Picasso sur la Plaza de la Merced, ce musée incontournable présente une vision d'ensemble de la brillante carrière de l'artiste, à l'exception notable des périodes "bleue" et "rose". Outre un portrait de sa sœur Lola, qu'il fit à l'âge de 13 ans, on peut admirer des sculptures en argile, en plâtre et en tôle, ainsi que de nombreux croquis, certaines œuvres cubistes et d'intéressants travaux réalisés sur le tard, lorsque Pablo Picasso développa une forme d'obsession pour les mousquetaires.

Voir aussi p. 178

14. Refugios de la Guerra Civil

ABRIS ANTIAÉRIENS

Durant la guerre d'Espagne (1936-1939), la province d'Almería fut le dernier bastion républicain d'Andalousie. Le 31 mai 1937, en représailles à l'attaque du navire allemand *Deutschland*, le croiseur lourd *Admiral Scheer* et quatre contre-torpilleurs bombardèrent le port d'Almería, tuant 20 civils. Les autres habitants eurent la vie sauve en se réfugiant dans le réseau d'abris en béton aménagé sous la ville, qui comprenait des réserves et même un bloc opératoire.

Voir aussi p. 311

15. Rocher de Gibraltar

UNE ENCLAVE BRITANNIQUE EN ESPAGNE

Gardée depuis toujours par une colonie de singes magots (ou macaques de Barbarie), cette imposante crête calcaire appartenant à la Grande-Bretagne constitue une base navale stratégique. Les tunnels creusés durant le Grand Siège (1779-1783), qui dura pendant toute la guerre d'indépendance américaine, la batterie O'Hara installée au point culminant à la fin du XIXe siècle et les tunnels de la Seconde Guerre mondiale où fut planifié le débarquement des Alliés en Afrique du Nord témoignent de l'histoire mouvementée du rocher.

Voir aussi p. 162

Ci-dessus : Mezquita (p. 226)

À LA RENCONTRE DES ANDALOUS

Lors de votre rencontre avec un Andalou, il pourra vous serrer la main, vous prendre dans ses bras, vous embrasser… ou faire tout cela à la fois. Esperanza Fuentes vous présente les habitants de sa région.

LES ANDALOUS sont les héritiers des nombreuses cultures qui se sont succédé sur ces terres du sud de l'Espagne. La plupart sont fiers de leur région, de son héritage intellectuel et de ses nombreux autres atouts. Chacun vous l'assurera : la cuisine andalouse est la meilleure du monde.

Vous le constaterez à mesure que vous découvrirez l'Andalousie : on ne parle pas partout de la même manière. Dans cette région, la deuxième d'Espagne en termes de superficie, les accents et la prononciation diffèrent d'une ville à l'autre, et tout particulièrement entre l'est et l'ouest.

En dépit de cette diversité linguistique, beaucoup d'Andalous partagent une même manière de communiquer et, dans l'ensemble, ils s'expriment de façon très expressive ! Ils parlent souvent plus vite que les Espagnols des autres régions et leur intonation est plus marquée. Pour être sûrs de se faire comprendre, ils n'hésitent pas à hausser le ton ou à joindre le geste à la parole, ce qui peut surprendre au premier abord.

En vous promenant le soir dans les rues, vous comprendrez vite que les Andalous aiment faire la fête et mettent beaucoup d'énergie et de cœur à profiter des choses simples de l'existence. Ainsi, bien sûr, tout le monde ne sait pas forcément danser le flamenco. En revanche, la plupart des Andalous y prennent plaisir… quand bien même, malgré tous leurs efforts, ils n'arriveraient pas à suivre le rythme !

Si la majorité des Andalous se définissent comme catholiques, ils sont seulement 23% à se dire pratiquants. Beaucoup ne fêtent plus la Semana Santa (Semaine sainte précédant Pâques) de manière traditionnelle : ils reconnaissent son importance culturelle et touristique, mais son caractère religieux est devenu secondaire pour de nombreux participants.

Pour autant, près de 1,2 million d'Andalous portent encore un prénom comprenant "María", comme "José María" ou "María del Carmen". Cette tradition persiste en dépit des nouvelles modes et tendances, qui naissent souvent en Andalousie, avant de s'étendre dans le reste de l'Espagne – depuis 2016, des petites filles portent ainsi le prénom Khaleesi, signe du succès planétaire de la série *Game of Thrones*.

Dire au revoir à un Andalou, ce n'est pas forcément triste, mais ça prend du temps. Si vous êtes pressé, tenez-en compte dans votre programme : les adieux sont souvent interminables, avec des poignées de main, des embrassades et souvent deux énormes bises !

La région la plus peuplée d'Espagne

L'Andalousie est la région la plus peuplée d'Espagne, avec près de 8,5 millions d'habitants, pour seulement 7,77% d'étrangers. C'est à Málaga et Almería, sur la côte sud, que les immigrés sont les plus nombreux. Parallèlement, 2 millions d'Andalous vivent en dehors de leur région d'origine.

UNE ANDALOUSE FIÈRE DE SES RACINES

Je suis née et j'ai grandi à Séville, la capitale de l'Andalousie. J'ai 40 ans, presque l'âge moyen de la population andalouse, qui est de 42,7 ans. C'est moins que la moyenne espagnole, qui s'élève à 44 ans.

Comme beaucoup de familles andalouses, la mienne s'est installée dans la région pendant la guerre civile. Mon grand-père a dû fuir sa Cadix natale et a atterri à Séville, où il a rencontré ma grand-mère. La mère de celle-ci était Madrilène et avait cherché refuge après-guerre dans la ville des orangers.

Je suis fière d'être d'ici, notamment parce que les Andalous se sont battus pour avancer et progresser, et ont fait de l'Andalousie l'une des régions les plus attractives d'Europe du Sud. Environ 30 millions de touristes espagnols ou étrangers la visitent chaque année, ce qui en fait une référence pour le tourisme dans le pays.

Cathédrale de Séville (p. 56)

LES SOUVERAINS CHRÉTIENS

L'INQUISITION ET LES AMÉRIQUES

La culture relativement uniforme de l'Andalousie moderne a ses racines dans les premiers siècles de la domination chrétienne. Soucieux d'affermir la chrétienté dans les territoires conquis, les nouveaux souverains de l'Andalousie appliquèrent des mesures de plus en plus sévères, qui eurent pour paroxysme l'expulsion de deux des trois groupes religieux qui avaient cohabité dans Al-Andalus.

À MESURE QUE LES CHRÉTIENS reconquéraient l'Andalousie au XIIIe siècle, les musulmans furent nombreux à s'enfuir pour se réfugier à Grenade ou en Afrique du Nord. Ceux qui restèrent furent appelés les mudéjars. De vastes terres furent attribuées aux nobles et aux chevaliers qui avaient joué un rôle majeur dans la Reconquête (Reconquista). Ces propriétaires terriens se contentèrent pour l'essentiel d'y faire paître des moutons, laissant en friche des territoires autrefois productifs. En 1300, la campagne de l'Andalousie chrétienne était presque vide.

La noblesse castillane, suffisamment enrichie par la production de laine sur ses immenses domaines, laissait aux juifs et aux étrangers, surtout génois, le quasi-monopole du commerce et de la finance en Castille. Le fils de Ferdinand III, Alphonse X (règne 1252-1284), fit de Séville l'une des capitales de la Castille et encouragea sa renaissance culturelle en s'entourant d'érudits, pour beaucoup juifs, qui connaissaient l'arabe et le latin, et étaient capables de traduire les textes anciens en castillan.

La persécution des juifs

Au XIVe siècle, la peste noire et une série de mauvaises récoltes mirent à mal la population de l'Andalousie chrétienne. Le mécontentement se reporta alors sur les juifs qui, dans les années 1390, furent victimes de pogroms un peu partout dans la péninsule. Certains se convertirent au christianisme (les *conversos*), tandis que d'autres se réfugièrent dans la Grenade musulmane. Dans les années 1480, les *conversos*, accusés de continuer à pratiquer la religion juive en secret, devinrent la cible principale de la nouvelle Inquisition instrumentalisée par les Rois Catholiques, Isabelle de Castille et Ferdinand d'Aragon.

En 1492, Isabelle et Ferdinand ordonnèrent l'expulsion de leur territoire de tous les juifs réfractaires au baptême. Environ 50 000 à 100 000 d'entre eux se convertirent ; quelque 200 000 autres, que l'on désigne désormais comme les Séfarades, quittèrent l'Espagne pour d'autres régions méditerranéennes. Un grand pan de la classe moyenne urbaine cultivée fut ainsi littéralement écartée de la région.

Les révoltes et l'expulsion des morisques

La tâche de convertir les musulmans de Grenade revint au cardinal Cisneros, alors maître de l'Inquisition. Ce proche conseiller d'Isabelle imposa des baptêmes de masse, fit brûler les ouvrages islamiques et interdit l'usage de l'arabe. S'ajoutant à des expropriations, ces mesures déclenchèrent en 1500 dans les Alpujarras une révolte qui se propagea à travers tout l'ancien émirat de Grenade. Après cet événement, les musulmans furent contraints de se convertir au christianisme ou de quitter le pays. La plupart se firent baptiser ; ils furent surnommés *moriscos* (morisques ou musulmans convertis). Lorsque le roi Philippe II (règne 1556-1598), fervent catholique, interdit en 1567 aux morisques d'utiliser la langue, des vêtements ou des noms arabes, une nouvelle révolte s'étendit depuis les Alpujarras à tout le sud de l'Andalousie. Elle dura deux ans, avant d'être écrasée. Les morisques furent ensuite déportés, notamment vers l'ouest de l'Andalousie et le sud. Puis ils furent finalement expulsés d'Espagne par Philippe III, entre 1609 et 1614.

Séville et les Amériques

Si on considère que l'âge d'or de l'Andalousie musulmane advint au Xe siècle sous le califat de Cordoue, celui de la période chrétienne correspondit à la Séville du XVIe siècle.

En avril 1492, les Rois Catholiques accordèrent au navigateur génois Christophe Colomb (Cristóbal Colón) les fonds nécessaires pour entreprendre la traversée de l'Atlantique afin de découvrir une nouvelle route commerciale vers l'Orient. En fait, Colomb atteignit les Amériques, ce qui ouvrit de nouvelles perspectives à l'Espagne et plus particulièrement au port fluvial de Séville.

Sous le règne de Charles Quint (1516-1556), premier représentant de la dynastie des Habsbourg en Espagne, les impitoyables conquistadors Hernán Cortés et Francisco Pizarro soumirent les Empires

Castillo de San Jorge, ancien siège de l'Inquisition, Séville (p. 75)

JOSERPIZARRO / STOCK.ADOBE.COM ©

Christophe Colomb et les Rois Catholiques, Alcázar de Cordoue (p. 231)

aztèque et inca, avec l'aide d'une petite bande d'aventuriers, tandis que d'autres conquérants et colonisateurs espagnols occupaient de vastes étendues du continent américain. Les nouvelles colonies envoyèrent d'énormes cargaisons d'argent, d'or et d'autres trésors vers l'Espagne, dont la Couronne prélevait un cinquième (le *quinto real*, ou cinquième royal).

Séville devint un centre du commerce mondial et un creuset cosmopolite. Elle resta la principale cité d'Espagne jusqu'à la fin du XVIIe siècle, même si Madrid, ville encore modeste, fut érigée au rang de capitale en 1561. Les retombées de la prospérité se firent sentir à Cadix et, dans une moindre mesure, dans des villes comme Jaén, Cordoue et Grenade.

Tandis qu'aucun plan n'avait été établi pour absorber cette nouvelle richesse américaine et faire face à l'inflation qu'elle provoquait, le pays gaspilla sa fortune dans une série de guerres européennes et de dépenses excessives. Il perdit ainsi toute chance de développer sa puissance industrielle, encore embryonnaire. Alors que ses terres agricoles étaient consacrées à l'élevage, l'Espagne fut obligée d'importer du grain.

Au XVIIe siècle, plusieurs cargaisons d'argent venant d'Amérique disparurent dans des naufrages. Le Bas-Guadalquivir, lien vital entre Séville et l'Atlantique, s'envasa progressivement. En 1717, le contrôle du commerce avec les Amériques fut transféré au port maritime de Cadix, qui connut à son tour son âge d'or au XVIIIe siècle.

Danseuse de flamenco à Séville

JON CHICA/SHUTTERSTOCK ©

LES ORIGINES GITANES DU FLAMENCO

Ni genre ni style musical, le flamenco relève plutôt du partage intangible entre artistes et public. L'interprète y livre toute son âme, sentiments douloureux comme sentiments heureux. Une communion de tous les temps entre générations et cultures.

LA PUISSANCE DU FLAMENCO repose sur la performance, sur l'énergie émanant des interprètes et du public, sur la passion brute, sur l'émotion sans artifices et, souvent, sur la spontanéité. Pour l'apprécier pleinement, il faut être physiquement là.

Au départ, le flamenco est un miroir qui reflète la vie quotidienne de ceux qui le chantent : des opprimés. Où qu'ils aillent – aux champs, au travail, à la maison ou lors des *juergas* (fêtes gitanes) –, le flamenco les accompagne. C'est un spectacle "vivant", spontané. Chasse gardée des gitans jusqu'au XIXe siècle, les spectacles n'étaient jamais répétés ou théâtralisés, ce qui est toujours le cas aujourd'hui pour les meilleurs d'entre eux.

Si l'origine du flamenco reste relativement mystérieuse – les témoignages écrits ou les descriptions de spectacles de flamenco antérieurs au milieu du XIXe siècle sont rares –, sa tradition s'est forgée en Andalousie, plus précisément dans le Sud, et au sein des communautés gitanes arrivées au XVe siècle en pays andalou. Les gitans apportèrent avec eux un mode d'expression musicale énergique – une façon de chanter encourageant la virtuosité et l'improvisation – mêlant cette riche musicalité aux chants et mélodies de leur région d'accueil. En Andalousie, ils trouvèrent des alliés naturels parmi les juifs et les Maures qui venaient de se voir privés de leurs droits par la Reconquista. Le métissage de ces trois cultures à travers les siècles qui suivirent donna ce que l'on nomme le *cante jondo*, ou *flamenco puro*.

Le flamenco se compose de quatre éléments essentiels : le *toque* (jeu de guitare) et le *jaleo* (crucial pour le rythme) qui forment la base du *cante* (chant) et du *baile* (danse). Si l'un de ces éléments n'interagit pas avec les autres, quelque chose manque. Ainsi, sur un enregistrement, vous perdez bien sûr le *baile*, mais aussi la majeure partie du *jaleo*.

Le *jaleo* est l'élément le plus fugace et le plus interactif. Il allie divers mouvements, notamment les *pitos* (claquements de doigts) et les *palmas* (battements de

mains) destinés à accentuer le rythme et le style (*compás* et *palos*) du chant. Les *palmas* s'accompagnent de cris d'encouragement (qui font aussi partie du *jaleo*), comme les "*olé!*" traduisant parfois l'énergie du public et celle des musiciens. Cette conversation entre les différents éléments rappelle un dialogue sonore entre diverses époques.

Au IXe siècle, des Roms de Turquie, de Perse et du sous-continent indien émigrèrent en Europe. Il existe d'ailleurs de grandes similarités entre le *baile* du flamenco et le *kathak* ou "récit" en sanskrit. Les Kathak étaient, eux aussi, des nomades du Rajasthan et des plaines de l'Indus et du Gange. Dans leurs danses et chants racontant l'histoire de Krishna, les mouvements de mains expressifs et les robes souples des danseuses rappellent ceux du flamenco.

Durant leurs pérégrinations, les Roms s'inspirèrent du folklore des régions traversées et, à leur arrivée en Andalousie au XVe siècle, ces influences faisaient partie de leur langage culturel. L'improvisation, marque caractéristique de la musique rom, reste aujourd'hui encore un élément essentiel de tout bon flamenco.

En Andalousie, les Gitans se familiarisèrent avec les rythmes ensorcelants des instruments à cordes andalous. L'oud, instrument à cordes très expressif, avait déjà traversé la Méditerranée afin d'égayer la cour des souverains musulmans. Au IXe siècle, le grand poète et musicien Ziryab avait même fondé des écoles de musique en Andalousie. Au XVe siècle, la *vihuela*, une cousine à six cordes du luth Renaissance, fit son apparition. La guitare naquit réellement quatre siècles plus tard lorsque Antonio de Torres (1817-1892), artisan luthier né à Almería, en transforma le dessin pour donner la guitare classique espagnole qu'on connaît aujourd'hui. Il fabriqua des instruments avec une table de résonance plus fine, plus légère et arrondie, avec des éclisses en éventail symétriques, augmentant ainsi beaucoup la qualité sonore et de résonance de la guitare. Sa maîtrise de la lutherie ouvrit la voie à des générations de guitaristes andalous virtuoses comme Andrés Segovia, Pepe Romero, Juan Francisco Padilla, Niño Ricardo, Rafael Riqueni, Tomatito, Vicente Amigo, Manolo Sanlúcar, Pepe Habichuela, Niño Josele ou Paco de Lucía qui ont tous mis à l'honneur le *toque*.

L'élément central du flamenco, et peut-être le plus gitan en soi, n'en est pas moins le *cante*. Si vous prenez le répertoire classique du *cante jondo* (chant profond), vous pouvez entendre à l'œuvre la tradition orale des gitans. Le *cante jondo* est l'expression la plus pure du flamenco. Ses paroles pleines de poésie traitent de la peine, de la perte et du chagrin. Mais ces chants jouaient aussi un rôle plus fondamental : la transmission des récits immémoriaux. Ils racontaient l'histoire à des personnes souvent analphabètes. Ils faisaient office de mémoire collective.

Nul besoin de comprendre les paroles pour ressentir la *dolor* (douleur) de chaque *grito* (complainte) passionné et le désir dans chaque chant interprété d'une voix vibrante et enrouée. Parvenir à surmonter le désespoir est souvent l'un des thèmes principaux.

Le chanteur est en général assis au centre de la scène : il sert de guide ou de chef d'orchestre pour les guitares, les percussions et les danseurs. C'est à lui que revient aussi la tâche difficile d'inspirer le *duende*. L'artifice n'a pas sa place ici. Les meilleurs chanteurs mettent à nu le tréfonds de leur âme, comme s'ils convoquaient les esprits. Si la représentation est réussie, cette émotion brute peut faire surgir les larmes. Toutefois, le *duende* est un concept difficile à rendre avec des mots. Dans un essai, le poète Federico García Lorca dit que c'est "un pouvoir et non une œuvre, un combat et non une pensée".

Quand on assiste à un bon spectacle de flamenco, on comprend instinctivement ce qu'est le *duende*, si insaisissable soit-il. Provoqué par le chanteur, il se communique aux autres personnes sur scène, qui le font naître à leur tour, rendant l'émotion encore plus intense. "Les grands artistes du sud de l'Espagne, les chanteurs, les danseurs et les musiciens gitans ou interprétant du flamenco, savent que l'émotion est impossible sans le *duende*", écrit Lorca. De façon simple, on peut dire que le *duende* exprime les facettes les plus sombres de la vie, précisément ces épreuves subies par les gitans et les victimes des persécutions menées par l'Inquisition. Obligés de vivre en marge de la société, dans le quartier de Triana à Séville ou dans les montagnes, les gitans y ont approché d'autres styles musicaux d'opprimés, ceux des juifs et des morisques (musulmans forcés de se convertir au christianisme).

Lorsqu'il naît, le *duende* suscite automatiquement le *jaleo* sous forme de *olé, olé* de vive approbation, de la part des artistes sur scène comme du public. L'expression, qui n'a en soi aucune signification, viendrait des morisques. Encore aujourd'hui, les cultures islamiques ont le *takbir* : le fait de s'exclamer "*Allah ! Allah* " ou "*Allāhu akbar*" pour des raisons diverses, notamment pour exprimer leur joie.

LES MEILLEURS CHANTEURS METTENT À NU LE TRÉFONDS DE LEUR ÂME.

Les premiers témoignages écrits sur le flamenco coïncident avec la fin de l'Inquisition en 1834 et des persécutions visant à éliminer toute différence en Espagne. Vers les années 1850, le flamenco a connu un âge d'or, passant d'un art gitan, pratiqué lors de tapageuses *juergas* à un spectacle professionnel et toujours plus populaire, mêlant le *cante jondo* à d'autres formes de musique folklorique espagnole. Catalyseurs de cette évolution, les célèbres *cafés cantantes* qui se répandirent dans beaucoup de villes d'Espagne et notamment en Andalousie. Les gitans, à nouveau libres de voyager, se déplacèrent avec leur art dans toute la péninsule Ibérique.

Une nouvelle vague de conservatisme chrétien déferla sur l'Espagne avec le début de la dictature franquiste en 1939. À l'époque, le flamenco était encouragé, à l'instar de la tauromachie, en tant que tradition nationale et incarnation idéale de l'identité espagnole. Le moment de gloire était, semble-t-il, arrivé pour cette forme d'art andalouse, mais c'était en totale contradiction avec la politique de répression de Franco à l'égard de ceux qui avaient justement perpétué les traditions à l'origine du flamenco.

Ce dernier revêtit alors un sens plus profond que jamais pour ses interprètes, notamment lorsqu'il évoquait la nostalgie et les épreuves. Mais, subordonné à un régime politique, l'art du flamenco perdit sa vocation première, ravi à ceux qui le chantaient. Coopté et commercialisé, il devint un art figé et idéalisé. La répression étant l'ennemie de l'expression créative, le flamenco entra une fois de plus en clandestinité.

Il survécut dans de petits clubs confidentiels, les *peñas*, tenus par des passionnés. La mort de Franco en 1975 lui redonna un formidable essor. Les interprètes, à l'instar de la majeure partie de la société espagnole, manifestèrent vite le souhait d'embrasser des idées novatrices et de découvrir des formes nouvelles. Comme pour rattraper le temps perdu, le flamenco fusionna avec d'autres styles musicaux et se fit connaître dans le monde entier. En novembre 2010, il a été inscrit sur la Liste du Patrimoine culturel immatériel de l'Unesco.

Aujourd'hui, vous pourrez assister à toutes sortes de spectacles de flamenco. Il serait injuste de taxer les *tablaos* populaires de Séville et de Málaga de pièges à touristes, les artistes s'y produisant étant en général talentueux. Et, bien que les spectacles, au nombre de deux par soirée, n'aient pas la spontanéité exigée par les puristes, vous aurez l'impression de participer à quelque chose d'émouvant, à la fois ancré dans le moment présent et hors du temps.

Ci-dessus : chanteur de flamenco, Sacromonte (p. 287)

PROTECTION DE LA FAUNE :

TROIS ESPÈCES PROTÉGÉES

Des créatures qui ont bien failli disparaître d'Espagne reprennent du poil de la bête, avec un peu d'aide, dans les paysages sauvages d'Andalousie.

À L'AUBE, dans la brume qui tapisse les *lagunas*, des flamants roses fouillent l'eau pour se nourrir. Tout près, des chevaux sauvages mâchonnent des buissons et des cerfs sortent de la forêt pour boire. Plus loin, dans les profondeurs des bois, un lynx ibérique se faufile à travers les broussailles, guettant l'apparition d'un lapin. Dans le ciel, un imposant aigle ibérique est à l'affût du moindre mouvement...

Ces scènes de vie sauvage ne sont possibles que grâce à l'existence du parc national de Doñana. Vu du ciel, on le distingue aux bandes de terre blanches et grises scintillantes, notamment autour d'Almería et de Huelva. Des efforts incessants sont nécessaires pour préserver le peu de verdure qui subsiste. L'humanité a relégué la faune de la région, jadis abondante, à quelques enclaves isolées, qui ne doivent leur survie qu'à la

Dans le sens des horaires depuis en haut à gauche: lynx ibérique, aigle impérial ibérique, flamants roses, gypaète barbu

protection de l'État, obtenue de haute lutte grâce à la persévérance des associations de défense de l'environnement.

Grâce au travail acharné de ces ONG, d'écologistes et de dirigeants politiques avisés, des dizaines d'espèces gravement menacées ont été sauvées de l'extinction depuis les années 1980. Voici trois exemples.

Lynx ibérique

L'histoire de ce magnifique félin (*Lynx pardinus*), reconnaissable aux touffes de poils prolongeant ses oreilles et à ses longs favoris, illustre bien la situation de la région.

Bien qu'il se nourrisse essentiellement de lapins, sa nature prédatrice a compliqué ses relations avec l'homme. Jadis présent en nombre dans toute la péninsule Ibérique, il fut chassé et privé de ses terrains de chasse, inondés à la suite de la construction de barrages. Lorsque la myxomatose et d'autres maladies décimèrent la population de lapins à partir des années 1950, le lynx finit par frôler l'extinction.

En 2001, un recensement dénombra 100 individus, survivant tant bien que mal dans des enclaves isolées du parc de Doñana et de la Sierra de Andújar (province de Jaén). L'absence d'interactions entre ces deux populations se traduisait par une consanguinité menaçant d'aggraver leur sort.

À partir de 2004, un programme de reproduction en captivité lancé à El Acebuche, au nord de Matalascañas, permit de faire se reproduire des individus issus de ces populations distinctes. La première année vit la naissance de trois bébés, lâchés dans la nature en 2009 et 2010. En 2022, 28 couples de lynx en captivité donnèrent naissance à 43 individus. Ces efforts, combinés à la préservation des habitats et aux initiatives pour accroître la population de lapins, se sont avérés fructueux.

La protection de ce félin délicat ne se limite pas à l'Andalousie. Grâce au soutien et aux financements de l'Europe, plusieurs autres programmes ont permis au fil des années de réintroduire le lynx dans plusieurs régions d'Espagne et du Portugal d'où il avait disparu depuis des décennies.

Si le recensement précis des populations sauvages est difficile, on estime que le nombre de lynx a dépassé le millier en 2021 ; environ 700 individus vivraient dans les forêts et garrigues d'Espagne.

Aigle impérial ibérique

Le lynx n'est pas le seul prédateur à pâtir de la raréfaction des lapins. Dans les airs, cette disette a été subie de plein fouet par les rapaces, notamment par le busard cendré et la chouette effraie, dont les populations sont toujours en déclin en Andalousie. Pour l'aigle impérial ibérique (*Aquila adalberti*), qui a failli disparaître totalement, un autre problème s'est ajouté au manque de nourriture : les lignes à haute tension, qui étaient particulièrement meurtrières autour du parc de Doñana, jusqu'à l'installation de systèmes d'isolation anti-électrocution sur les pylônes de transmission.

Avec une envergure pouvant atteindre 2,20 m, l'aigle impérial est plus petit que l'aigle royal. C'est néanmoins une présence intimidante dans le ciel, avec sa tête fauve et ses épaules blanches qui contrastent avec le plumage noir des ailes et du corps.

La suppression des dangers artificiels et la préservation des habitats afin d'accroître les populations de mammifères tout au long de la chaîne alimentaire ont permis d'améliorer significativement les chances de survie de l'aigle ibérique, dont la population est passée d'une poignée d'individus il y a quelques décennies à 129 couples reproducteurs rien qu'en Andalousie.

Le gypaète barbu

En 1986, le gypaète barbu (*Gypaetus barbatus*) était officiellement déclaré éteint en Andalousie. L'espèce a été réintroduite dans les montagnes de la région en 1996.

Ce fascinant rapace porte en espagnol le nom de *quebrantahuesos*, qui signifie "briseur d'os", car il lâche de très haut des os sur des rochers pour accéder à la moelle. Son envergure peut atteindre 2,80 m ; contrairement à la plupart des vautours, il possède des plumes au niveau du cou.

En 2015, un couple de gypaètes barbus s'est reproduit à l'état sauvage pour la première fois depuis leur réintroduction en Andalousie. Une étape cruciale pour l'évolution de l'espèce. En 2021, cinq couples reproducteurs patrouillaient les hautes montagnes du nord de la province de Jaén.

Le succès de ces différentes initiatives récompense les efforts soutenus du gouvernement andalou pour la préservation et la diversification de la faune locale.

Lorca en 1919

FEDERICO GARCÍA LORCA : LE CHANTRE DE L'ANDALOUSIE

En dix-huit ans de production à peine, Federico García Lorca s'est imposé comme le plus grand poète et dramaturge espagnol. Ses tableaux de l'Andalousie évoquent bien plus profondément sa terre que toute photographie.

Terre sèche,
terre quiète
Aux nuits
immenses.
(vent dans l'olivette,
vent dans la montagne).
"Évocation"

PERSONNE N'A SU PARLER de l'Andalousie de façon aussi évocatrice que Federico García Lorca (1898-1936). Dans ses poèmes et pièces, le poète mêle élégamment vie et mort avec le lyrisme et la verve qui le caractérisent.

Né à Fuente Vaqueros, à 17 km au nord-ouest de Grenade dans une famille de riches propriétaires terriens, il passa sa jeunesse à explorer la campagne autour de son village, entre terres agricoles fertiles et montagnes de La Vega. La famille déménagea ensuite à Huerta de San Vicente, village absorbé depuis par la banlieue tentaculaire de Grenade. C'est là qu'il découvrit la richesse multiculturelle de Grenade, le dernier bastion maure, où les influences juives, gitanes et espagnoles se sont mêlées aux vestiges tenaces des cultures arabes et berbères.

Son éducation privilégiée ne protégea pas le jeune Lorca d'une certaine discrimination en raison de son homosexualité. Cette mise à l'écart sociale explique peut-être son engagement aux côtés d'autres rejetés qui se défendaient à travers la musique, leur musique, le flamenco. Plus tard, un séjour à New York le fit s'intéresser aux negro-spirituals.

Lorsqu'il écrivit au début des années 1920 les poèmes réunis dans son *Poème du cante jondo*, il baptisa ainsi le recueil en souvenir du *cante jondo* du flamenco qui l'avait tant marqué dans sa jeunesse. Ses premières œuvres résument parfaitement ce mélange d'inflexions arabes et de traditions gitanes propre au flamenco, tout en évoquant les dures réalités de la vie en Andalousie, région la plus pauvre d'Espagne. Une profonde intelligence émotionnelle transparaît à travers son œuvre. Chaque strophe exprime le désir, la frustration et la souffrance, comme ce passage de "Romance somnambule" :

Vert, comme je te veux vert.
Sous la lune gitane
Toutes les choses la regardent
Mais elle, elle ne peut les voir.

L'Andalousie apparaît comme une personne vivante dans toute son œuvre : "La montagne, tel un chat rôdeur, arque son dos couvert d'agaves." Ou : "Les cyprès ont fleuri, comme des têtes géantes aux cheveux verdâtres et aux orbites vides, pensives et affligées." Et : "Ô blancs murs de l'Espagne ! Taureau noir de peine !" Que ce soit au début, au milieu ou à la fin de sa courte carrière littéraire, Lorca transcrit dans ses vers le caractère et la personnalité de l'Andalousie. Lire Lorca, c'est découvrir l'Andalousie, tout comme les Andalous.

"Romance somnambule" appartient au recueil *Romancero gitan* (1928) qui a fait connaître Lorca. L'artiste y retrace la vie et les coutumes des gitans à travers le prisme des relations qu'enfant le poète entretint avec eux à Fuente Vaqueros. Sa poésie est empreinte de nostalgie, de réalisme féerique et de chagrin.

Certains prétendent que Lorca a présenté sous un jour exotique les persécutions dont les gitans et d'autres groupes faisaient l'objet. Ce serait oublier que ses poèmes exaltent plus qu'ils n'exploitent leur histoire et leur culture. À l'époque, l'Espagne vivait sous la dictature militaire de Miguel Primo de Rivera. Le fascisme commençait à s'enraciner en Europe et la période historique qui allait suivre se révélerait si effroyable que le régime de Rivera semblerait bien peu de chose à côté.

Les gitans comptent parmi ceux qui ont le plus souffert de la montée en puissance des dirigeants ultra-conservateurs. Dans "La Nonne gitane", c'est comme si Lorca pourfendait l'injustice et l'ignorance, la mentalité répressive de l'Inquisition à l'égard d'un peuple n'aspirant qu'à vivre librement :

Au loin l'église grogne
Comme un ours.
Comme elle brode bien,
Quelle finesse !
Sur le blond tissu
La nonne aimerait broder
Les fleurs de sa fantaisie.

Lorca faisait partie du noyau dur de la Generación del 27, un groupe de dix poètes qui introduisit dans la poésie espagnole des mouvements étroitement liés à l'art, comme le surréalisme et le futurisme. La première réunion du groupe à Séville en 1927 précéda d'un an la sortie de *Romancero gitan*. Ce fut une époque d'épanouissement pour la littérature andalouse, le groupe soutenant et générant de nouvelles formes lyriques.

À cette époque, la mort envahit peu à peu l'œuvre de Lorca. L'un de ses plus grands poèmes *Chant funèbre pour Ignacio Sánchez Majías* est dédié à son beau-frère, torero et poète lui aussi, tué par le coup de corne d'un taureau en 1934.

Il cherchait l'aube
Et l'aube n'était plus.
Il cherche son ferme profil,
Le songe le fait errer.
Il cherchait son beau corps
Et trouva son sang ouvert.

De 1933 à 1936, dernières années de sa vie, Lorca n'a cessé de souligner la montée du fascisme en Espagne, affirmant ses idéaux socialistes sur scène. Trois de ses tragédies, *Noces de sang*, *Yerma* et *La Maison de Bernarda Alba* traitent de l'enfermement et de la libération. Ce sont parmi ses œuvres les plus connues.

La voix de Lorca reste appréciée aujourd'hui car elle porte au-delà de l'Andalousie, de l'Espagne et même de l'Europe. Elle parle du sens de la vie qui concerne toute l'humanité, de ces sentiments que les horreurs de la guerre ne pouvaient qu'exacerber.

La mort du poète n'est pas sans rappeler les tragédies qu'il avait si bien évoquées en parlant du malheur des autres. En 1936, alors que la guerre civile commençait à faire des ravages, il fut arrêté par l'aile droite royaliste de Franco. Jugé par un tribunal de pacotille, il fut exécuté sans cérémonie et jeté dans une fosse commune des environs de Grenade. Il n'avait que 38 ans. En 1929, il avait écrit son oraison funèbre, étrangement prophétique :

J'ai compris qu'ils m'avaient assassiné.
Ils cherchèrent dans les cafés,
les cimetières et les églises,
Ils défoncèrent des tonneaux,
Ils fracturèrent des armoires
Ils détruisirent trois squelettes
Rien que pour voler leurs dents en or.
Mais ils ne me trouvèrent pas.
Me trouvèrent-ils ?
Non, ils ne me trouvèrent pas.

Jusqu'à ce jour sa dépouille reste introuvable sous la terre sèche et sous les cieux immenses.

INDEX

Référence des cartes **000**

"Avec son fascinant mélange d'époques historiques, Séville (p. 56), capitale d'Andalousie et joyau culturel de la région, est une introduction lumineuse de cette partie de l'Espagne."

Paul Stafford

"Portant les traces de quatre millénaires d'histoire, Cadix (p. 130), presque entièrement cernée par les eaux, est riche en sites historiques et édifices anciens somptueux."

Anna Kaminski

DROITE : LILIANA MARMELO/SHUTTERSTOCK ©

À PROPOS DE CET OUVRAGE

Traduction
Cécile Giroldi, Frédérique Hélion-Guerrini, Laurent Pérez et Antoine Thibault

Direction éditoriale
Dominique Bovet

Responsable prépresse
Jean-Noël Doan

Coordination éditoriale et adaptation française
Mélanie Cottard, Marie Barriet-Savev et Marie Thureau

Maquette
Marie Dautet

Cartographie
Nicolas Chauveau pour l'adaption des cartes en français

Couverture adaptée en français par Laure Wilmot et Laurent Briard

Remerciements à
Michel Mac Leod, Agnès Mauxion-Poujol et Anne-Françoise Robinson pour leur précieuse contribution au texte, Vahagn Terzian pour la préparation des Carnets d'adresses, Jacqueline Menanteau pour sa relecture attentive, Antoine Duval et Hugo Gadroy pour leur travail de référencement. Merci à Stéphanie Rian et à toute l'équipe de Lonely Planet à Paris. Merci enfin à Luan Angel, Emma Davies et Nigel longuet à Londres, et à Jean-Pierre Masclef à Melbourne.

Illustrations p. 60, 228 et 284 : Javier Zarracina

En Voyage Éditions | un département édi8

ANDALOUSIE
11e édition
Traduit et adapté de l'ouvrage *Andalucía, 11th edition, June 2023*
© Lonely Planet Global Limited 2023
© Lonely Planet et Édi8 2023
92 avenue de France
75013 Paris

Dépôt légal Juillet 2023
ISBN 978-2-38492-222-2
Photographes © comme indiqué 2023
Imprimé par ESTIMPRIM, Autechaux, France